역주 임화정연

1권

역주 임화정연 1권

초판1쇄 인쇄 2024년 6월 14일
초판1쇄 발행 2024년 6월 24일

옮 긴 이 김동욱
펴 낸 이 신일희
펴 낸 곳 계명대학교 출판부
출판등록 제347-1998-1호(1970. 9. 1)
주 소 대구광역시 달서구 달구벌대로 1095
대표전화 053-580-6233
팩 스 053-580-6235
홈페이지 www.kmupress.com

ISBN 979-116516-231-3 93810 정가 28,000원

역주 임화정연
1권

김동욱 옮김

계명대학교 출판부

역자 서문

『역주 임화정연』 1권은 조선도서 주식회사에서 1923년 발간한 『사성기봉 임화정연 권지일(四姓奇逢 林花鄭延 卷之一)』의 원문을 입력하고 주석과 현대어역 작업을 한 것이다. 〈임화정연〉은 19세기 무렵 창작된 것으로 추정되는 조선시대 한글장편소설이다. 이 작품이 중국 명나라 홍무(洪武, 1368~1398) 연간 절강 지역을 배경으로 한 것은 조선시대 소설의 관습에 따른 것이다.

〈임화정연〉은 그 분량으로 따지면 〈완월회맹연〉, 〈명주보월빙〉과 더불어 조선시대 3대 장편으로 일컬을 만한 작품이다. 조선시대에 창작된 가장 긴 한글장편소설 〈완월회맹연〉이 298만 8천자이고 두 번째로 긴 〈명주보월빙〉이 147만 5천자이다. 〈임화정연〉은 구활자본이 약 81만자이고 필사본은 약 150만자로 추산되니 조선의 3대 장편소설 중 하나로 일컫기에 부족함이 없다고 하겠다.

또 〈임화정연〉은 상당한 인기를 끈 작품이기도 하다. 1888년 기록된 〈옥수기(玉樹記)〉의 발문에서 〈임화정연〉이 당시의 한글장편소설을 대표할 만한 작품으로 인식되었던 정황을 엿볼 수 있다. 〈임화정연〉은 구활자본으로 출판되기도 했는데, 한글장편소설이 구활자본으로 두 차례 이상 출간된 사례는 〈임화정연〉과 〈옥루몽〉, 〈하진양문록〉 세 작품뿐이다.

이처럼 〈임화정연〉이 차지하는 문학사적 위상과 중요도가 작지 않음에도 불구하고, 〈임화정연〉은 다른 고전소설에 비해 주목받지 못한 편이다. 이는 지금까지 〈임화정연〉을 쉽게 접근할 수 있는 방편인 신뢰할 만한 현대어역본이 없었기 때문이 아닌가 생각한다.

옮긴이는 2016년도에 서울대학교에서 〈임화정연〉으로 박사학위를 받았다. 그리고 언젠가는 〈임화정연〉을 역주해 많은 사람들에게 〈임화정연〉의 진면목을 알리고 싶다는 뜻을 품고 있었다. 이에 1년 정도의 준비기간을 거쳐 마침내 조선도서 주식회사에서 출판한 구활자본 〈임화정연〉 6권 중 1권을 세상에 내놓게 되었다.

옛한글을 어느 정도로 현대어 번역을 할까 하는 문제로 많은 고민을 했다. 처음에는 원문의 아름답고 예스러운 문체를 최대한 살려 직역에 가깝게 번역했으나, 마지막 단계에서 현대 독자들이 읽기 쉽도록 현대어답게 번역하는 쪽으로 방향을 바꾸었다. 이를 위해 어려운 한자어와 각주의 수도 최대한 줄였다. 그 과정에서 원문의 문체가 훼손된 것은 어쩔 수 없는 일이었다. 원문의 고아(古雅)한 맛을 느끼고 싶은 독자들은 뒤에 따로 실은 원문을 직접 읽어 보실 것을 권해 드린다.

옮긴이는 앞으로 남은 5권의 〈임화정연〉도 차례로 역주할 계획이다. 옮긴이의 부족한 능력 탓에 걸작의 명성에 누를 끼친 것이 아닌지 염려된다. 부족하지만 앞으로의 〈임화정연〉 연구에 밑거름이 되기를 바라는 마음으로 이 책을 낸다.

2024년 6월

김동욱

일러두기

1. 이 책은 1925년 출판된 조선도서주식회사 『임화정연』을 저본으로 삼아 현대어 번역과 주석을 한 결과물이다.

2. 이 책은 현대어 번역 및 주석 부분을 앞에 배치하고, 원문은 뒤에 수록했다. 원서는 6권 6책으로 이루어져 있고, 또 장회가 나누어져 있다. 이 책의 권 구분과 장회 제목은 원서의 권 구분과 장회 제목을 그대로 따른 것이다.

3. 주석은 처음부터 끝까지 일련번호를 붙여 각주로 달았다. 인물, 주요 용어 및 어구의 출전, 관련 배경 지식 등을 주로 담았다. 의미 전달의 명확성을 위해 필요한 경우 한자를 괄호 속에 병기했다.

4. 아주 어려운 어휘가 아니면 풀어 쓰거나 구절의 순서를 바꾸지 않고 옛 한글로 된 원문의 순서를 그대로 살려 번역했다. 야야(爺爺), 태태(太太) 등 오늘날의 독자들이 이해하기 어려운 호칭은 부친, 모친 등으로 바꾸었으나 소자(小子), 소저(小姐) 등 비교적 이해하기 쉽고 여러 차례 쓰이는 호칭은 그대로 두었다.

5. 역주 작업 도중 원문의 오류로 생각되는 부분은 바로잡아 번역했다. 그 과정에서 72권 72책 필사본을 참고했다.

6. 이 책에 쓰인 주요 문장부호는 다음 원칙에 따랐다.
   ( ) 한자를 병기할 때
   『 』 책이름을 표기할 때
   「 」 책의 편명, 작품명 등을 표기할 때
   < > 원문의 쪽수를 표기할 때

목차

현대어역

제일편

第一編 제일편

제일회 第一回

국운이 불행해 간신이 권세를 희롱하니

정현이 벼슬을 하직하고 고향에 돌아오다

제이회 第二回

정연경이 임규와 더불어 글 배우고

진상문이 소년 등과하다

제삼회 第三回

정현이 임규를 사위 삼으니

진 부인이 망령되이 퇴혼을 하다

제사회 第四回

정연양이 절개를 지켜 처음 인연을 저버리지 않으니

진상문의 간악한 마음을 측량하기 어렵다

제오회 第五回

절개 있는 여자가 계교를 베풀되 효열이 당당하고

진상문이 과거에 오르니 의기양양하다

제육회 第六回

진상문이 승품해 한림이 되고

정현이 복직해 표를 올리다

第一回
제일회

국운이 불행해 간신이 권세를 희롱하니
정현이 벼슬을 하직하고 고향에 돌아오다

넓고 넓은 이 천지 사이에 활발하게 움직이는 것이 다 조물주의 권능으로 만들어져 우열을 막론하고 각각 그 범위 안에서 무궁한 즐거움을 따라 살아감은 하늘의 지극히 공평한 이치라. 그러나 어찌 인생의 귀천과 궁달이 이리 멀고 서로 달라 매양 사람으로 하여금 길이 느낌을 자아내느냐. 이에 탄식함을 마지못해 책상머리에 붓을 들어 옛 일을 기록하노라.

명(明)나라 홍무(洪武)[01] 연간에 금자광록대부(金紫光祿大夫) 이부상서(吏部尙書) 겸 총재(冢宰)[02] 정공(鄭公)의 이름은 현이요 자(字)는 자산이니 절강(浙江) 소흥부(紹興府) 사람이다. 대대로 번성한 가문이요 명문가로 높은 벼슬이 끊임이 없었다. 공의 사람됨이 충효로 근본을 삼고 그 행실은 광명정대했다. 사람들이 공의 덕을 흠모하니 짐짓 일세의 밝은 재상이었다.

---

01 홍무(洪武): 중국 명(明)의 초대 황제인 주원장이 사용한 연호. 1368년에서 1398년 사이를 말한다.
02 총재(冢宰): 이부상서(吏部尙書)를 달리 이르는 말. 관료들의 으뜸이라는 뜻이다.

이때 천자가 어질고 밝으시어 예법이 엄숙하시며 충직한 신하가 조정에 가득했다. 그런데 시운(時運)이 불행해 간신 호유용(胡惟庸)[03]이 승상이 되어 권세를 희롱했다. 조정과 민간의 신하와 백성들이 두려워하고 꺼려 나랏일이 날로 그릇되는 중 군자가 기운을 펴지 못했다. 정현이 이에 크게 분함을 이기지 못하나 간사한 무리의 형세가 날로 당당해 위엄과 복덕을 멋대로 하니 개국공신 중 화를 당하는 자가 그 수를 헤아리지 못했다. 이때 정현이 스스로 생각했다.

'내가 부모의 외아들인데다가 정씨의 친척이 드물고 슬하가 많지 못해 조상의 제사가 내 한 몸에 달렸다. 어찌 간신에게 무릎을 굽혀 군자의 지기(志氣)를 상하겠는가. 호적(胡賊)이 한 번 눈을 흘기면 아침하는 참소가 일어나 모든 것을 보전하지 못할 것이다. 그러면 비록 후회하나 미치지 못하리라.'

이에 짐짓 병을 일컬어 일어나지 않았나. 원근의 친구 등이 번거로이 와 물으니 정현이 천연덕스럽게 상에 누워 신음했다. 객들이 의심하지 않고 천자께 정현의 병이 깊어 공무를 집행하지 못함을 아뢰니 상이 놀라셨다. 정현이 병을 일컬은 지 한 달 만에 천자께 해골을 빌어 고향에 돌아감을 아뢰니 상이 허락해 어서 조리해 상경하라 하시고 금과 비단을 내려주셨다. 정현이 소원 이룸을 기뻐해 즉시 행장을 수습해 가족을 거느리고 향리에 돌아와 옛 집을 수리하고 가사를 정리했다. 그리고 벗 임처사(林處士)와 위 처사, 진 효렴(孝廉)[04] 등과 더불어 등불 앞과 달 아래에서 시(詩)와 부(賦)를 노래하며 거문고를 희롱하며 벼슬길을 뜬 구름에 부

---

03 호유용(胡惟庸): 중국 명나라 초기의 정치가. 명 태조 주원장의 건국 과정에 공이 있었으며, 좌승상(左丞相)의 지위까지 출세했다. 그러나 1380년 북원(北元), 일본과 내통해 모반을 일으켰다는 죄목으로 처형되었다.

04 효렴(孝廉): 한 무제(漢武帝) 때 설립된 과거제의 한 과목인데, 후대에는 향시(鄉試)에 합격한 사람을 부르는 명칭으로도 사용되었다.

쳐 뜻에 두지 않고 한가로이 세월을 보냈다.

정현의 부인 진 씨는 진 급사(給事)[05]의 장녀였다. 용모가 빼어나고 성품이 정숙하며 부녀자의 네 가지 덕[06]이 있어 공이 매우 소중히 여겼다. 겸해 부귀가 족하되 늦도록 슬하에 혈육이 없어 근심함을 마지않았다. 그러나 잡된 사람을 모으면 다만 집안이 불안할까 염려해 첩을 취하지 않고 부인과 더불어 더욱 다정했다. 또 정현의 성품이 대범해 여자에게 농락되지 않았다. 부인이 항상 두려워하고 공경해 부부가 서로 공경함을 손님과 같이 하니 화기가 온 집에 가득했다.

예전에 진 급사의 부인이 일찍 죽고 자녀 넷이 있어 부인의 여동생 하나와 남동생 둘이 있었다. 맏이는 이름이 진담이요 자는 공녀였다. 진사 출신으로 낭중(郎中)[07]을 했다. 급사가 죽으니 상을 치르고 향리에 돌아와 삼년상을 마친 후 인하여 다시 벼슬을 구하지 않고 또한 본토를 떠나지 않았다. 진담의 성품은 우직했고 그 아우 진명은 청렴 정직한 선비였다. 풍채가 깨끗하고 비범한 재주를 가졌으나 그 형을 따라 고향에 있으니 모두 정현의 집과 이웃이 멀지 않았다. 부인의 여동생은 이부상서 문현각의 며느리가 되어 일찍이 경사(京師)[08]에 있었다. 정현은 본래 동기가 없어 혼자서 외로웠으니 처남으로 더불어 친애하는 정이 골육과 다름이 없었다. 진담은 성품이 너그럽지 않아 항상 뜻이 서로 맞지 아니하나 효렴 진명은 높은 선비였다. 정현이 사랑함을 마지않아 일시도 서로 떠

---

05 급사(給事): 관직의 명칭. 급사중(給事中). 황제를 보좌하여 정무를 처리하는 직책. 처음에는 정7품이었으나, 후에 부서에 따라 정8품과 정9품으로 세분화되었다.

06 부녀자의 네 가지 덕: 부녀자가 갖추어야 할 네 가지 품성인 부덕(婦德), 부용(婦容), 부언(婦言), 부공(婦工), 즉 마음씨와 맵씨, 말씨, 솜씨의 네 가지 덕을 말한다. 『명심보감(明心寶鑑)』.

07 낭중(郎中): 관직의 명칭. 상서(尙書)나 시랑(侍郎)과 같은 고위 관료를 보좌하는 역할을 맡았다.

08 경사(京師): 서울. 원래 역사적으로는 중국 남경이어야 맞으나 작품의 내용으로 유추해보면 북경인 것으로 되어 있다.

나지 않았다.

진명의 처 설 씨는 유순하되 진담의 처 조 씨는 사람이 어리석었다. 진담이 마음에 숙녀 아님을 미흡하게 여기나 부모가 이미 명한 조강지처(糟糠之妻)[09]요 겸해 자녀가 여럿이었다. 부부의 의리를 지켜 형제가 한 집에 살며 우애가 지극했다. 또 정현의 집과 이웃을 접해 왕래가 빈번하고 마음을 통했다.

정현이 늦도록 자녀가 없어 부부가 매양 슬퍼하더니 나이 삼십이 넘어 비로소 부인이 잉태했다. 정현이 크게 기뻐해 남아 얻기를 바랐으나 열 달 만에 한 여아를 낳았다. 비록 마음속에 실망했으나 어찌 기쁘지 않겠는가. 부부의 사랑함이 비길 데 없어 다시 아들을 바라지 않고 인하여 이름은 연양이라 하고 자를 운희라 했다.

연양 소저가 점점 자라니 천성이 온순한 중 가을 달 같은 정신과 연꽃 같은 얼굴이며 눈썹은 버들 같고 두 눈은 가을 물결 같아 붉은 입술에 옥 같은 이가 아름다웠다. 또 총명이 남보다 뛰어나 말을 배우자 곧 글자를 깨우치고 자수와 방적도 한 번 눈에 지나치면 그 재주를 가히 짐작할 정도였다. 정현 부부가 사랑해 남의 아들을 부러워하지 않았다. 소저가 다섯 살이 되었을 때 부인이 또 잉태해 한 옥동자를 낳았다. 정현이 크게 기뻐해 귀중함이 비길 데 없었다. 아들의 이름은 연경이라 했다.

진담이 두 아들을 두었으니 장남은 백문으로 일찍 혼인했다. 둘째 상문은 이때 십여 세에 신선 같은 외모가 볼만하고 문장이 넉넉해 온 고을이 진 씨의 선랑(仙郞)이라 일컬었다. 부모가 또한 몹시 사랑하는 까닭에 마음이 교만해 사람을 가벼이 여기더니 그 사촌누이 연양 소저를 보

---

09 조강지처(糟糠之妻): 가난하고 천할 때 고생을 함께 한 아내.

고 매양 흠모해 내심 가연(佳緣)을 맺고자 했다. 부모께 그 속마음을 고하니 진담 부부가 또한 소저의 외모를 항상 칭찬하던 차에 아들의 말을 듣고 크게 기뻐했다. 그러나 정현의 뜻을 알지 못해 그의 뜻을 엿본 후 청혼하고자 했다.

원래 진상문은 정연양과 사촌남매로 아침저녁으로 한 집에 모이니 자연 친했다. 진상문은 깊은 생각이 있어 비록 유의하나 정연양은 어찌 조금도 다른 뜻이 있겠는가. 진담 부부가 소저를 유의하는 까닭에 정현 부부를 대하면 자식의 문장을 일컫고 행실을 기림이 지극했다. 진 부인은 조카의 아름다움을 칭찬하나 정현은 진상문의 위인이 경망함을 불쾌히 여기는 까닭에 마지못해 대답할 뿐 내심 냉소함을 마지않았다.

정연양이 점점 자라니 갈수록 기특해 효성과 절개, 덕행에 부족함이 없어 부모의 사랑함이 날로 더했다. 후원에 그윽한 누각을 세워 특별히 처소를 삼으니 그 누의 그윽하고 찬란함이 무릉도원(武陵桃源)[10]과 같았다. 정현이 친히 액자에 '봉선루'라 쓰고 유모 구 노파와 시녀 난난, 진진 형제와 가월, 섬월 두 시비로 서로 교대해 모시게 하고 또 춘경 등 네다섯 시녀로 심부름하게 했다. 난난 등 넷은 시비 중 열사(烈士)요 여자 중 미인이었다. 글 솜씨가 정묘하고 지식이 넉넉하니 정연양의 사랑함이 손발과 같았다.

연경 공자가 점점 자라니 얼굴이 시원하고 총명이 빼어나 정현이 매우 아끼나 조금도 흐트러짐을 용서하지 않고 엄히 가르쳤다. 정연경이 조금도 교만함이 없어 공손한 태도가 어른을 압도하니 마을 친척이 칭

---

10 무릉도원(武陵桃源): '이상향', '별천지'를 비유적으로 이르는 말. 중국 진(晉) 때 중국 호남(湖南) 무릉의 한 어부가 배를 저어 복숭아꽃이 아름답게 핀 수원지로 올라가 굴속에서 진(秦)나라의 난리를 피해 온 사람들을 만났는데, 그들은 하도 살기 좋아 그동안 바깥세상의 변천과 많은 세월이 지난 줄도 몰랐다고 한다.

찬하지 않는 이가 없었다.

정연경의 나이 여섯이 되니 정현이 임 처사에게 보내어 수학하게 했다. 임 처사의 이름은 자순이요, 자는 중유요, 호는 백운처사였다. 본래 정현과 고향이 같았고 겸해 명문가였다. 임자순의 위인이 고상해 문장은 이백(李白)[11]과 두보(杜甫)[12]를 압도하나 세상 공명을 지푸라기와 같이 여겼다. 다만 이름난 산과 시내에 마음을 두어 술병과 붓, 벼루를 이끌어 산수를 구경하며 시로 벗을 삼아 나귀 등에 유산객이 되었다. 친척과 벗이 그 문장재주를 애석히 여겨 벼슬길을 열어 입신하기를 권하면 임자순은 문득 냉소하며 말했다.

"벼슬길은 위태한 땅이요 인간 공명은 재앙이 감춘 곳이라. 나의 맥반초식(麥飯草食)[13]으로 이 한 몸에 거리낌이 없음만 같지 못하니 어찌 홍진(紅塵)에 분주하리오."

사람들이 다시 권하지 못했다.

그 처남 위 처사로 더불어 뜻이 맞고 정현은 어려서부터 죽마고우(竹馬故友)[14]였다. 정현이 비록 소년 등과해 경사에 멀리 머무르나 항상 서로 잊지 못하더니 이때 벼슬을 버리고 고향에 돌아와 서로 반기고 기뻐 이끼는 정이 형제와 같았다.

임자순이 부인 위 씨로 더불어 부부의 낙이 비할 데 없으나 또한 늦도록 혈육이 없었다. 부부가 조상의 제사를 염려해 매양 슬퍼하더니 부인이 늦게야 비로소 잉태해 한 아들을 낳았다. 임자순 부부가 크게 기뻐해 하늘에 사례하고 자식 사랑에 취해 사방에 노닐기를 전혀 폐하고 밤

11 이백(李白): 중국 당(唐)의 유명한 시인.
12 두보(杜甫): 중국 당(唐)의 유명한 시인.
13 맥반초식(麥飯草食): 보리밥과 푸성귀로만 만든 음식.
14 죽마고우(竹馬故友): 대나무 말을 타고 놀던 벗이라는 뜻으로, 어릴 때부터 같이 놀며 자란 벗.

낮 자식 사랑으로 재미를 일삼았다. 위 처사 역시 조카를 사랑함이 친자식과 다름이 없었다.

임자순이 아들의 이름을 규라 하고 자를 봉인이라 해 날로 자라기를 기다렸다. 임규가 여섯 살에 이르니 천성이 공손하고 묵직해 비록 놀라는 일이 있으나 동요하지 않고 유덕한 군자의 태도가 있었다. 임자순이 자식의 기특함을 사랑해 성현의 경전과 제자백가(諸子百家)[15]의 책을 가르치니 재주가 초월해 눈과 귀에 접하고 지나간 바는 평생 잊지 않았다. 겨우 십여 세에 문장이 빼어나고 붓 아래 바람과 구름이 번뜩이는 듯 이백(李白)의 문장과 왕희지(王羲之)[16]의 필법을 몸에 갖추었다. 또 행동거지가 단아하고 말수가 적으니 그 부친이라도 그 지혜를 헤아리지 못하고 마을의 친척은 그 문장의 깊이를 알지 못했다. 고요히 문을 닫고 독서의 낙을 좋아하고 사람 대하기를 즐기지 않으니 비록 부친의 벗이라도 그 있음은 알되 얼굴은 보지 못한 자가 많았다.

임규는 말의 침중함이 그의 천성이나 만일 입을 열어 말하기를 시작하면 담론이 유창해 장강을 헤치는 듯 부드러운 기운이 가을볕 같으니 짐짓 대인군자였다. 또 피부가 풍만하고 정신이 가을 달 같아 강산의 정기를 품고 있었다. 세 살 때에 천연두를 앓아 고생한 까닭에 얼굴이 제법 검고 털이 맺혀 범상한 눈으로 그냥 보아 지나치면 아름답다고 하기 어려웠다. 그러나 그 재질은 가히 천고의 기이한 남자니 평범한 사람이 누가 능히 알겠는가. 나이 열셋에 외모와 그릇이 이 같이 숙성하므로 임자순이 아름다운 배필을 구했다. 하루는 임규가 부친께 아뢰었다.

"남녀의 혼사는 오륜의 근원이요 세상의 떳떳한 바입니다. 하물며 이

---

15 제자백가(諸子百家): 춘추 전국 시대의 여러 학파.

16 왕희지(王羲之): 중국 진(晉)의 서예가로 서성(書聖)으로 칭송받았다.

제 소자는 부모의 독자이니 배필 얻기를 더디지 못하려니와 혼사는 일생의 대사입니다. 만일 불초한 여자를 얻는다면 집안일도 염려이며 제가 박행의 허물을 어찌 면하겠습니까. 소자의 나이 아직 열여섯이 되지 못하였으니 아내 얻기 바쁘지 않습니다. 바라건대 아버지께서는 소자가 스무살 되기를 기다려 어진 여자를 구하십시오."

임자순이 고개를 끄덕였다.

"너의 소견이 가장 마땅하니 서서히 구하려니와 다만 부부가 화락하고 집안의 번창함이 다 네게 있으니 네 소견이 으뜸이다. 모름지기 무염녀(無鹽女)[17]와 맹광(孟光)[18] 같은 여자를 구하냐? 네 소원을 대강 듣고자 한다."

"무염녀, 맹광은 덕은 있으나 얼굴이 너무 추악하고 장강(莊姜)[19]과 반첩여(班婕妤)[20]는 미인이나 운명이 기구합니다. 재덕이 구비한 여자를 구하고자 하나 어찌 쉽겠습니까. 나만 규범과 부덕을 겸비한다면 외모가 부족해도 괜찮을 것입니다."

임자순 부부가 웃으며 고개를 끄덕였다.

위 처사 역시 조카를 위해 숙녀를 구하더니 임자순의 집 여종은 정현의 집 여종 난난의 숙모였다. 숙질이 서로 왕래하다가 우연히 정연양을 보고 크게 놀라 칭찬함을 마지않은 후 돌아와 임자순 부인께 말했다. 부인 김 씨가 남편에게 구혼하기를 권하니 임자순이 말했다.

---

17 무염녀(無鹽女): '무염 지방의 여자'라는 뜻으로 이름은 종리춘(鍾離春)이다. 못생겼으나 제(齊)나라 선왕(宣王)에게 충언을 잘 해 비가 되었다.

18 맹광(孟光): 후한(後漢) 때 양홍(梁鴻)의 아내로 못생겼으나 남편을 공손히 섬겨 '거안제미(擧案齊眉)'라는 고사가 생겼다.

19 장강(莊姜): 제 장공(齊莊公)의 딸로 성이 강(姜) 씨였고, 위 장공(衛莊公)에게 시집갔으므로 '장강'이라고 불렸다. 미모가 뛰어났고 시를 잘 지었으나 아들을 낳지 못해 냉대 받았다.

20 반첩여(班婕妤): 한 성제(漢成帝)의 후궁이자 시인. 처음에는 성제의 총애를 받았지만, 조비연(趙飛燕) 자매가 들어오고 나서는 총애가 식어 장신궁(長信宮)으로 물러나 지냈다.

"정공은 부귀가 빛나고 늦둥이로 여아를 얻어 그 귀중함이 천금 보옥 같으니 어찌 한미한 집과 결혼하기를 즐기겠소. 하물며 조카의 용모가 아름답지 못하니 비록 흉중에 주아부(周亞夫)[21] 같은 재주가 있은들 어찌 정공의 사위 택함에 응하겠소."

김 씨가 잠잠하고 위 처사가 다시 이 말을 논하지 못했다.

이때 정현이 아들을 임자순에게 수학하게 했다. 임자순이 정연경의 뛰어남을 사랑해 지성으로 가르쳤다. 임자순이 아들을 명해 함께 학업을 권장하니 정연경이 임규의 장대함을 보고 공경해 선생이라 칭했다. 임자순이 웃으며 말했다.

"이는 나의 아들이니 키 비록 장대하나 나이 열 셋이라. 너에게 일곱이 더한즉 형으로 대접함이 가하다."

정연경이 사례하고 말했다.

"제자가 알지 못하고 임 형을 노선생으로 여겼습니다. 제자의 누나는 소자에게 다섯 살이 맏이로되 그리 크지 아니한데 이제 임 형은 비록 일곱 살이 더하나 어찌 저토록 큽니까?"

"남녀의 장단이 같지 아니하거니와 나이로 말하면 꽤 장대하다."

임규가 정연경의 아름다움을 사랑해 서재에 돌아와 학업을 권장했다. 이후 임자순은 큰 뜻을 가르치고 임규는 자세한 의미를 설명했다. 정연경의 나이가 비록 어리나 총명이 특이한 까닭에 학업이 날로 성장했다. 임규는 정연경을 친동생 같이 사랑하고 정연경 역시 감동해 임규를 친형 같이 공경했다.

정연경은 삼일에 한 번씩 집에 돌아와 부모께 뵙고 누나를 반겼다.

---

21 주아부(周亞夫): 중국 전한(前漢) 때 인물. 강후(絳侯) 주발(周勃)의 아들로, 주아부의 군대는 군율이 엄정하기로 유명했다. 훗날 오초칠국의 난을 진압하고 승상이 되었다.

하루는 집에 와 모친께 뵙고 봉선루에 가 누나를 보니 정연양이 반겨 배운 글을 묻고 읽은 글을 외우라 했다. 정연경이 응대하고 외우기를 물 쏟듯 하니 정연양이 크게 기뻐했다.

“네 이렇듯 잘 배우니 가문의 다행이다. 부디 한결같아 부모의 소망을 저버리지 마라.”

“삼가 누님의 가르침을 받들겠습니다.”

남매가 조용히 담론하다가 정연경이 문득 웃으며 말했다.

“임 사부님의 아들이 나이 열셋에 키가 일곱 자요 팔다리의 장대함은 우리 부친에 배나 더하며 소리는 옥을 부수는 듯해요. 얼굴이 곱지 않으나 인물이 기특하고 문장과 필법이 옥구슬 같아 가히 기이한 남자로되 다만 애달픈 건 얼굴이 보기에 험하더군요.”

그리고 소매에서 임규의 글을 내어 누나에게 줬다. 정연양이 받아 보니 필법이 기이해 철로 된 막대기를 드리운 듯했다. 정연양이 한 번 보고 마음에 놀라 칭찬했다.

“글이 빛나고 아름다워 짐짓 문장의 수단이니 너는 아무쪼록 이 글을 모방해 배우기를 공부해라. 대저 사람은 고금을 물론하고 도덕이 으뜸이요 얼굴은 다음이다. 하물며 남자의 얼굴로 의논하면 어찌 아름다움을 귀하다 하겠냐.”

정연경이 웃고 대답했다.

“누님 말씀이 옳으나 남자라도 외모가 너무 추하면 무엇이 아름답겠어요.”

정연양이 웃고 다시 대답하지 않았다. 문득 시비 난난이 옥함에 봉한 것을 들고 들어오며 말했다.

“강서 주 어사 댁 부인이 이 옥벼루 한 쌍을 서역으로 왕래하는 장사에게 백금을 주고 사니 지극한 보배입니다. 소저의 자람을 헤아려 아름다움이 옥 같다 하시어 특별히 소저께 보내셨고 또 부인의 글월이 왔습니다."

정연양이 반겨 급히 받아 보았다. 옥벼루 위에 제비 한 쌍을 새기고 남해의 옥구슬을 더하였으니 기이함이 참으로 이른바 남전(藍田)[22]의 백옥(白玉)이었다. 정연양이 크게 기뻐했다.

"숙모가 여러 자녀를 두어 계시거늘 이렇듯 기이한 보배로 나를 생각하시니 가히 숙질의 정을 알겠구나. 숙모의 글월이 어디 있냐?"

난난이 소매로부터 글을 내어 드렸다. 정연양이 받아 보니 모친께 온 글이었다.

> 헤어진 뒤에 오래 그리는 회포 간절하다. 서로 손을 나눈 후 목소리와 얼굴이 아득하여 속절없이 남으로 가는 기러기를 슬퍼하니 현제(賢弟)의 정도 곧 나 같으리라. 들으니 벼슬을 버리고 고향에 돌아와 한가하다 하니 모름지기 한 번 강서에 이르러 동기 반김을 바란다. 더욱 연양의 예쁜 거동이 눈앞에 삼삼하고 연경을 또한 포대기에 본 후 얼굴이 희미하니 이제 자라 그 아름다움을 생각하니 그윽이 궁금하다. 이 옥벼루 한 쌍은 우리 상공이 여아를 위해 백금을 주고 서역 장사에게 사둔 것이니 진실로 기이한 보배다. 용렬한 사람이 임자가 되지 못할 것인데 여아는 재주가 평범한 속골(俗骨)이라. 이것이 말 없는 중 임자의 그릇됨을 한할 듯한 까닭에 연양의 아름다움이 짐짓 서로 적당함을 깨달아 보낸다. 나의 정을 표해 연양의 책상머리 물품을 도울까 함이니 연양은 모름지기 이 숙모의 생각하는 뜻을 알도록 하라. 우리 상공이 또한 벼슬을 버리고자 하시니 모르겠노라, 오래지 않아 돌아가리라.

---

22 남전(藍田): 중국 남전 지역. 예로부터 아름다운 옥이 산출되는 곳으로 유명했다.

정연양이 보고 웃으며 말했다.

“숙모께서 나를 찬양하심이 너무 과하시다. 사촌이 이를 빼앗기면 즐기지 않을 텐데.”

그리고 옥벼루 한 쌍을 다시 이끌어 자세히 보며 몹시 아꼈다. 난난이 말했다.

“주 부인이 이 같은 값진 보배를 소저에게 보내신 정이 매우 간절하신데 소저께서는 어찌 한 장 글을 지어 숙모의 후의를 사례하지 아니하십니까?”

정연경이 또한 권함을 마지않으니 정연양이 말했다.

“시 짓는 일은 본디 시인(詩人)과 재주 있는 남자의 일이다. 숙모가 어찌 좋아하시겠냐. 또 여자의 음풍영월(吟風詠月)[23]함이 온당하지 아니하다. 그러나 이 물건은 기이한데다가 숙모의 후의가 이러하시니 마땅히 한 수 시를 지어 옥벼루가 천리 밖으로부터 내게 돌아옴을 칭송하리라.”

드디어 종이 한 폭을 펼쳐 놓고 손에 붓을 들어 삽시간에 옥연찬(玉硯讚)[24] 칠언사율(七言四律)[25]을 지어 나직이 읊조렸다. 정연경은 나이 어려 그 글의 의미를 알지 못하되 그 붓 휘두름이 신속하고 필체가 옥구슬 같음을 보고 크게 칭찬해 가만히 생각했다.

‘임 형의 재주가 매우 신속하더니 누나의 수단이 이렇듯 기특하니 내 마땅히 저 글을 가져다가 임 형을 주어 기림을 봐야겠다. 그러나 누나가 마침내 주지 아니할 것이니 내 가만히 가져가리라.’

계책을 생각하더니 문득 안에서 시비가 나와 아뢰었다.

---

23 음풍영월(吟風詠月): 맑은 바람을 쐬며 시를 읊고, 밝은 달을 즐긴다는 뜻. 시 따위로 자연을 노래하는 것을 말함.

24 옥연찬(玉硯讚): 옥연(玉硯)은 옥벼루. 옥연찬은 곧 ‘옥벼루를 기린 시’라는 뜻.

25 칠언사율(七言四律): 칠언율시(七言律詩). 한시 형식의 하나로 가로 7글자, 세로 4줄로 된 시.

"노야와 부인이 소저를 부르십니다."

정연양이 급히 일어나 들어가는데 옥연시를 경대(鏡臺)에 넣고 일어나며 연경에게 함께 가자고 했다. 정연경이 대답했다.

"지금 발이 저리니 잠깐 진정해 갈게요."

정연양이 믿어 의심하지 않고 내당에 이르니 정현이 말했다.

"누이가 너의 어렸을 때에 떠나시되 사랑하는 뜻이 자기 딸에 못지않아 이 같이 기이한 보배를 네게 보내주시니 어찌 감사하지 않겠냐. 네 마땅히 숙모께 사례하는 뜻을 표해라."

부인이 웃으며 말했다.

"주 부인의 깊은 정은 감사하거니와 마침내 주 조카는 즐겨 아니할까 한다. 너의 노리개 중에 옥패(玉佩)[26] 여럿이 있으니 그 중 아름다운 것을 가려 주 조카에게 보내 답례해라."

"숙모의 후은이 감격스러운지라. 명대로 하겠습니다."

이때 정연경이 누나의 먼저 가는 것을 보고 즉시 글을 소매에 넣고 내당에 이르렀다. 정연양이 말했다.

"네가 매양 발이 저리다 하니 반드시 게으른 본이로다."

"오랫동안 꿇었더니 자연 발이 저리더이다."

정현이 웃으며 말했다.

"사람이 기맥이 부족해 손과 발이 저린 것이니라."

정연양과 정연경이 다 웃었다. 인하여 정연경이 일어나 임가로 가려 하직을 고하니 상서가 가동(家童)을 명해 정연경을 모셔가라 하고 임자순에게 또한 안부를 전했다. 정연양이 침실에 돌아와 옥패를 봉하고 숙모께 편지해 사례하니 부인도 답장하고 예물을 두터이 봉해 주씨 집 노복

---

26 옥패(玉佩): 옥으로 만든 패물(佩物). 곧 가락지, 팔찌, 귀고리, 목걸이 등의 노리개.

을 돌아가게 했다.

이때 임규는 정연경을 보내고 홀로 서재에 있어 글을 읽었다. 이날 석양에 정연경이 돌아와 스승을 뵙고 물러나오니 임규가 손을 이끌어 곁에 앉히고 말했다.

"네가 오늘은 무슨 일이 있어 이다지 늦었냐?"

"부모님을 뵙고 누나와 더불어 강론하다가 오느라 늦었어요."

임규가 다시 묻지 않고 정연경과 더불어 글 읽기를 마지않았다. 날이 어두워지니 글 읽기를 그치고 부친께 저녁 문안을 마친 후 서재로 돌아와 촛불 아래에서 다시 글을 읽었다. 밤이 깊은 후 책상을 물리치고 각각 차를 마신 후 과일을 씹는데 정연경이 소매 안에서 옥연시를 내어 천연덕스럽게 임규를 주며 말했다.

"이 글이 어때요? 한 번 보세요."

임규가 받아 보니 가장 필법이 맑고 새로워 진주를 꿴 듯하며 의사가 잘 통해 아리따운 미인의 태도를 머금은 글이었다. 뛰어나게 아름답고 글 뜻이 옥벼루를 기렸으니 우아하고 산뜻해 여자의 필적이 분명했다. 마음속으로 칭찬했다.

'묘하고 아름답도다. 옛날 소약란(蘇若蘭)의 회문시(回文詩)[27]와 사도온(謝道蘊)의 영설시(詠雪詩)[28]를 일찍 일컫었으나 어찌 이 옥연찬에 지남이 있겠는가. 모르겠노라.'

"네가 이 글을 어디로부터 얻었냐?"

---

27 소약란(蘇若蘭)의 회문시(回文詩): 소약란은 중국 위진남북조 때 여성 시인. 남편에 대한 그리움의 마음을 담아 회문(回文)의 방식으로 시를 지어 보냈다. 회문은 바로 읽거나 거꾸로 읽어도 모두 의미가 통하고 법칙에도 어긋나지 않게 지은 시를 말한다.

28 사도온(謝道蘊)의 영설시(詠雪詩): 사도온은 중국 동진(東晋) 때 여성 시인. 사안(謝安)의 조카딸이고, 사혁(謝奕)의 딸이며, 왕희지(王羲之)의 아들인 왕응지(王凝之)의 아내이다. 어린 시절 눈을 버들개지에 비겨 읊어 영설지재(詠雪之才)로 일컬어졌다.

정연경이 나이 어려 자기 누나의 글 기림을 좋아하고 즉시 답했다.

“이는 다른 사람의 글이 아니라 우리 누나가 지은 글이에요. 형에게 보여 그 잘잘못을 알려고 가져왔어요.”

임규가 놀라 생각했다.

‘정 소저가 한갓 규중 아녀자로 이러한 높은 재주가 있었구나. 그러나 여자가 글을 지은들 어찌 어린아이를 주어 외간 남자를 보이는가. 여자 행실에 마땅하지 않다.’

그리고 물었다.

“너의 누나가 옥벼루를 어디서 얻었기에 이 글을 지었으며, 너를 주어 보냄은 어째서냐?”

“이 글 지은 곡절이 있으니 오늘 우리 숙모 주 부인이 옥벼루 한 쌍을 우리 누나에게 보내 주시니 천하의 보배였어요. 그 찬사를 지으라 권하니 누나가 가하지 않다 하더니 이리이리하고 지었기에 형을 보이고자 했는데 누나의 꾸중을 입을까 해 내 또한 이리이리하고 가져왔어요.”

임규가 웃으며 말했다.

“너의 의사는 가소롭거니와 어린아이 어찌 어른 속임을 능사로 아냐. 이후로는 부디 삼갈 일이다. 후일에 만일 너의 누나가 짐작하면 중책을 면하지 못할 것이니 도로 가져다 두어라.”

정연경이 웃으며 말했다.

“그리 할게요.”

임규가 그 글을 옮겨 베끼고 정연경을 줬다. 이로부터 임규가 정연양의 문장을 짐작하고 칭찬하게 되었다. 임규가 또한 한 수 시를 지어 그 곁에 쓰고 다시 물었다.

“너의 누나 나이가 얼마나 되냐?”

“열한 살이에요.”

임규가 탄식했다.

'십여 세 아녀자가 이러한 문장이 있으니 용렬한 남자가 어찌 부끄럽지 않겠는가.'

또 가만히 내심에 헤아렸다.

'이 여자가 이렇듯 아름다우니 내 구해 배필을 삼으면 진실로 남자의 쾌사로다.'

생각함이 이에 이르다가 문득 뉘우쳐 말했다.

'나는 외간 남자요 저는 규중 여자라. 어찌 남의 집 규수를 유의하리오.'

인하여 그 시를 벼루 갑에 간수하고 다시 유념하지 않았다. 그러나 매양 글을 내어 보면 문득 공경함을 마지않았다.

이때 정연양이 옥연시를 다시 보고자 경대를 열어 보니 문득 간 곳이 없었다. 놀란 마음에 벼루 갑이며 서책을 뒤적여 보되 끝내 보이지 않았다. 몹시 의아해 난난 등 넷을 불러 물으니 난난, 진진이 대답했다.

"소비 등은 어제 소저를 모셔 정당에 들어가고 공자가 홀로 계시더니 모름지기 가져가신가 합니다."

"어린아이가 내 글을 가져다가 무엇에 쓰겠냐?"

섬월이 여쭈었다.

"소비가 어제 소저 가신 후 이곳에 있더니 공자가 발이 저리다 하고 경대 앞에 계시다가 소비 나간 후 곧 경대를 닫으시더이다. 반드시 공자가 소저의 글을 가져다가 임생에게 보이려 함인가 합니다."

정연양이 듣고 동생의 가져감이 옳은 줄 짐작하고 심중에 불쾌해 정연경의 돌아오기를 기다렸다.

이때 정연경이 임규의 글 기림을 보고 가장 기뻐 또 선생께 자랑하고자 했다. 다음날 새벽에 선생을 뵙고 종이를 내어 두 손으로 선생께 드리며 말했다.

"제자가 이 글을 얻었더니 고하를 알지 못하겠기에 선생께 드려 그 고하를 알고자 합니다."

임자순이 받아 보니 옥벼루를 두고 지은 글이었다. 청아하고 은은해 종이 위에 향기 어려 사람을 향해 칭찬하는 의사가 간절하되 작법이 연약하고 자획이 아름다워 남자의 수단은 아니었다. 놀라며 기특히 여겨 칭찬했다.

"기이하며 묘하도다. 이 글을 보니 옛사람의 글도 아니요 또 남자의 필법이 아니니 반드시 여자의 지은 바라. 모름지기 이 글이 누가 지은 바냐?"

정연경이 선생의 기림을 기뻐해 대답했다.

"이 글은 제자의 누나가 지은 것입니다."

임자순이 크게 놀라 말했다.

"네 누나의 나이 몇이며 이 글을 무슨 뜻으로 지었냐?"

정연경이 드디어 누나의 나이며 글 지은 이유를 다 고하니 임자순이 크게 칭찬했다.

"기특하다. 십여 세 여아가 이러한 재주가 있도다. 글 지은 것을 보니 천성이 정숙하며 수와 복을 누릴 숙녀로다. 정자산이 과연 기특한 딸을 두었구나."

칭찬함을 마지않으니 정연경이 흔연히 기뻐했다. 이때 임규가 안으로부터 나오니 임자순이 그 시편을 주며 읽으라 했다. 임규가 공경해 대답했다.

"아까 연경이 그 글을 가졌기에 먼저 보았습니다."

임자순이 고개를 끄덕였다.

"네 이 글을 보매 무슨 흥취 있더냐? 어찌 한 마디 말이 없냐?"

"규중 필적을 외간 남자가 어찌 평론하겠습니까."

임자순이 칭찬했다.

"네 예를 지킴이 이렇듯 하니 가히 아름답다."

인하여 글을 내어 주니 정연경이 받아 주머니에 감추었다.

이날 석양 때에 정현이 임자순을 보고자 한 필 나귀로 임부에 이르렀다. 이때 임자순이 초당에서 거문고를 희롱하더니 정현을 맞이해 예를 마치고 앉았다. 정현이 먼저 말했다.

"소제가 최근 작은 병으로 인하여 여러 날 외출하지 못하여 오래 형을 보지 못하니 거친 태도가 나타나는 까닭에 찾아 이르렀소."

임자순이 사례했다.

"소제 또한 심사가 곤하기로 형을 찾지 못하였더니 먼저 찾아주니 감사하오."

정현이 웃으며 말했다.

"형이 요새 불민한 자식을 가르치느라 심력을 허비하니 소제 도리어 불안하고 감사하거늘 또 어찌 왕림하심을 바라겠소."

"아드님이 비록 나이 어리나 총명이 남다른 까닭에 가르침에 조금도 수고로움이 없으니 어찌 다시 염려하시겠소."

정현이 사례하고 주인과 객이 서로 대해 한가히 말을 나누었다. 이윽고 위 처사가 또한 이르니 피차 반겨 담화할 새 임자순이 가동을 명해 술을 내왔다. 담박한 안주로 백화주를 옥잔에 부어 서로 권해 술이 반쯤 취했을 때 위 처사가 말했다.

"근간 임규의 학업이 얼마나 진취하였나요?"

임자순이 답했다.

"아이가 너무 둔해 공부는 착실히 하나 진취는 얻지 못하였네."

정현이 웃고 말했다.

"소제 형으로 더불어 교분의 두터움이 가족 같은데 아드님이 소제를 더럽게 여겨 한 번 상대함을 얻지 못하였소."

임자순이 사양하며 말했다.

"아이가 불초해 천성이 어리석은 까닭에 제 스스로 나와 뵙기를 두려워하니 어찌 무례함이 있겠소."

"예로부터 어진 선비는 제왕이라도 가볍게 이르게 할 수 없다고는 하나, 한집 같은 사이에 아드님이 어찌 그대도록 소홀한단 말이오. 모르겠지만 이는 형이 아들 가르침에 너무 고집함이 아닌가 하오."

위 처사가 웃으며 말했다.

"조카의 품성이 엄숙한 것이지 소홀함이 아닙니다. 본래 마음이 무거워 원근과 친소를 물론하고 사람 대하기를 즐기지 아니하는 까닭에 이르지를 아니합니다."

임자순이 또한 웃으며 말했다.

"소제 늦둥이로 아들 하나를 얻어 별로 가르침은 없으나 자못 법도가 있소. 다만 형의 왕림하심을 알지 못해 자연 더딤인가 하오."

정현이 웃으며 말했다.

"그러할진대 오늘은 조용하온즉 아드님을 명해 나를 보임이 어떠하오?"

임자순이 응낙하고 가동을 분부해 아들과 정연경을 불러 상서께 배알함을 명했다. 정연경이 부친의 이르심을 듣고 크게 반겨 임규를 재촉해 얼른 나아가고자 했다. 임규가 웃음을 머금고 의관을 정제해 정연경과 더불어 객당에 이르렀다.

정현이 일찍이 임규의 행동거지를 듣고 내심에 생각하되 '어떠한 괴물인가' 해 부디 보고자 했다. 문득 멀리서부터 발소리가 들려와 바삐 눈을 들어 보았다. 한 서생이 머리에 검은 실로 된 두건을 쓰고 몸에 흰 모시 옷을 입었으며, 허리에 가는 혁대를 두르고 서서히 걸어 당에 올라 정현을 향해 예를 마치고 또 위 처사께 절하고 부친의 자리 아래에 단정히 모시고 섰다. 정현이 그 키가 크고 위풍이 늠름함을 보고 한낱 어린아이인 줄 깨닫지 못하고 손을 들어 답례하니 임자순이 급히 말렸다.

"형이 아이에게 아버지뻘의 존중함이 있고 나이가 또 어리거늘 어찌 이렇듯 지나치게 예를 차리시오. 이른바 과공비례(過恭非禮)[29]요."

"아드님은 높은 선비요. 소제 어찌 감히 무례하겠소."

임규가 몸을 굽혀 사죄했다.

"대인이 소생을 이렇듯 과례하시니 몸 둘 바를 알지 못하겠습니다."

정현이 웃으며 말했다.

"그대의 문학이 실로 고상하네. 높은 선비 대접이 마땅하거늘 어찌 사죄함이 있겠는가."

임규가 황공해 자리를 물러 무릎을 꿇어앉았다. 정현이 다시 눈을 들어 자세히 살피니 키가 팔 척이요 위의가 당당하며 허리 길고 몸이 둥글어 어깨는 산이 선 듯하고 눈썹이 길며 코가 높고 눈은 깊은 듯하나 광채가 찬란했다. 그 용모와 기상이 당당한 일대 영웅으로 천지조화를 가슴에 품어 제세안민(濟世安民)[30]할 자였다. 정현이 한 번 보고 크게 칭찬했다.

"임 형은 비록 늦둥이로 아들 하나를 두었으나 오래지 않아 무궁한 영화를 볼 것이오."

"소제 다른 자녀가 없고 일신이 고독하니 바삐 며느리를 얻고자 하나 아이의 소원이 이리이리한 까닭에 대사를 경솔히 정하지 못하오. 또

---

29 과공비례(過恭非禮): 지나친 공손(恭遜)은 오히려 예의(禮儀)에 벗어남.

30 제세안민(濟世安民): 세상을 구제하고 백성을 편안하게 함.

아이의 용모가 아름답지 못하니 누가 즐겨 옥 같은 딸과 아리따운 여아로 사위를 허하겠소. 또한 가세가 빈한하니 혼인의 대사가 자연 더딜까 하오."

정현이 웃으며 말했다.

"무릇 사람이며 나라를 구할진대 먼저 덕을 보고 후에 용모를 의논하니 하물며 남자의 얼굴을 의논하겠소. 아드님의 높은 코와 깊은 눈이 영웅의 기상이요 복된 귀와 빼어난 눈썹이며 모난 입과 붉은 입술이 반드시 오복이 구비할 모습이오. 어찌 아름답지 않다고 하며 혼인에 가난함을 거리낌은 오랑캐의 행실이오. 어찌 빈부를 의논하겠소."

임자순이 크게 웃으며 말했다.

"용렬한 아이를 너무 과찬하시오. 아이가 과연 얼굴은 괴이하나 배운 바는 그리 용렬하지 아니한가 하오."

위 처사가 정현의 말을 듣고 그윽이 기뻐하며 이 틈을 타 혼사를 도모하고자 했다. 정현이 임규의 용모가 험악함을 보고 심지와 학업을 시험하고자 해 고금을 강론했다. 임규가 응구첩대(應口輒對)[31]하니 바다를 기울이는 넓은 소견과 원대한 말은 정현이 능히 미처 응대하지 못할 정도였다. 정현이 크게 기특히 여겨 암암리에 칭찬하고 사랑함을 이기지 못했다. 겸해 몸가짐이 신중해 정현으로 더불어 대해 앉은 지 때가 오래되 기울여 고침이 없었다. 또 음성이 맑아 옥을 때리는 듯 태도가 공손하고 거동이 단아해 한 곳도 미흡함이 없었다. 정현이 마음에 놀라고 사랑해 생각했다.

'이는 짐짓 정중한 군자요 짝이 없는 영웅이나 한갓 용모가 박하고 거동이 가증스럽도다. 그렇지 아니하면 사위를 삼음이 마땅하다.'

---

31 응구첩대(應口輒對): 묻는 대로 지체(遲滯) 없이 대답(對答)함.

그 재주와 인물을 사랑해 은근히 화답하며 또 그 문필을 구경하고자 임규에게 물었다.

“내 일찍이 벼슬길에 분주하기로 글을 놓은 지 오래고 재주가 소활하나 남의 아름다운 시사(詩詞)는 사랑하네. 군 같은 재주로 일찍 지은 바가 많으리니 옥구슬 같은 글귀를 내어 이 노부의 어두운 귀를 밝힘을 바라네.”

임규가 공경해 대답했다.

“소생의 천성이 못나 종일토록 창 아래 숨어 있습니다. 소견이 무식해 비록 조금 글자를 아나 어찌 옥구슬 같은 글귀가 있어 노선생께 보여드릴 것이 있겠습니까.”

“노부가 그대 집으로 더불어 한집 같은데 군은 어찌 이 같이 홀대해 썩은 선비의 겸양함을 모방하는가.”

임규가 굳게 사양했다. 위 저사는 다만 결혼할 뜻으로 임규의 재주를 매양 자랑하고자 하던 차에 임규의 사양함을 보고 고민해 임규를 돌아보며 말했다.

“정 형은 한집 같은데 어찌 이렇듯 사양하냐.”

눈을 굴려 당하를 엿보니 임규의 시동 한복이 서 있었다. 즉시 한복을 불러 분부했다.

“정 노야가 보려 하시니 너는 빨리 공자의 글을 가져 와라.”

한복이 명을 듣고 서당에 이르러 임규의 글 넣은 상자를 가져다 드렸다. 위 처사가 받아 글을 내어 정현과 함께 보니 그 수가 백여 편이었다. 혹 달을 읊으며 꽃을 지어 칠언(七言)과 오율(五律)이 각각 있으니 그 중 충신과 열사의 옛 자취와 열녀를 찬양하는 글도 있어 구절구절 문장과 글 뜻이 완전하며 심원해 보는 눈으로 하여금 어지럽게 했다. 정현이 극구 칭찬함을 마지아니하고 위 처사가 또한 기쁨을 이기지 못했다. 임자순은 다만 기쁜 웃음을 머금고 임규는 머리를 나직이 해 담담히 말이 없었다. 정현이 더욱 기특히 여겨 임자순을 향해 몹시 칭찬했다.

"내 어려서부터 사람 봄이 극히 많으나 눈에 드는 재주를 별로 보지 못하였는데 오늘 아드님의 강물 같은 문장을 구경하니 크게 기쁘오. 형이 비록 한 아들을 두었으나 남의 열 아들을 당할 것이오. 이 같은 재주로써 어찌 진흙에 묻히겠소. 오래지 않아 용문(龍門)[32]에 올라 단계(丹桂)[33]를 꺾고 궁중의 향(香)을 맡으며 금마옥당(金馬玉堂)[34]에 주인이 되어 국가를 창성케 하리니 미리 치하함을 마지아니하오."

임자순이 웃고 사양했다.

"자산이 전일은 눈이 높고 뜻이 거만해 일찍 기림이 없더니 어찌 아직 방향 없는 아이의 글귀를 저렇듯 과찬하오. 이제 형이 아이의 철없는 문자를 이 같이 과장하거니와 형의 따님은 천금 재녀라. 남자의 학업을 힘씀은 그 당연한 직분이거니와 여자의 문장은 자고로 희귀한 바니 따님의 보기 드문 재주를 소제가 실로 만심 칭찬하오. 형이 이렇게 기특한 따님을 두고 소제의 한미한 아이를 과찬함이 이러하오?"

정현이 의심해 미소하며 말했다.

"소제의 어린 딸이 약간 총명하나 무슨 나타난 문장이 있어 형의 찬양함을 듣겠소?"

"따님의 옥연찬 시를 얻어 보니 여자 중 문장이오. 소제 깊이 공경하오."

---

32 용문(龍門): 과거 급제를 비유하는 말. 중국 황하강(黃河江) 중류에 있는 여울목으로 잉어가 이곳을 뛰어오르면 용이 된다고 전해지는 데서 유래했다.

33 단계(丹桂): 과거 급제를 비유하는 말. 단계(丹桂)는 붉은 계수나무를 말하는데, 옛날에 과거에 급제하는 것을 계수나무를 꺾는 것에 비유한 데서 유래했다.

34 금마옥당(金馬玉堂): 한(漢)나라 때 금마문(金馬門), 옥당전(玉堂殿)은 문학하는 선비가 출사하는 관아였다. 후세에 한림원(翰林院)을 일컫는 이름이 되었다.

정현이 놀랍고 마음이 간절해 말했다.

"딸의 나이 열한 살에 문장 재주가 조금 볼만하거니와 일찍 시 짓는 양은 보지 못하였소. 형이 옥연시를 어디로부터 얻어 보았으며 누가 딸의 지은 것이라 했소?"

임자순이 정현의 알지 못함을 보고 웃으며 말했다.

"속담에 '등잔 밑이 어둡다.' 하더니 어찌 따님이 옥연시 지은 것을 모른단 말이오. 오늘 아침에 연경이 옥연시 한 수를 내어 주며 제 누나의 지은 것이라 해서 소제가 공경해 보았으니 형이 도리어 따님의 재주를 소제만큼 모름이 괴이하오."

정현이 더욱 의아해 말했다.

"형이 받아 보았다 하니 반드시 허언이 아니구려. 그 시가 지금 어디 있소? 보고자 하오."

"아드님에게 물어 찾으시구려."

정현이 아들에게 물었다.

"네 누나가 글을 언제 지었으며 어찌 나를 보이지 않고 먼저 선생께 뵈었냐? 대저 사제의 정리는 부자에 더함을 깨닫겠구나. 그 시를 가져와라."

정연경은 본디 누나의 글을 가만히 가져다가 임규를 보여주어 기림을 듣고자 했었다. 그런데 일이 공교롭게 되어 의외에 부친이 이르시고 처사가 드러내니 내심에 몹시 급해져 머리를 숙이고 한 마디 말을 하지 못하고 있었다. 그럴 즈음에 부친의 이 말을 듣고 감히 거역하지 못해 주머니에서 시를 내어 드렸다. 정현이 받아 보고 이마에 기쁜 빛이 가득해 흔연히 웃음을 머금고 말했다.

"네 누나가 이 시를 어느 때 지었냐?"

정연경이 부친의 흔연한 기색을 보고 잠깐 방심하고 대답했다.

"저번에 숙모께서 옥벼루를 보내셨을 때 즉시 이 시를 지었습니다. 그때 마침 부모께서 누나를 부르시니 누나는 들어가고 소자가 그 글의 고하를 알고자 해 선생님께 보이려고 누나 모르게 가져 왔습니다."

정현이 웃으며 말했다.

"네 그날 발이 저리다고 거짓말하고 누나를 속여 글을 도적했구나. 임 형의 보심은 관계하지 않거니와 규중 필적을 번거히 전파하면 네 누나가 반드시 즐기지 않아 네 크게 꾸짖음을 면하지 못할 것이다."

정연경이 이 말을 듣고 안색이 변해 은은히 눈물을 머금었다. 정현이 아들의 번민함을 보고 위로했다.

"네 누나가 혹 책망할 것이나 내 이를 것이니 걱정하지 마라."

정연경이 바야흐로 안색이 평온해졌다.

第二回
제이회

정연경이 임유와 더불어 글 배우고 진상문이 소년 등과하다

이때 위 처사가 정현에게 말했다.

"형은 과연 기특한 딸과 아들을 두었군요. 그 재주가 이러하니 용모가 아름다울 것입니다. 형의 사위 택함이 예사롭지 않으시겠습니다."

정현이 웃으며 말했다.

"딸이 비록 제법 재주와 용모가 있으나 어찌 감히 옛사람에 미치겠는가. 대저 자식을 위해 아름다운 배필을 구함은 모든 사람의 떳떳한 일이네. 어찌 평범하다 하겠냐마는 아직 나이 어리고 절강 인물이 예사롭기에 좋은 신랑을 얻지 못할까 근심하네."

위 처사가 짐짓 말했다.

"형이 따님의 사위를 가림에 반드시 번화한 황성 근처에 왕손(王孫)과 공경(公卿)이며 부귀한 집 공자를 고르겠지요. 어찌 절강의 촌스러운 선비를 구하겠습니까."

정현이 웃으며 말했다.

"형의 말이 고지식하다 하겠네. 소제는 실로 한미한 사람이니 한갓 단아한 군자를 얻어 딸의 일생을 부탁하고자 하나 아직 마땅한 신랑감이 없음을 우려하네."

위 처사가 웃으며 말했다.

"형의 높은 뜻이 마땅합니다. 지금 풍속이 모두 번화함을 취하거니와 소제는 실로 뜬구름 같이 여깁니다."

정현이 웃으며 말했다.

"임 형의 며느리 구함은 모르겠소, 그 뜻이 어떠하오?"

"혼인은 인륜대사요 집의 흥망이 달렸으니 어찌 다만 부귀를 취하겠소. 형의 말이 내 뜻에 합당하오. 소제 또한 한 아들의 쌍을 구함에 어찌 소홀하겠소. 반드시 용모 비범한 여자를 구하려 하였더니 아이의 소원이 장강, 반첩여의 박명함을 꺼려 비록 집이 가난하나 유한(幽閒)하고 정숙한 여자를 원해 소망이 높으니 실로 민망하오. 본디 아이의 얼굴이 아름답지 못하니 아름다운 며느리를 얻어 재미를 볼까 바라나 뜻과 같지 아니함을 우려하외다."

정현이 손뼉을 치고 크게 웃으며 말했다.

"아드님의 소견이 실로 높구려. 다만 지조가 초월한 여자를 구할지언정 어찌 얼굴을 구하겠소."

말을 마치자 좌우가 크게 웃으며 담론이 그치지 않았다. 임규는 기운이 씩씩하고 행동거지가 무거워 좌우가 번갈아 자신의 용모를 시비하나 각별 부끄러움도 보이지 않았다. 또 자신의 혼사 등을 의논하나 유의함이 없어 다만 단정히 앉았으니 정현이 더욱 탄복해 사위를 삼고자 뜻이 태반이나 기울었다. 그러나 그 용모가 여아와 현격함을 미흡하게 여겨 말하지 않고 날이 저무니 하직하고 돌아가는데 여아의 시를 소매에 넣고 일어나니 임규가 모셔 문밖에 전송했다. 정현이 흔연히 말했다.

"그대는 이후 노부를 괄시하지 말며 아이는 용렬함이 많으니 아무쪼록 널리 가르쳐 대도로 나아감을 인도해 매사를 형제 같이 화합하기 바라네. 한 번 아이로 더불어 노부의 집에 이르기를 바라네."

임규가 공손히 말했다.

"소자의 어리석음을 이렇듯 사랑하시니 어찌 감사하지 않겠습니까. 연경은 총명하고 재주 많아 소자가 족히 가르칠 것이 없으나 존명이 이러하시니 삼가 명대로 하겠습니다."

정현이 다시 연연함을 마지않다가 돌아갔다. 정연경이 매우 섭섭히 여기거늘 임자순이 더욱 사랑이 친자식 같고 임규가 또한 지극히 위로했다. 정연경이 웃고 말했다.

"소제 부질없이 누나의 시를 가져다가 선생과 형을 보였다가 일이 누설하였으니 나중에 우리 누나에게 한바탕 꾸짖음을 입을까 합니다."

임자순이 웃고 임규를 명해 글 읽기를 분부하니 임규가 정연경과 더불어 서재에 돌아와 독서함을 마지않았다.

이때 위 처사가 임자순을 대해 말했다.

"조카를 위해 혼사를 결의하고자 하되 나이가 맞지 않고 또 조카의 얼굴이 곱지 못해 주저하다가 누님께도 말씀하지 못하였는데 오늘 정녀의 시문을 보니 그 여자의 재모가 쌍을 이루는군요. 조카의 배우자로 정하면 어찌 기쁘지 않겠어요. 다만 정 상서의 마음을 알지 못하니 어찌 할까요?"

"아이의 재덕이 빼어남을 사랑해 오래지 않아 정 상서가 스스로 먼저 청혼할 것이네. 백섬은 먼저 움직이지 말게나."

위 처사가 옳다 하고 돌아갔다.

이때 정현이 임규를 보고 돌아오며 그윽이 생각했다.

'아마도 그 얼굴이 미흡해 부인이 즐기지 아니하리라.'

그리고 집안에 이르니 부인이 맞아 말했다.

“상공이 어디 가 종일 취하셨습니까?”

“임중유를 찾아보고 종일 술 마시다가 돌아왔소.”

부인이 웃으며 말했다.

“아이가 상공을 반기다가 떠나기를 섭섭해 가장 서운했겠습니다.”

정현이 웃으며 말했다.

“아이가 제 누이에게 죄를 얻어 근심하기에 섭섭함도 알지 못하더이다.”

부인이 놀라 물었다.

“연경이 무슨 죄를 지었습니까?”

정현이 웃고 그 곡절을 일렀다. 부인이 웃으며 말했다.

“철없는 아이가 규중 필적이 소중함을 알지 못하고 다만 누나의 재주를 자랑하고자 해 가져갔으나 일이 탄로하고 제 누나의 성품을 짐작하니 응당 두려워할 것입니다. 바라건대 상공은 꾸짖지 마십시오.”

정현이 취중에 말했다.

“연경은 나의 장중보옥(掌中寶玉)[35]이오. 철을 모르고 한 일을 어찌 꾸짖겠소.”

말하는 도중 정연양이 들어와 문안했다. 정현이 곁에다가 앉히고 물었다.

“네 전일부터 글을 많이 보았으니 시도 또한 지어 읊었으리라. 지은 글이 있냐?”

정연양이 의아해 말했다.

“소녀가 비록 글을 약간 짐작하오나 어찌 지을 재주가 있겠습니까.

---

35 장중보옥(掌中寶玉): 손안에 있는 보배로운 구슬이란 뜻으로, 귀하고 보배롭게 여기는 존재를 비유적으로 이르는 말.

다만 일전에 주 숙모가 옥벼루를 보내시니 그 후의를 감격해 옥벼루의 기이함을 보고 두어 줄의 찬사를 지었더니 마침 모친이 부르시는 까닭에 내당으로 들어온 사이에 연경이 가져가고 있지 아니합니다. 다음날 연경의 오기를 기다려 찾으려 하며 어린아이 혹시 외인에게 누설할까 염려됩니다."

정현이 크게 웃으며 소매에서 옥연시를 내어 주며 말했다.

"연경이 이 글을 선생님께 보여 자랑하고자 해 가져갔던가 싶다. 임 처사가 보고 몹시 칭찬하고 내게 보이며 기이하다 하기에 내 바야흐로 알고 가져왔으니 이는 모두 어린아이의 일이라. 과히 책망하지 마라."

정연양이 그 번거로움을 이기지 못해 마음에 불안하나 이미 일이 이에 이르고 부친의 분부가 이러하니 내색하지 않고 대답했다.

"우연히 지은 것이 문 밖으로 나가 외인의 눈에 지나치니 이는 소녀의 간수하지 못한 허물입니다. 다만 연경을 중책하려 하였더니 이제 부친께오서 연경을 두둔하시니 용서하겠습니다. 그러나 이제 자라는 아이가 계교가 이러하니 바라건대 부친은 후일을 경계하십시오."

정현이 숙연히 듣고 말했다.

"네 말이 과연 옳거니와 원래 대단하지 아니한 일이다. 또 임 처사는 한집 같은 사람이니 무슨 관계가 있겠냐."

그리고 이어 말했다.

"임 처사의 아들을 오늘 비로소 보니 짐짓 대현군자요 영웅호걸이라. 경박한 태도가 없고 엄숙함이 옛사람을 압도하니 본바 처음이더라."

칭찬함을 마지않으니 정연양은 잠잠히 말이 없고 부인은 말했다.

"처사의 아들이 극히 용렬해 문 밖을 나지 아니한다 하기에 병든 사람인가 여겼더니 상공의 말씀을 듣자오니 과연 기특하군요. 과연 재모가 아름다우면 어찌 내외하는 남자를 지었습니까?"

정현이 웃으며 말했다.

"자고로 아름다운 옥과 구슬은 쉬이 보이지 않으니 하물며 기특한 선비와 높은 군자가 어찌 사람 대하기를 가벼이 하겠소. 이러므로 제왕도 어진 선비를 이르게 하고자 할진대 몸을 굽혀 여러 번 수레를 수고로이 하니 임생과 같은 출중한 재주로써 어찌 경솔히 사람 보기를 즐기겠소. 오늘 청해 보니 나이 열세 살 소아로되 도량이 엄중하고 행동거지에 법도 있더이다. 내 저의 부형의 벗임을 깨닫지 못하고 그 공경하는 마음이 옛날 한 소열(漢昭烈)이 와룡 선생(臥龍先生)을 대한 듯[36] 사모하였으니 어찌 용렬한 남자라 하겠소. 이제 여아를 위해 사위를 삼고자 하나 다만 나이와 체형이 장대해 서로 맞지 아니한 까닭에 유예하였소."

"상공이 평생에 별로 기리는 사람이 있지 아니하더니 임생을 저렇듯 크게 칭찬하시니 실로 기이한 남자인가 합니다. 용모와 재주가 상문에 비해 어떠합니까?"

정현이 냉소하며 말했다.

"상문은 낯이 희고 용모가 똑똑한 듯하나 다만 경박한 아이요. 어찌 임랑의 그 도량을 당하겠소."

그리고 임규의 문장을 일컬어 칭찬을 그치지 않으니 부인도 또한 사위를 유의했다.

이러구러 밤이 깊으니 정연양이 저녁 문안의 예를 파하고 봉루에 돌아왔다. 시 종이를 깊이 감추고 마음에 즐기지 않으니 난난이 웃으며 말했다.

"공자의 행위임은 생각 밖입니다. 소저가 명철하시거늘 도리어 속음

---

36 한 소열(漢昭烈)이 와룡 선생(臥龍先生)을 대한 듯: 한 소열은 유비(劉備)이고, 와룡 선생은 제갈량이다. 유비가 제갈량을 등용하기 위해 삼고초려(三顧草廬), 즉 세 번이나 직접 그를 찾아갔던 고사가 있다.

을 입으시니 남녀의 의사가 서로 같지 아니함이 이러합니다."

진진이 또한 웃으며 말했다.

"공자의 발이 저리다 함은 항상 하는 일이니 어찌 속지 않겠습니까. 실로 뜻밖입니다. 남자의 능통함이 어려서부터 이렇거늘 하물며 장성한 남자이야 일러 무엇 하겠습니까."

난난이 또 여쭈었다.

"이제 비록 소저의 필적이 누설하였으나 별로 다른 곳으로 굴러 간 바가 아니니 과도히 괘념하지 마십시오."

그리고 위로함을 마지않으니 그 말이 매우 정다웠다.

다음날 정연양이 부모님께 문안하니 정현이 어제 대취하여 일찍 일어나지 못했다. 정연양이 곁에 모셔 약을 내왔다. 그때 진담 형제와 진상문이 이르러 안부를 묻고 말을 나누었다. 또 정연경이 이르러 부모를 뵈었는데 소저를 보며 부끄러운 빛이 있었다. 신명은 본디 총명한 사람이었다. 남매의 기색을 보고 웃으며 말했다.

"연경이 연양에게 무슨 죄를 짓고 저리 위축되었냐?"

부인이 웃고 정연경의 한 일을 말하니 좌중이 모두 대소했다. 진명이 정연경의 손을 잡고 희롱했다.

"임 처사가 네 누나의 시를 보고 무슨 말씀하시더냐?"

"기특한 재주라 하시더이다."

진명이 웃고 정연경의 총명함을 일컬었다. 진상문이 말했다.

"사촌누이가 이렇듯 높은 재주가 있으면서 우리를 내외함이 친척의 후의가 아니지. 옥연시를 구경하자."

정연양이 대답했다.

"제가 나이 어려 글자를 해득하지 못합니다. 어찌 족히 구경할 바가 있겠어요. 우연히 글자를 희롱하였더니 망령된 아이가 바깥에 누설한 까닭에 즉시 없앴습니다.”

진상문이 웃고 핑계 댄다 하나 정연양은 끝내 보여주려 하지 않았다. 진명이 웃으며 말했다.

“연양이 너무 고집한다. 문장을 보려 함이니 빨리 가져와라.”

정연양이 불쾌해 끝내 가져오려 하지 않으니 부인이 책망했다.

“이는 나의 동기요 나의 친조카이거늘 어찌 푸대접함이 이 같으냐. 이는 어미를 가벼이 여기는 것이다. 빨리 가져와라.”

정연양이 부득이 난난을 명해 가져다가 숙부께 드렸다. 진명이 보고 실색하고 칭찬하며 재삼 읊조렸다. 그리고 조카들을 주어 말했다.

“너희 비록 밤낮 독서하나 연양의 재주를 바라지 못하겠다. 어찌 부끄럽지 않겠냐. 이후로는 연양에게 절함을 감심해라.”

진백문은 순박한 군자였다. 다만 사촌누이의 글재주를 몹시 칭찬할 뿐이나 진상문은 방자했다. 정연양의 용모와 재주를 흠모하는 중에 이러한 뛰어난 재주를 보고 심신이 어린 듯해 글을 손에 놓지 못하고 어지러이 일컬어 경박한 추태가 극진했다. 정연양을 자주 돌아보아 넋을 잃은 듯하니 정현이 마음에 불쾌히 여기고 진명이 미안해 글을 빼앗아 정연양에게 돌려보냈다. 정연양이 홀가분히 침실로 돌아와 한탄함을 마지않았다.

정현이 진명에게 말했다.

“임 처사의 아들을 보았는가?”

“임가에 수재(秀才)[37] 있다 하되 한 번도 보지 못했습니다. 들으니 사람 상대하기를 즐기지 아니한다 하니 필시 병든 사람인가 합니다.”

정현이 웃으며 말했다.

“저 임생을 어떤 사람으로 여기는가?”

---

37 수재(秀才): 옛날에 미혼 남자를 높여 이르던 말.

그리고 임규의 용모는 전하지 않으니 이는 부인이 즐겨 아니할까 함이었다. 때문에 듣는 자가 다 임규의 용모가 아름답지 못함은 짐작하지 못했다.

다음날 정연경이 서재에서 놀고 있었다. 진상문이 정연경에게 물었다.

"네 사부의 아들이 문장이 빼어나다 하니 어떠하며 얼굴은 나와 어떠하더냐?"

"임 형의 문장은 부친과 누나의 기리시는 바거니와 용모는 형만 같지 못해요."

"숙부는 임생의 글을 보아 계시니 칭찬하시려니와 누이는 어찌 알고 기리더냐?"

"소제가 임 형의 글을 가져 누나를 보이니 누나가 크게 칭찬하고 소제에게 힘써 임 형을 본받으라 하던데요."

진상문이 듣고 언짢아하며 생각했다.

'누이가 나이 어리나 임생의 재주를 사랑해 짐짓 옥연시를 지어 연경을 주어 임생에게 자랑했구나. 예로부터 글 잘하는 여자가 춘정이 많다 하더니 연경이 무슨 철을 알고 누나의 시를 도적하였겠는가. 필시 연경을 가르쳐 계교한 것이겠지. 정 숙부가 임생을 크게 칭찬하시고 사촌누이 또한 흠모하니 반드시 임가에 빼앗기겠구나. 나의 사모하는 심사가 그림에 떡이로구나.'

마음이 동요해 공연한 임규를 미워했다. 서당에 돌아와 천만가지로 생각하고 뜻에 맞는 숙녀를 남에게 빼앗김을 분노했다. 아무쪼록 인연이 제 몸으로 돌아오기를 도모하나 갑작스레 계교가 없어 다시 생각했다.

'사촌누이의 나이가 아직 어려 출가할 기약이 멀었으니 차차 사세를 보아 도모하리라. 아직 분한 기운을 참아 숙부모 눈에 벗어나지 아니함을 요구하고 한편으로 힘써 공부해 등과하면 저 한미한 임생을 압도하

지 못하겠는가?'

그리하여 글 읽기를 발분망식(發憤忘食)[38]하며 효성으로 숙모를 섬기고 숙부께 정성을 다했다. 부인은 사랑함이 소저와 같고 정현은 그 아첨함을 기뻐하지 않으나 다만 그 유순함을 사랑하니 진상문이 기뻐해 갈수록 공경했다.

하루는 정연양이 부인을 모셔 말하고 있었다. 마침 진명이 이르러 한담하더니 정연양의 패물을 보고 문득 말했다.

"저번에 옥연시를 보았으나 옥벼루는 보지 못하였으니 한 번 보자."

정연양이 즉시 끌러 드렸다. 진명이 자세히 보고 칭찬했다.

"과연 보배다. 그 값을 의논하면 천금이 낮을 것이니 그 아름다움이 실로 너의 사랑할 바이다."

그리고 말씀할 즈음에 홀연 진상문이 들어왔다. 정연양이 갑작스레 피하지 못해 앉았으니 진상문이 반겨 보아 말했다.

"누이가 요사이 나의 무슨 허물을 보았기에 내 자주 왔으되 매양 자취를 감추니 스스로 부끄럽다."

정연양이 불쾌해 했다.

"우연히 보지 못한 것이지 무슨 피함이 있겠어요. 말씀이 번거로우십니다."

진상문이 실언함을 사죄했다. 그리고 숙부가 옥벼루를 앞에 가져 구경함을 보고 물었다.

"이 보배는 어느 곳 산물입니까?"

"연양이 시 지은 옥벼루다. 봐라."

진상문이 받아 보고 정연양을 향해 말했다.

---

38 발분망식(發憤忘食): 끼니까지도 잊을 정도로 어떤 일에 열중하여 노력함.

"이 물건의 절묘함이 짐짓 누이 같으니 하늘이 유의해 누이를 주신 거로군. 그러나 이 옥벼루는 쌍이 있으니 누이의 쌍이 옥벼루 같으면 마땅히 일세의 아름다움이 되겠어."

그리고 눈을 들어 보니 정연양이 크게 불쾌한 빛이 있었다. 진명이 크게 꾸짖었다.

"남매간 희롱함이 비록 예삿일이나 연양은 규중 아녀자요 너는 다 큰 남자거늘 잡된 말로써 침노하냐. 감히 무례하지 마라."

그리고 옥벼루를 거두어 정연양을 줬다. 진상문이 무안해 그릇함을 사죄하니 부인이 말했다.

"조카가 딸과 사촌남매간이요, 한집에 성장해 동기 같으니 조카의 농담이 예사다. 무슨 허물이 되겠냐."

진상문이 사죄했다.

"실로 숙모의 말씀이 마땅하시나 이제 누이를 내하여는 매우 불안합니다."

정연양은 끝내 한마디 말을 하지 않고 몸을 돌려 일어났다. 진명이 또한 진상문의 행동거지를 가장 불쾌히 여길 뿐 아니라 이후로는 정연양이 진상문을 영영 보지 아니하니 부인이 자주 고집한다고 꾸짖었다.

예전에 진명이 임규의 기특한 재주를 공경해 하루는 임자순을 찾았다. 임자순이 반겨 맞아 자리를 정하고 한담하다가 진명이 임자순을 대해 말했다.

"소제가 형으로 더불어 친애하는 정이 형제 같으니 서로 숨길 일이 없거늘 형은 박대함이 심하군요."

"숙유의 이 말이 무엇을 이름인가?"

"다른 일이 아니라 형의 슬하에 기특한 아들이 있어 용의 자식과 봉의 새끼 같다 하되 일절 상면함을 얻지 못하니 남자가 어찌 내외함이 있겠습니까. 하물며 자산은 자주 상대하되 홀로 소제를 피하니 이는 반드시 소제의 용렬함을 가증스럽게 여겨 박대함입니다."

임자순이 웃으며 말했다.

"숙유의 이 말이 너무 과격하네. 본디 아이의 성품이 용렬해 종일 방에 있기를 좋아하고 사람 대함을 즐기지 아니하네. 그러나 숙유의 책망이 이러할진대 더러운 자식을 불러봄이 무슨 어려움이 있겠는가."

말을 마치자 가동을 명해 임규를 불렀다. 임규가 명을 들은 후 즉시 의관을 정제하고 객당에 이르러 진명을 보니 임규의 예의가 공손하고 풍채가 웅장했다. 진명이 처음에 임규를 옥 같은 미남으로 알았다가 이제 보니 엄하고 정숙함이 대인의 상이요 천연한 장부로 숙성한 키와 침중한 모양이 보는 자로 하여금 놀라게 했다. 마음에 놀라 몸이 일어나는 줄 깨닫지 못하고 공손히 답례하니 임자순이 급히 붙들어 말했다.

"숙유는 어찌 이렇듯 지나친 예를 차리는가?"

"어진 선비는 제왕의 존귀함으로도 공경하나니 어찌 가히 답례함이 없겠습니까."

진명이 답례하고 임규는 황공해 물러나 공손히 모시고 섰다. 진명이 말했다.

"노부가 그대 부친으로 더불어 죽마고우라. 종일 상종하나 군을 한 번도 보지 못해 중심에 사모함이 간절하더니 천행으로 오늘날 군자를 만나 대하니 소원을 성취함 같네."

임규가 자리를 피해 사례했다.

"대인께서 부친으로 더불어 친근하신 줄 짐작하오나 소자 천성이 어두워 예모를 알지 못하고 인사가 불민해 감히 존전에 배알하지 못하였으니 죄송합니다."

진명이 임규의 깨끗한 음성과 공손한 말씀을 들으니 아낌을 이기지 못해 은근히 친애하는 정이 무궁했다. 얼굴이 너무 추함을 한탄하나 그 문장을 칭찬하다가 해가 저무니 서로 이별하고 돌아왔다. 임규가 당에 내려와 배웅하니 진명이 손을 잡아 칭찬했다.

"그대는 한 번 내 집에 이르러 노부를 찾게."

임규가 사양하며 말했다.

"소생이 어찌 답례하는 예를 폐하겠습니까. 다만 부친의 가르침이 엄하시어 소자의 외출을 단속하시니 나중에 부친의 명을 얻으면 마땅히 나가 대인의 성의를 받들겠습니다."

진명이 고개를 끄덕이고 바로 정현의 집에 이르러 정현을 찾았다. 정현이 말했다.

"그대 어디로부터 이제 이르는가?"

진명이 웃으며 말했다.

"임 형을 찾아 임생을 보니 과연 비상한 사람입니다. 형의 사람 알아보는 능력에 탄복했습니다."

"임생은 대인군자라. 숙유도 지인지감이 제법 명민하네. 용모는 어떠하던가?"

진명이 크게 웃으며 말했다.

"얼굴은 실로 아름답지 못하나 어찌 남자의 용모를 취하겠습니까. 용모는 비록 괴석(怪石) 같으나 도덕이 무쌍하니 나중에 반드시 황각(黃閣)[39]에 주인이 되지 아니하면 삼군의 대장이 되어 이름을 죽백(竹帛)[40]에 날릴 것입니다. 형은 어찌 그로써 조카딸의 배우를 구하지 아니하십니까?"

정현이 크게 기뻐했다.

---

39 황각(黃閣): 조정을 가리킴. 황각에 주인이 된다는 말은 곧 정승이 된다는 뜻임.
40 죽백(竹帛): 서적(書籍)이나 사기(史記)를 달리 이르는 말.

"숙유의 소견이 내 뜻과 같네. 내 일찍 이 뜻이 있으되 여아의 나이 아직 어리고 임생은 과히 건장하니 맞지 않을 듯하고 얼굴이 너무 아름답지 않으니 그대의 누나가 마침내 즐기지 아니할 듯한 까닭에 발설하지 못했네. 이로부터 신랑감을 널리 구해 만일 재주와 용모를 겸한 신랑을 얻으면 다행이거니와 그렇지 아니하면 임랑으로 사위를 삼고자 하니 인륜대사를 어찌 경솔히 하겠는가."

진명이 또한 옳게 여겼다. 정현이 당부했다.

"부인이 여아를 너무 사랑해 그 배우자를 구함에 가리는 바가 많으니 그 용모의 아름답지 못함을 아직 이르지 말게. 편협한 여자가 그 얼굴의 아름답지 못함을 불쾌해 대사에 방해함이 있을까 하네."

진명이 응낙하고 돌아갔다.

이때 진상문이 정현 부부께 정성을 다해 매사를 다 십분 맞게 하고 한편으로 학업을 힘써 일찍 등과함을 바랐다. 세월이 여류해 정연양의 방년이 열두 살이 되었다. 그 아름다움이 월궁(月宮) 항아(姮娥)[41]가 내려온 듯 모든 일의 숙성함이 열대여섯 된 여자 같았다. 부모의 사랑함이 날로 더하고 바삐 아름다운 신랑을 얻어 재미를 보고자 해 널리 사위를 택했다. 구혼하는 매파가 뜰에 모이니 진상문이 더욱 초조해 모친을 보채어 청혼하기를 바랐다. 진담 부부가 의논했다.

"정씨 집의 사위 택함이 분분하니 만일 남에게 빼앗기면 비록 후회하나 미치지 못할 것이다. 마땅히 먼저 청혼해야겠다."

그리고 진명을 대해 의논했다. 진명이 크게 놀라 말했다.

"불가합니다. 무릇 혼인은 인간대사요 오륜에 으뜸입니다. 마땅히 예로써 하리니 천하에 옥 같은 여자와 기특한 남자가 무수하거늘 사촌 사

---

41 월궁(月宮) 항아(姮娥): 달 속에 있다는 전설(傳說) 속의 선녀(仙女).

이에 혼인을 의논하겠습니까. 조카의 문장 풍채로써 어찌 숙녀의 배필을 근심하겠습니까. 결코 불가합니다."

진담이 본디 진명의 꼿꼿하고 정직한 성품을 항상 꺼리는 까닭에 다시 입을 열지 못했다. 진상문이 숙부를 원망해 부모께 다시 아뢰었다.

"소자가 만일 사촌누이로 더불어 부부가 되지 못한다면 마땅히 자결해 부끄러움을 잊을까 합니다."

진담이 듣고 크게 겁내 위로했다.

이때 향시(鄕試)가 있어 중서(中書)[42]가 절강으로 내려오니 절강 태수(太守)와 소흥 지현(知縣)이 공부하는 선비들의 단자(單子)[43]를 거두었다. 위 처사가 임규를 보고 말했다.

"향시가 멀지 아니하였거늘 네가 어찌 단자를 거두지 않냐?"

"저는 재주가 노둔해 향시를 바라지 못하니 십분 공부를 더 해 과거에 응하고자 합니다."

"그렇지 않다. 너의 큰 재주로써 어찌 향시 보기를 근심하겠냐. 임 형이 또한 벼슬길을 뜬구름 같이 여기거니와 지금 천하가 태평해 성천자(聖天子)가 사해를 통치하시니 군자가 때를 잃지 못할 것이다. 무슨 까닭으로 수풀 아래 썩은 선비를 짓고자 하냐?"

임규가 웃고 대답했다.

"숙부는 시무(時務)를 알지 못하십니다. 지금 성천자가 비록 사해를 통치하시나 연세가 높으시고 간신이 권력을 농단해 충신이 왕왕 그 해를 입고 있습니다. 어찌 지금 벼슬을 구하겠습니까."

위 처사가 매우 옳게 여겼다.

---

42 중서(中書): 관직명. 중국(中國)에서 문서(文書)나 조칙(詔勅) 따위를 맡아보던 벼슬.
43 단자(單子): 후보자의 명단 따위를 적은 종이.

임규가 어려서부터 고요히 들어 사서삼경과 제자백가를 통하며 육도삼략(六韜三略)[44]과 천문지리를 연구하며 의학이 기묘해 이따금 청낭묘술(靑囊妙術)[45]을 시험했다. 일찍 천하대세를 점쳐 황제가 연로하고 황태손(皇太孫)[46]이 유약해 오래지 않아 사직을 보존하지 못할 줄 짐작하니 어찌 몸을 버려 나라에 허하겠는가. 임규가 또 이날 밤에 천문을 살피니 자미성(紫微星)[47]이 정기 희미하고 황태손의 주성이 흐리어 동방을 둘러 있었다. 자세히 바라보니 연(燕) 지역으로부터 상서로운 기운과 여러 별들이 찬란하니 시세가 변할 기틀이었다. 임규가 탄식했다.

"오호라. 건곤(乾坤)[48]이 막혔으니 반드시 남북이 바뀌리라. 내 마땅히 깊이 들어 임금을 기다리리라."

위 처사가 또 임자순을 보고 조카로 하여금 과거에 가기를 권하니 임자순이 말했다.

"아이가 나이 십여라. 무슨 급함이 있겠는가."

이때 진상문의 형제는 학업을 힘써 과거 날을 기다렸다. 가을 구월 보름에 절강 지부와 지현이 선비를 모아 여러 날 만에 글 받기를 마치고 방목(榜目)[49]을 내어 거니 장원은 진상문이요 그 버금은 진백문이었다. 진상문이 이미 방목이 나니 무수한 하인이 진 장원 댁을 찾아 문을 두드려 기쁜 소식을 전했다. 진담 부부와 진명이 기쁨을 이기지 못해 은자를 내어 여러 사람을 상주고 환호성이 자자했다. 벗들이 모두 십여 세 아이의

---

44 육도삼략(六韜三略): 중국 고대의 병법서인 『육도(六韜)』와 『삼략(三略)』을 아울러 일컫는 말.
45 청낭묘술(靑囊妙術): 세상에 전하지 않는다고 알려진 명의 화타(華佗)의 의술.
46 황태손(皇太孫): 여기서의 황태손은 건문제(建文帝)를 가리킨다. 건문제는 1398년 태조 홍무제(洪武帝)가 죽자 22세로 즉위했다. 1399년 연왕(燕王)이 정난(靖難)의 변을 일으켜 1402년 남경(南京)이 함락되고 건문제는 스스로 궁궐에 불을 질러 자결했다고 전해진다.
47 자미성(紫微星): 북두성의 동북쪽에 벌여 있는 15개 별 가운데의 하나. 점성술에서 이 별은 천자의 주성으로서 그의 운명과 관련된다고 한다.
48 건곤(乾坤): 하늘과 땅을 아울러 이르는 말.
49 방목(榜目): 과거 합격자 명부.

능히 장원함을 칭찬하며 용모 풍채를 사랑하니 진상문이 의기양양해 더욱 교만방자함이 비할 데 없었다.

창방(唱榜)[50] 날을 당하니 진상문이 북과 나팔을 거느려 집에 돌아왔다. 진담 부부의 즐기는 거동은 측량하기 어렵고 진 부인이 조카의 일찍 출세함을 기뻐 사랑함이 지극했다. 진상문이 숙모의 찬양함을 얻으니 혼사는 의심 없이 이룰 줄 짐작하고 심중에 크게 기뻐했다.

진담이 잔치를 배설하고 자식의 경사를 즐길 때 바깥에 임, 위 양공도 참석했다. 진 부인이 딸을 데리고 잔치에 가고자 하니 정연양이 사양했다.

"소녀는 규중처자입니다. 문 밖을 남이 볼까 하고 또한 기운이 불평하니 바라건대 모친은 홀로 임하십시오."

부인이 그렇게 여겨 홀로 진 씨 집에 이르러 잔치를 구경했다. 내외 집안에 풍악소리 진동하며 진상문이 아름다운 풍채로 향시에 높이 뽑히니 사람들이 칭찬하고 내빈 중 딸을 둔 자는 더욱 마음을 두어 흠모해 환호성이 요란했다. 정현이 심중에 가소로이 여겨 진담을 향해 말했다.

"그대는 이십이 넘은 후 겨우 참방하였는데 이제 상문은 열넷에 장원을 하였으니 가히 아비보다 낫네 그려."

좌우가 크게 웃고 진담이 웃으며 답했다.

"실로 상문은 나 같은 아비보다 몇 배 더 뛰어납니다."

정현이 그 사람됨을 비웃고 진명은 부끄러워했다. 그러나 진상문은 정현의 기림을 듣고 마음 가득 기뻐해 의기양양했다.

석양에 잔치를 파하고 손님들이 각각 돌아갔다. 다만 형제 남매가 모두 촛불을 돋우고 잔을 날려 담소할 때 진담이 부인을 대해 말했다.

---

50 창방(唱榜): 방목(榜目)에 적힌 과거 급제자의 이름을 부름.

"소제 할 말이 있으니 모르겠습니다, 들으시겠습니까?"

"무슨 일인가 듣고자 한다."

"만일 이 말을 발설해 누님과 정 형이 듣지 아니하면 부끄러움이 극진할 뿐 아니라 정 형께 득죄할까 합니다."

"무슨 말인지 빨리 가르쳐 들을만하면 어찌 듣지 아니하겠는가."

"별다른 말씀이 아니라 진진(秦晉)의 좋은 인연[51]을 맺고자 합니다. 상문의 용모가 과히 못나지 않으니 조카딸의 용모와 재덕은 따르지 못하오나 누님께서 조카를 사랑하시니 조카딸의 배필을 삼아 두 집 보배로 남매가 사돈의 친함을 맺는다면 양가의 아름다움이 어찌 다른 인척과 같겠습니까. 소제 벌써부터 이 뜻이 있으나 정 형의 고상한 지조로 사촌 남매 사이에 혼인이 불가하다 할까 염려해 주저했습니다. 오늘 참지 못해 발언하니 바라건대 누님은 아무쪼록 주선해 혼인하시지요."

"무슨 생각으로 주저함인가 하였더니 일단 아름다운 일이구나. 나 또한 이 마음이 없지 아니하였으니 이 말을 상공께 고해 상공이 허락하시면 내 어찌 다른 뜻이 있겠나."

"누님께서 먼저 형의 마음을 시험하신 후 발언하시지요."

부인이 응낙하고 야심한 후 돌아와 남편을 대해 진상문의 아름다운 용모와 어린 나이에 출세함을 기려 남편의 뜻을 시험했다. 정현이 또한 아름답다 하나 크게 칭찬하지 않아 말했다.

"알성장원(謁聖壯元)[52]이나 한 듯이 추태를 감춤이 없고 상문의 자득함이 안하무인(眼下無人)[53]해 조금도 겸손함이 없으니 마침내 큰 그릇이 되지

---

51 진진(秦晉)의 좋은 인연: 중국 춘추시대 진(秦)나라와 진(晉)나라가 혼인(婚姻)을 했다는 데에서 유래해 혼인을 이르는 말.

52 알성장원(謁聖壯元): 임금이 친히 문묘에 참배한 뒤 보이던 과거에 장원급제한 것.

53 안하무인(眼下無人): 눈 아래에 사람이 없다는 뜻으로, 방자하고 교만하여 다른 사람을 업신여김을 이르는 말.

못하겠소. 숙유의 겸손함과 같지 않으니 그 숙질의 품수가 매우 같지 않더이다."

"상문이 열다섯이 다 못 되어 향시에 제일이 되었으니 내년 봄에 반드시 용문에 오를 것입니다. 어찌 기특하지 않겠어요. 상공의 말씀이 너무 과도한가 합니다."

"십여 세 아이가 조금 이름이 있은들 향시 장원이 무슨 희귀함이 있겠소. 만일 임중유의 아들이 향시를 보았으면 상문이 어찌 감히 방목에 으뜸이 되었겠소. 절강 선비들이 용렬하기에 상문의 이름이 장원에 올랐으니 절강에 선비 없음을 가히 알겠소."

부인이 남편의 기색을 보니 혼사는 결단코 되지 못할 줄 알고 다른 말을 하다가 잠들었다.

한편 진상문은 그 부친의 청혼함을 보고 마음 가득 기뻐 밤새도록 잠을 이루지 못하고 다음날 아침에 정현의 집에 이르렀다. 정현이 기운이 곤해 일어나지 않았으니 진상문이 자리에 나가 문안하고 곁에 모셔 은근히니 부인이 흔연히 맞아 조용히 말을 나누었다. 이때 정연양이 부친께 아침 문안 후 불평하심을 보고 십분 우려해 단장을 마친 후 나시 내당에 이르니 뜻밖에 진상문이 앉아 있었다. 심중에 불쾌하나 또한 피하기 어려워 나직이 부친의 존후를 묻잡고 진상문을 향해 축하했다. 진상문이 정연양을 서로 보지 못한 지 오래였다. 항상 사모하다가 이제 우연히 대하니 반갑고 기쁨을 이기지 못해 흔연히 웃으며 말했다.

"누이가 사촌 간 내외함을 항상 남과 같이 해 매양 박정함을 한스러워 했지. 오늘이 무슨 날이기에 의외에 꽃다운 얼굴을 대하니 참으로 기쁘군. 나는 요행히 향시에 참방했으나 큰 공명이 아니니 어찌 족히 일컬을 바가 있겠어?"

정연양이 대답하지 않고 다만 모친 곁에 모셔 앉았으니 진상문이 다시 눈을 들어 정연양을 바라보고 정신이 취했다. 정현이 그 무례함을 분해 정색하고 정연양을 들어가라 하니 진상문이 놀라나 정현의 미안한 기색을 알지 못하고 말이 침착하되 정현과 부인은 여아의 기색을 생각해 끝내 불안하더니 진상문이 돌아간 후 정현이 노해 말했다.

"상문의 무례함이 극진하오. 부인은 항상 가까운 친척이라 해 여아를 상문과 서로 보게 해 상문의 무례함을 받게 하니 이후로는 상문을 가까이 출입하지 못하게 하시오."

부인이 무안해 억지로 대답했다.

"조카가 나이 어리고 소녀로 더불어 가까운 친척이라 해 농담을 한 거지요. 상공이 어찌 이렇듯 의심해 책망이 이에 미치십니까?"

정현이 정색하고 말했다.

"친밀한 사이에도 남녀 사이는 예의가 있소. 이제 상문의 여아를 보는 거동이 크게 괴이하오. 내 어이 저의 속마음을 모르겠소."

부인이 무안함을 이기지 못해 짐짓 웃으며 말했다.

"상문의 불초함이 어찌 본심이겠어요. 모두 여아를 사랑해 다른 집에 혼인할까 우려함이지요. 담이가 어제 첩을 대해 사촌 간 혼인함을 간청하나 첩이 상공의 의향을 알지 못해 이리이리 대답하고 왔더니 어린아이 몰지각한 생각으로 괴이한 사색을 드러냄이 있는가 합니다."

정현이 듣고 정색해 꾸짖었다.

"내 일찍 부인이 예를 아는가 하였더니 무식하고 어리석군. 대저 부부는 남녀의 만남이요 오륜의 근본이오. 교화에 큰 관계되거늘 어찌 사촌 사이에 혼사를 의논한단 말이오. 또 진상문은 천하의 경박한 자요 일세의 소인이오. 한갓 미려한 용모가 볼만하고 조금 글재주가 있으나 어찌 감히 딸의 배우자가 되겠소. 조카가 조금이나마 사람의 도리가 있을진대 부인이 혹 이러한 뜻을 두더라도 마땅히 사양할 것이거늘 스스로 불초한 뜻을 두어 딸을 유의함이 크게 해괴하오. 결단코 만만불가하니 다시 이르지 마시오. 상문이 비록 옥 같은 군자라도 우리 가문에 혼인은 아니 할 것인데 하물며 그런 경박한 놈으로 나의 보배 같은 여아의 신세를 그르쳐 옥구슬을 진흙에 던진단 말이오. 숙원은 위인이 용렬하고 어리석어 예의를 알지 못하는 자이니 어찌 그 말을 택하겠소."

말을 마치자 기색이 매서우니 부인이 다시 입을 열지 못했다.

진상문이 무례함을 당하고 돌아가다가 몸을 숨겨 정현의 말을 자세히 들었다. 분기가 크게 일어나 급히 집으로 돌아와 이윽히 생각하니 정연양과 혼인은 다시 가망이 없었다. 더욱이 정현이 자기를 금수같이 여김을 분노해 식음을 전폐하고 백 가지로 생각했으나 정현의 뜻은 돌이킬 바가 없었다. 또 정연양의 꽃다운 용모는 새로이 사모가 간절해 간담에 찬 기운이 그치지 않으니 정현을 원망하는 심사만 흉중에 가득했다. 다시 가만히 맹세했다.

'정 소저로써 타인의 기물이 되게 하면 내 천하의 남자가 아니라. 죽기를 한하고 그녀의 혼사를 방해해 일생에 출가하지 못하게 할 뿐 아니라 내 마땅히 내년 가을에 급제해 몸이 중신(重臣)이 되면 정 노석(老賊)으로 하여금 나의 독수를 알게 해 공이 스스로 뉘우쳐 마음을 돌이키고 그 딸로써 내게 돌려보내게 하리라. 내 이 한을 설욕하지 아니하면 이 하늘 아래에 살지 아니하리라.'

이렇듯 계교를 생각하니 흉중에 불인지심이 헤아리기 어려웠다. 진상문이 좋지 못한 마음을 내어 무슨 흉계를 만드니 천지 어찌 무심하겠는가. 종말이 어떠할까. 한편 진담은 그 누이의 회보를 그윽이 기다렸다.

제삼회 第三回

정현이 임유를 사위 삼으니
진 부인이 망령되이 퇴혼을 하다

진담은 누나에게 청혼한 후 그윽이 기쁜 소식을 기다렸다. 그러나 아무 동정이 없으니 매우 답답해 하루는 조용히 누나를 찾아 정현의 뜻을 캐물었다. 부인이 차마 바로 이르지 못하고 또 떼치기도 무안할 듯해 억지로 답했다.

"조카의 용모를 미흡하다 함이 아니다. 사촌 간 혼사를 꺼리고 여아가 아직 어리니 조혼함을 원하지 아니하시는 까닭에 즉시 회보하지 못했다."

"정 형이 고집하나 조카의 나이 아직 어린즉 서로 약혼만 했다가 수년을 기다려 성례함이 늦지 않습니다. 누님은 다시 말해 보십시오."

"가장의 성정이 엄하시니 즐겨 아니하는 일을 억지로 권하지 못하겠다. 틈을 보아 다시 고해 보겠다."

진담이 할 일 없어 돌아갔다. 부인은 매우 번민해 남편의 고집함을 원망했다. 그러나 정현이 진상문을 미흡하게 여길 뿐 아니라 사촌 간 혼인을 배척하는데 부인이 어찌 다시 혼사를 말하겠는가. 정현이 매양 진상문을 분히 여겨 이후로 기쁜 빛이 없었다. 또 혹시 여아의 신상에 진상문의 해독을 받을까 근심해 급히 사위를 가렸으나 별로 마땅한 자가 없었다. 가만히 생각하니 임규가 비록 용모는 아름답지 않으나 사람됨과 학문이 그 쌍이 없으니 나중에 반드시 복록이 떨칠 것이었다.

'소소한 용모를 괘념하지 말고 결혼해 사위로 맞으리라.'

뜻을 정하나 오히려 머뭇거렸다. 그때 진담이 정현의 사위 택함을 듣고 생각했다.

'조카딸이 아직 나이 어리나 이제 구혼하는 매파가 끊이지 않으니 반드시 누나의 주선이 매끄럽지 못함이라.'

그리고 아우를 대해 극력 주선함을 청했다. 진명이 가장 불쾌하나 형의 명을 어기지 못해 조용히 정현을 보고 형의 구혼함을 전했다. 정현이 정색하고 말했다.

"숙유는 높은 선비요 숙원은 정중 활달해 예의를 알거늘 어찌 이 같이 무례한 말을 하는가? 방금 성천자가 천하를 밝히 하시어 비린 티끌을 쓸고 예악 문물을 정하신 바라. 우리는 선비의 이름을 가졌으니 자식의 혼사를 정함에 어찌 마땅히 예 아닌 것으로써 오랑캐의 행실을 하겠는가. 천하의 숙녀가 헤아릴 수 없이 많은데 진 조카의 문장 풍채로 어찌 숙녀의 배필을 우려하겠는가. 숙원의 후의는 감사하나 이 일은 교화에 관계되는 바네. 결코 허락하지 못하니 숙유는 다시 이르지 말게."

진명이 부끄러움을 이기지 못해 사죄했다.

"소제가 비록 불인하나 어찌 이러한 체모를 알지 못하겠냐마는 사형이 조카딸을 흠모해 다른 집에 보내기를 아끼시고 시속의 예삿일로 여기어 형에게 말한 바입니다. 꾸짖음이 당연하니 소제 부끄러움을 이기지 못합니다."

정현이 웃고 예를 갖춰 말했다.

"숙유는 나의 마음을 알아주는 벗이네. 내 마음에 있는 말을 이름이요, 조금도 박절함이 아니니 청컨대 용서하시게."

진명이 웃고 다른 말을 이어 담화하다가 돌아가 정현의 말을 전했다. 진담이 크게 부끄러워 다시 감히 엄두를 내지 못했다. 그러나 진상문은 더욱 분노해 생각하지 않는 바가 없었다. 정현이 사위를 정하거든 천리를 마다 않고 따라가며 방해하기를 발분망식해 정현의 사위 택하는 곳만 유의하고 학업에는 뜻이 없었다. 만사가 무심해 생각하는 바가 다 인의(仁義)에 어긋나지 않음이 없었다.

이때 정현이 진가의 굳이 구혼함을 분히 여기고 혹 무슨 변이 있을까 여겼다. 급히 혼사를 정해 진가의 바람을 끊고자 위 처사를 보고 임가에 중매됨을 청하니 위 처사가 생각했다.

'정공은 과연 신명한 사람이로다.'

그리고 흔연히 말했다.

"형이 조카의 추루함을 더럽게 여기지 않고 금옥 같은 여아로 허혼하시니 이는 임가의 큰 복입니다. 소제 마땅히 진진의 좋은 인연을 맺겠습니다."

정현이 기뻐 돌아가니 위 처사가 바삐 나귀를 채찍질 해 임자순의 집에 이르렀다. 임자순이 맞아 물었다.

"백겸이 무슨 기쁜 일이 있기에 미간에 기쁜 빛이 현저한가?"

위 처사가 웃으며 말했다.

"형은 과연 지감이 신기합니다. 전일에 정공이 먼저 구혼하리라 하더니 과연 그 말이 맞았습니다."

임자순이 크게 기뻐했다.

"정 소저는 천고 숙녀요 정공은 정직한 군자네. 이로부터 아이의 일생이 쾌하리니 백겸은 자산을 보고 허혼하되 아이가 비록 숙성하나 아직 열다섯에 미치지 못하였으니 올해는 빙례만 하고 내년에 성례하도록 하게나."

위 처사가 응낙하고 즉시 정 씨 집에 이르러 임자순의 말을 전했다. 정현이 크게 기뻐해 술잔을 내와 빈주가 술을 많이 마시고 흩어졌다. 임자순이 부인을 대해 정가의 청혼함을 이르니 부인이 또한 정연양의 정숙함을 익히 들은 바였다. 심중에 크게 기뻐해 축하했다. 임자순이 또한 기뻐 새롭게 아들을 불러 전말을 일렀다. 임규가 또한 마음에 기뻐해 대답했다.

"인륜대사는 부모께서 정하시리니 저에게 물으실 바가 아니요, 또 소자의 마음은 나이 삼십이 되어 공명을 이룬 후에 혼인하려 합니다. 정공이 능히 저의 뜻을 즐겨 따르지 아니할까 합니다."

"정 소저는 요조숙녀이니 다시 의심할 바가 아니요, 너는 나의 외아들이다. 혼인하기를 어찌 더디게 하겠냐. 또 내년에는 성례할 것이니 어찌 입신하기를 기다리겠냐. 너는 고집하지 마라."

임규가 부친의 명을 거역하지 못해 다만 순종했다.

이때 정현이 부인을 대해 임가와 혼사 이룸을 말하고 인하여 택일했다. 부인이 임규의 기특함은 익히 들은 까닭에 잠잠히 따랐으나 다만 진상문의 처치함을 크게 우려했다.

이러구러 납채(納采)[54] 날짜가 임박하니 온 집안이 예절을 차렸다. 이에 진상문이 바야흐로 들어 알고 분함을 마지않아 가슴을 두드려 말했다.

"정공이 구태여 나를 버리고 임가 어린 녀석을 맞으려 하니 내 반드

54 납채(納采): 납채란 신랑 측에서 청혼해 신부 측에서 허혼(許婚) 했을 때, 정혼(定婚)을 해야 하는 절차로 신랑 측에서 신부 측으로 보낸다.

시 임생을 보아 그 얼굴과 재주가 나와 같지 못할진대 맹세코 그저 두지 아니하리라!"

애를 태워 식음을 전폐하고 미친 듯 취한 듯했다. 그 부모가 민망히 여겨 부귀한 집안의 경국지색(傾國之色)[55]을 얻어 아들을 진정하고 정가에 설욕하고자 널리 며느리를 택했다. 그러나 진상문은 오히려 마음이 정연양에게 맺혀 부모의 말씀을 따르지 않고 잠잠히 누워 다만 임규를 한 번 보고자하며 정가에 이를 갈아 둘의 혼사를 방해하고자 했다.

이럭저럭 정 씨 집에서 채례(采禮)[56]를 받으니 진담 부부는 마지못해 참례하나 진상문은 칭병하고 오지 않았다. 임자순이 채례를 극진히 해 보냈다. 정공이 받아 겉봉을 여니 세 필 비단과 옥패 한 쌍이었다. 정현이 그 맑음을 기뻐하는 중 옥패 한 쌍이 천하의 기이한 보배였다. 더욱 기뻐하니 진담이 냉소하며 말했다.

"임 처사가 비록 맑다 하나 어찌 대례를 이 같이 박하게 하겠는가. 반드시 가벼이 여김이오. 조카딸의 아름다움으로써 어찌 천금 빙례를 아끼며 형의 위세로써 또 어찌 만금 빙례를 받지 못하겠소."

정현이 웃으며 말했다.

"혼인의 빙례는 다소를 의논하지 않네. 성인이 예를 지음에 천금으로 예한다 함은 일찍이 듣지 못하였으니 그대는 어찌 녹록한 말을 하는가."

진담이 묵묵히 답하지 않았다. 진명이 말했다.

"임가 빙례가 비록 간략하나 옥패 한 쌍이 기이한 보배입니다. 천금을 가히 대신할 것이니 임 처사가 아름다운 옥으로 구슬 같은 며느리를 짝함이 기특하고 하늘이 정하신 배필입니다. 마땅히 옥벼루로 답례해 쌍

---

55 경국지색(傾國之色): 나라를 기울일 정도로 뛰어난 미인.

56 채례(采禮): 정혼이 이루어진 증거로 신랑 측에서 신부 측으로 보내는 예물. 보통 밤에 혼서와 비단, 예물을 신부 집으로 보낸다.

옥이 완전하고 인연이 빛남을 표하시지요."

정현이 사례했다.

"자네의 의논이 명언이네. 마땅히 옥벼루로써 답례해야지. 원래 옥벼루는 신의를 지킴이니 어찌 하늘의 뜻이 아니겠는가."

그리고 부인으로 하여금 옥벼루를 가져오라 해 임가에 보냈다. 진담은 마음이 불평해 먼저 돌아가고 진명은 정현과 더불어 내당에 들어갔다. 부인이 채례를 보고 잠잠히 말이 없으니 진명이 말했다.

"누님은 빙폐(聘幣)의 간략함을 섭섭히 여기지 마십시오. 이 옥패가 천하의 기이한 보배입니다."

정현이 정연양의 유모를 불러 채례를 소저 침실로 보내며 옥패는 노리개에 쓰라 하니 유모가 웃고 들어가 정연양에게 말했다.

"소저, 이것이 임 낭군의 백년신물(百年信物)입니다."

정연양이 머리를 숙여 정색하고 답하지 않았다.

정연경이 임규의 기이함을 알고 정의가 잘 통했다. 누나의 정혼함을 크게 기뻐해 부모를 뵈려 집에 돌아오니 모친이 임규의 인물을 물었다. 정연경이 본디 총명한 까닭에 모친께서 임규의 얼굴이 곱지 아닌 줄 들으시면 반드시 기뻐하지 않으실 것이요 또 부친께 꾸지람을 면하지 못할 줄 알았다. 천연스레 대답했다.

"저의 소견이 어리석으니 자세히 알지 못하되 임 형의 얼굴은 그다지 곱지 못하오니 남자를 어찌 얼굴만 취하겠습니까."

"상문과 어떠하냐?"

"세상의 어찌 같은 사람이 있겠습니까."

부인이 꾸짖었다.

"네 아무리 어리석으나 말대답이 어찌 그다지 모호하냐. 임생의 용모가 진상문과 비겨 어떠하더냐?"

"진 형은 미려한 선비요 임 형은 엄숙한 군자라. 그 얼굴은 진 형만 같지 못합니다."

부인이 그윽이 임규의 얼굴을 의심해 직접 보고자 해 번민했다. 진상문은 정현을 한스러워 하여 정 씨 집에 발걸음을 끊었다가 계교를 내어 저의 절개를 더럽히려 해 용모를 다스리고 정현의 집에 이르렀다. 정현 부부께 배알하고 그 사이 병을 인하여 왕래하지 못함을 청죄하며 소저의 납채함을 하례하고 임규의 아름다움을 일컬었다. 부인과 정현이 그 간교함을 어찌 알겠는가. 흔연히 화답하니 진상문이 그윽이 부인의 기색을 살폈다.

진담이 또한 아들을 위해 널리 매파를 놓아 구혼해 이부시랑 양유의 차녀로 정혼했다. 그러나 양 씨의 아름다움이 어찌 정연양의 하늘이 낸 미모를 당하겠는가. 진상문은 기쁜 마음이 없고 그윽한 일념이 정연양의 혼인 훼방 놓기만 생각했다.

9월 18일은 마침 정현의 생일이었다. 술과 안주를 갖춰 벗들을 모으는데 부인이 이 사이를 타 임규를 보고자 해 남편에게 청했다. 정현이 임자순 부자를 청하니 임자순이 아들을 이끌어 이르렀다. 진상문도 의복을 빛나게 하고 얼굴을 가다듬어 이르렀다.

이윽고 빈객이 모이고 임자순이 또한 아들과 더불어 이르니 정현이 문에 나와 맞았다. 예를 마치고 정현이 임규의 손을 잡고 애중함이 비할 데 없는데 진담 등 빈객이 임규의 용모가 아름다워 가히 볼만한 줄 알았더니 전혀 아니었다. 얽은 코와 검은 빛이며 넓은 턱이 조금도 아리따운 신랑이 아니요 봉안(鳳眼)[57]이 깊고 두 눈썹 사이에 검은 사마귀가 한 줄

57 봉안(鳳眼): 봉황의 눈같이 가늘고 길며 눈초리가 위로 째지고 붉은 기운이 있는 눈. 귀상(貴相)으로 여긴다.

로 있고 장대한 모양이 극히 추했다. 범상한 무리가 어찌 영웅을 알겠는가. 사람들이 대경실색해 서로 돌아보며 정현의 사위 택함을 의아해 하고 진상문은 더욱 놀라 분기탱천해 생각했다.

'정공이 저런 추한 자를 구해 얻으니 반드시 눈이 분명하지 못하거나 그렇지 아니하면 정 소저가 옥연시를 사통해 규방을 더럽게 하니 딸의 허물을 감추고자 임가에 정혼함이로다. 그렇지 아니하면 어찌 이러한 축생을 구하리오.'

그리고 임규를 노려보니 정현이 불쾌해 했다. 임자순 부자가 진상문의 무례함을 심중에 냉소하나 내색하지 않고 피차 이름과 나이를 통하니 임규가 진상문과 동갑이었다. 좌우가 더욱 놀라 임규의 장대함을 다시 돌아보고 거짓인가 했다.

이윽고 잔이 이르러 사람들이 술을 마실 때 진명이 임규에게 술을 권하니 임규가 사양했다.

"모든 노선생이 계시고 또 부친이 계시니 어찌 방자히 잔을 받아 마시겠습니까?"

정현이 진히 잔을 권해 말했다.

"오늘은 노부의 생일이라. 노소가 동락하리니 그대가 사양할진대 무슨 흥치가 있겠는가. 임 형이 엄하시나 사위가 어찌 처가에 와 한 잔 술을 피하겠는가."

임자순이 말했다.

"어린아이 존전에서 당돌히 술을 즐기겠냐마는 너는 잔을 받아 존의를 답례해라."

임규가 명을 받들고 잔을 받아 마신 후 다시 부어 정현께 드리니 위처사가 웃으며 말했다.

"오늘은 정공의 생일이니 너는 마땅히 수석시(壽席詩)[58]를 지어 자산의 후의를 사례해라."

정현이 크게 기뻐했다.

"형의 말이 마땅하니 사위는 옥구슬을 토해 좌중의 광채를 도우라."

임규가 사양해 말했다.

"초야의 노둔한 재주로 어찌 못난 모습을 보여드리겠습니까."

진상문이 웃고 말했다.

"임 형이 뱃속에 비단을 감추고 좌중의 문장을 자처하며 이렇듯 사양하니 소제같이 용렬한 자는 도리어 무색합니다."

임규가 말했다.

"소제는 일개 필부로 아는 것이 없거늘 수석시를 어이 짓겠습니까. 또 수석시는 육십일 세를 축하함이니 정 선생이 춘추가 장성하신데 오늘 잔치에 강릉(岡陵)의 수(壽)[59]를 바람이 있겠습니까. 겸해 정 선생의 밝은 덕을 칭송할 재주가 없으며 소제는 바깥사람입니다. 비록 정씨 가문에 가까운 손이나 혼인 전 장인의 수석시를 지음이 불가합니다. 진 형은 그 재주가 온 고을을 놀래어 명성이 사방에 진동하였으니 반드시 금옥 같은 문장으로 숙부를 위해 수석시를 찬함이 마땅하거늘 어찌 소제를 권합니까?"

말을 마치자 기운이 서리 같고 행동거지가 엄하니 좌우가 칭찬했다. 진상문이 억지로 웃으며 말했다.

"형이 소제를 조롱함이 심합니다."

임규가 사죄하고 잠잠히 바르게 앉으니 손님들이 임규의 얼굴을 못

---

58 수석시(壽席詩): 주로 회갑연에서 장수를 축하하는 시.

59 강릉(岡陵)의 수(壽): 강릉은 산등성이. 강릉의 수는 산처럼 오래 사는 것을 축원하는 것을 말함.

나게 여기다가 언어와 행동이 비상함을 보고 칭찬함을 마지않았다. 정현은 웃음을 머금고 말했다.

"진 조카와 사위는 동갑이며 친척의 의리가 있으니 그대 등은 오늘부터 교의를 맺어 고락을 함께 해라."

임규는 두 손을 맞잡아[60] 사례하고 진상문은 흔연히 '임 형에게 배우기를 원합니다.'고 했다. 임자순도 진상문의 얼굴이 아름다움과 빛난 말씀을 사랑해 또한 교의를 맺으라고 했다. 임규가 진상문을 보니 여우의 거동이요 소인의 태도였다. 내심 탄식하고 부친의 명을 받들었다.

진상문은 옥 같은 풍류랑이요 임규는 위풍당당한 호걸이었다. 인하여 술잔이 여러 번 돌았다. 임규가 부친을 두려워하고 또 술은 행실에 해로움으로 항상 잔을 가까이 함이 없었다. 그러나 본디 주량이 있는 까닭에 부친의 허락함을 입어 잔을 사양하지 않고 십여 잔에 이르나 조금도 취함이 없어 안색이 정내했다. 정, 진 두 상공이 단복하고 좌우가 다 공경했다.

이때 부인이 임규의 왔음을 듣고 바삐 엿보고자 하되 손님 응대에 미처 겨를을 내지 못했다. 진상문이 임규의 좋지 못한 거동을 숙모께 보이고자 해 짐짓 좌중에 핑계대고 내당에 들어가 말했다.

"오늘 숙부 생신에 누이는 어찌 나오지 않고 숙모께서 홀로 수고하십니까?"

"딸아이가 아까 나왔더니 지금 들어갔다."

진상문이 웃으며 말했다.

"임생이 밖에 왔는데 숙모는 어찌 한 번 엿보지 아니하십니까?"

"이제 나가 보려니와 임생의 얼굴이 어떠하더냐?"

---

60 두 손을 맞잡아: 자신의 두 손을 맞잡아 공경의 예를 표하는 예법.

"옥인군자니 짐짓 누이의 천정가연입니다. 숙부의 사위 택함이 기괴하더이다."

말하고 크게 웃고 나가니 부인이 크게 기뻐 정연양의 유모 구파를 데리고 뜰에 나와 외객을 엿보았다. 손님들이 벌려 앉았으나 아무리 보아도 옥 같은 소년 남자는 보이지 않았다. 벌써 갔는가 의심해 시녀에게 물으니 시녀가 대답했다.

"임생이 저 말석에 앉아 계십니다."

"저 소년은 용모가 매우 추하니 이는 다른 소년인가 싶다. 네가 밖에 나가 물어 봐라."

시녀가 명을 듣고 나가 처마에 서 있는 시동에게 물었다.

"우리 소저와 결혼한 임 공자가 안 오셨냐?"

시동이 임규를 가르쳐 말했다.

"네 눈이 어찌 되었기에 저기 앉은 신랑을 알지 못하냐?"

"이 미친 아이 놈아, 큰 일 날 말도 한다. 우리 댁 신랑이 아닌가 한다."

"내 어이 잘못 봤겠냐. 임 공자가 본디 얼굴이 곱지 못하다."

시녀가 이에 옳은 줄 알고 실색해 바삐 돌아와 아뢰었다.

"저 아래 앉으신 얽고 코 큰 상공이 임 상공이시니 우리 댁 신랑이라 하더이다."

부인이 크게 꾸짖었다.

"몰지각한 천비 어찌 이런 말을 하냐? 저 남자는 추루해 한갓 우두나찰(牛頭羅刹)[61] 같거늘 요망한 네가 자세히 알지 못하고 경솔히 이르냐? 빨리 연경을 불러 와라."

---

61 우두나찰(牛頭羅刹): 절에 있는 소의 머리 모양을 한 악한 귀신.

시녀가 급히 나와 정연경에게 부인의 명을 전했다. 정연경이 들어오니 부인이 말했다.

"임생이 왔다 하더니 어디 있냐?"

정연경이 손으로 임규를 가르치니 부인이 실색해 자세히 봤다. 장대한 거동이 한갓 못날 뿐 아니라 형모가 귀신같고 조금도 아리따운 거동이 없었다. 딸과 비교해 생각하니 놀라운 마음이 뛰놀아 능히 말을 이루지 못하고 일신을 떨어 능히 진정하지 못했다. 구파가 또한 크게 놀라 눈물이 떨어져 슬픔을 금하지 못했다. 부인이 노기 태산 같아 아들의 뺨을 매우 치고[62] 공을 원망해 말했다.

"옥 같은 여아의 신세를 저 추루한 괴물을 맡겨 여아의 꽃다운 일생을 차마 마치려 하냐. 상공의 눈이 밝지 못해 저러한 사람으로 여아의 가장을 삼으려 하냐. 마음이 가장 사납다."

말을 마치사 노기 내발해 원망이 끊이지 않으며 진상문의 풍채로 시위를 삼지 못함을 한해 눈물이 비 오듯 했다. 이때 정연양이 나와 나직한 소리로 위로해 말했다.

"이 일을 소녀가 아는 체 할 바가 아니오나 다만 아버지께서 주장하시어 소녀의 신세를 사랑하시리니 이는 인륜대사입니다. 어찌 소홀히 정해 소녀의 일생을 그릇하시겠습니까. 바라건대 어머니는 진정하십시오. 대저 사람은 인물을 취하지 않고 다만 그 마음만 취하나니 어머니는 너무 마음을 상하지 마십시오."

부인이 듣지 않고 남편을 원망하는 소리가 그치지 않으니 난난 등이

---

62 아들의 뺨을 매우 치고: 구활자본에는 '아들의 뺨을 매우 치고' 구절이 없다. 그러나 바로 뒤에 정연경이 뺨을 맞아 양 볼이 붉어졌다고 서술되어 있고, 72권 72책본에는 해당 부분에 정연경이 뺨을 맞는 장면이 존재한다. 이러한 점을 고려해 자연스러운 서사의 흐름을 위해 해당 구절을 삽입했다.

또한 놀라 또한 밖에 나와 엿보았다. 과연 보기 싫으나 풍채 늠름하고 거동이 당당해 우러러 보는 자로 하여금 두려움을 깨닫지 못하게 했다. 난난 등이 서로 보고 말했다.

"임 상공이 얼굴은 비록 곱지 아니하시나 풍채 늠름하시니 범상한 사람이 아니거늘 부인이 어찌 체모를 잃으시는가."

봉루에 돌아오니 구파가 난간에 서 눈물을 흘리고 있었다. 섬월이 물었다.

"파파는 무슨 일로 울어요?"

구파가 풀썩 주저앉으며 말했다.

"이 철없는 아이들아, 너희도 임생의 모양을 보았으려니와 우리 소저를 위해 너무 애달파 운다."

"무슨 애달픔이 있어 울어요?"

말하는 중에 난난, 진진이 들어와 구파의 거동을 보고 놀라 물었다.

"유모는 무슨 일로 울어요?"

구파가 가슴을 두드리며 말했다.

"너희는 소저를 모셔 같이 자랐으니 소저가 마땅한 배우자를 얻어 출가하심을 보면 어찌 다행이 아니겠냐. 우리 소저의 꽃 같은 태도가 월궁 항아로 비기니 나의 일생 소원이 당대의 기이한 남자를 얻어 재미를 보고자 하였더니 노야가 그릇 임가에 정혼하셨구나. 아까 나가 보니 신랑의 거동이 흉악해 다시 대면해 보기가 싫으니 장승 같이 키도 크고 코는 어이 그리 높고 얽기는 무슨 일인고. 어여쁠사 우리 소저, 연연약질 저 태도가 배우자를 그릇 만나 백년을 어이 볼까. 걷는 모양 말할진대 성큼성큼 황새 같고 앉은 모습 볼작시면 태산의 범 같아 조금도 아리따운 곳이 없네. 애석할사 진 낭군의 풍채를 칭찬하지 아니하시더니 과연 어여쁜 신랑도 얻으셨구나. 진 낭군은 향시 장원으로 용모가 신선 같거늘 임생은 부유(腐儒)[63] 한사(寒士)[64]로 나이는 삼십이나 되어 보이니 늙기는 무슨 일인고. 내 마음이 이러하니 부인의 마음이 오죽 하시랴."

그리고 눈물이 한 없이 흐르니 네 사람이 웃음을 참지 못해 서로 돌아보아 웃었다. 구파가 꾸짖었다.

"너희는 소저께 정이 깊지 못해 애달프지 않으냐?"

난난이 웃으며 말했다.

"유모가 저 같이 함이 무익해요. 우리 노야가 이미 정하시어 사위로 대접하시거늘 유모의 애달파 함으로 능히 퇴혼하겠어요? 우리도 아까 임 공자를 보매 그 용모가 비록 곱지 못하나 기질이 비상하고 위풍이 당당하니 남자의 키 큰 것이 무슨 흉이며 또 우리 노야의 사람 알아보심이 어찌 유모만 같지 못하시겠어요."

"너의 말은 그러하거니와 나는 애달픈 마음을 헤아리지 못하겠다."

섬월 등이 웃고 위로했다. 이때 정연양이 봉루에 있어 모친의 진노하심을 민망히 여기던 차에 구파가 들어오니 정색하고 꾸짖었다.

"유모가 나를 길렀으나 노주의 분의가 있거늘 나의 인륜대사를 정하심은 부친의 처분이네. 비록 노부인이라도 간섭하지 못하실 터에 유모가 망측한 거조가 대단해 노야께 득죄하고자 하니 유모는 깨닫지 못하는가."

구파가 듣고 황공해 사죄하나 내심 울분을 이기지 못했다.

이때 정연경이 누나의 말을 듣고 나오더니 마침 진명이 나오다가 연경을 만났다. 정연경이 모친의 하시던 거동을 대강 고하고 내당에 들어가기를 청하니 진명이 크게 놀라 들어가고자 했다. 정연경이 부친을 모

---

63 부유(腐儒): 생각이 고루해 쓸모없는 선비를 말한다.
64 한사(寒士): 가난하고 권력 없는 선비를 말한다.

셔 앉으니 정현이 아들의 기색이 화기 없고 양 볼에 붉은 기운이 있음을 보고 놀라 물었다.

"네가 어디 불편하냐?"

"아까 실족해 엎어졌으나 아픈 데는 없습니다."

정현이 아들의 손을 잡고 뺨을 어루만져 다쳤는가 걱정할지언정 그 내막이야 어찌 알겠는가. 임규가 비록 말석에 앉았으나 정연경이 진명에게 모친의 말을 자세히 이르니 임규의 총명함이 타인과 다른 까닭에 대강 알아듣고 내심 냉소했다. 그러나 조금도 동요함이 없어 침착해 내심에 헤아리되 정연양이 혹 모친과 같으면 마음이 통달하지 못할까 우려했다.

이때 진명이 바삐 내당에 들어가니 부인이 크게 화를 내며 꾸짖었다.

"너는 나의 동기거늘 연양의 백년대사를 정함에 말을 바른대로 이르지 않아 저 추루한 임생을 군자라 해 나의 지란(芝蘭) 같은 여아의 신세를 불행하게 하니 무슨 마음이냐. 네 본디 임가에 자주 왕래하였으니 저 추한 자를 자세히 알 것이거늘 내게 바로 일렀으면 내 죽을지언정 납채하지 못하였을 것인데 이제는 완전히 정해진 혼인이라. 상공의 고집으로 퇴혼할 리 없으니 이 일을 장차 어찌 하겠냐. 여아의 신세를 저 추루한 놈에게 맡기려 하냐? 내가 보니 그 장승같은 키와 귀신같은 면목이 삼십이 넘은 듯하니 나의 연약한 여아로 차마 어찌 저를 맡기겠냐."

말을 마치자 눈물이 비 같으니 진명이 웃고 위로했다.

"누님은 번뇌하지 마십시오. 임랑의 외모가 비록 볼만하지 아니하나 위인이 정대하고 문장이 특이하니 금세의 무쌍한 군자입니다. 나중에 반드시 귀하게 되어 조카딸의 일생이 영화로우리니 남자를 어찌 색으로 취하겠습니까. 대저 세상 녹록한 남아의 낯이 희며 입이 붉고 발이 작은 경박한 자의 배필이 되어 신세를 탄식함이 어찌 끔찍하지 아니하겠습니까.

임랑의 얽은 낯이 나중에 부귀 화락하고 몸이 영귀할 상이니 누님은 저를 꾸짖지 마시고 후일을 보십시오. 임 처사의 나이 이제 삼십여 세니 삼십 된 아들이 있겠습니까. 임랑의 품수한 바가 범인과 달라 체모가 장대합니다. 실로 임생의 나이 열 넷입니다. 어찌 조금인들 누님을 속임이 있겠습니까. 이제 또 이렇듯 하셔도 퇴혼하지 못하실 것을 이러한 거조를 하시면 다만 사람들의 비웃음을 구함입니다. 정 형의 식견이 높고 광대하니 결단코 연양의 일생을 그르치지 않을 것입니다."

부인이 화를 냈다.

"너의 언변이 족히 날을 속이겠구나. 임생은 결코 이십이 넘은 남자다. 어찌 나를 속이려 하냐?"

진명이 크게 웃으며 말했다.

"만일 이십이 넘었으면 수염이 있을 것입니다. 임생이 장대하고 얼굴이 아름답지 못한 까닭에 나이 많아 보이지만 실은 성인이 다 못된 어린 유생입니다. 다른 날 비단옷에 옥띠로 누님께 뵐 때에 아름다워 보일 것이니 누님은 번뇌하지 마십시오."

말하고 웃고 나가니 부인이 꾸짖기를 마지않으며 남편을 원망함이 뼈에 사무쳤다.

이때 진가로부터 조 씨, 설 씨가 다 이르러 위로했다. 부인이 조 씨가 부끄러워 잠자코 어물거리니 조 씨가 말로써 부인의 분기를 돋웠다.

이러구러 날이 저무니 손님들이 흩어져 갔다. 진상문이 임규의 손을 잡고 간절히 머물기를 청하니 정현이 진상문의 그윽한 꾀를 알지 못하고 또한 떠남을 아껴 임자순을 향해 임규의 머물기를 청했다. 임자순이 흔연히 허락하니 임규가 가장 불평하나 부친의 명을 거역하지 못해 받들었다. 진명과 정연경은 내당에 부인이 즐기지 아니함을 아는 까닭에 임규의 머물러 있음을 가장 불안히 여겼다. 진상문이 임규를 은근히 사랑해 임자순을 배웅하고 임규를 이끌어 자기 서당으로 갔다. 진명이 바야흐로 누나의 번뇌함을 정현에게 전했다. 정현이 듣고 부인의 편협함을 노하나 대저 여자의 소견에는 임규의 용모를 미흡하게 여길 줄 아는 까닭에 억지로 웃으며 말했다.

"편협한 여자가 그 죄 이러하나 애는 무슨 죄로 빰을 때렸나."

그리고 정연경을 어루만져 말했다.

"매부가 얼굴이 곱지 못함으로 처남이 빰을 맞으니 천추의 기이한 일이로다. 네 어미가 저렇듯 색을 취하니 네 아비 얼굴이 곱지 못하였던들 너희 남매를 두지 못하였으리라."

진명이 크게 웃고 정연경은 머리를 숙여 잠잠히 말이 없었다. 진명이 돌아와 부인을 대해 이 말을 전하고 또한 크게 웃었다.

이때 정현이 부인을 크게 질책하고자 해 내당에 들어갔다. 부인은 머리를 싸매고 누웠고 정연양은 모친을 모셨다가 부친을 일어나 맞아 옷차림을 벗기는데 부인은 움직이지 않았다. 정현이 짐짓 물어보았다.

"부인이 오늘 손님 접대에 골몰하기로 기운이 불안해 일어나 맞지 못함인 듯하니 증세 대단한즉 빨리 약으로 치료하게 해라."

정연양이 두 눈을 숙여 잠잠했다. 정현이 나아가 병을 물으니 부인이 일어나 앉으며 오열했다.

"상공이 여아를 늦둥이로 얻어 사랑함이 과도해 출생 이후로 손바닥의 보옥 같이 길러 일생을 쾌하게 하려 하더니 저 임가의 축생이 어디로 보아 소녀의 쌍이 되겠습니까. 축생을 한 번 보니 놀랍기 측량없어 즉시 병이 되었으니 여아의 평생을 장차 어찌 하겠습니까. 만일 임랑을 퇴혼하지 않으면 첩이 먼저 죽어 여아의 서러워함을 보지 않겠습니다. 상공이 상문을 미흡하게 여기더니 이제 임생과 견주니 어떠합니까. 아름다운 신랑을 버리고 가난하고 흉악한 축생을 얻어 옥 같은 여아의 일생을 마치려 하니 실로 상공의 마음을 알지 못하겠습니다. 임생의 얼굴은 장성(長城) 낸 것 같고 입은 승냥이 같이 모질어 보이니 여아의 연약한 체질로 어찌 견디겠습니까. 또 장승같은 키는 삼십이 넘어 보이거늘 열네 살이라 하니 이 또한 헛된 말이 분명합니다. 상공이 첩의 모녀를 살리고자 하거든 빨리 납채를 돌려보내고 다른 곳에 옥 같은 군자를 택해 여아의 일생을 빛나게 하십시오."

그리고 큰 소리로 곡하니 정현이 듣고 부인의 불초함을 한스러워 해 불쾌한 낯빛으로 말했다.

"그대를 내 본디 숙녀 아닌 줄은 알았거니와 오히려 망령되고 천함은 알지 못하였더니 이제 부인의 거동을 볼진대 과연 혼암하고 낮은 행실이오. 임랑이 비록 외모가 불미하나 금옥 같은 군자이니 어찌 축생이라 하며 상문의 겉이 희고 속이 검은 데 비하겠소. 내 비록 용렬하나 부인의 소견만 같지 못하겠소? 또 가장이 정혼한 비를 여자가 고침이 어찌 가하겠소. 임랑이 비록 곱지 아니하나 '퇴혼' 두 글자를 경솔히 입에 발하여 임가를 물리치고 딸로 하여금 실절한 계집이 되게 하니 마음대로 하시오. 하물며 여자가 되어 장부의 얼굴을 선택하고 덕을 관계없이 여기니 반드시 색을 취하는 음란한 행실이오. 결단코 용서하지 못하겠소."

또 정연양에게 말했다.

"너도 어미를 닮아 신랑을 가릴 뜻이 있거든 어미 뜻을 따라 행하고, 아비의 명이 소중한 줄 알거든 행실 없는 어미의 말을 듣지 마라."

말하고 기운이 엄해 소매를 떨치고 나아가며 정연경에게 말했다.

"아비 대신에 네 또 뺨 맞을 것이니 내 명 전에는 어미를 보지 마라."

정연경이 황공해 주저하니 정현이 꾸짖어 이끌고 나갔다.

第四回 제사회

정연양이 절개를 지켜 처음 인연을 저버리지 않으니 진상문의 간악한 마음을 측량하기 어렵다

이때 정연양은 눈썹을 숙이고 황공해 모친의 이러함을 애달파 했다. 그런데 부인은 남편의 말을 듣고 크게 노해 가슴을 두드려 통곡하며 죽으려 했다. 정연양이 더욱 황공해 나가 나직이 간했다.

"어머니께서 이제 예의를 익히 아시거늘 오늘 어떤 연고로 실언함이 과도하여 대인의 노기를 입으며 부녀자의 도리에 부끄러운 줄 모르십니까. 이제 비록 임생이 얼굴이 추하고 실성한 광인인들 여자가 되어 빙폐를 받고 이렇듯 함이 무슨 이로움이 있겠습니까. 아직 비록 예를 행하지 아니하였으나 여아는 절개를 지켜 규중에서 죄인으로 자처함이 계집의 행실이거늘 하물며 용모를 미흡하게 여겨 '퇴혼' 두 글자를 일컬으십니까. 이 또한 여아의 팔자요 대인이 자식의 일생을 그르게 아니하실 것이니 모친은 어찌 과도한 거조를 하십니까. 부친의 말씀이 십분 과도하시되 모친께서는 부끄러움을 깨닫지 못하시니 어찌 황공하지 아니합니까. 바라건대 모친은 살피십시오."

부인이 탄식했다.

"내 너를 늦게야 얻어 기질이 특이하니 부디 같은 배필을 얻어 일생 신세를 시원하게 하려고 했다. 임생의 추함을 보니 어찌 놀랍지 않겠냐. 네 부친이 나를 제어하노라 억지로 택하거니와 나는 불복하니 죽어도 임가를 용납지 않을 것이다."

정연양이 모친의 거조를 보니 자기 절개를 어지럽힐 듯해 크게 근심이 되었다. 그러나 온순히 웃고 말했다.

"모친의 소녀를 사랑하는 말씀이 도리어 불리하게 함이니 바라건대 절개를 훼손하지 마십시오. 임생은 남자입니다. 비록 곱지 아니하나 무슨 관계가 있겠습니까?"

"너는 임생을 보지 못하였으니 자세히 알지 못하거니와 만일 대면하면 자연히 외면하리니 네 무엇을 알겠냐. 여자의 신세는 장부에게 달렸으니 네 어찌 이런 말을 하냐."

정연양이 끝내 모친께서 회복하지 못함을 보고 한편 생각하되 모친이 장래 무슨 변을 지을까 근심이 가득했다. 그러나 임규의 추함은 조금도 괘념하지 아니하고 가만히 헤아렸다.

'임생의 얼굴이 어떠하건대 모친과 유모가 그대도록 괴이하다 하는가.'

부인은 심사 번민해 음식을 전폐하고 침상에 누웠다. 정연양이 번민초조해 만단으로 간해 상을 드리고 인하여 물러나지 않고 앉으니 긴긴 가을밤 찬 기운에 연약한 몸이 병에 걸릴까 염려해 딸을 침실로 가라 했다. 정연양이 거스르지 못해 유모 등으로 더불어 침실에 돌아와 그윽이 생각하되 아마도 모친의 하는 일이 자기 절개에 해로울까 해 자연 기색이 불안했다. 난난이 물었다.

"부인께서 임 공자를 저리 미흡하게 여기시니 소비의 어리석은 소견으로는 진 공자가 반드시 혼사를 빼앗고자 할 것입니다. 소저가 어떻게 하고자 하십니까?"

정연양이 정색하고 말했다.

"네 어찌 방자히 모친의 실덕함을 드러내고자 하냐. 장래의 일은 미리 예측하지 못하니 감히 이르지 마라."

난난이 잠잠했다.

이날 진상문이 임규를 이끌고 서당에 돌아와 촛불을 밝히고 말을 나누었다. 진상문의 언어가 빛나고 정의가 은근하니 임규가 비록 자기의 지기지우가 아닌 줄 알되 어린 마음에 아름다운 벗을 만나 흔연히 후대함을 어찌 사랑하지 않겠는가. 마음을 열어 회포를 이르며 고금을 강론하니 임규의 큰 재주는 그 크기를 이루 측량하기 어렵고 진상문의 풍채도 가히 쌍이 없었다. 진상문이 웃으며 말했다.

"소제가 일찍 임 형의 대재를 귀에 우레같이 들었으니 또다시 논할 바가 아니나 형의 재주가 고상해 후배 교육함을 즐기지 않는다고 해 감히 서로 찾아 만남을 얻지 못하고 우러를 뿐이었소. 오늘 요행히 만나 합석하니 평일에 바라던 바요. 기쁨을 이기지 못하는 중 형이 버리지 아니함을 입어 교의를 맺고 마음을 허해 이곳에 상대하니 천고의 기쁜 일이요. 좋은 계절 달밤에 가을바람이 한가하고 촛불이 빛나니 문인이 상대해 속절없이 허송하겠소? 청컨대 아름다운 글을 지어 오늘밤 풍치를 표함이 어떠하오?"

임규가 사양했다.

"소제는 촌가 한미한 아이로 우물 안 개구리요. 형의 큰 이름을 알지 못하다가 금년 향시에 비로소 높은 재주를 우러름이 깊으나 감히 글짓기를 먼저 청하지 못하며 오늘 정 대인 연석을 인하여 형의 선풍을 구경하니 과연 이름아래 헛되지 아니하오. 스스로 일신이 무용함을 부끄러워하는 중 형의 핍박함이 소제의 없는 문장을 기울이라 하시니 부끄러움이 간절하거니와 형의 사랑하심이 이러하시니 어찌 또 사양하겠소. 그러나 형은 주인이요 소제는 손이니 바라건대 형이 먼저 옥구슬을 토하시면 모과[65]로써 응대하리다."

진상문이 낭랑히 웃고 말했다.

"형이 소제를 너무 희롱하시오. 절강 촌읍에 인재 없기로 소제가 요행히 장원이 되었거니와 실로 재주가 높음이 아니오. 용렬한 학문으로 머리에 위치함을 부끄러워하거늘 형의 찬양함이 이러하시니 소제 부끄러움을 이기지 못하겠소. 한미한 몸을 주인이라 칭하시니 더러운 시구로써 형의 옥구슬을 구하겠소."

이에 붓과 벼루를 내어 붓을 둘러 한 수 시를 지어 생을 주었다. 임규가 진상문의 붓 휘두름이 신속함을 칭찬했다. 그 글을 보니 문채가 아담하고 의사가 청신하나 군자의 기운이 없어 소인의 아첨하는 태도가 문자에 나타났다. 마음에 불쾌히 여기나 소년 재주가 빛남을 사랑해 징찬했다.

"형의 빼어난 글재주는 이미 알았거니와 이렇듯 함을 어찌 알았겠소. 속담에 '백 번 들음이 한 번 보는 데 미치지 못한다.' 하더니 과연 그러하오."

"용렬한 재주가 어찌 감히 형의 과장하심을 바라겠소. 청컨대 형이 옥구슬을 토해 소제의 무색한 가슴을 밝게 하오."

임규가 웃음을 머금고 붓을 들어 화답했다. 진상문이 임규의 붓 휘두름이 풍우 같음을 감탄했다. 또 글을 보니 필법이 깨끗하고 자취가 법도 있어 쌍룡이 서리고 철사를 드리운 듯 글이 뜻을 함축하고 있고 완

---

65 모과: 모과나무의 열매. 여기서는 상대방의 글을 귀한 주옥(珠玉)에, 자신의 글을 보잘 것 없는 모과에 비유한 것임.

곡함이 한갓 자기의 편협한 의사에 비할 바가 아니었다. 마음에 크게 놀라며 시기심이 가득하되 억지로 크게 칭찬했다.

"진실로 기괴한 재주요. 나의 용렬한 의사와 철없는 재주로는 감히 다투지 못하겠소. 반드시 높은 스승으로 삼아야겠소."

임규가 미소하며 말했다.

"형은 너무 조롱하지 마오. 지기지우는 서로 책선(責善)[66]함이 가하오."

진상문이 웃으며 말했다.

"형의 재주는 진실로 천고의 으뜸이오. 정 숙부의 사위 택하심이 특이함을 항복하오. 사촌누이는 여자 중 문장으로 장강의 아름다운 색이 있으니 하늘이 특별히 형에게 유의하심을 깨닫겠소."

임규가 웃으며 말했다.

"대저 여자는 효열과 덕행이 으뜸이오. 구태여 문장이 쓸 곳 없고 유한정정(幽閑靜貞)[67]함이 그 버금이오. 아름다움이 어찌 기쁘겠소. 그대 사촌누이의 외모와 재능이 남보다 뛰어나나 효열과 덕행이 없으면 소제의 소망이 아닌가 하오."

진상문이 칭찬했다.

"형의 말이 과연 군자의 명언이오. 원래 여자가 음풍영월함을 즐기고 외모가 빼어난즉 호탕한 정이 많으니 옛사람이 모두 그러하오. 소제 또한 여자의 글재주를 중요하지 않게 여기오. 사촌누이가 아직 나이 어리니 비록 재주가 있으나 어찌 다정함을 알겠소. 다만 항상 옛사람의 다정함을 칭찬해 풍류 주렴의 번화함을 좋아하고 우리 숙모가 늦둥이로 특

66 책선(責善): 친구 사이에 좋은 일을 하도록 서로 권함.
67 유한정정(幽閑靜貞): 부녀자의 인품이 높아 매우 얌전하고 점잖음.

별히 사랑하여 만사를 허락하시니 형은 사촌누이를 만나거든 엄히 구속하시오. 친척의 과실을 외인에게 말함이 불가하나 형은 사촌누이의 남편이요 소제의 지기이니 남자의 마음은 일반이오. 십분 엄히 다스려 사촌누이의 그른 곳을 고치고자 함이니 형은 소제의 말을 괴이히 여기지 마오."

임규가 듣고 진상문의 말을 괴이히 여기나 정연양이 재상의 외동딸로서 교만한 것도 있을 수 있는 일이었다. 진상문의 말이 거짓이 아닌가 해 마음에 불쾌하나 짐짓 웃으며 말했다.

"형이 소제를 사랑해 마음속 일을 숨기지 않으니 감사하오. 그러나 사촌누이가 그렇듯 불초함은 고치기 쉬운 것이오. 대저 어질면 공경하고 불초하면 버릴 따름이니 미리 어찌 정해 말하겠소."

진상문이 정색하고 말했다.

"형이 소제를 대해 말씀이 너무 박절하니 내 경솔히 말씀함을 뉘우치오."

임규가 미소하고 답하지 않으니 진상문이 또 말했다.

"소제 형을 처음 만나니 거친 음식으로 귀객을 대함에 아름답지 못하나 한 잔 술로 정을 표하오."

그리고 시녀를 불러 술을 가져오라 명했다. 이윽고 옥과 쇠그릇에 술과 안주를 담아 오니 상문이 명해 임규에게 잔을 올리라 했다. 임규가 눈을 들어 보니 시녀의 나이는 열네댓이고 용모가 아리따웠다. 임규가 진상문에게 물었다.

"외당에서 술을 먹으니 서동으로 하여금 술 권함이 가하거늘 어찌 시녀로 술을 붓게 하오?"

"이는 소제가 부리는 시녀요. 괴이하게 여기지 마오."

그리고 시녀를 명해 임 상공께 잔을 권하라 했다. 시녀가 잔을 들고 임규의 앞에 나가 「예상우의곡(霓裳羽衣曲)」[68]을 부르니 목소리가 청아해 옥을 부수는 듯 아름다운 소리가 먼지를 움직였다. 임규가 잔을 잡고 칭찬했다.

"진실로 아름답도다."

인하여 술을 기울였다. 진상문이 크게 기뻐 주흥이 도도해 각각 노래 일곡을 부르며 역대의 치란흥망을 의논하며 당시(唐詩)를 문답했다. 진상문은 주량이 적어 어지러이 취하되 임규는 조금도 취기가 없어 담소가 풍성하고 풍채 엄정하니 시녀 경홍이 가만히 칭찬했다. 진상문이 임규에게 말했다.

"대저 남아가 미녀를 대해 무정함은 장부의 일이 아니오. 경홍이 안색이 미려하고 목소리가 청아하니 형은 어여삐 여기시오."

임규가 마음에 진 부인이 조카를 가르쳐 미인을 가깝게 하는가 하는 생각이 들었다. 문득 마음이 움직여 호승심이 일어나 흔연히 웃으며 말했다.

"형의 시녀가 과연 남아의 사랑할 바로되 손이 되어 주인의 시녀를 유의함이 가벼운 행실이오. 감히 행하지 못하겠소."

그리고 눈으로 추파를 보내니 진상문이 그 뜻을 눈치 채고 대나무 베개에 기대어 소매로 낯을 가리고 말했다.

"홍은 임 상공을 모셔라. 내 마침 기운이 불평하니 잠깐 진정하리라."

그리고 거짓으로 베개에 가물가물한 척 누웠다. 임규가 짐짓 경홍의 손을 잡아 희롱하는 체 하다가 홀연히 손을 놓고 소매를 떨쳐 밖에 나

---

68 「예상우의곡(霓裳羽衣曲)」: 당 현종이 꿈에서 월궁(月宮)에서 놀 때 선녀들이 흰 옷을 입고 춤을 추는데 소리가 몹시 아름다워 돌아와서 이 곡을 지었다고 한다.

갔다. 푸른 하늘의 가을달이 가득해 처마에 배회하고 가을바람이 소슬해 비단옷을 움직이니 밤빛이 냉담했다. 임규는 취기가 올라 뜰에 배회하며 시세를 탄식하고 정연양의 불초함을 불쾌히 여기다가 다시 헤아렸다.

'옥연시를 보매 과연 요조숙녀거늘 진상문의 말이 괴이하니 반드시 이 가운데 묘맥이 있도다.'

염려가 번다하더니 홀연 한 떼 기러기가 줄 지어 날아가니 소리가 처량했다. 임규가 탄식했다.

"기러기는 금수 중 절개가 있는 영물이다. 서늘한 가을을 따르는구나."

감회가 절로 동해 「추안곡(秋雁曲)」[69]이라는 가사를 지어 취중에 높이 읊었다. 소리가 웅장하고 곡조가 다정해 멀리 들렸다.

이때 정연양이 심사가 좋지 못해 고요히 책상을 대했는데 홀연 바람결에 읊조리는 소리가 깨끗해 학의 소리 같으니 속객이 읊조림은 아니었다. 정연양이 의아해 창을 열고 귀를 기울여 들으니 진상문의 집으로부터 들리는 것이었다. 정연양이 난난에게 물었다.

"이 소리가 진 오라버니의 소리가 아니다."

난난이 대답했다.

"진 상공이 임 공자를 머물러 밤을 샌다 하니 임 상공의 소리인가 합니다."

정연양이 묵묵히 답하지 않고 마음에 놀라 생각했다.

'진 오라버니는 간교하여 우리 혼사를 훼방 놓고자 한다. 분명 임생을 머물러 흠을 얻어 모친을 격동하고자 함이요 나의 없는 허물을 지어

---

69 「추안곡(秋雁曲)」: '가을 기러기의 노래'라는 의미. 원문은 '출마곡'으로 되어 있으나 72권 72책본의 표기가 '츄란곡'이고 작품의 문맥 상 '가을 기러기의 노래'가 합당하다는 점을 고려해 고쳤다.

내어 어지러이 하고자 함이다. 어찌 불행하지 않겠는가.'

이렇듯 해 눈썹을 찡그리고 생각에 잠겼다. 난난이 말했다.

"진 상공이 임 상공을 청해 머무름이 좋은 뜻이 아닌가 합니다."

"좋고 좋지 못함이 너의 근심할 바가 아니니라. 잔말 마라."

"이 무슨 말씀이십니까. 진 낭군이 임 낭군을 대해 소저의 없는 허물을 지어내고 부인을 대해 임 상공의 없는 흠을 지어 전하면 크게 좋지 아니한 거조가 있으리니 소비가 어찌 근심하지 않겠습니까."

정연양이 칭찬했다.

"정다워라. 일이 그러하나 오는 액은 성인도 막지 못하니 어찌 면하겠냐. 때를 임해 욕이 미칠진대 한 번 행할 의사가 있으니 너는 너무 조급히 굴지 마라."

난난이 잠자코 미소했다.

정현이 이날 저녁을 먹고 외당에 나와 자리에 기대어 부인의 편협함을 한스러워 잠을 이루지 못하고 있었다. 밤이 깊고 인적이 고요한데 멀리서 글 읊는 소리가 극히 웅장하고 깨끗했다. 옷을 여미고 밖에 나와 들으니 임규의 소리였다. 새로이 사랑하는 마음이 솟아나와 서동으로 하여금 진 씨 집에 가서 두 상공을 불러 오게 했다. 동자가 즉시 진부에 이르러 명을 전하니 임규가 즉시 방중에 들어가 진상문을 깨워 일렀다.

"숙부께서 나와 형을 부르시오."

그리고 바삐 의관을 정제해 정 씨 집으로 향했다. 경홍이 그릇을 거두어 가지고 나오니 진상문이 웃으며 말했다.

"형은 심야에 홍을 데리고 풍우(風雨)의 일을 얼마나 폈소?"

임규가 웃으며 답했다.

"소제 설혹 가벼운 행실이나 주인의 시녀를 도적하겠소. 시녀가 비록 천하나 남녀가 밤에 함께 있음이 불안해 밖에 나가 배회하였소."

임규가 웃고 정 씨 집에 이르러 정현을 뵈었다. 정현이 웃으며 말했다.

"저녁에 과도히 취해 사위를 가벼이 대접하니 매우 미안하네. 이제야 술이 깨어 그대를 생각하나 밤이 깊었으니 반드시 잠 들었으리라 하고 청하지 아니하였더니 홀연 사위의 음영하는 소리를 듣고 반겨 청하였네. 사위는 모름지기 남은 밤을 즐기게."

임규가 우러러 사례했다.

"대인의 사랑하심을 입어 오늘밤을 머무니 마땅히 모실 것인데 진 형의 후의를 알지 못해 존후를 살피지 못하였으니 불안함을 이길 수 없거늘 말씀이 이러하시니 황공합니다."

정현이 흔연히 웃고 촛불 아래에서 임규와 더불어 말을 나누었다. 진상문이 소매로부터 시 종이를 꺼내며 말했다.

"제가 임 형으로 교의를 맺고 글을 지어 신표(信標)를 삼았습니다."

정현이 보고 크게 기뻐 칭찬했다.

"묘한 글이요 아름다운 시로다. 조카의 교우함이 이러하니 내가 아름답게 여긴다. 사위는 진 조카의 후정을 잊지 말게."

둘이 사례해 명을 받들고 한담하다가 동방이 밝으니 임규가 하직을 고했다. 정현이 서로 떠남을 아껴 아침 식사 후에 가기를 이르니 임규가 어른의 명을 거절하지 못해 머물러 있다가 석양에 돌아갔다. 진상문이 손을 잡고 훗날 만나기를 청하니 임규가 말했다.

"소제는 이곳에 다시 오기 어렵소. 형이 소제를 잊지 않거든 한 번 우리 집에 왕림함을 바라오."

"소제 본디 현형의 높은 이름을 사모해 군자의 문에 나가 가르침을 듣고자 하되 형이 속인을 상접하지 아니한다 하니 감히 귀문전을 바라지 못하였소. 이제 다행으로 형의 고풍을 구경하고 옥구슬 같은 문장을 엿보아 아득한 마음을 상쾌하게 하니 스스로 거듭 치하하거니와 이별이 아쉽소. 형의 사랑함을 입어 불민한 자취를 청하시니 삼생의 다행이오. 어찌 다행하지 않겠소. 수일 후에 나가 군자의 높은 처소를 구경하고 어진 교훈을 들어 보겠소."

임규가 정색하고 말했다.

"고인은 사람을 사귀되 벗을 위해 죽는다 하거늘 형은 소제를 사귀어 조롱하기를 일삼으니 소제 깊이 부끄러워하오. 옛날 관포(管鮑)의 지기(知己)[70]와 유백아(俞伯牙)의 지음(知音)[71]이라도 형 같이 겸손함을 보지 못하였나니 이렇듯 할진대 오늘 도리어 절교하고 다시 보기를 원하지 아니하오."

진상문이 바삐 사죄했다.

"소제가 형의 재주를 공경하니 문득 실언하기에 미처 형의 책망을 들으매 부끄러움을 이길 수 없나니 모름지기 용서하시오."

임규가 진상문의 이렇듯 총명함을 내심에 기뻐하지 않으나 본심이 너그러운 까닭에 흔연 사례하고 이에 손을 나누어 돌아갔다.

진 부인은 사위의 추악함을 증오해 병이 되어 상에 누워 매양 남편을 원망했다. 그런데 수일이 지나도록 남편이 내당에 들어오지 않으니 더욱 분하게 여겼다. 진상문이 임규를 보내고 돌아와 숙모를 보니 부인이 비단이불에 싸여 신음하고 있었다. 진상문이 거짓 놀라는 척하며 말했다.

"제가 새로이 아름다운 벗을 만나 논의에 골몰하여 숙모께 뵙지 못

---

70 관포(管鮑)의 지기(知己): 중국 춘추시대 제(齊)나라 사람이었던 관중(管仲)과 포숙아(鮑叔牙)의 우정을 표현한 고사로, 서로 믿고 의지하는 두터운 우정을 뜻한다.

71 유백아(俞伯牙)의 지음(知音): 중국 춘추시대 초(楚)나라 사람인 유백아는 거문고를 잘 탔고 그의 벗 종자기(鍾子期)가 그 소리를 잘 알았다고 해 지음은 '마음이 서로 통하는 벗'을 의미한다.

하였더니 그 사이 어디가 불평하십니까?"

부인이 벌떡 일어나 끈으로 베개를 두드리며 눈물을 흘려 말했다.

"내 팔자가 좋지 못해 자식을 원만하게 얻지 못해 뒷일을 슬퍼하고 조상의 제사를 근심하더니 다행히 하늘이 도와 자녀를 얻으니 여아는 시속의 평범한 아녀자가 아니다. 재덕이며 효열이 고금을 상고하나 몇 번째 되지 않는다. 상서가 늦둥이로 사랑해 마땅히 저와 같은 쌍을 구해 여아의 일생을 부탁하고자 하더니, 네 숙부의 오활하고 망령됨이 쌍이 없어 천금 여아의 앞길을 그르치니 내 어찌 서럽지 않겠냐. 임 처사는 천하의 궁하고 박명한 인생이다. 나이 반백에 공명도 이루지 못하고 사방에 떠돌던 궁한 선비로 거친 베옷을 근본 삼고 초가집에 처자식은 삼베로 된 홑치마로 나물을 캐고 김매어 보리밥도 잇지 못하거늘 여아를 이러한 곳에 혼인하니 내 마음을 다잡기 어렵다. 또 임규의 모양을 들으면 하나도 취할 것이 없다. 그 빈천함은 신경 쓰지 않았더니 이제 축생을 보니 넋이 놀랍고 마음이 떨린다. 우리 집안의 종을 삼으라 하여도 더럽고 흉한데 어찌 나의 만금 여아로 사위를 정하겠냐. 내 차마 살아서 꽃 같은 여아의 슬퍼함을 보지 못하겠으니 반드시 자결해 죽고자 하는 까닭에 시시를 끊고 누웠다. 저 임생의 추한 위인이 무슨 재주가 있기에 서로 사귀어 친근해 가는 것을 머물러 내 마음을 더욱 어지럽게 하였냐. 결코 사귀지 마라."

말을 마치자 눈물을 뿌리며 통곡했다. 진상문이 마음에 기쁨을 이기지 못해 짐짓 위로했다.

"임생이 비록 용모가 수려하지 못하오나 풍신이 당당하며 재주가 넉넉할 뿐 아니라 가난한 자식이로되 헌헌한 장부입니다. 반드시 사촌누이를 만나 기세를 떨치고 용모를 황홀히 해 원앙(鴛鴦)이 쌍쌍이 노닐 듯 금슬이 단란할 것이요, 또 이미 우레같이 정한 혼인을 어찌 하겠습니까.

숙모께서는 어찌 이다지 번뇌하십니까. 숙부가 숙모의 말씀하심을 미안히 여기어 외당에 계시고 분해하시니 숙모가 사촌누이의 앞길을 슬퍼하시다가 도리어 박명을 만날까 두렵습니다. 그러나 임랑이 매사에 숙성함이 예사 사람과 다르더이다. 어젯밤에 시비 경홍이 다과를 가져 당에 이르니 주린 나비 꽃을 본 것 같아 취중호기가 질탕해 짐짓 풍류장부였습니다. 저 같은 못난 남아가 아니니 바라건대 숙모는 그 용모를 근심 마시고 방탕함을 염려하십시오."

말을 마치고 크게 웃으니 부인이 이 말을 듣고 더욱 분해 손을 치며 꾸짖었다.

"그 위인이 행실조차 저 같단 말인가. 내 여아를 늙힐지언정 성례하지 못하리니 상공이 날을 내치셔도 이 축생은 용납지 못하겠다. 상공이 외당에 계시고 나를 보지 않으심은 스스로 부끄러워함이니 내 무슨 죄가 있기에 이 같이 하겠냐."

진상문이 숙모의 임규를 미워함이 이 같이 심함을 보니 기쁨에 가득 차 임규의 단점을 일컬으며 짐짓 기리는 체도 해 분심을 돋웠다. 부인이 말마다 원통해 죽기를 한하고 임가의 혼사를 물리치려 하니 진상문이 남몰래 기뻐해 혼사를 빼앗고자 했다.

이때 정연양이 모친의 말씀을 우려하는 중 진상문이 임규를 머물러 밤을 지냄을 알고 크게 놀랐다. 진상문이 간교한 말로 임규의 단점을 얻어 모친을 격노하고자 함을 짐작하고 분하나 난난 등의 언사가 경솔하니 심사가 자못 불안했다. 다음날 아침 모친께 문안할 때 부인이 여아를 보고 더욱 슬퍼하더니 문득 시녀가 아뢰었다.

"임 상공이 오늘 돌아가지 않으니 노야가 다과를 갖추라 하시더이다."

부인이 크게 꾸짖었다.

"내 마음이 떨리거늘 어이 그 흉물을 위해 수고하겠냐. 너희들은 아무려나 하고 다시 묻지 마라."

시녀가 묵묵히 물러가거늘 정연양이 모친의 편협하심을 한하나 자기의 어찌할 바가 아니었다. 물러 봉루에 돌아오니 구파가 방중에 앉아 혼잣말로 애달파 임규를 미워하고 있었다. 진진이 구파를 사리로 타이르다가 정연양을 보고 말을 그치니 정연양이 생각했다.

'위로 어머니께서 임생을 미워하시고 아래로 구파가 분한 마음이 골수에 사무치고 가운데로는 진가 소인이 간계를 통행하니 어찌 나의 앞길이 그릇되지 않겠는가. 임랑의 호불호는 의논하지 말고 미흡한 사람이라도 엄부가 정하신 사람이라. 어찌 감히 두 마음을 먹겠는가. 따르지 아니하면 금수만 같지 못하리니 어찌 차마 저의 용모 박함을 불만스레 여기겠는가. 내 당당히 아버지의 명을 지키려니와 나의 신세 속절없이 어지러울 듯하다.'

이같이 한탄해 지연 심사가 불안했다. 이날이 또 지나고 다음날 아침 문안하고 돌아온 후 난난이 정당에 갔다가 진상문을 보고 생각했다.

'진 낭군은 소인이다. 정당으로 가니 무슨 간계를 하려 하는가. 조조(曹操)[72]의 마음이요 왕망(王莽),[73] 동탁(董卓)[74]의 간사함을 겸했다. 무슨 요괴로운 말로 부인을 돋우는가. 내 가서 마땅히 엿들으리라.'

그리고 바삐 안으로 가더니 한참 후에 돌아와 분한 기색으로 진상문의 말과 부인의 분해하던 말씀을 전했다.

"진생이 임생의 허랑 방탕함을 부인께 참소해 그 얼굴이 누추하고

---

72 조조(曹操): 중국 후한 말의 정치가. 삼국시대의 영웅 중 하나로 간웅(奸雄)으로 일컬어진다.

73 왕망(王莽): 중국 전한 말의 관료이자 신(新)나라의 황제. 스스로 신나라를 세우고 황제라 칭하였으나 정치에 실패해 나라는 혼란에 빠져 멸망하고 자신도 살해당했다.

74 동탁(董卓): 중국 후한 말의 정치가. 황제를 끼고 권력을 농단하다가 자신의 양아들 여포(呂布)에게 배신당해 죽음을 맞이했다.

행실이 경박하다 하니 부인은 진생의 말을 믿어 노야를 한하시는 말씀이 그치지 아니하더이다."

정연양이 이 말을 듣고 한참 잠잠하다가 말했다.

"진생의 간언은 모친의 마음을 돋움이다. 임생이 경홍을 짐짓 친애하는 기색을 보고 모친의 편협하신 마음을 알아 허무한 말을 고해 짐짓 억제하고 찬양하나 제 실로 무용한 간계로다. 여자의 열절은 예로 지키는 것이니 너희들은 분주히 말하지 마라."

진진이 잠잠하거늘 가월이 말했다.

"임 낭군의 거동이 숙연 정대해 조금도 경박자의 속태가 있지 않습니다. 비록 별안간에 뵈었으나 그 행동이 광풍제월(光風霽月)[75] 같은 기상이 나타났습니다. 또 아무리 방탕하나 이곳에 와 방자한 행동을 할 리가 없으니 그 중에 또한 간계가 있습니다. 당당이 경홍에게 물어 보겠습니다."

정연양이 망령됨을 질책하나 가월이 듣지 않고 수일 후 경홍을 만나 웃으며 말했다.

"내 들으니 네가 임 상공을 모셔 총애를 받았다 하니 축하한다."

경홍이 낯빛이 바뀌며 말했다.

"누가 이렇듯 헛말을 하더냐?"

가월이 웃으며 말했다.

"진 낭군이 부인께 고하니 부인이 대노하여 너를 무겁게 다스리려 하시되 아직 그냥 계시거니와 임 공자는 우리 댁 신랑이시거늘 그러한 방자한 일을 하냐?"

경홍이 발끈 화내며 말했다.

"진 공자가 짐짓 나를 불러 임 공자를 위해 술을 부어 드리라 하시

---

75 광풍제월(光風霽月): 마음이 넓고 쾌활해 아무 거리낌이 없는 인품을 비유적으로 이르는 말.

니 임 공자는 무심하신 것을 진 공자가 이리이리 권하며 남자의 풍정이 이리이리하다 하니 임 공자가 이리이리 대답하셨어. 진 공자가 짐짓 취해 자는 체 하고 누우며 나에게 공자를 뫼시라 하고 임 공자를 권해 친하라 하되 임 공자는 조금도 가까이 함이 없었지. 취중에 두어 말씀을 통해 잠깐 흔연하시더니 즉시 일어나 뜰에 배회하시며 시를 읊으시다가 정 상공 노야가 부르시니 즉시 두 상공이 함께 가고 조금도 그른 일이 없었어."

가월이 진상문을 한스러워 하고 봉루에 돌아와 정연양을 보고 경홍의 말을 전하며 진상문을 꾸짖었다. 정연양이 정색하고 책망했다.

"나는 규중처자의 몸이다. 본래 남자는 규중을 말하지 않고 여자는 외인을 말하지 않는데 너희 네 명이 방자히 남자의 호탕한 거동을 이르며 정대함이 없으니 도리에 어긋난 바이다. 또한 인륜대사는 부모의 처치하심을 따라 행할 바요 임랑은 외간 남자다. 네 나이 경계를 꺼리지 않고 어지러운 말과 방탕한 이야기로 예 아닌 말을 내 앞에서 전하니 무슨 도리냐. 임생의 호탕함이 내게 간섭하지 않고 진생의 계교가 간사하여도 너희들에게 무해하거늘 네 비록 천한 시비이니 이러한 말을 방자히 하니 내 마땅히 무겁게 다스릴 것이로되 십분 용서한다. 차후 다시 이 같은 어지러움이 있을진대 용서하지 않을 것이다."

말을 마치고 안색이 열렬하니 네 시녀가 황공해 엎드려 죄를 청하고 가월이 사죄했다.

"주욕신사(主辱臣死)[76]나 흉중이 분하니 죽고 싶을 따름입니다. 소저는 한갓 열절만 흠모하시니 사리와 체면에 당연하시거니와 일이 반드시 경

---

76 주욕신사(主辱臣死): 임금이 치욕(恥辱)을 당하면 신하가 임금의 치욕을 씻기 위하여 목숨을 바친다는 뜻으로, 아랫사람이 윗사람을 도와 생사고락을 함께함을 이르는 말.

중이 있습니다. 우리 상서 노야와 부인의 뜻이 합하시고 양가의 뜻이 적합하다면 소저가 부모의 명을 받드시어 규수의 도리를 속이지 아니함이 옳습니다. 또 그 사이에 작폐하는 폐가 없으면 소비 등이 또한 방심해 소저의 길일을 기다려 의심이 없을 것입니다. 그러나 지금 부인과 노야의 소견이 크게 다르시고 진랑이 사이에 넘놀아 그 간계 무쌍해 임랑의 단점을 이르며 부인의 마음을 격동해 임가를 훼방하고 소저를 빼앗으려 합니다. 부인이 임 상공을 미워하시는 중 진생의 간계에 빠지시어 소저의 절개를 빼앗고자 하시니 소저가 장차 무슨 묘책으로 벗어나겠습니까. 임생의 흠을 간섭하지 않고 소비 등의 번민함을 망령되다 하시니 혼례가 순편하면 고요히 심규에 처해 예의를 지킴이 옳거니와 이는 그렇지 않습니다. 사단이 요란하고 곡절이 난잡하니 범사를 헤아려 앞길을 방비함이 보신지책입니다. 바라건대 소저는 소비 등을 꾸짖지 마십시오. 진생이 안으로 부인을 공격하고 밖으로 임생을 격동해 흠과 허물을 지어내니 소저는 어찌 깊이 생각지 아니하시고 한갓 절개만 지키고자 하십니까. 상공이 비록 현명하시어 사단을 명백히 하고자 하시나 일이 알맞지 못하심으로 병이 나기에 이르시고 중간과 내외에 간계 특출해 마침내 몸을 보전하지 못하게 되니 소저는 앞에 오는 화를 어찌 방비하고자 하십니까. 장래는 소인의 앙화를 받을지라도 아직은 방비함이 소저의 수단입니다. 소비 등의 의논이 어찌 마땅하지 않습니까."

정연양이 듣고 눈썹을 찡그리고 탄식했다.

"옛사람은 화복에 마음을 동하지 않는다고 했다. 어찌 눈앞에 이르지 않은 근심을 미리 하겠냐. 말이 많으면 반드시 실수가 있는 법이다. 허탄하기에 가까우니 어찌 여자의 정숙한 도리이겠냐. 앞으로 일이 되어가는 것만 볼 따름이다. 너희들은 번잡하게 해 시비를 취하지 마라."

말을 마치며 거동이 숙연하니 여러 시녀가 황급히 사죄하고 다시 말을 하지 않았다.

이때 정현이 부인의 편협함을 한탄하고 분노해 내당에 자취를 끊어 그 병을 근심하지 않았다. 정연경이 크게 황공해 울적한 눈썹을 펴지 못하니 정현이 어린아이가 상할까 염려해 꾸짖었다.

"네 어미의 병은 아비를 한하는 마음병이니 너는 과도히 근심해 염려하지 말지어다."

말을 마치자 진상문이 들어와 문안하고 말했다.

"이제 숙모가 불평하신 지 수일이 되시어 병이 깊으시니 가장 염려스럽거늘 숙부께서는 어찌 의약으로 치료하지 아니하십니까?"

정현이 눈썹을 찡그리고 말했다.

"네 숙모의 병이 나를 한하고 임생을 미워해 난 병이다. 이제 날 곧 보면 더욱 심해질 것이니 보지 않으려 한다. 원래 여자가 장부를 섬기는 도리에 군자의 은의와 백행이 으뜸이거늘 이는 근원을 멸시하고 여자의 도리를 폐해 가상을 원망하니 매우 무식한 여자라. 대저 여자가 아무리 편협한들 이토록 불초하단 말이냐. 내 비록 조강지처임을 생각하나 그 거조를 보지 않을 것이다. 여아의 혼사 후 세상사를 사절해 번화한 땅에 자취를 머무르지 않고 산간에 노닐어 세상사를 모르고자 한다. 여자가 가부를 압도하고 대사를 총괄해 가장을 절제하고자 함은 천한 자의 행실이다. 내 다시 얼굴을 상대하지 않으려 하니 어찌 그 병을 염려하겠냐."

말을 마치자 기운이 엄했다. 진상문이 정현의 언어가 맹렬함을 보고 마음에 놀라 생각했다.

'숙부의 기운이 강렬해 여자의 지휘를 듣지 않아 숙모를 용납하지 않으실진대 나의 계교를 행하지 못할 것이다. 먼저 숙모 부부를 화해시키고 세세히 틈을 얻어 숙부를 치운 후에 혼사를 빼앗으리라.'

그리고 얼굴 가득 기쁜 빛으로 온화하게 웃고 대답했다.

"숙모가 본디 통달하지 못하심을 알고 있습니다. 임 형의 큰 재주를 살피지 못하고 외모 아름답지 못함을 혐의하나 장래를 알면 뉘우칠 것이고, 하물며 숙부께서 주장하시는데 숙모가 감히 부당함을 말하겠습니까. 다만 사촌누이의 아름다움으로써 숙모가 늦게야 얻은 딸의 배필로 부적합함을 한탄함은 또한 당연합니다. 그런데 숙부께서는 한갓 대의로 책망하여 사촌누이의 신의만 크게 여기시고 홀로 사촌동생의 정사를 살피지 않으신다면 자애와 인정이 고르지 못해 도리어 자녀의 심사를 어지러이 함이 되지 않겠습니까. 바라건대 숙부께서는 숙모의 말씀함을 용서하시어 자녀의 황공함을 살피십시오."

정현이 듣고 미소 짓고 답하지 않으니 진상문이 감언미어로 하는 말이 끊이지 않았다. 마침 진명이 들어와 말했다.

"누나의 병세가 위독하거늘 어찌 의약으로 치료함이 없습니까?"

"자네는 밝은 군자네. 그대 누나의 병을 짐작하지 못하는가. 병근은 다름 아니라 여아의 사위 잘못 택함을 한해 병을 이룸이네. 만일 사위를 다시 택하면 그 병이 좋을 것이로되 차마 인륜대사를 고치지 못할 것이니 만일 부인이 죽는 날이라도 임랑은 거절하지 못할 것이며 이 또한 납폐한 신부이니 임가의 집 사람이네. 어찌 예도를 폐하고 세상에 얼굴을 들겠는가. 오랑캐의 행실을 행하면 금수와 다름이 없을 것이네. 개돼지가 할 바이니 자네는 이 뜻을 부인에게 전해 그 의혹을 풀게 하게."

진명이 웃고 말했다.

"누나의 편협함은 그러하거니와 범인의 눈으로 의논하건대 실로 임랑의 용모가 가증하니 어찌 한갓 누나의 한탄하심을 그르다 하겠어요. 조카딸의 옥 같은 용모와 색태로써 임랑의 박한 얼굴에 비하니 옥석의 다름이 있고 또 그 가냘픈 거동이 어린 버들과 꽃봉오리 같으니 누나의 탄식이 진실로 마땅한가 합니다."

第五回
제오회

절개 있는 여자가 계교를 베풀되 효열이 당당하고 진상문이 과거에 오르니 의기양양하다

진명이 말했다.

"연양의 아리따움이 어린 버들과 꽃봉오리 같고 인랑의 필척 키와 웅장한 풍신이 대장부의 체격이 엄연해 소년의 아름다움이 없습니다. 연양과 비할진대 대소의 현격함이 바다와 시냇물 같이 다르니 누나의 딸 사랑하는 마음으로써 어찌 한탄하지 않겠어요. 정 형과 소저의 마음은 다만 큰 도리를 생각해 임랑의 용모는 조금도 개의하지 않고 그 품질과 재주를 사랑하거니와 무식한 부인 소견에 어찌 한이 되지 않겠어요. 형은 여자의 사정을 생각지 않고 과도히 책망하니 여아의 인륜도 소중하거니와 십 수 년 동거하던 조강지처를 사소한 일로써 버리기를 의논함은 너무 무식하지 않아요? 연양의 군자 맞기를 위해 부모의 인륜을 폐하면 마음에 어떠하며 자녀의 심사는 참담하리니 어찌 불안하지 않겠어요. 원컨대 형은 심사를 진정하시지요."

인하여 정연경을 나오게 해 어루만져 말했다.

"누나가 이제 큰 죄를 범하셔도 이 아들 낳은 공을 생각한즉 용서하려든 무슨 대단한 허물이라 그렇듯 부부의 정을 끊어 버리세요? 이런 아들과 저런 딸을 두고 형이 가히 저 같이 함이 가하지 않습니다."

말을 마치자 크게 웃으니 정현 또한 웃으며 말했다.

"효렴은 변사로세. 말재주가 옛날 여섯 나라의 종약장(從約長)[77]이 되어도 부족하지 않겠는데 어찌 나를 희롱하지 않겠는가. 내 오늘부터 부인의 허물을 용서하려니와 부인이 만일 임가의 혼사를 거역하고 가장을 압도하면 결단코 용서하지 않을 것이네. 효렴은 자세히 타일러 여아의 앞길을 그르게 말게."

진상문은 내심에 부끄러워 한하고 진명은 크게 웃으며 말했다.

"형은 너무 누나를 두렵게 하지 마시지요. 누나도 또한 예의를 아니 어찌 딸의 훼절을 도모하며 형이 또한 가장이 되어 규방 여아의 대사를 그릇하겠습니까."

"예로부터 여자가 나라도 망하게 하니 어찌 믿겠는가."

진명이 웃고 말했다.

"형의 말씀이 너무 과도합니다."

진상문이 숙모를 보고 말했다.

"숙부의 말씀이 이리이리하시니 숙모가 우려하심이 무익합니다. 사죄하시고 다시는 생각하지 마십시오."

부인이 남편의 맹렬함을 두려워했다. 이에 일어나 세수와 청소를 마치고 가사를 살펴 화기를 가지니 자녀가 기뻐했다. 정현도 노기를 풀어 들어와 부인의 편협함을 말했다. 부인이 묵묵하나 앙심을 품었다.

임규가 돌아와 부모께 뵙고 정현의 만류함으로 늦게 옴을 고하니 임

---

77 여섯 나라의 종약장(從約長): 중국 전국시대 소진(蘇秦)은 강대국인 진(秦)나라에 맞서 여섯 나라의 합종책(合從策)을 제안했다. 여섯 나라의 군사동맹을 성사시킨 소진은 여섯 나라의 재상직을 겸하고 종약장이 되어 여섯 나라 왕들의 회의에 의장 역할을 했다.

자순이 고개를 끄덕였다. 수일 후 위 처사가 임자순 부부를 보고 말했다.

"들으니 정 상서의 부인이 조카의 용모를 보고 너무 장대하고 얼굴이 흉함을 분해 꾸짖고 이르되, '옥 같은 여아로써 흉인을 맞으려 한다.' 해 상서를 원망해 부부 불화하다 하니 이 혼사가 순하지 못할 듯합니다. 바삐 성례함이 옳을까 해요."

임자순 부부가 놀라 말했다.

"아이가 과연 미려하지 못하나 진 부인의 미흡함이 그다지 심한가. 그러나 납빙하였으니 혼사를 어찌 그릇하겠는가."

"자산은 군자이니 배신하지 아니려니와 진 부인이 그렇듯 나무라니 어서 성혼하면 불만스러워도 할 일 없을까 해요."

"원래 아이가 외아들이요 우리 슬하가 적막하여 어서 혼사를 이르려 하였으니 바삐 길일을 보도록 하세."

임규가 이 말을 듣고 십분 불쾌해 아뢰었다.

"진 부인이 소자를 미흡하게 여겨 그 딸의 일생을 슬퍼할진대 구태여 사람의 원한을 끼침이 불가합니다. 쾌히 절혼함이 마땅하고 소자가 원하기를 이십이 넘거든 취처하려 하였사오니 어찌 차마 사람의 미흡하게 여김을 감심해 의를 상하며 또 저 여자의 즐겨 할 바이겠습니까. 소자가 비록 박명하오나 정 소저만한 재주는 근심하지 않고 얻을 것이니 원컨대 아버지께서는 소자의 원하는 바를 따라 분부하십시오. 소자는 결단코 저 집 사위가 되지 않겠습니다."

임자순이 정색하고 책망했다.

"내가 정자산으로 더불어 지기지우로 자녀를 서로 약조하였거늘 저 집의 물리침이 없이 먼저 배신해 무엇이라 파혼하겠냐. 너는 망령되이 생각하지 마라. 너의 용모가 아름답지 못하니 꽃 같은 딸을 두고 혹 미흡하다 이르지 않겠냐. 편협한 부인의 면하지 못할 일이거늘 어찌 이를 협의하겠냐. 정 소저는 오늘날 무쌍한 절색 숙녀이니 네 어찌 그러한 숙녀를 얻어 배필을 정하겠냐. 감히 그런 의사를 내지 마라."

임규가 부친의 말씀과 숙부의 회유함을 듣고 한동안 잠잠하다가 다시 아뢰었다.

"비록 파혼하지 못하나 소자가 이제 나이 열다섯이 되지 못하고 정 소저가 겨우 열셋입니다. 성혼함이 급하지 않으니 마땅히 다시 숙녀를 얻어 예를 이르게 하십시오. 저 집이 비록 소자를 미흡하게 여겨 배약할지라도 정 소저가 정절이 있으면 타인을 따르지 않아 마침내 임가의 사람이 될 것이요, 그 부모의 뜻을 순종하올진대 절의 없는 여자이니 관계없습니다. 어찌 족히 개의하겠습니까. 소자가 비록 용렬하오나 당당히 벼슬길에 오른 후 금포 옥대로 팔 척 준마를 타고 금의환향(錦衣還鄕)[78]해 저 진 부인의 간담을 꺾을 것이니 부모님은 염려 마십시오."

임자순 부부가 크게 기뻐해 말했다.

"진실로 너의 말 같을진대 어찌 아름답지 않겠냐. 너의 원대로 해 주리라."

위 처사가 웃으며 말했다.

"네 공명은 마음대로 하려니와 양가 여자 중 결코 정 소저만한 여자는 없을까 한다."

"저는 본디 여자의 안색을 구하지 않고 재덕이 겸비하고 효열이 정숙한 여자를 원합니다. 겉은 옥 같으나 속이 흐리면 무엇에 쓰겠습니까. 정씨가 얼굴이 절묘하고 재주가 남다르다 하니 예부터 미인이 박명하고 재

78 금의환향(錦衣還鄕): 비단옷을 입고 고향에 돌아온다는 뜻으로, 출세를 하여 고향에 돌아가거나 돌아옴을 비유적으로 이르는 말.

앙이 많은 법이라, 제가 꺼리는 바입니다."

임자순이 다시 말이 없었다. 임규가 서재에 돌아와 진 부인의 일을 한스러워 해 아무쪼록 저를 속여 예기를 꺾고자 해 얼른 성혼할 뜻이 없었다. 문득 시동이 아뢰었다.

"정 공자가 그 사촌 진상문으로 더불어 이르러 계십니다."

임규가 웃으며 말했다.

"연경은 손님으로 맞지 아니하려니와 진생이 왔다 하니 영접하리라."

그리고 나오니 진상문은 벌써 객청에 이르고 정연경은 이미 부친께 가고 없었다. 임규가 진상문을 맞아 사례했다.

"소제가 형의 사랑함을 입어 자나 깨나 늘 생각하되 비루한 자취 다시 귀댁에 오르지 못하고 비루한 마음이 사라지지 않을 뿐이었소. 의외에 형이 누지에 임하시니 감사함을 이길 수 없소이다."

진상문이 웃으며 말했다.

"소세 형의 높음을 잠깐 사모하되 요즘에 일이 빈번하고 숙모의 환후로 심사가 온전하지 못해 귀댁에 나와 뵙지 못했소. 우러르는 회포가 간절하더니 오늘은 사모하는 마음을 더욱 정하지 못해 만사를 제쳐놓고 이르렀소. 형이 너무 조롱하시니 부끄러움을 이길 수 없소."

임규가 은근히 사양하고 손을 이끌어 서재에 들어가 좌정했다. 진상문이 방을 잠깐 살피니 담박해 물건이 번화하지 아니하되 정결해 대나무 창에 학을 수놓은 베개에 침향나무 책상과 좌우 벽상에 문인의 글씨를 붙였다. 오색이 영롱하고 전후에 만권 책을 쌓았고 오동 향로에 소합향(蘇合香)을 피웠으니 짐짓 문인의 집이요 군자의 처소였다. 눈을 들어 보며 칭찬했다.

"형의 처소를 보니 진실로 한아하고 정결하오. 물건이 이렇듯 아름다우니 소제 같은 사람은 우물 안 개구리 같소이다."

임규가 웃으며 말했다.

“형은 사람을 이 같이 조롱함을 좋게 여기시오. 형은 명문대가의 귀공자요. 부친께서 부귀 빛나시니 거처의 번화함이 촌의 목동에 비하겠소. 소제 같은 자는 초야의 한사로 궁벽한 마을의 빈곤한 아이거늘 형의 말을 들으매 도리어 부끄럽소.”

진상문이 급히 임규의 손을 잡고 낭랑하게 웃으며 말했다.

“소제와 형은 지기지교요. 비록 어릴 때의 죽마지우가 아니나 소년 친구로 사귐이 골육 같으니 서로 마음을 비추고 겸손한 말로써 서로 더함이 가하지 않소.”

임규가 웃으며 말했다.

“진 형의 말씀이 참으로 합당하오.”

그리고 서로 문답할 새 고금을 의논하며 시사를 화답하니 임규의 장강(長江) 같은 의사는 일일이 말하기 어려우며 진상문이 또한 총명해 담소가 물 흐르듯이 했다. 임규가 어려서부터 울적하게 방중에 처해 아름다운 벗을 알지 못하다가 진상문의 옥 같은 얼굴로 담소가 봄바람 같고 문답이 아름다움을 사랑해 친애함을 극진히 했다. 진상문이 또한 임규를 한스러워 하나 좋은 빛으로 힘써 사귀어 정연양의 혼사를 방해하고자 해 은근한 정이 조밀하니 둘의 마음이 딴판임을 누가 알겠는가.

이윽고 정연경이 이르러 임규를 보고 모친의 질환이 있어 즉일 이르지 못함을 사죄했다. 임규가 정연경의 손을 잡고 흔연히 반겨 말했다.

“존부인이 병환 계심을 알지 못해 문안하지 못하니 불안하거니와 지금은 회복하시냐?”

“모친이 병환으로 신음하시더니 이제 차도가 계시나 방심하지 못합니다.”

진상문이 문득 깔깔거리며 말했다.

"임 형은 우리 숙모의 환후에 놀라지 마오."

임규가 웃으며 말했다.

"장모의 병환이 무슨 까닭으로 소제를 인하여 이르셨소?"

진상문이 미소 짓고 답하지 않으니 정연경이 눈짓해 그쳤다. 임규가 짐짓 캐물었다.

"어째서 말끝을 내어 그치오? 부인의 환후가 소제의 연고라면 내 안심하지 못하리니 청컨대 까닭을 듣고자 하오."

진상문이 둘러댔다.

"우리 숙모가 형의 품질을 사랑하되 일전에 소제가 형을 대접할 제 작은 여종이 나오니 연소한 남자 미녀를 가까이함이 있는가 번뇌하셨소. 내 그렇지 아니함으로써 말씀드려 바야흐로 방심하셨소이다."

임규가 듣고 진상문의 말 꾸밈을 알고 짐짓 웃으며 말했다.

"부인께서 투기가 중하시군. 소제 비록 추하나 뜻이 산 같아 세세한 일을 개의하지 아니하나니 한 경홍이 무엇이기에 번뇌하신단 말이오. 내 부모께 외아들로 임씨 종족이 번성하지 못하고 가문이 외롭소. 까닭에 내 뜻이 결단코 나중에 요행히 출세하거든 일곱 부인과 열두 첩을 갖추고 도처에 화락해 가지를 번성하게 해 수백 명 자손이 눈앞에 번성함을 구하니 어찌 오로지 정 씨와 더불어 같이 살겠소. 진 부인이 여아를 위해 수풀의 번화함을 꺼리실진대 애를 태우시리니 진 형은 이 말씀을 부인께 갖춰 고하고 성혼하기 전에 당당히 정대한 군자를 택하시고 미친 임생을 물리치게 하시오."

진상문이 듣고 손뼉을 치고 웃으며 말했다.

"형은 참으로 풍류남아로군. 소제 같은 못난 위인은 감히 엄두도 못 내는 바요. 남자의 처첩은 고금의 예삿일이니 뉘 감히 시비하겠소. 그러나 우리 숙모는 임 형의 단아함을 알지 못하시고 이런 일을 변으로 아시거니와 사위의 번화함을 어찌 금지하겠소. 형의 너그러움으로써 혼사를 물리고 정대한 군자를 다시 택하라 함은 너무 과도하오. 우리 숙모가 비록 편협하시나 숙부는 어진 군자요 더욱 사촌누이는 절행을 깊이 생각하거늘 재상 가문에 빙폐 받은 사위를 물리치고 어찌 다시 사위를 택하겠소. 형의 말이 불가하오."

임규가 미소하고 답하지 않았다. 정연경이 임규의 말을 듣고 놀라 생각했다.

'어머니가 임 형을 미흡하게 여기시는데 진 형이 만일 저렇듯 말을 전할진대 더욱 미워하실 것이요 장차 불행함이 많을 것이다.'

그리고 염려가 무궁했다. 임규가 시동을 분부해 다과를 내어 진상문을 대접하고 오랫동안 말을 나누었다. 날이 저무니 진상문이 하직하고 갈 새 피차 연연해 다시 모이기를 언약하고 정연경은 머물렀다. 진상문이 집에 돌아와 수일 지난 후에 정현의 집에 이르니 정현이 물었다.

"그간 보지 못하더니 어디 갔더냐?"

"연경과 더불어 임 형을 찾아 담화하다가 왔습니다."

정현이 웃으며 말했다.

"임랑이 반드시 신의를 알 것이다. 대저 남아가 다만 울적하게 처하면 의견이 광활하지 못하니 너희 둘이 나이 같은즉 짐짓 좋은 벗이다. 마땅히 사랑해 책선을 힘써라."

진상문이 사례했다.

"임 형은 범연히 사귐이 아닙니다. 전날 숙부 댁에서 만나 교의를 맺으니 이는 곧 숙모의 사랑하는 사위요 사촌누이의 신랑이니 교분이 각별합니다. 어찌 목숨을 아끼겠습니까."

정현은 고개를 끄덕이나 부인은 진상문을 눈 주어 말을 막았다. 진상문은 짐짓 모르는 체하고 임규의 말을 전하니 정현이 웃으며 말했다.

"임랑이 비록 용모가 불미하나 재주는 너희들의 미치지 못할 바요 문장과 덕행이 나중에 현달해 복록이 무궁하며 그 기개와 충효를 압도할 이 없을 것이다. 너의 숙모가 불명해 불과 한 용모만 취하니 어찌 어리석지 않겠냐. 너희들이 그를 심복해 본받을진대 또한 아름답지 않겠냐."

진상문이 웃으며 말했다.

"숙부의 보는 눈이 높고 밝으시니 제가 탄복하는 바입니다. 임생이 재주 남다르고 하는 말이 풍류남자였습니다. 다른 날 반드시 만인의 재상으로 자손이 또한 창성할 것입니다."

그러며 한바탕 칭찬하고 또 말했다.

"저의 기상이 좋되 처자에게는 괴로울 상입니다. 그러나 사촌누이가 현숙하니 신상은 편안할 것입니다."

정현이 듣고 말했다.

"임생이 본디 정직한 아이요 부모가 엄숙하니 그토록 예사롭겠는가. 또 그 언동이 유창하니 옹졸한 남자가 되지 않으리라."

부인이 임규를 미흡하게 여기는 중 이 말을 듣고 짜증이 크게 일어나 참지 못하고 크게 꾸짖었다.

"상공이 두 눈이 어두워 그런 추한 놈을 사위 삼으려 하시거니와 어떤 사람이 딸을 주체하지 못해 저에게 아내로 주겠냐. 그런 말은 나의 앞에서 이르지 마라."

말을 마치자 노기를 이기지 못하니 진상문이 아뢰었다.

"숙모는 너무 과도함을 삼가십시오."

정현이 부인을 한참 바라보고 말이 없었다. 그리고 그 행동거지를 불쾌히 여겨 무슨 변을 지을까 생각해 어서 성례하고자 임자순을 보고 택일을 의논했다. 임자순이 말했다.

"소제도 다른 자식이 없고 좌우 적막하기에 바삐 며느리를 맞고자 하오. 그러나 아이가 무슨 고집으로 이십 전은 아내를 얻지 않고 부디 공명을 이루어 비단옷으로 성혼하고자 하니 자식의 뜻을 빼앗지 못하오. 아이가 숙성하나 나이 열다섯이 되지 않았고 따님이 또한 아직 어리니 아직 둘의 장성하기를 기다려 대례를 이루어 친영하면 어찌 경사가 아니겠소."

정현이 듣고 임규의 뜻을 아름다이 여기고 또 그 말이 옳았다. 흔연 응낙하고 돌아갔다. 정연경이 임가에서 임규와 같이 처해 이야기가 빈번하되 일찍이 혼사를 말하지 않았다. 수일 후에 진상문이 또 이르러 시서 문무를 희롱하며 간사한 능변이 괴이했다. 그러나 어찌 임규의 큰 도량을 엿보겠는가.

하루는 정현이 나가고 집안이 고요했다. 진상문이 이르러 임규의 흠을 돋우니 부인이 더욱 통분해 말했다.

"상공이 비록 주장하시는 바이나 이 일로 사람을 죽이든 않으시리라. 그 사이 아름다운 사위를 구해 여아의 일생을 그르치지 않으리라."

진상문이 이 말을 듣고 기뻐했다.

"숙모가 이 뜻이 계실진대 제가 신랑감을 찾아보겠습니다."

부인이 크게 기뻐했다.

"만일 힘써 얻으면 큰 은혜라. 바라건대 마음을 다해라."

진상문이 웃으며 말했다.

"숙모의 사위 택함이 높으시니 어디 가서 사촌누이 같은 좋은 짝을 얻겠습니까. 아무렇거나 어떤 인물을 구하십니까?"

"나의 소망은 너만큼 아름다운 사람을 얻으면 소원이 족하겠다."

진상문이 흔연히 대답했다.

"숙모께서 만일 저 같은 용렬한 사위를 구하신다면 제가 숙모의 사랑하시는 바로서 마음에 부끄러움을 이기지 못합니다만 실로 사촌누이의 아름다움을 잊지 못해 늘 생각하던 차입니다. 일생을 다른 곳에 아내 취할 마음이 없고 임생의 복을 부러워하나 미치지 못합니다. 숙모의 사윗감 구하심을 들으니 저의 박복함을 슬퍼합니다."

말을 마치고 탄식함을 마지않았다. 부인이 말했다.

"내 어이 너의 재주와 용모를 부족하게 여기겠냐. 다만 네 숙부가 고집해 예절을 지켜 사촌 간 혼인을 배척하시니 허락하지 못하나 나의 마음은 실로 너를 잊지 못한다."

진상문이 웃으며 말했다.

"숙모가 진실로 저를 사랑하신다면 이때를 당해 어찌 계교하지 아니하십니까?"

"이 뜻이 있으되 상공이 사촌 간 혼인이 구애된다 하시니 나중에 죄책을 면하지 못할까 한다."

"옛적에 온태진(溫太眞)이 옥경대(玉鏡臺)로 혼인[79]하니 고금의 미담이요 시속에서 예사로 행하는 바거늘 무엇에 구애하십니까. 이미 혼사를 이룬 후는 정 숙부가 돌아오나 구태여 불평하실 바가 아닙니다. 이제 번거롭게 신랑을 구하면 소문이 낭자할 것이니 숙모는 헤아리십시오. 숙부가 아실 뿐 아니라 임가가 반드시 또 잠자코 있지 않으리니 모름지기 재삼 생각하십시오."

"네 말이 묘하고 생각이 총명하니 당당이 여아를 네게 허락하겠다."

"숙부가 집안에 계시고는 결단코 허하지 않으시리니 부디 숙부를 속여 성혼한 후 아시게 함이 묘합니다. 연고를 얻어 숙부를 아니 계시게 하

---

79 온태진(溫太眞)이 옥경대(玉鏡臺)로 혼인: 중국 진(晉)의 온교(溫嶠)가 종고모(從姑母)에게 자신과 비슷한 딸의 사윗감을 구해 주겠다고 하고는 예물로 옥경대를 보냈다. 이후 자신이 직접 사위가 되어 나타나 혼례를 올렸다. 『세설신어(世說新語)』.

고 일을 행하십시오."

"상서가 무고히 집을 떠나실 리 없으니 어찌 하겠냐?"

진상문이 웃으며 말했다.

"먼 계책이지만 제가 당당히 공명을 이루어 몸이 조정에 올라 옥당(玉堂)[80]의 명사가 되겠습니다. 그때 도모해 숙부를 조정에 벼슬하시게 하고 성례함이 어떠합니까?"

부인이 크게 기뻐했다.

"네가 만일 과거에 급제해 돌아오고 옥당의 명사로 금의환향한다면 상공이 아름다움을 이기지 못하여 여아의 혼인을 빛낼 것이다. 상공이 기뻐하시리니 힘써 노력해라."

진상문이 크게 기뻐했다.

"내년 봄에는 제가 결단코 장원이 될 것이니 숙모는 다른 마음을 내지 마시고 임가 혼사를 내버려두어 저의 득의함을 기다리십시오."

부인이 기뻐 약속을 정하고 진상문이 흔흔낙락하여 돌아가며 부인을 재삼 당부해 누설하지 말라 했다. 이렇듯 서로 말할 때 정적을 알 리 없을까 하였더니 한 총명한 시녀가 장 뒤에서 가만히 들을 줄 어찌 생각했겠는가.

이때 난난 등이 항상 진상문의 행동을 살펴 근심하더니 차일 진진이 정당으로 들어오다가 진상문이 있어 말씀이 조용함을 듣고 의심해 곁방 장 밑에 서서 엿듣고 실색하고 분해 봉루에 돌아오니 구파가 앉아 있었다. 누설할까 해 구파가 나간 후 정연양을 대해 진상문과 부인의 말을 전했다.

---

80 옥당(玉堂): 홍문관(弘文館)의 별칭. 궁중의 경서(經書)와 사적(史籍)의 관리, 문한(文翰)의 처리 및 왕의 자문에 응하는 일을 맡아보던 관청. 청요직(淸要職)의 상징으로 고위 관리들은 이곳을 거쳐 갔다.

"부인이 마음대로 임랑을 배척하고 진상문의 간특한 꾀에 빠져 허혼하시니 소저의 절개가 온전하지 못할까 합니다."

정연양이 이 말을 듣고 낙담해 안색을 변하고 말을 이루지 못했다. 난난이 말했다.

"진 낭군이 부인을 부탁해 변을 지으면 소저가 어찌 방비하시겠습니까?"

정연양이 탄식했다.

"모친이 어두워 자식의 앞길을 보지 아니하실진대 마땅히 한 번 죽어 절개를 세워 천지간 더러운 계집이 되지 아니하리라. 무슨 다른 계책이 있겠는가."

가월이 말했다.

"소저의 말씀이 불가합니다. 부인이 소저를 사랑하시어 아름다운 쌍을 구하고자 하심이 당연하나 사리를 모르고 행함입니다. 소저가 마땅히 천금과 같은 몸을 버리고자 하실진대 절개는 아름답거니와 불효가 막대합니다. 성인이 오륜을 지으심에 효열이 으뜸이니 사람이 세상에 태어남에 남녀 간에 효절이 없으면 금수와 같다 하였습니다. 소저가 어찌 절개만 생각하시고 효를 생각하지 않으시며 목숨을 가벼이 여기십니까."

정연양이 듣고 감격해 울며 탄식했다.

"네 말이 옳되 내 무식하나 부모의 은덕을 어찌 모르며 자식이 되어 불효를 모르겠냐. 다만 남자는 국가를 위해 충렬을 세워 이름을 날리고 여자는 절을 지켜 효를 다하지 못하니 모친의 뜻을 순히 해 효를 온전하고자 한즉 실절이 될 것이다. 차라리 불효녀가 될지언정 실절은 하지 못하리니 장차 무슨 지혜로 효절을 완전히 하겠냐. 하물며 임가 혼사는 부친의 명이거늘 모친께서 진가의 달램을 혹하시어 불의를 행하고자 하시니 어머니의 정이 지극하나 내 어머니의 명을 순히 하고 어찌 아버지의 명을 거역하겠냐. 또 진가는 사촌 남매이니 골육지친이거늘 불의무식한데 빠져 무슨 면목으로 세상에 서겠냐. 결단코 죽음이 마땅하다. 어머니께서 나를 사랑하심이 도로 해로움을 깨닫지 못하시니 한탄할 따름이다."

말끝에 두 눈에 근심스러운 기색이 일어나며 진주가 맺히니 모습이 세속을 벗어난 듯하고 눈물이 비 오듯 했다. 가월이 정연양에게 말했다.

"소비에게 한 계교 있으니 마땅히 급한 때를 당해 따르시겠습니까?"

"무슨 계교냐?"

"소저가 절개를 지켜 죽기를 결단하시니 이는 너무 박절한 생각이십니다. 소비의 뜻에는 소저를 위해 절행을 완전하게 하고자 하니 어려운 때를 당해 이리이리하시면 절과 효를 다 온전하실 것입니다. 소저를 보호해 길이 온전히 할 자는 소비 등 넷이니 당당히 힘을 다해 소저의 몸이 괴롭지 아니하게 할 것입니다. 소저는 염려하지 마시고 일시 어려움을 지내시면 나중에 임 상공이 백량(百兩)[81]으로 맞이해 백년을 안락할 새 오늘 소행이 일장춘몽이 될 것입니다. 소비 등이 소저를 모셔 아무쪼록 계교를 행할지니 소저는 염려 마십시오."

"죽지 말고자 한들 어찌 얻겠는가."

네 시녀가 대답했다.

"소비 등이 마땅히 사기를 정탐하고 때를 엿보아 일을 행하리니 어찌 기미를 알지 못하고 사기를 짐작하겠습니까. 그러나 구파는 의리를 알지 못하고 한갓 주인을 위하는 정성만 있어 임랑의 추함을 애달파 함이 부인에게 몇 배 더합니다. 부인이 진상문 원함을 더욱 기뻐해 사랑하니 반드시 부인의 명을 따르고 소저의 절의는 돌아보지 않을 것입니다. 우리

---

81 백량(百兩): 정실부인으로 맞이한다는 뜻. 『시경(詩經)』「소남(召南)」의 구절에서 유래했다.

계교를 유모가 알면 부인께 누설해 일이 실패할 것이니 유모를 속이십시오.”

정연양이 옳게 여겨 고개를 끄덕였다. 난난이 말했다.

“부인이 이미 임가를 물리치시니 소저의 수절함을 더욱 한스러워 하시고 조금도 유의 없을 듯합니다. 만일 부인이 소저의 뜻을 시험하실지라도 각별 거역하지 마시고 타의를 두심이 없는 후에 우리의 설계하는 순서가 막히지 않을 것입니다. 만일 일이 의심됨이 드러나면 부인이 노하시어 굳이 지키실 것이요 진상문이 간계를 도모하면 소저의 몸이 위태하고 또 소비 등이 계교를 마음대로 행하지 못할 것입니다.”

정연양이 말마다 고개를 끄덕였다. 차후로 네 사람이 집안일을 살피니 가월, 섬월은 재모가 넉넉하고 충의 당당해 의협의 뜻이 있었다. 가월은 열넷이요 섬월은 열둘이니 동복형제였다. 난난, 진진은 총명하고 단아 민첩해 문무를 통하고 재주가 남다르며 자상하고 통달해 사람의 눈치를 귀신 같이 알고 지혜로우며 용모가 미려했다. 마치 한 가닥 붉은 복숭아가 옥그릇에 비친 듯, 한 조각 옥이 푸른 연못에 솟은 듯해 하인 중 충신이었다. 난난은 열다섯, 진진은 열넷으로 신진은 가월과 동갑이었다. 네 사람이 한 마음으로 뭉쳐 충성이 가득해 주인을 위한 충심이 발분망식하기에 미쳐 내외를 살펴 동정을 탐지하고 기세를 움직여 간인의 흉계를 막으며 주인을 보호해 보신책이 신기하니 이 넷은 당시에 희한한 여자였다. 춘경, 설화, 명길 등은 용모가 미려하고 마음이 순직해 심부름에 영리하나 각별한 충의는 없는 까닭에 정연양이 난난 등을 극히 애호하고 가월 등은 문묵을 가졌으매 한 몸같이 부리고 춘경, 설화 등 삼인은 밖으로 심부름하게 했다.

수일 후 정현이 돌아오니 정연경이 또 임가에서 돌아와 부모께 뵙고 누나를 반기며 수일을 머물렀다. 부인은 임규를 미워해 아들만 꾸짖으니 정연경이 감히 말을 하지 못하고 마음이 편하지 않았다. 진상문이 들어와 정연경을 보고 말했다.

"현제 임가에서 왔는데 임 형이 오랫동안 날을 찾아오지 않으니 무슨 말이 없더냐?"

"별다른 말씀이 없었어요."

"무슨 일을 하더냐?"

"글을 공부하던데요."

진상문이 웃으며 말했다.

"임 형이 공명을 이루어 일곱 부인과 여덟 첩을 두고자 해 공부가 극진하구나."

정연경이 정색하고 말했다.

"형은 왜 농담을 하세요. 임 형은 정대한 군자에요. 잘못 호방하지 않고, 저번에 한 말은 남자의 농담이에요. 이를 어찌 꼭 믿겠어요?"

부인이 크게 꾸짖었다.

"제가 무슨 군자이며 돈후한 어른이겠냐. 한갓 귀신같은 형상이지. 혼인의 말을 내지도 말고 저와 친하지도 마라."

정연경은 잠잠하고 진상문은 깔깔 웃으니 부인이 정연경에게 말했다.

"이제부터 임가에 가지 마라."

이때 정현이 들어오며 말했다.

"너 온 지 삼일이 되었으니 바삐 임규를 따라 공부해라."

정연경이 명을 받드니 진상문이 말했다.

"현제의 총명으로 임랑의 재주를 따르면 천고의 큰 재주가 될 것이야."

정현이 말했다.

"아들이 비록 총명한들 어찌 임규를 바라겠는가."

진상문이 웃으며 그렇게 여기나 부인은 남편이 임규를 기림을 한스러워 해 안색을 변하니 정현이 그 기색을 보고 냉소했다.

정연경이 즉시 임가에 이르렀다. 전일은 부인이 임자순을 자식의 사부라 해 섬김을 극진히 하고 위 씨에게도 지극한 정성이 친척 같았다. 혼사를 정한 후는 더욱 공경해 계절에 따라 아름다운 음식이며 희귀한 진찬을 색색이 보내어 임자순 부부를 받들게 하고 저의 가세 번화하지 못함을 염려해 사계절 의복을 보내어 임규의 곤핍함이 없게 했다. 임가가 이를 감복해 정연경 가르침이 친자식 같더니 이때는 부인이 임규를 미워함이 지극해 혼사 배약할 뜻이 있는 까닭에 전일의 후한 정이 끊겨 아주 박절했다. 정연경이 민망히 여기나 모친의 뜻을 돌이키지 못하고 정현이 또한 과도한 일이 없어 꾸짖지 못하고 밖으로 자식의 군부 섬기는 예를 차릴 뿐이었다. 임가에서 또한 부인의 편협함을 한탄하고 임규가 또한 관심이 없으나 일절 사색하지 않았다.

진상문이 자주 임규의 집에 이르러 교제를 후히 하더니 이러구러 겨울이 가고 봄이 이르러 정월 보름이 되었다. 조정에서 과거를 차려 인재를 취하는 명이 사방에 이르렀다. 모든 선비들이 경사로 나아가려 할 새 진상문이 임규를 보고 함께 감을 청하니 임규가 사양했다.

"소제 재주가 노둔하고 인사가 또한 어리석으니 반드시 십 년을 기다려 공명을 이루려 하오. 어찌 열다섯에 등과하기를 바라겠소. 진 형은 재주가 특출하고 일찍 이름이 방목에 들었으니 청컨대 청운에 먼저 올라 향리에 영광을 빛내시오."

"형의 높은 재주는 소제 같은 둔한 자질이 비기지 못할 것이오. 형의 폐과하고자 하는 뜻을 알지 못하겠소."

임규가 웃으며 말했다.

"한 번 과장에 나가 이름이 높이 쓰이고 사방 사람을 놀라게 해 이름이 조야에 기울이지 못하고 방 아래 떨어질진대 부끄러운 인생이오. 무슨 면목으로 향리에 다시 돌아오겠소. 이러므로 소제는 공부를 진취한 후 과거에 참여하고자 하오."

진상문이 웃으며 말했다.

"그러면 형의 나이 삼십이나 되어야 할 것이오. 소제가 들으니 형이 공명을 이른 후 사촌누이와 혼사를 이루려 한다 하니 그럴진대 사촌누이 속절없이 십 년을 빈방에서 홍안을 허송할 것이오. 형이 '일신이 고독하니 일곱 부인과 열두 첩을 갖춰 가지를 넓히고 백자천손을 눈앞에 두려고 하노라.'고 말하더니 삼십에 아내를 얻으면 많은 자손의 소원을 어찌 이루겠소? 또 일곱 도원의 길을 밟으려면 반드시 백발이 성성하리니 혈기 쇠한 때에 어찌 자녀를 생산하려 하오? 실로 형의 생각을 알지 못하겠소."

임규가 웃으며 말했다.

"성인이 말씀하되 '남자는 나이 삼십에 장가들고 여자는 나이 이십에 시집간다.'[82] 하였으니 소제 지금 열다섯이오. 이로부터 십 년 후에 아내를 얻어도 스물다섯이요 그대 사촌누이가 스무 살이니 오히려 성현의 예로는 일찍 혼인함이오. 자녀의 생산이 늦다 하되 이때 여러 처첩을 두어 일 년에 네다섯 자녀를 생산해 오십까지 낳으면 천백 자손이 어찌 어렵겠소. 그대 사촌누이가 십년을 기다리기 어려워 규방에 한이 깊다면 마땅히 다른 호걸을 취함이 가할 것이오."

"형은 신의 있는 군자인데 이렇듯 불의한 말을 하시오? 사촌누이는

---

82 남자는 …… 시집간다: 『예기(禮記)』「곡례(曲禮)」에 남자는 나이 삼십에 장가들고, 여자는 나이 이십에 시집간다는 말이 있다.

숙녀로 예의를 생각하고 정 숙부는 군자거늘 빙폐 받은 여아를 어찌 다시 사위 택하는 무식한 행사를 하겠소. 임 형의 말이 광망하기 심하오."

임규가 웃고 사죄했다.

"소제 실언하였으니 용서하시오. 그러나 그대 사촌누이가 겨우 열두 살이라 하니 십년 기다림이 무슨 어려움이 있으며 또 유한한 숙녀면 춘정이 과하지 않으리니 규방의 홍안을 그다지 한하겠소. 세월이 흐르는 물 같으니 칠팔 년이 얼마나 하면 지나겠소. 형이 먼저 높이 등과해 돌아오시오. 소제 마땅히 멀리 맞겠소이다."

둘이 웃고 손을 나눠 이별하니 임규가 행로에 보중함을 일컬었다. 진상문이 행장을 다스려 그 형 백문과 더불어 부모께 하직하고 경사로 향할 새 진 부인이 조카를 경계했다.

"힘써 청운에 올라 비단옷으로 돌아와라."

진상문이 흔연히 사례하고 행해 황성에 이를 새 친척 조 통판 집에 심을 풀었다. 조 통판은 진상문 모친의 오촌이었다. 통판이 진상문의 빼어남을 보고 매우 잘 대접했다. 과거 날이 다다르니 진상문 형제가 과장 도구를 차려 장중에 들어가 세 단계의 시권을 지어 바치고 나왔다. 초시방에 진백문이 오십 째요 셋째에 진상문이 참방했다. 진상문이 기쁨을 이기지 못하고 통판이 크게 기뻐해 치하하며 술자리를 열어 즐길 새 인하여 화 상서를 찾아보고 그 후덕함을 치하했다. 예부상서 화경윤은 사람됨이 특이하고 문장이 넉넉하며 용모가 관옥 같고 풍채 당당했다. 화경윤이 일찍 입조해 벼슬이 예부상서에 이르렀더니 청렴하고 정직해 매양 호유용과 뜻이 맞지 않아 국사에 좋지 않음이 많았다. 호유용이 꺼리어 없애고자 하되 화경윤이 청렴 자상해 흠을 얻지 못해 아직 조정에 머물러 두었었다. 이번에 시험관이 되었는데 진상문의 빼어남을 보고 후대했다.

이때 진상문이 참방 등과해 이름이 선비들 사이에 자자했다. 진상문이 크게 기뻐해 헤아렸다.

'이제야 정연양과의 혼사가 의심 없이 되리라.'

만심환희하고 원근 친척의 기쁜 치하가 분분했다. 통판이 잔치를 배설하고 빈객이 가득하니 즐기는 소리 천지진동하는 중 진상문이 의기양양해 이른바 안하무인이었다. 그 형 진백문은 인후한 사람이었다. 낙방함을 한하지 않고 다만 아우의 영광을 더욱 기뻐했다.

第六回
제육회

진상문이 승품해 한림이 되고 정현이 복직해 표를 올리다

진백문은 인후한 사람이었다. 자신의 낙방함을 한스러워 하지 않고 아우의 영광을 크게 기뻐했다. 창방 삼 일 후 진상문은 먼저 화경윤에게 사례하고 승상 호유용을 찾아보았다. 호유용이 진상문의 용모가 미려하고 마음이 총명함을 보고 자신 또한 간신이니 마음에 크게 기뻐해 미리 맺어 당을 삼고자 십분 후대하고 돈을 내어 종들을 상 주었다. 진상문도 호유용의 위권이 빛남을 알아 저에게 아첨해 권세를 따르려 하는 까닭에 아첨하는 말이 소인의 마음에 합했다. 피차 초면이나 은근 다정했다.

유가(遊街)[83]를 마치고 궐하에 사은하니 상이 장원을 옥당에 임명하시고 진상문의 기질이 아름다움을 사랑하사 한림수찬(翰林修撰)[84]을 시키셨

83 유가(遊街): 과거급제자(科擧及第者)가 광대(廣大)와 재인(才人) 등을 거느리고 3일 동안 거리놀이를 펼치는 풍습.

84 한림수찬(翰林修撰): 한림원(翰林院)의 종육품(從六品) 관직으로 황제의 문서를 담당하는 비서 역할을 맡았다.

다. 진상문이 사은하고 인하여 혼인 휴가를 청하니 상이 허락하여 수개월 휴가를 주셨다. 진상문이 천은을 축사하고 한림원에 나가니 진백문은 먼저 돌아가 기쁜 소식을 전하려 했다. 이때 진상문이 그윽이 생각했다.

'정 상서를 없이 한 후 돌아가 소저를 취하리라.'

그리고 밤낮으로 생각하다가 문득 깨달아 말했다.

"내 마땅히 저로써 벼슬을 해 경사로 오게 함이 좋은 계책이다."

그리고 수일 후 화경윤을 보고 말하다가 문득 달변으로 정현을 조정에 이르게 함을 청하니 화경윤이 흔연히 탄식했다.

"지금 간신이 권력을 농단하니 정공의 물러남이 본디 보신책이네. 나도 정공의 뒤를 따르고자 하나 성상의 대우하심이 극진하시므로 물러가지 못하네. 족하도 모름지기 급암(汲黯)[85]의 충성을 본받아 감히 소인의 달램을 들어 불의에 빠지지 말고 이름을 죽백에 드리우게."

진상문이 듣고 부끄러워 두 손을 맞잡고 사례했다.

"소생이 보니 지금 국가에 어진 신하가 없고 노선생 한 사람뿐이십니다. 소생의 우매한 소견으로 생각건대 정공은 어진 재상이니 조정에 이르게 해 선생으로 더불어 국가를 힘써 붙들고자 합니다. 선생의 말씀이 이러하시니 다시 고할 말씀이 없나이다."

"족하가 연소한 서생으로 충성과 식견이 명민하니 노부가 탄복하거니와 우리 두어 사람이 조정에 있은들 무엇이 유익하겠는가. 다만 족하가 힘써 충절을 다해 군상을 돕게."

진상문이 하례하고 돌아와 다시 호유용을 달래고자 했다. 다음날

---

85 급암(汲黯): 중국 전한(前漢)의 관료. 한 무제(漢武帝)에게 여러 차례 직언을 서슴없이 한 것으로 유명한 인물이다.

승상부에 이르러 명함을 들이니 승상이 들어오라 했다. 진상문이 즉시 들어가니 호유용이 운관포의(雲冠布衣)로 의자에 의지해 있었다. 진상문이 몸을 굽혀 섬돌 위에 올라 예하려 하니 호유용이 바삐 의자에서 내려와 오르기를 청했다. 진상문이 두 손을 맞잡고 말했다.

"소생은 미관말직(微官末職)이요 나이 어리거늘 상국 대인 면전에 어찌 무례하겠습니까. 마땅히 당하에 배례하고 대청 끝에서 명을 듣고자 합니다."

호유용이 흔연히 웃으며 말했다.

"노부가 비록 조그마한 작위가 백관에 으뜸이나 같은 신하일세. 족하는 이름난 선비로 황상께서 총애하시니 어찌 이렇듯 겸손한가."

인하여 청하니 진상문이 바야흐로 난간에 올라 죄를 청했다. 호유용이 물었다.

"내 족하의 풍채를 매우 사랑하나 족하가 자주 노부를 찾지 않으니 내 덕이 없어 군자의 돌아봄을 입지 못하는가 부끄러웠네. 어제와 오늘이 무슨 날이기에 이렇게 찾아주니 기쁨을 이기지 못하겠네."

진상문이 공손하게 대답했다.

"소생이 대인 위명을 우러러 조석으로 가르침을 얻고자 했습니다. 미신(微臣)이 국사에 매여 틈을 얻지 못하더니 어제와 오늘은 마침 국사가 한가하여 합하의 일월 같은 교화를 듣고자 이르렀나이다."

호유용이 사양하고 술을 대접하며 서로 문답할 새 진상문의 교활한 말솜씨가 호유용을 아첨하고 칭송해 뜻 맞춤이 공교로워 보는 자로 하여금 감탄하게 했다. 호유용이 사랑해 반일 담화에 정의가 깊어졌다. 호유용이 세 아들을 불러 교제함을 권하니 진상문이 은근히 사례했다. 호가 자제들은 교만방자하고 간악했다. 서로 뜻이 맞아 교분이 깊으니 진상문이 문득 호유용을 향해 두 손을 맞잡고 말했다.

"소생이 대인의 사랑하심을 입사와 감히 사사로운 정을 고하나니 바라건대 용서하십시오."

호유용이 듣기를 청한대 진상문이 말했다.

"어제 잠깐 아뢴 전 이부상서 정현은 소생의 고모부입니다. 병이 깊어 향리에 돌아갔더니 오래지 않아 병이 낫되 조정이 다시 부르심이 없으니 속절없이 향리에 곤하여 숙질지간에 매양 울적한 바입니다. 천은이 과중하시어 소생에게 작록이 미쳐 영광을 당하오니 숙모의 고초함을 더욱 애석해 아무쪼록 정공을 다시 벼슬에 이루고자 합니다. 또 제 사촌동생 정연경이 소생에게 일러, '대인께 청해 옛 벼슬을 얻으면 그 은혜를 뼈에 새기리라.'고 합니다. 대인께 고하나니 바라건대 은혜를 베푸시면 정현이 대인의 은덕을 잊지 않을 것입니다."

호유용이 냉소하며 말했다.

"정가 놈이 노부를 멸시하며 작록을 사양해 칭병하고 물러나더니 이제 무슨 뜻이 있어 벼슬 구함이 이리 구차한가? 그러나 족하를 보아 허락하나니 그대는 정가 놈에게 일러 다시 피하지 말게 해 노부의 은덕을 명심하도록 하게."

진상문이 크게 기뻐해 무수히 칭사하니 호유용은 진상문의 마음을 알지 못하고 그 친척의 후의를 아름다이 여겼다.

다음날 조회에 호유용이 천자께 아뢰었다.

"전 이부상서 정현이 병으로 향리에 돌아갔더니 사오 년 간에 그 병이 나았다 합니다. 바라건대 성상은 정현을 중임을 맡기어 부르소서."

상이 깨달으시고 즉시 표를 내려 정현을 추밀부사(樞密副使)[86]로 부르

86 추밀부사(樞密副使): 추밀원(樞密院)의 정삼품(正三品) 관직으로 군사(軍事)에 관한 일을 담당했다.

셨다. 추밀사(樞密使)가 성지를 받들어 사자를 절강으로 보냈다. 진상문이 기쁨에 가득 차 바삐 돌아가 계책을 행하고자 글을 올려 휴가를 청하고 행리를 수습해 출발했다. 호유용께 나가 하직하고 그 후덕을 사례하니 호유용이 흔연 후대해 쉬이 다녀오라 하며 술을 부어 송별했다. 술기운이 오르자 호유용이 말했다.

"노부가 할 말이 있으니 족하는 즐겨 따르겠는가?"

진상문이 급히 대답했다.

"무슨 가르침입니까?"

"노부의 동생 하나가 일찍 죽고 슬하에 딸 하나가 있어 노부가 양육해 그 정이 친딸보다 더하네. 지금 나이 열넷에 타고난 자질이 빼어나다네. 노부가 그와 같은 쌍을 얻어 죽은 동생의 영혼을 위로하고자 하나 합당한 자가 없어 우려했었네. 이제 족하를 보니 용모가 짐짓 여아의 쌍이네. 겸해 사위를 맺고자 하니 물리지 말게."

진상문이 두 손을 맞잡아 듣고 급히 사죄했다.

"합하 대인 은덕이 산과 같으시니 받들고자 합니다. 그러나 부모가 이미 고향에 정혼함이 있는 까닭에 받들지 못합니다."

호유용이 불쾌히 말했다.

"그러면 노부가 핍박하지 못하거니와 시골 여자의 번화함이 노부의 딸에 미치겠는가. 익히 생각하게."

진상문이 속으로 생각했다.

'호공의 위세가 천자의 버금이니 그 사위됨이 극진한 영광이요, 호씨 아름다울진대 또한 원해 얻지 못할 영화라. 그러나 내 반평생 심력을 허비해 정 소저와의 인연을 바라거늘 어찌 호가와 혼인하겠는가.'

그러나 쾌히 거절하지 못해 흔연히 사례했다.

"대인의 권함이 이러하시니 소생이 당당히 퇴혼하고 명을 받들겠나이다."

"그대는 돌아가 부친께 상의하게."

진상문이 연달아 응낙하고 돌아와 화경윤에게 하직했다. 화경윤이 흔연히 말했다.

"그대가 갑자기 정자산을 입조하게 하니 천은이 호대하시나 저의 소원이 아니니니 즐겨 일어나지 아니할까 하네."

"천은이 망극하시거늘 숙부가 어찌 감히 무례하겠습니까."

화경윤이 웃으며 말했다.

"호 상국과 정자산은 뜻이 크게 같지 않거늘 상께 아뢰어 중임을 맡기니 모를 일이네. 혹 족하가 호 상공께 먼저 청함이 있었는가?"

"소생이 존대인의 명을 들어 의리를 닦거늘 어찌 청함이 있었겠습니까."

화경윤이 고개를 끄덕이고 '호공의 휘하에 들지 말게.' 하니 진상문이 응낙하고 길에 올랐다. 소년 명사로 지나가는 주현(州縣)마다 지극히 대접하니 진상문이 의기양양했다.

절강 진부에서 두 아들을 경사에 보내고 등과함을 바라더니 진상문의 등과함을 듣고 진담과 진명이 기뻐했다. 진 부인이 환희해 진담의 집에 이르러 치하하니 진담 부부가 희희낙락했다. 진 부인이 남편을 대해 조카의 재주를 칭찬하고 임규는 재주가 없어 폐과하였으니 무용 필부라 미워하기를 마지않으니 정현이 냉소하며 말했다.

"임랑의 영광이 차후에 어떠할지 볼지어다."

부인이 냉소했다.

달이 지난 후 진상문의 즉시 등용한 소식이 들리니 근처 지부와 지현의 하례가 분분해 뜰에 광채가 빛났다. 진담이 잔치를 배설하고 인근 종족을 모아 경사를 즐겼다. 이때 정연양이 진상문의 등과함을 듣고 크게 놀라 근심하니 네 시녀가 위로했다.

"진 낭군의 득의함은 소저의 큰 불행입니다."

정연양이 탄식할 따름이었다. 하루는 정연양이 모친을 모셔 앉았는데 부인이 문득 정연양의 손을 잡고 말했다.

"내 너를 늦게 두어 재모가 남다르기로 옥 같은 신랑을 얻어 쌍쌍이 노님을 보고자 하였는데 네 아비가 어리석어 임가에 결혼하고 빙폐를 받았구나. 그러나 내 그 얼굴을 보면 생각할수록 심장이 떨린다. 부디 아름다운 신랑감을 얻어 너의 평생을 쾌락하게 할 것이니 너는 고집하지 말고 어미의 지휘를 따라라."

정연양이 정색하고 대답했다.

"어머니 말씀이 불가합니다. 옛말에 이르되, '선비가 벼슬을 하지 아니하나 그 나라 신하요, 여자가 빙폐를 받았으면 그 집 사람이라.' 하였습니다. 임생의 빙폐를 받은 지 이미 일 년이거늘 어찌 이제 타인을 따르겠습니까. 어머니께서 비록 군자를 택하시나 좋지 못할 것이고 다만 대의를 지킬 따름입니다. 바라건대 어머니께서는 재삼 생각하여 저로 하여금 명을 보전하게 하십시오."

부인이 딸의 거절함을 듣고 자기의 뜻이 성사하지 못할까 근심했다. 자식이 다만 부친의 명만 중히 여겨 대의를 지키고 모친의 명을 듣지 아니함을 불쾌해 묵묵하니 기색이 편치 않았다. 가월이 곁에 있다가 앞으로 나와 대답했다.

"부인이 소저를 사랑하시어 아름다운 신랑을 택하고자 하시니 정리에 마땅합니다. 소저는 한갓 절의만 중히 여겨 부인의 사랑하시는 뜻을 받지 아니함이 과도하며 소비가 임랑을 보니 과연 소저의 쌍이 아니더이다. 부인은 급히 옥 같은 신랑을 택하십시오. 소저가 익히 생각하시면 깨달을 것이니 구태여 부인의 명을 거역하시겠습니까?"

부인이 가월의 계략에 빠져 안색을 부드럽게 하고 가월을 칭찬했다. 가월이 사례하고 말했다.

"소비 등도 소저를 깨달으시도록 하겠습니다. 부인의 택하신 신랑이 어디 계십니까?"

"다른 이 아니라 진상문이니 용모와 재학은 너희 등도 아는 바요, 금년 등과해 아주 물망이 높다. 얼마 지나지 않아 상서 작록이 있을 테고 그 외양의 미려함은 임가 괴한에게 어찌 비기겠냐. 상공이 고집하시니 내 감히 엄두를 내지 못하고 다만 여아와 의논해 상공을 속여 성례하고자 한다."

가월이 거짓 기뻐했다.

"부인의 명하심이 마땅합니다. 진 낭군으로 우리 주인을 삼으면 오죽 좋겠습니까?"

부인이 기뻐 정연양을 돌아보아 말했다.

"가월은 천인이라도 이렇듯 총명하니 실로 기특하구나. 여아는 모름지기 어미 뜻을 순종하고 충비의 간함을 용납해라."

정연양이 묵묵히 답하지 않고 침실로 돌아가니 부인이 유모와 가월을 재삼 당부했다.

"아무쪼록 소저를 깨닫게 하면 너희들의 공을 갚으리라."

구파는 진정으로 기뻐하나 가월은 깊이 애달파 하되 겉으로만 흔연히 대답했다.

"소저가 깨달은 양으로 돌아갔으니 부인은 우려하지 마십시오."

부인이 말마다 가월의 영특함을 칭찬했다. 구파와 네 시녀가 정연양의 침실로 돌아왔다. 정연양이 부인이 이 같이 밝지 못함을 한스러워 하고 자기 신세의 평안하지 못함을 초조해 눈썹을 찡그리고 몰래 탄식하는데 구파와 네 시녀가 들어왔다. 구파가 기뻐하며 말했다.

"소저야, 부인 말씀이 마땅하시거늘 소저가 무엇을 그릇 여겨 고집하십니까? 진 낭군의 용모와 풍채가 반악(潘岳)[87] 같고 문장과 재학이 이백, 두보 같으며 옥당 명사로 물망이 조야를 흔드는지라. 친영하는 날부터 아름다운 단장을 갖춰 위의가 빛나는 부인이 되실 것입니다. 무섭고 흉한 임 낭군의 거동을 보면 마음이 떨리지 않습니까? 소저는 복을 내오고 흉한 것을 거절하십시오."

정연양이 듣고 눈을 들어 유모의 거동을 보고 해괴함을 이기지 못해 한 마디 말을 이루지 않았다. 시녀들이 웃으며 말했다.

"유모는 마음 졸이지 마요. 누구에게 복이 갈 줄 알겠어요? 소저가 이미 부인의 명을 순종하시니 다시 무슨 말씀이 없거늘 어찌 이리 방정맞아요?"

구파가 크게 웃고 부인께 의논하러 들어갔다. 가월이 웃으며 말했다.

"부인의 뜻이 굳으시니 소저가 말해 무이하거늘 어찌 피로이 권하십니까?"

정연양이 눈썹을 찡그리고 탄식했다.

"부모가 덕을 잃으시면 자식이 죽기로써 간함이 효도에 마땅하다. 내 비록 규중 여자이나 어찌 간하지 않고 잠잠히 속이기만 꾀하겠냐. 진정으로 간하여도 계속 듣지 아니하시면 내 뜻만 지킬 따름이니 어찌 남의 일 보듯 하겠냐. 네 능함만 믿고 모친을 움직여 그윽이 마음을 농락하다니 이는 사나운 노비라. 내 착한 것을 알지 못하겠구나."

가월이 황공해 사죄했다.

"소저의 뜻을 알지 못하는 것이 아니나 부인의 굳은 마음을 풀 길이 없어 소비 감히 이렇게 속임이니 이는 소저의 종신대사를 위함입니다. 만

---

87 반악(潘岳): 중국 서진(西晉)의 문인. 문학적인 재능이 뛰어났으며 미남이었다.

일 시일을 미루어 조금이라도 지체할진대 소저가 반드시 욕을 면하지 못하시고 목숨이 위급하실 것이니 부득이 부인의 심사를 탐지해 소저의 신상을 보호함입니다. 부질없이 올바른 담론으로 부인의 노기를 돋우면 일에 유익하지도 못하옵고 부인의 악명만 드러나오며 몸에 해로움만 끼칠 것입니다. 바라건대 소저는 뜻을 잠깐 늦추시어 기미를 탐지해 불의지변을 방비하십시오."

"모친이 비록 불의를 행하고자 하시나 부친이 계시니 마음대로 하지 못하실 것이다. 어찌 염려하겠냐."

"노야가 만일 아시면 부인이 일을 벌이지 못하실 것입니다. 그러나 노야가 이 일을 모르시는데 불의에 일을 꾀하시면 노야이신들 어찌 하겠습니까?"

"이미 지나간 일은 어쩔 수 없다. 진상문이 반드시 부친을 외직으로 멀리 나아가시게 하거나 그렇지 아니하면 모해해 집안에 계시지 못하도록 할 것이다. 내 이를 근심한다."

네 시녀가 또한 깨닫고 소저의 의견이 밝음을 일컬었다. 구파가 부인을 보고 말했다.

"소저가 말을 하지 않으니 은근히 순종하는가 합니다. 부인은 진 낭군을 아무쪼록 놓지 마십시오."

부인이 크게 기뻐하나 일단 남편을 꺼리어 마음이 번뇌해 자연 기운이 편치 않았다. 오래지 않아 뜰이 소란스러우며 진백문이 들어와 부모와 숙부모를 뵙고 동생은 천자가 아직 휴가를 허하지 않으신 까닭에 수개월이 지난 후에 온다고 했다. 사람들이 바삐 보고자 하나 천자의 총애가 중함을 기뻐하고 진 부인은 더욱 바삐 돌아옴을 기다려 진백문에게 물어 깊이 반김을 이기지 못했다.

부인이 집안에 돌아와 구파로 더불어 밤새 일을 의논하며 딸이 잠잠함을 기뻐 남편을 속이고 혼수를 차리며 진상문의 돌아옴을 기다렸다. 그러나 계속 남편을 속임도 상서롭지 않고 남편에게 이르고자 한들 허락하지 아니할 뿐 아니라 자기가 중책을 면하지 못할까 두려웠다. 밤낮으로 생각하나 둘 다 보전할 계책을 얻지 못해 식음을 전폐하고 근심하니 자연 용모가 초췌하고 거동이 당황스러웠다. 정현이 그 기색을 보고 의아해 물었다.

"그대의 행동이 전일과 같지 않아 매우 수상하오. 무슨 염려함이 있어 얼굴이 초췌하였소?"

부인이 잠잠하다가 눈물을 머금고 대답했다.

"첩이 어려서부터 슬픔을 알지 못하더니 여아의 앞길을 그릇하게 되어 슬퍼하는 마음이 가득합니다. 음식을 내리지 못하고 밤낮으로 번민하니 어찌 마음이 온전해 기색이 화려하겠습니까. 차라리 죽어 여아의 평생 슬퍼함을 보지 아니하고자 합니다."

말을 마치자 눈물이 종횡으로 흘렀다. 정현이 부인의 임규를 미흡함이 죽기로써 운운함을 보고 마음에 놀라 생각했다.

'임규의 용모를 보고 혹 한때 미흡하게 여김은 괴이하지 않다. 그러나 이미 정한 혼사이니 세월이 오래되면 부인이 가히 풀어질까 하였는데 이 같이 온 마음에 맺혀 죽기로써 분하게 여기니 나중에 임규를 맞아도 화평하지 못하겠구나.'

저렇듯 분해 허약한 체질이 보전하지 못할까 염려하는 중 한편으로는 그 편협함을 몹시 한스러워 해 질책했다.

"임랑이 비록 용모가 아름답지 못하나 품질이 비상하고 풍채가 당당해 장부의 기상이요 학행과 문장이 범인과 다르니 나중에 큰 그릇이 될 것이오. 여자가 아무리 식견이 없은들 어찌 밝지 못함이 이러해 한갓 낯이 희고 입이 붉고 풍채가 경박한 자를 부러워하오? 만일 미흡한 흠이 있더라도 이미 납빙한 사위라, 어찌 하겠소. 나중에 임랑의 영광이 극진할 때는 부인이 감히 우러러 비기지 못하리니 부인은 모름지기 헛된 염려를 말고 다시 생각하시오. 내 그대의 거동을 보니 반드시 불의지심을 가져 임랑을 배척하고 여아를 다른 데 취하고자 하는구려. 만일 이러할진대 부부간 의를 끊어 평생 용납하지 않을 뿐 아니라 죽은 후라도 용서하지 않을 것이오."

말을 마치자 기색이 엄숙하니 부인이 다시 말을 하지 못하나 마침내 불복했다. 정현이 불쾌해 밖으로 나와 진명을 대해 부인의 작용이 좋지 않음을 이르니 진명이 웃으며 말했다.

"형이 어찌 생각하지 못하십니까. 누나가 비록 임랑을 거절하고자 하나 계교를 얻지 못함이니 자연 날이 오래되면 깨달을 것입니다. 형이 집안에 있으니 어찌 여자의 작용을 용납하겠습니까. 부질없는 심려를 마시고 마음을 누그러뜨리시지요."

정현이 잠깐 기색이 누그러지나 부인을 극히 미워했다. 이때 진진이 정현 부부의 이야기를 듣고 정연양에게 전하니 정연양이 탄식했다.

"불효녀의 연고로 부모가 저렇듯 근심하시고 어머니께서 죽음으로써 결단하시는구나. 이 같을진대 내 반드시 아버지의 명을 지키고 어머니의 명을 듣지 못하려니와 이렇듯 천륜이 문란할진대 무슨 면목으로 세상에 용납하겠는가. 차라리 죽어 모름이 마땅하도다."

말하고 한숨 쉬며 탄식하니 진진이 위로함을 마지않았다.

이때 정연경이 임가에서 수학하다가 진상문의 영광을 듣고 임규에게 말했다.

"진 형은 임 형으로 동갑이로되 벌써 청운에 올라 벼슬이 한림원에 있고 명망이 조야를 흔들어 돌아온다고 해요. 형은 무슨 까닭으로 과거를 보지 않고 지방에 썩은 선비 노릇 하기를 즐겨요? 우리 부모가 형의 공명 바람이 급해 형의 폐과함을 들으시고 애달파하세요."

임규가 문득 웃으며 말했다.

"진상문은 재주 높으니 공명을 이루었거니와 나는 무재하니 과거를 보아도 득의하지 못할 거다. 남의 위세를 두려워해 가지 못하였거니와 들으니 장모가 나를 미흡하게 여기사 퇴혼하려 하신다 하거늘 나의 공명득실을 어찌 의논하겠냐."

정연경이 안색을 변해 말했다.

"형은 어디서 그런 망령된 말을 들었어요? 우리 모친이 형을 미흡하게 여기신 일이 없고 하물며 부친이 정한 혼사를 진퇴하겠어요? 그런 무식한 말을 유식군자의 입으로 말하다니요."

임규가 미소 지었다.

"내 얼굴이 박하니 부인의 미흡하심이 어찌 그름이 되겠냐. 그러나 네 누나가 규중에 처해 눈을 읊는 재주 있고 음풍영월해 숙녀의 행색이 석고 가인의 재주와 정이 많다고 하더라. 겸해 용모가 경성지색(傾城之色)[88]이요 재상의 교만한 딸로 품행이 좋지 않은데 나의 용모가 추하다 하니 우리 집 한미함을 업신여길 것이다. 나의 소견은 맹광 같은 여자를 구하고 부귀하고 호사한 집의 절색은 원하지 않는다. 자고로 옥 같은 미인이 재주 많으면 행실이 높지 못하나니 모름지기 서로 뜻을 통해 피차 뜻을 이루게 해라. 나는 이십에 등과하고 삼십에 장가들고자 한다. 너의 누나가 가인의 재주가 있다 하니 십 년 동안을 깊은 규방에 있어 애를 태워 즐겨 옛 사람을 본받을까?"

정연경이 듣고 낯빛이 바뀌며 말했다.

"형의 말이 매우 무례합니다. 우리 누나가 용모가 수려하고 문장이

---

88 경성지색(傾城之色): 뛰어나게 아름다운 미인을 이르는 말.

특이하나 유한정정해 숙녀의 풍채가 있고 맑은 마음이 빙옥(氷玉) 같은데 형이 어찌 이러한 말을 하세요. 이는 군자의 이를 바가 아니에요. 만일 우리 누나가 들으면 반드시 몸을 강물에 던지려 할 거에요. 예법에 어긋난 말을 이르지 마세요."

임규가 듣고 정연경의 답이 이 같이 준절함을 보고 낯빛을 바꾸어 말했다.

"내 어찌 너의 누나를 의심하겠냐. 전하는 말이 좋지 않으니 내 마음에 조금 미흡함을 말함이거니와 만일 너의 말 같을진대 나의 공명을 이룰 때가 아직 멀었으니 장모의 증오하심이 오래일 것이다. 어찌 견디겠냐."

정연경이 나이 어려 모친의 일을 임규가 알까 부끄러워했다.

수일 후 정연경이 본부에 이르러 부모님을 뵌 후 누나를 찾아 반기며 조용히 말하다가 임규의 말을 전했다. 정연양이 정색하고 말했다.

"임생은 유식한 군자거늘 네 그 말을 기록해 어찌 내게 전하냐. 이후로는 이런 말을 내게 이르지 마라."

정연경이 답하지 못하거늘 가월이 말했다.

"임 상공이 소저를 가벼이 여김이 아니라 부인의 증오하심을 듣고 소저를 짐짓 격동함입니다. 이 말이 반드시 난 곳이 있을 것입니다. 필연 진상문이 소저의 흠을 만들어내어 임 낭군을 격동함이니 공자는 그 말 내던 곳을 캐물으셨으면 좋을 뻔 했습니다."

정연양은 잠잠하고 정연경은 내당으로 들어가려다가 말했다.

"내 그 말을 캐묻되 이르지 않으니 제 비록 연소하나 기질이 엄한 까닭에 감히 캐묻지 못했다."

가월이 그렇게 여겨 다시 말을 않고 정연양은 묵묵히 말이 없었다.

이러구러 두어 날이 되었다. 지부와 현관이 성지를 받들어 천자의 사자를 데리고 정현의 집에 이르러 황명을 전하고 정현의 복직함을 축하했다. 정현이 크게 놀라 북쪽을 향해 사은하고 성지를 받들었다. 정현이 지부를 대해 말했다.

"만생(晩生)이 비록 쇠하지 아니하였으나 병이 많은 까닭에 정신이 혼미해 능히 중임을 감당하지 못합니다. 저번에 황상의 허락하심을 입어 고향에 돌아와 병을 치료한 지 오륙 년에 다시 보국할 정신이 몽롱하고 다시 몸에 병이 있으니 고향을 떠나지 못합니다. 명을 거스른 죄를 입을지언정 받들지 못하겠습니다."

지부와 예부가 황상의 성의로 권유했다. 그러나 정현은 뜻이 굳어 이렇게 말했다.

"천은이 망극하시나 벼슬길에 뜻이 없으니 결단코 명을 받들지 못할 것이요, 호공의 후의는 감사하나 내 몸이 능히 무거운 벼슬을 받들지 못할지니 어찌 한탄하지 않겠습니까. 호공이 위엄은 중하나 필부의 뜻은 알지 못하는가 합니다."

지부가 정현의 뜻이 이러함을 보고 감히 다시 권유하지 못했다. 정현이 한 장 표문을 간절히 지어 천자의 사자를 돌려보냈다. 그리고 스스로 생각하니 호유용이 자신을 천거함이 좋은 뜻이 아니었다. 만일 황명이 끝내 엄하시면 신하가 되어 여러 번 거역하지 못할 줄 알고 깊이 우려했다. 진담과 진명이 이 소문을 듣고 이르러 말했다.

"천자가 공을 부르심이 영광이 빛나거늘 어찌 거역해 사자를 돌려보냈어요?"

"그대 등은 우직한 선비네. 이렇듯 깨닫지 못하는가. 조정이 나를 부르심이 천자의 뜻이 아니라 간신의 수단일세. 내 어찌 위태한 데 빠지겠는가. 지금 호가 적신(賊臣)이 천자의 총명을 가리고 국권을 잡아 마음대로 농단해 위복을 멋대로 하며 곧은 신하를 배척하고 있네. 슬프다, 성상의 일월 같은 덕이 요순(堯舜)[89]과 탕무(湯武)[90] 같더니 국운이 불행해 간신이 권세를 잡고 조정이 어지러우니 어찌 한심하지 않은가."

말을 마치자 감정이 격하니 진담은 잠잠하고 진명이 강개해 말했다.

"우리 천자가 요순 같은 성덕으로 간신이 어지러우니 국운이 쇠한즉 할 일 없군요. 형의 보신책이 가히 현명합니다. 차라리 농부가 될지언정 간신의 해를 입지 않아야 할 것입니다. 형은 작록을 생각하지 말고 고향에 안거해 일생이 평안함을 취하시지요."

정현이 진명의 식견이 밝음을 칭찬해 마음이 서로 합하되 진담은 지식이 어리석은 까닭에 겉으로만 친하고 속으로는 먼 관계가 되었다. 오래지 않아 진상문이 비단옷을 입고 고향에 돌아오니 온 집안이 진동하고 지현이 영접하며 진담 부부가 크게 기뻐했다. 수일 후 진상문이 계수나무 꽃가지와 붉은 옷차림으로 위의를 십분 치장해 광대와 허다한 하인을 거느려 이르렀다. 풍류 소리가 진동하며 하인들이 마을을 덮으니 보는 이가 칭송했다.

"어떤 유복한 여자가 저의 배필이 될까."

진상문이 의기양양해 집에 이르니 부친과 숙부가 손을 잡고 등을 두드리며 웃는 입을 다물지 못했다. 내외 친척이 저마다 치하할 새 정현이 진상문의 손을 잡고 칭찬했다.

"소년 등과해 문호를 빛내고 조상님께 효도를 이루었구나. 축하한다."

진상문이 바삐 사례했다.

---

89 요순(堯舜): 중국 고대 전설상의 요 임금과 순 임금. 둘 다 선정을 베풀어 태평성대를 이룬 이상적인 임금으로 여겨진다.

90 탕무(湯武): 중국 고대 은(殷)나라를 건국한 탕 임금과, 은나라를 무찌르고 천하를 평정한 주(周)나라의 무 임금. 모두 이상적인 정치를 펼친 성군(聖君)으로 여겨진다.

"모두 조상님의 음덕이요 숙부께서 생각해주신 덕분입니다. 어찌 저의 재주겠습니까."

정현이 진담을 향해 진상문의 영광을 치하했다. 진담이 크게 기뻐 하례 받느라 미처 겨를을 내지 못하고 거동이 당황하니 정현이 그윽이 냉소했다. 진상문이 먼저 사당에 인사를 올리고 내당에 들어가 모친과 숙모를 뵈었다. 조 씨의 기쁨은 측량하기 어려웠고 정, 설 씨 두 사람의 기쁨이 한량없어 기리는 소리가 끊이지 아니했다.

다음날 잔치를 배설하고 즐겼다. 풍류 소리가 원근에 시끄러우며 노래와 춤이 하늘에 사무치니 정현이 신래(新來)[91]를 백 가지로 희롱해 모든 사람이 구경하는 중 구파가 더욱 기뻐했다.

"우리 소저의 배필이니 우리 노야와 부인의 복이라."

그리고 곁에 사람이 듣는 줄 생각지 못하고 이리 뛰며 저리 뛰었다. 정연경이 구경하다가 이 말을 듣고 물었다.

"진 형이 벼슬하니 유모에게 유익함이 없는데 이렇듯 즐겨함이 무익하다. 또 아까 하던 말은 어인 말이냐?"

구파가 취중에 진상문의 영광을 보고 기뻐 정연경에게 말했다.

"상서 노야가 이제야 마음이 동하지 아니하시며 공자가 나이 어리시니 무엇을 알겠습니까?"

그리고 머리를 흔들어 희희낙락해 말했다.

"공자야, 진 낭군의 영화가 기특하지 않습니까. 우리 부인이 임랑의 추한 외모를 증오해 물리치시고 진 낭군을 맞으려 벌써 혼구를 차려 계시니 오래지 않아 우리 댁 신랑 신부가 되실 것입니다. 공자도 저런 아름다운 매부를 얻어 친척을 삼으니 어찌 쾌하지 않겠습니까. 임랑의 가증

---

91 신래(新來): 과거에 새로 급제한 사람을 이르는 말.

한 거동과 용렬한 의사는 비록 열 번을 다시 태어나도 진 낭군에게 미치지 못할 것입니다. 공자도 어서 자라 소년 등과해 진 낭군과 쌍으로 영광을 빛나게 하십시오."

말을 마치자 의기양양해 손바닥을 헤치고 입을 벌려 구경하는 것이었다. 정연경이 이 말을 듣고 한참 실색하다가 구파를 잡아 들여 물었다.

"진생을 맞으려 함을 부친이 아시냐?"

"아직은 모르시거니와 저런 기특한 사위를 거절하시겠습니까."

"누나도 아시냐?"

구파가 웃고 대답했다.

"소저는 벌써 알고 순종하셨습니다."

정연경이 크게 의혹해 다시 묻지 않고 한참을 묵묵하다가 밖으로 나가 부친 곁에서 구경했다.

진상문의 집에서 이렇듯 즐긴 지 십여 일에 잔치를 파했다. 진상문이 부형과 친척에게 답례하고 임규의 집에 이르렀다. 임규가 맞아 예를 마치고 앉은 후 경사를 치하하니 진상문이 웃으며 말했다.

"소제 재주가 용렬하거늘 천은이 융성하여 미신에 작록이 과분하니 외람함을 이길 수 없어 전전긍긍하오. 형이 소제로 더불어 지기지우거늘 소제 홀로 먼 길에 왕래하되 형이 한 번 찾음이 없고 소제 경사에 머물되 한 번 물음이 없으니 어찌 이다지 박정하오. 소제 스스로 형의 정이 소제만 같지 못함을 적이 한스러워 하오."

임규가 웃고 사죄했다.

"소제가 무신한들 형의 경사를 기뻐 아니하며 멀리 이별했지만 벗이 돌아오니 어찌 반갑지 아니하겠소. 형이 오던 날부터 지부와 빈객이 끊임없이 이어지고 풍류가 끊이지 않으니 소제 같은 유생이 귀댁에 말미암지 못하고 한갓 멀리서 흠모할 따름이요 귀댁이 조용하거든 나가 치하하고자 하였더니 형이 먼저 임하시니 부끄럽고 감사하오."

진상문이 웃으며 말했다.

"형의 말이 거짓말이오. 소제 돌아온 후 수일 조용하지 못하였으나 손님들이 이미 갔고 조용하니 무엇이 요란하겠소. 이는 형이 소제의 낮은 벼슬을 더럽게 여겨 높은 자취를 누추한 집안에 욕되이 굴하지 않으려 함이오."

임규가 손뼉을 치고 웃으며 말했다.

"형이 소제를 욕되이 여긴다 하니 다시 변명하지 못하겠소."

진상문이 크게 웃고 인하여 담화하다가 말했다.

"형이 금년 과거를 보았으면 장원이 되어 이름이 사해를 진동해 우리 숙모의 기뻐하심을 구경할 것을 무슨 까닭으로 폐과를 해 숙모의 뜻을 저버렸소? 소제가 형을 위해 애달파 하오."

"소제 같은 용렬한 재주로는 방목에 으뜸이 되지 못할 것이나 또 어찌 녹록하게 남의 아래에 들겠소. 재주가 만인을 압도한 후에야 장원이 되리니 천성이 누둔해 만인을 놀랠 재주가 되지 못할까 하오. 이런즉 백발이 성성하나 등과하지 못할 것이니 정공의 사위 택함이 잘못되고 장모의 애달파 함이 발분망식할 것이오. 형은 소제를 위해 장모께 이 뜻을 통해 뉘우치는 한이 없게 하오."

진상문이 듣고 임규의 말이 자기를 조롱함인가 마음에 부끄러워 십분 한스러우나 사색하지 않고 웃으며 말했다.

"형은 소제를 비웃지 마오. 매양 과장에 선비가 각각 장원을 요구하니 만인 중 으뜸됨이 어찌 그 같이 쉽겠소. 형의 말과 같을진대 조정에 미관말직은 없을 것이외다. 비록 그러하나 형의 재주는 결단코 장원이 될 것이오. 숙부의 지인지감이 기이하니 무슨 유감이 되겠소. 형은 너무 겸손해 소제를 조롱하지 마오."

임규가 웃으며 답하지 않으니 진상문이 즉시 일어나 작별하고 바로 정현의 집으로 와 정현을 뵙고 내당에 들어가 숙모를 뵌 후 말했다. 부인이 조카의 영광을 기뻐해 바삐 사위를 맺고자 하되 계교가 없어 초조해 구파로 더불어 상의하나 일을 베풀지 못하고 있었다. 그러다가 진상문을 보니 더욱 마음에 바빠 진상문을 대해 그간 심려함을 일렀다. 진상문은 정현이 벼슬을 사양해 사자가 헛되이 돌아감을 듣고 심중에 불만스러우나 또한 다른 계교 없어 다만 부인의 마음을 격동하니 부인이 말했다.

"이번에 남편이 벼슬을 사양하시니 우리 일의 기미를 알았다. 진실로 근심이나 너는 마음 놓고 나의 주선함을 기다려라."

진상문이 일어나 감사하고 부인의 지휘를 기다렸다.

하루는 진상문이 정현에게 말했다.

"제가 경사에 있을 때에 황상께서 숙부의 병을 물으시거늘 각별 대단하지 아니함으로써 아뢰니 상이 기뻐 즉시 칙지로 부르셨습니다. 어찌 사양해 천은을 거역하십니까?"

"성상이 나를 생각하심이 아니다. 호적이 무슨 뜻이 있어 이 같이 함이다."

第二編 제이편

제칠회 第七回

진상문이 간사한 계교를 지으니 정현이 귀양 가고
가월이 계교를 내니 정연양이 화를 피하다

제팔회 第八回

거짓 소저에게 혓장가 들고
정연경을 죽이고자 하다

제구회 第九回

정연경은 화가 변해 복이 되고
진 부인은 어제 그름을 지금 깨닫다

제십회 第十回

정연양이 도망해서 비구니의 난을 피하고
다시 두적을 만나서 행장을 빼앗기나

제십일회 第十一回

정연양이 화빙아와 혼인을 정하고
이현경이 홍연을 헛 취하다

제십이회 第十二回

홍연이 그 실정을 노출하니
이현경의 뉘우침이 미칠 데 없다

第七回 제칠회

진상문이 간사한 계교를 지으니 정현이 귀양 가고 가월이 계교를 내니 정연양이 화를 피하다

정현이 말했다.

"호적이 무슨 뜻으로 황상께 아뢰어 복직하게 하였으나 내 이미 향리에 한가히 누워 벼슬길을 뜬구름 같이 여기거늘 어찌 저 간당에 빠져 속겠냐. 노부 같은 자는 은퇴한 까닭에 고향에 물러나 있거니와 너는 진신 명사로 충심이 당당하고 나이가 젊어 앞길이 만 리 같다. 모름지기 간신의 세를 따르지 말고 급암의 충성을 본받아 아름다운 이름을 역사에 빛낼지니 삼가 조심해라."

진상문이 듣고 부끄러우나 흔연히 사례했다.

"대인의 가르침을 삼가 간폐에 새기려 하나 저의 미미한 충성으로 숙부의 가르치심을 저버릴까 합니다."

정현이 탄식하고 말이 없으니 진상문이 마음에 생각했다.

'정공이 딸로써 나의 배우자를 삼으면 용서하려니와 아니면 당당히 이 말을 호공께 전해 설욕하리라.'

그리고 조용히 숙모로 더불어 혼사를 꾀하니 부인이 말했다.

"이번에 성지 내려와 상공이 경사로 가시면 성혼하고자 했다. 그런데 상공이 벼슬을 원하지 않으시고 또한 우리의 기미를 아신 듯하다. 굳이 사양하고 가지 아니하시니 별다른 계교가 없구나."

진상문이 몹시 놀라 정현을 없애고자 해 흉계를 생각하고 한 봉 편지를 지어 심복 하인으로 경사의 호유용에게 보내고 밤낮으로 회보를 기다렸다.

이때 정연양이 부친을 조정이 벼슬로 불러 천자의 사자가 이름을 듣고 대경실색하더니 부친이 벼슬을 사양해 사자가 돌아감을 다행히 여겼다. 그러나 만일 천명이 두 번 이르면 거역하지 못할 것이요 부친이 집을 떠나시면 자기가 화를 만나 목숨이 어찌 될 바를 알지 못했다. 초조해 침식이 불편하더니 오래지 않아 진상문이 돌아오니 모친이 기뻐하심을 보니 마음이 살얼음을 임한 듯 진상문의 자취를 두려워해 대면함이 없었다. 진상문이 정연양을 보고자 해 내당 출입이 빈번하나 끝내 보지 못하니 마음에 번민했다. 정연경이 구파의 말을 의혹해 누나에게 고해 일의 시종을 물으니 정연양이 말했다.

"이는 구파의 과장이 아니야. 모친의 주상이 이러하시어 임생을 미워하시고 그 빙폐를 물려 진가 결혼하실 바를 부친께 비치시니 부친이 모친을 준책하여 마침내 모친께 허물이 돌아가게 되었어. 현제는 다시 이런 말을 입 밖에 내지 마라."

정연경이 이 말을 듣고 다만 고개를 끄덕여 잠잠했다.

한편 천자의 사자가 돌아가 봉서를 호유용에게 먼저 드렸다. 호유용이 열어보니 다음과 같았다.

폐신 정현은 황공해 감히 한 봉 글을 용탑 아래에 올리옵나이다. 신이 본디 무재무능으로 폐하의 일월 같은 덕을 입어 벼슬이 높으니 성상의 넓으신 덕을 갚고자 하옵나이다. 그런데 신의 몸에 병이 침노하옵고 정신이 날로 쇠진하와 능히 중임을 당하지 못하옵니다. 한갓 용안을 바랄 뿐이오니 바라건대 폐하는 신의 천한 재질을 용서하시어 은명을 어긴 죄를 용서하소서. 폐하께서 일월 같은 덕을 드리시어 어진 신하를 가까이 하시고 소인을 멀리하시어 요순의 다스림으로 강산을 누리시면 신이 죽사오나 즐거운 혼이 될까 하나이다.

호유용이 읽고 크게 노해 말했다.

"정현 이 필부가 이처럼 방자해 국명을 거역하고 어지러운 글을 올려 황명을 거절하였으니 지극히 한스럽구나. 마땅히 상께 아뢰고 죄를 물으리라."

그리고 다음날 표를 올리려 하더니 뜻밖에 진상문의 글이 이르렀다. 열어보니 다음과 같았다.

한림 진상문은 멀리서 재배하고 상국 합하께 올리옵나이다. 상문이 시골의 미천한 신하로 재주가 용렬하거늘 황상의 성은을 입사와 옥당에 근무하게 되니 국은이 하늘 같사온 중 합하 대인의 은혜는 더욱 간과 폐에 새기옵나이다. 우리 백성이 누가 상공의 덕화를 흠모하지 않겠나이까. 전 이부상서 정현이 대인을 비방해 저번에 성상의 부르시는 황명을 거역해 말하기를, '반드시 상이 신을 생각하심이 아니라 호적의 꾀이니 내 어찌 소인으로 더불어 국사를 다스리며 저의 아래가 되리오. 당당이 삼척검으로 나라 그르치는 간신을 베고 국가의 주인이 되어 천자를 끼고 제후를 호령하리라. 어찌 녹록히 추밀사 작록을 받아 저의 아래가 되리오. 상이 춘추가 높으시어 정사가 불민한 까닭에 현신을 물리치고 간신을 가까이 하시니 마땅히 폐위해 양로궁으로 옮기고 태자를 받들어 대위를 이루고 호적을 주륙하리라.'고 했습니다. 상문이 그 망령됨을 간쟁하니 도리어 소생을 간신의 무리라 하더이다. 정현의 딸은 상문의 사촌누이입니다. 용모와 자태가 아름다워 어려서부터 소생과 정혼해 언약이 굳었는데 소생이 대인을 칭찬하니 이를 노해 혼사를 물리치고 소생을 거절했습니다. 소생의 숙모가 괴로이 다투어 간하되 듣지 않고 '호적과 상문을 죽이려 하거늘 어찌 결혼하리오.' 해 숙부의 사나운 고집으로 성혜하지 못했습니다. 대인의 위엄을 빌어 숙부를 멀리하고 소생이 성혼하고자 사정을 고하옵나이다. 바라건대 대인께서 상문의 소원을 이루어 주시면 상문이 죽도록 대인의 수족이 되어 보은할 것입니다.

호유용이 읽고 크게 노해 꾸짖었다.

"정가 필부가 이렇듯 사나워 나를 욕하고 상을 폐하고자 하니 이는 난신(亂臣)이라. 당당히 머리를 베어 설욕하리라."

다음날 아침 궐내에 들어가 정현의 표를 올렸다. 궐 앞의 학사가 읽자 상이 듣고 잠자코 침묵하시니 호유용이 아뢰었다.

"폐하가 특지로 부르시니 천은이 망극하옵거늘 정현이 방자해 성지를 어기오니 그 죄 중하옵나이다. 바라건대 폐하는 잡아다가 추고(推考)[92] 하소서."

"정현의 명 거스른 죄는 중하나 그 병이 중하다 하니 어찌 그 사정을 살피지 아니하리오."

호유용이 머리를 조아려 아뢰었다.

"신이 듣자오니 정현이 실로 병은 없사오나 신이 국정 맡음을 한스러워 하고 폐하가 연로하여 간신을 용납하신다 해 항상 이르기를, '성상을 양로궁에 옮기고 태자를 받들어 즉위한 후 대국 원훈(元勳)[93]이 되어

92 추고(推考): 벼슬아치의 잘못과 죄를 추궁하고 심문해 고찰함.
93 원훈(元勳): 나라를 위한, 가장 으뜸이 되는 공을 세운 신하.

신을 죽이고 제후를 호령하면 장부의 행사라. 어찌 녹록히 추밀 관작을 받아 유용의 수하가 되겠는가.' 하고 대사를 꾀한다 하니 이는 왕망, 동탁 같은 역신입니다. 바라건대 폐하는 역신을 죽여 천하 인심을 정하소서."

상이 이 말을 듣고 용안이 진노해 말씀하셨다.

"정현의 표문이 태만하나 죄를 주지 아니하려 하였더니 반심이 있다 한즉 경은 어디로부터 이 말을 들었는가?"

"한림 진상문은 정현의 처조카입니다. 항상 그 간사함을 원통해하던 까닭에 이 말을 신에게 일러 들었나이다."

상이 깊은 생각에 잠겨 의혹하시니 호유용이 백 가지로 황상의 노기를 돋우고 왕 태감(太監)[94]이 호유용의 뜻을 받아 상을 혼동했다. 상이 가장 의혹해 금오랑(金吾郎)[95]을 불러 '정현을 잡아오라.' 하셨다. 그러자 정현의 충성을 늘 탄복하던 자가 연명(連名) 상소해 간하고 또 화경윤이 상의 이러하심을 보고 탄식해 다시 아뢰었다.

"정현은 진실로 이 같으면 마땅히 죽을죄이오나 만일 조금이라도 억울함이 있으면 폐하의 실덕하심이 크실 것입니다. 신이 저의 실상을 알지 못하옵거니와 정현의 평일 충의로써 이러한 일이 없을 듯하오니 바라건대 폐하는 살피소서."

상이 답하지 않으시니 화경윤이 할 일 없어 물러났다. 호유용이 화경윤의 정현 구원함을 알고 크게 노해 마저 절제하려 했다. 마침 송 귀비의 품계를 봉하는 일로 화경윤이 당상감관(堂上監官)[96]을 해 국사에 마음을

---

94 태감(太監): 중국 명나라 · 청나라 때에, 환관의 우두머리. 내시를 달리 이르는 말.

95 금오랑(金吾郎): 의금부(義禁府)에 소속된 종육품(從六品) 관직. 왕명을 받들어 죄인을 추국(推鞫)하는 일을 맡았다.

96 당상감관(堂上監官): 당상관은 정삼품(正三品) 이상의 관원을, 감관(監官)은 관아나 궁궐에서 회계를 감독하는 관직을 가리킨다.

쏟는 사이에 호유용이 틈을 타 어사(御史)로 하여금 글을 올려 말했다.

'화경윤이 백성의 재물을 도적해 나라를 비방하고 국법을 능멸했습니다. 그 죄를 다스리기를 청하나이다.'

상이 크게 노하시어 의금부(義禁府)로 내려 극형으로 심문하라 하셨다. 동료 신하들이 놀라 십삼도어사(十三道御史)와 육부상서(六部上書) 등이 연명 상소해 변명하니 상이 노함을 그치시나 아주 용서하지 않아 조주 땅에 정배하셨다. 화경윤이 할 일 없어 적소로 향하니 딸 빙아 소저는 열둘이요 아들은 일곱 살이었다. 부친이 애매히 귀양감을 애통해 온 집안이 슬퍼하니 화경윤이 부인과 자녀를 고향 소흥부로 보내며 부인에게 말했다.

"이제 학생이 조주 만 리를 행해 돌아올 기약이 아득하고 여아가 시집갈 기약이 멀지 않소. 부인은 슬픔을 참고 자녀를 돌보아 부모 제사를 받들고 아름다운 사윗감을 가리어 일생을 편하게 하시오."

그리고 좌우로 어루만져 차마 떠나지 못했다. 관리가 재촉하니 비로소 일어나 눈물을 뿌려 이별할 새 자녀가 하직하니 부부 모자가 공을 붙들고 통곡함을 마지않았다. 화경윤은 관리를 따라 조주로 가고 부인은 급히 가솔을 거두어 고향으로 갔다.

금오랑이 절강에 이르러 황명을 전하고 붙잡으라 했다. 정현이 대경실색하고 온 집안이 망극하되 홀로 진상문이 내심에 몰래 기뻐했다.

정현이 부인에게 말했다.

"여자의 행실은 절개가 으뜸이오. 이제 학생이 죄명으로 집을 떠난 후 임가 빙폐를 도로 보내고 지아비를 배반하는 행실이 있을진대 내 후일 비록 살아 돌아오나 다시 대면하지 아니할 것이오. 부인은 오늘날 가장의 부탁을 저버리지 마오."

또 여아를 경계해 말했다.

"내 죄명은 대단하지 않으니 성상이 구태여 죽이지는 아니하실 것이다. 그러나 정배(定配)[97]는 면하지 못할 것이니 내 집안을 떠나매 인사가 변할 듯하다. 너는 옛사람의 절의를 지키고 어미의 불초함을 따르지 마라."

또 정연경에게 말했다.

"너희들이 일생을 그르게 아니하고자 할진대 아비 경계를 저버리지 말고 불초한 어미를 간해라."

말을 마치고 엄숙하니 자녀가 명을 받들었다. 부인은 부끄러우나 앙심을 품어 낯빛이 바뀌어 대답했다.

"상공이 첩의 무슨 불초함을 보셨기에 의심이 이에 미치셨습니까? 첩은 망극한 이별을 당하니 심신이 산란해 다른 마음이 있지 않거늘 어찌 이런 말씀을 하십니까? 여아의 혼사는 상공이 돌아와 이룰 것이거늘 이런 의외의 염려를 하시니 한심하고 애달픔을 이기지 못합니다."

말을 마치자 눈물을 뿌리며 노기가 은은했다. 정현이 위로하고 밖으로 나오니 진명이 슬퍼해 위로했다.

"형이 전일에 당당한 장부더니 오늘은 이렇듯 세세해 소소한 염려를 과히 하십니까. 형이 죄명을 얻어 위태한 땅에 들어가니 앞의 길흉을 알지 못합니다. 이로써 염려할지언정 그 밖의 집안일을 어찌 족히 염려하겠습니까. 천자가 현명하시니 형의 무죄함을 아시어 용서하실 것입니다. 오래지 않아 돌아올 겁니다."

정현이 탄식하고 대소사를 진명에게 부탁하고 술을 내와 별회를 억제했다. 정연경 남매가 밤새도록 눈물을 흘리며 부친 곁을 떠나지 않으

97 정배(定配): 죄인을 지방이나 섬으로 보내 정해진 기간 동안 그 지역 내에서 감시를 받으며 생활하게 하던 일. 또는 그런 형벌. 유배.

니 정현이 좌우로 어루만져 연연했다. 동방이 밝으니 임자순이 찾아왔다. 정현과 진명이 급히 맞아 예를 마치고 임자순이 바삐 물었다.

"자산이 득죄해 황명이 내렸다 하니 놀라움을 이기지 못해 이르렀소. 이 말이 옳소?"

"신하가 되어 군명을 거역하였으니 어찌 죄를 당하지 아니하겠소."

"모두 천수라. 부디 먼 길에 보중해 쉬이 만남을 바라오."

이때 임규도 부친을 따라 왔다. 이에 나와 정현께 재배하고 다시 엎드려 말했다.

"대인의 덕행으로 이 길을 당하심이 가문의 불행이거니와 필연 남의 모함입니다. 설마 어떻게 되겠습니까. 무사히 돌아오심을 바랍니다."

그밖에 허다한 이야기는 이루 다 기록하기 어려웠다. 이에 행장을 차려 길을 떠났다. 정현이 떠나니 진상문이 다시 거리낄 바가 없어 숙모 위로함을 핑계대고 출입이 무상했다. 정연양은 모친의 슬픔을 위로하고자 곁을 떠나지 않으니 진상문이 크게 기뻐해 방자한 말로 정연양을 희롱해 언사가 방탕했다. 정연양이 한스러워 진상문이 들어오면 곁방으로 피하니 진상문이 불쾌해 하고 부인이 고집 한다 꾸짖었다. 그러나 정연양이 듣지 않고 매양 상대함을 즐겨 아니하며 가월 등이 진상문의 출입함이 무례함을 분해해 말씀이 준절하니 진상문이 네 시녀의 열렬함을 꺼렸다.

정현이 관리를 따라 경사에 이르러 법부에 나가니 호유용이 분부해 옥에 가두고 천자께 아뢰니 상이 명하여 금오관(金吾官)으로 심문하라 했다. 관리가 생각하되 정현은 성품이 청직한 사람이었다. 호유용이 정현을 모함함을 한스러워 하고 비록 호유용의 청을 들었으나 본디 정현과 더불어 교분도 깊었다. 까닭에 일을 보던 날 정현을 심문할 때 관리가 말했다.

"공이 일찍이 천은을 입어 작록이 높거늘 무슨 까닭으로 교지(敎旨)

를 받지 않고 어명을 어기며 올린 글이 무례해 황상을 비방하고 감히 황상의 마음을 돋우셨습니까? 이제 상이 진노하시어 엄문하라 하시니 빨리 이실직고(以實直告)[98]하십시오."

정현이 듣고 탄식했다.

"만생은 한미한 선비로 나이 약관이 되어 참방했습니다. 본디 인사가 불미하고 재주가 소활하거늘 성상의 은혜를 입어 나이 사십이 못해 이부 총재 중임을 받들어 부귀 극진했습니다. 소소한 충성을 다해 성은을 갚으려 했으나 불행히 병을 얻어 고향에 돌아왔습니다. 본디 형제 없고 자식이 포대기에 있으니 비록 죽으나 해골을 고향에 묻어줄 친척이 없는 까닭에 살아 고향에 돌아가 여생을 마치고자 한 것입니다. 고향에 돌아가 병이 다행으로 거의 나으나 간혹 더해지는 까닭에 능히 국사를 살피지 못합니다. 고요히 향리에 누어 성은을 칭송하더니 천만 의외에 중직을 돋우시어 명이 내리시니 천은이 망극합니다. 그러나 미신의 묵은 병이 침노하니 능히 국사를 감당하지 못합니다. 이런 까닭에 신의 절박한 정을 아뢰었으나 감히 성상을 비방함이 있겠습니까. 군신은 부자와 같습니다. 자식의 소회를 부모가 살피지 않으면 누구께 고하겠습니까. 이외에 다른 말이 없으니 자세히 살펴 주십시오."

관리가 정현의 원정(冤情)[99]을 받아 탑전에 올렸다. 상이 보시고 말씀하셨다.

"정현의 원정 글 뜻이 실로 애처로우나 저번에 한 말은 극히 무례하니 분통하다. 정현은 사형을 면하되 정배함이 마땅하다. 법관은 바삐 거행하라."

---

98 이실직고(以實直告): 사실 그대로 고함.
99 원정(冤情): 관아에 제출해 자신의 사정을 하소연한 청원서.

법관이 창주 땅에 귀양지를 정하니 창주는 조주와 한 땅이요 길이 멀고 풍속이 사나웠다. 정현이 옥에 갇혀 밤낮으로 애를 태우다가 천행으로 중형은 면하고 정배함을 기뻐했다. 그러나 이역만리(異域萬里)[100]에 귀양살이함을 슬퍼하며 관리를 따라 유배지로 향했다.

정현의 집에서 정현을 경사로 보내고 길흉을 알지 못해 부인과 자녀 등이 종일 울었다. 진상문은 기쁨을 이기지 못해 날마다 정씨 집에 왕래해 흔흔히 부인을 위로했다. 이러구러 달이 지나더니 경사에 갔던 노복 등이 돌아와 정현이 멀리 유배된 사연을 올렸다. 부인이 자녀로 더불어 눈물을 흘리며 읽어 보니 글이 매우 처절해 창주 만 리에 귀양 가는 말이며 여아의 혼사를 빨리 이루어 임가에 실신하지 말라 일렀다. 부인은 슬픔을 마지않으나 심중에 암암함이 있고 정연양 남매는 상서의 편지를 들고 부친의 만 리 귀양살이를 망극해 통곡함을 마지않았다.

하루는 정연경이 내당에 들어가니 모친이 진상문으로 너불어 말하고 있었다. 곁에 모셔 앉으니 진상문이 말했다.

"현제 임가에 갔더냐?"

"갔습니다."

진상문이 웃으며 말했다.

"임규를 보았는가?"

정연경이 응답하니 또 물었다.

"무슨 일을 하던가?"

정연경이 웃으며 말했다.

"선생님과 임 형이 부친의 멀리 유배됨을 슬퍼하고 가는 길을 염려하시며 또 누나의 성례를 어서 하자고…."

---

100 이역만리(異域萬里): 다른 나라의 아주 먼 곳.

모친께 선생님의 말씀을 고하자 진상문은 낯빛을 바꾸고 부인은 꾸짖었다.

"나의 옥 같은 딸로써 저의 추악한 아들과 혼인할 듯해 성례를 재촉하더냐?"

정연경이 놀라 말했다.

"어머니, 이 무슨 말씀이십니까? 임가 혼사는 아버지께서 금석 같이 정하신 바로 떠날 때 말씀과 편지의 경계가 지극하시거늘 어머니께서 어찌 배약하려 하십니까. 결연은 어머니 마음대로 하지 못하십니다. 어머니와 아들이 임가를 배척하면 후일 부친 안전에 용납하지 못하리니 세상에 살아 무엇 하겠습니까."

인하여 부친을 생각하며 오열 통곡하고 간하는 언사가 격절했다. 부인이 아들의 말이 강렬하고 마땅해 꾸짖지 못하고 묵묵히 답하지 않았다. 진상문이 또한 정연경의 언사가 세차고 정직함을 기특히 여겼다. 그러나 '이 아이를 집에 둔즉 나의 대사가 그릇 되리니 당당히 멀리 치우리라.' 생각하고 겉으로 흔연히 칭찬했다.

"너의 말이 족히 신의 상 도리가 마땅하니 실로 기특하구나. 숙모께서 비록 그 외모를 미흡하게 여기시나 숙부의 성품이 엄숙하실 뿐 아니라 숙부의 분부가 한 번 계셨으니 거역하지 못할 것이다. 너의 의논이 마땅하다."

정연경이 전일 구파의 말을 깨달아 한심함을 이기지 못해 정색하고 말했다.

"진 형은 예의를 알고 성현의 글을 섭렵한 유식한 군자인데 어찌 예 아닌 말로 어머니를 달래어 임 형을 거절하고자 해요? 그리고 겉과 속을 달리하니 어찌 군자의 행사가 이럴 수 있어요? 극히 애달파 하는 바입니다."

진상문이 다 듣고 발끈 화를 냈다.

"너 어린아이가 사리를 알지 못하고 감히 우형의 없는 허물을 만들어 내어 나를 패륜하는 불의지인으로 만들려고 하냐?"

이에 소매를 떨쳐 돌아가니 부인이 아들을 요망하다 해 크게 꾸짖었다. 정연경이 순종해 다시 말을 안 하나 심중에 분해했다. 이렇듯 말씀함을 진진이 듣고 정연양께 고하니 정연양이 듣고 실색해 다만 말했다.

"아우가 너무 격한 말을 했으니 큰 화가 미칠까 걱정된다. 네가 틈을 타 공자를 불러 와라."

진진이 응낙하나 정연양이 번민해 밤새 잠을 못 이루고 부친을 생각해 옥 같은 눈물이 베개를 적셨다. 다음날 아침에 모친께 문안할 때 정연경이 눈썹을 찡그리고 눈물을 머금어 맥맥히 앉았다가 누나를 보고 맞았다. 정연양이 더욱 심사가 산란해 한 마디 말을 이르지 않고 즉시 침실로 돌아가니 진진이 정연경을 눈 주어 청했다. 정연경이 일어나고 세수를 파한 후 누나 침실에 이르렀다. 정연양이 나직이 말했다.

"어머니께서 진가의 흉중에 빠져 나의 앞길을 어지럽게 하려 한 지 오래되 아버지께서 계시기에 엄두를 내지 못하셨어. 이제 불행히 아버지께서 멀리 귀양 가시니 진가의 소원이 이루어지고 임가를 배약하시니 너는 모르는 체 하고 있어라. 나는 실로 죽어도 관계없거니와 너는 부모의 천금 같은 중한 몸이니 극진히 삼가고 조심해라."

정연경이 절하고 사례했다.

"삼가 누나의 말씀을 받들게요. 만일 임 처사 선생님이 저에게 혼기를 택일하라 하시면 어찌 대답하죠?"

정연양이 길게 한숨짓고 탄식했다.

"어머니께 잘 여쭈어 회보를 청해."

정연경이 눈물 흘리고 나직이 말했다.

"이 일이 이 같음이 모두 아버지께서 멀리 가신 때문이에요. 만일 아버지가 계셨으면 어머니께서 아무리 하실지라도 어찌 일이 이러하겠어요. 실로 애달프고 통분함을 헤아리지 못하겠어요."

인하여 서로 손을 잡고 남매가 울었다. 구파가 들어오니 정연경이 밖으로 나가 숙부 진명을 보고 선생의 혼사 어서 이룸을 고했다. 진명이 말했다.

"이럴진대 어머니께 고해라."

정연경이 눈물을 흘리며 말했다.

"어제 고하였더니 이리이리 이르시어 꾸짖어 임가에 가지 말라 하시니 본래 어머니께서 임생을 미흡하게 여기심이 오래입니다. 부친이 계시지 아니한 때를 타 배약하고자 하심이니 바라건대 숙부는 모친을 타이르시어 부친의 뜻을 받들게 하시고 누나의 위태함을 구해 주세요."

진명이 듣고 실색하고 크게 놀라 말했다.

"누나는 유식한 부인이거늘 이렇듯 불의지사를 해 가장의 명을 거역하고 자식의 앞길을 어지러이 하려 하시는가. 정 형이 이런 사단을 알고 떠날 때 말씀과 편지의 글이 내게 그러하였구나. 내 마땅히 누나를 보아 권유하겠다."

즉시 내당에 들어가니 진상문이 벌써 아침 문안을 하고 은근한 담소로 숙모 받들기를 효자 같이 하고 있었다. 진명이 그윽이 의심하고 말했다.

"임 처사가 소제에게 기별해 행례하자고 합니다. 누님은 가장의 명을 따라 비록 슬픈 중이나 조카의 종신대사를 빨리 행하시지요. 임가의 택일이 가깝다 하더군요."

부인이 낯빛이 바뀌며 말했다.

"너는 그런 말은 이르지 마라. 내 임가 수재를 절치부심(切齒腐心)[101]해 죽을지언정 사위를 정하지 아니하려 하였으니 무슨 날짜를 택한다 하냐. 너는 임가에 통해 다른 곳에 구혼하고 우리 여아를 생각하지 말게 해라."

진명이 듣고 놀라 안색을 바로 하고 사리로 간했다.

"누님, 이 무슨 말씀이세요. 정씨가 본래 세대 명문으로 예의를 생각하고 누님은 대대 명문가 며느리로 규범을 지키셨는데 어찌 가장의 명령을 거역해 빙폐 받은 사위를 버리고 딸의 실행을 달게 여기시나요. 연양이 부친의 명을 거역하지 않으려고 반드시 강물에 빠져 절개를 완전히 할 거예요. 누님이 어찌 훗날 자산 형의 면목을 대하려고 하세요. 임랑은 비록 용모가 아름답지 못하나 오래지 않아 당당이 국가의 동량이 되어 이름을 천하에 날리고 위엄을 사해에 떨칠 거예요. 누님이 어찌 그런 복록이 갖춰진 사위를 얻으며 바라겠어요. 부질없는 염려를 그치시고 어서 성례해 천추에 웃음을 취하지 마세요."

말을 마치고 기색이 엄숙하고 말씀이 격절했다. 진상문은 놀라 기운을 잃고 부인은 크게 부끄럽고 노해 능히 대답하지 못하고 다만 가슴을 두드려 통곡했다. 온 집안이 대경하고 정연경이 눈이 두렷해 황공할 뿐이요 감히 말을 못 했다. 진명이 어이없어 소매를 떨쳐 나오며 말했다.

"아무렇게나 하세요. 연양이 실혼한들 저에게 무슨 해로움이 있겠습니까?"

이때 정연양이 침실에서 번민하다가 문득 모친의 곡성을 들었다. 혼비백산해 무슨 불행한 소식이 있는가 해 급히 나오고자 하는데 진진이 이르러 실상을 고했다. 정연양이 잠깐 마음을 진정하나 자기로 말미암아

---

101 절치부심(切齒腐心): 몹시 분하여 이를 갈며 속을 썩임.

모친의 심사를 어지럽게 하고 자기 앞길이 불행함을 슬퍼 길이 탄식했다.

"어머니의 성품이 굳으시니 이를 어찌할까."

도무지 세상사를 보지 말고 자기 한 몸이 죽어 효와 절을 완전하게 하고자 했다. 이에 정당에 들어가 모친을 보고 나직한 말로 그 까닭을 여쭈니 부인이 오열했다.

"내 너의 혼사를 위해 번민하거늘 한 사람도 내 뜻을 받지 않고 남매와 자식이 다 나를 사납다 하니 어찌 애달프지 않겠냐. 그러나 아무리 남의 미움을 받더라도 내 살아서는 임가를 맞지 않을 것이다. 내 죽어 모르고자 하거니와 내가 죽은 후에 네가 임가를 맞을지라도 나는 눈을 감지 못하리라."

정연양이 천연스레 대답했다.

"아버지께서 비록 임가에 결혼해 계시나 어머니께서 저렇듯 번민하시니 제가 구태여 저 흉한 임가를 어찌 따르겠습니까. 바라건대 어머니께서는 번민하지 마십시오. 임가에서 길일을 재촉하면 이제 노야가 멀리 계셔 집안의 심사가 슬프니 혼사에 뜻이 없을 뿐 아니라 소녀가 병이 있어 가을로 성례하자고 말씀하십시오."

부인이 딸의 쾌한 말을 들으니 기쁘고 시원해 얼싸안고 등을 두드려 기뻐 웃으며 말했다.

"아름답다, 내 딸이여. 이렇듯 통달하고 효순하니 죽어도 눈을 감겠구나. 네 말대로 하려니와 내가 사랑하는 바는 진상문이다. 너와 배필을 삼아 군자와 숙녀의 쌍이 가지런하게 하고 나중에 네 부친이 돌아오시거든 이리이리 대답하리라."

그리고 정연경을 돌아보아 말했다.

"네 누나의 효순함이 이러하거늘 너 어린아이는 무엇을 안다고 몰지각한 거동을 하였냐. 이후로는 잔말 말고 임가에 가지 마라."

원래 임자순이 정연경을 가르쳤던 까닭에 정연경이 선생의 명을 받아 바삐 택일함을 모친께 고함을 미워해 임자순의 집에 가지 말라 함이었다. 정연경은 곁에 있어 누나의 화순한 뜻을 의아해 하고 부인은 크게 기뻐해 즉시 진상문을 보아 뜻을 일렀다. 진상문이 바야흐로 정연양의 순종함을 들으니 혼사가 염려 없었다. 기쁨에 가득 차 빨리 집에 돌아와 부모를 대해 기쁜 소식을 고했다. 진담 부부는 기뻐하고 진백문은 정연양의 순종함을 크게 의심해 믿지 아니하되 구태여 말은 아니 했다.

정연경이 비록 말은 하지 아니하나 분함을 이기지 못해 식음을 전폐하고, 진명도 또한 탄식하고 번뇌해 먹고 잠자기를 전폐했다. 그리고 그 혼사에 참석함을 즐기지 않아 산수 간에 놀아 기운을 달래고자 누나와 형에게 하직을 고하고 서동 하나를 짝해 나귀를 채찍질해 정처 없이 나아갔다. 진 부인이 사람으로 하여금 임자순의 집에 통했다.

'소저의 혼사는 이미 다른 곳에 정하였으니 그렇게 여기십시오.'

임규는 진 부인의 뜻을 아는 까닭에 내심 원통하나 사색하지 않고 경과를 보려 했다. 정연양은 항상 한심함을 이기지 못해 가월 등 네 시비의 충의만 믿을 뿐이었다. 이러구러 길일을 당하니 가월이 부인께 아뢰었다.

"부인이 임가의 혼사를 물리시고 두 번 채례를 받으시면 다른 사람이 보기에 괴이합니다. 소저의 뜻은 집의 장원이 잠깐 사이 멀고 그윽하여 장원으로 옮기고자 하시나 부인의 뜻을 알지 못하사 번민하시더이다."

부인이 문득 깊이 생각에 잠기거늘 가월이 다시 아뢰었다.

"임가가 모르고 매사를 군색하지 않도록 부인이 진가에 계시다가 소저의 친영하심을 보고 인하여 가게 하십시오."

부인이 가장 옳게 여겨 허락하고 즉시 장원 노비에게 분부해 장원을 청소하라 하고 8일 황혼에 정연양을 장원으로 보냈다. 가월 등이 여러 일들과 계책을 다 의논해 정연양을 함께 모셔갔다. 그 중에 물 긷는 봉금이란 종이 나이 이십이고 용모 추악하고 한 눈이 멀어 보기에 흉악한데 키가 소저와 똑같아 계교에 응용하고자 봉금을 데려갔다. 떠날 때 정연양이 모친께 하직을 고했다.

"오늘 저녁에 슬하를 떠나니 사생을 정하지 못합니다. 자연 눈물이 흐릅니다."

부인은 그 곡절을 알지 못하고 딸의 이렇듯 슬퍼함을 놀라 말했다.

"수일이 지나면 옥 같은 낭군을 맞아 돌아오는데 무슨 까닭으로 이러한 거조를 하냐?"

정연양이 더욱 오열하며 답하지 못했다. 난난이 아뢰었다.

"소저의 슬퍼하심은 노야가 멀리 계시어 혼사를 보지 못하시기 때문입니다. 어찌 심사가 편안하시겠습니까."

부인이 위로하니 정연양이 억지로 가마에 오르며 정연경의 손을 잡고 흑흑 오열했다. 정연경이 그윽이 누나의 생각을 아는 까닭에 혹 죽음이 있을까 마음이 냉락해 눈물을 억제하지 못했다. 가마꾼이 정연양의 가마를 모시고 구파, 가월 등이 뒤를 이어 장원에 이르니 붉은 촛불이 반짝이고 돗자리며 모든 장식이 십분 아름다웠다. 장원 지킨 노복이 인사를 올리니 정연양이 물러가라 하고 방중에 들어가 책상을 대해 탄식 수차례에 눈물이 흘렀다.

길일 새벽에 진상문의 집에서 빙폐를 받들어 정연양의 집으로 보내고 잔치를 배설하니 진 부인은 집안 모든 일과 길석 위의를 차려 장원으로 보내고 진씨 집에 이르러 딸을 기다렸다. 날이 늦은 후 진상문이 길복을 정히 하고 한림 위의를 성히 해 장원에 이르렀다. 구파가 허다 노복을 거느려 비단 자리에 기러기를 전하고 신부를 청했다.

이때 가월이 대사를 주밀히 했다. 이날 아침에 진진이 봉금을 데리고 신방에 들어가 머리에 티끌을 가리고 눈썹을 가리며 붉은 분으로 다스렸다. 검고 붉은 낯이 지분을 바르니 마치 나무 등걸에 회를 칠한 듯 형용이 기괴했다. 마음에 웃음을 이기지 못하나 겨우 참아 붉은 치마를 맺고 비취색 저고리를 입혀 칠보를 꽂으며 옥비녀를 더하니 그 가소롭고 우스운 거동은 일대 장관이었다. 진진이 포복절도(抱腹絶倒)하고 저곳에 가서 수시로 응변할 도리를 가르치며 예법을 연습했다. 봉금이 천만의외에 이 거조를 당하니 어린 듯해 진진의 이끄는 대로 하고 진상문에게로 출가함을 알고 기뻐했다.

가월 등이 가만히 정연양을 모셔 몸 빼낼 계교를 행하고 시녀에게 하직서를 맡겨 이리이리 하라 하고 구파를 데리고 바깥일을 보살피며 짐짓 술을 먹였다. 구파가 기뻐해 순순히 술잔을 기울이며 취해 정신이 혼미해졌다. 웃는 입을 벌리고 모든 일을 보살핀다 해 내외로 오가니 정연양의 일은 알지 못하고 다만 가월의 흉계에 빠져 들었다. 신랑이 외당에 있어 온 지 오래되 집안 내외 분분할 따름이요 신부의 가마 오르는 동정이 없고 때는 석양이 되었다. 마음에 조조해 유모를 불러 소저 가마 오름을 재촉하니 구파가 바삐 들어가 정연양을 재촉하려 했다. 가월이 말했다.

"지금 소저가 기운이 불평해 하시거늘 파가 어찌 들어가 심사를 번거롭게 하려 해요. 하물며 한림이 혼자 계시니 유모가 으뜸이에요. 마땅히 신랑을 모셔 무료하게 말아요."

구파가 고개를 끄덕였다. 이렇듯 지체해 해가 지고자 할 즈음에 춘경이 나와 아뢰었다.

"소저가 단장을 다해 계시니 빨리 위의를 드리십시오."

진상문이 괴로이 기다리다가 바삐 일어나 종들을 지휘해 가마를 섬

위에 놓았다. 시종들이 뜰에 가득해 요란했다. 장원이 집이 좁고 사람이 겹으로 둘렀으니 대청 위가 어둡고 사람이 다 무심중이니 뉘 능히 그 진가를 알겠는가. 가월 등이 신부를 붙들어 내어 오니 향취가 코를 찌르고 붉은 치마와 비취색 저고리에 칠보의 빛이 반짝였다. 신부가 면사포를 쓰고 낯을 가리었으니 다만 두 귀 밑에 명월판(明月板)이 아롱거렸다. 가월 등이 신부를 옹위해 가마에 오르니 진상문이 곁에 섰다가 금 자물쇠를 가져 봉쇄해 위의를 지휘했다. 구파, 춘경 등이 가마를 따르고 가월이 말했다.

"우리는 소저의 기물을 수습해 가지고 뒤를 이어 갈게요."

구파가 어서 오라고 부탁하고 갔다. 가월 등이 여러 벌 남복을 내어 노주 다섯이 갈아입고 정연양은 임규의 납폐한 옥인 한 쌍과 혼서를 품고 새벽을 기다려 문을 열고 대로로 향했다. 네 사람이 각각 몸에 백금과 보배 등을 감추었는데 여름밤이 매우 짧은 까닭에 곧 동방이 밝았다. 촌가 주점에 차를 사 먹고 한 필 나귀를 사 정연양을 태워 넷은 하인의 모양을 하고 이르기를 '가홍현 주 어사의 공자가 강서에 다니러 간다.' 하고 행로에 길을 머물러 강서안찰(江西按察)[102] 주 어사 집으로 가니 어사 주철은 정연양의 고모부였다. 숙모를 찾으러 가홍으로 나가니 가홍부와 소흥부는 함께 강서 속현인 까닭에 거리가 멀지 않아 육칠 일 길이었다. 그러나 길이 익숙하지 못하여 노상에 허다 고초를 겪어 찾아 갔다.

이때 진상문이 정연양을 맞아 가니 그 기쁨을 이기지 못했다.

---

102 강서안찰(江西按察): 중국 강서성(江西省)의 안찰사(按察使). 안찰사는 지방의 현을 시찰하고 관리들을 평가하는 감찰관의 명칭으로 주로 정3품이 맡았다.

第八回
제팔회

거짓 소저에게 헛장가 들고 정연경을 죽이고자 하다

이때 진상문이 신부를 맞아 크게 기뻐 본부에 이르렀다. 진 부인이 기다리다가 여아를 붙들어 예를 마치고 진상문이 눈을 들어 보니 보자기로 낯을 덮고 시비가 옹위하여 얼굴은 보지 못했다. 진담 부부가 진 부인에게 말했다.

"오늘은 이미 늦었으니 다음날 폐백을 받음이 가합니다."

그리고 예를 마치니 춘경이 아뢰었다.

"소저가 불평하시니 물러나 쉬게 하십시오."

시비가 붙들어 신방으로 인도하니 구파는 크게 취해 만사를 알지 못했다. 본부에서 가월이 없음을 의심하니 춘경이 말했다.

"소저의 상자를 수습해 뒤따라옵니다."

모두 그렇게 여겨 신부를 보려 신방으로 가니 춘경이 말했다.

"전일 혼사 길흉을 물으니 도사(道士)가 이르되, '금슬이 좋고 백년해로(百年偕老)[103]하며 자녀를 많이 낳고 만사가 흠 없으려면 다만 혼인 날 친척이 서로 만나지 말아야 한다.'고 하더이다."

부인이 흔연히 말했다.

"만일 그러하다면 구태여 대면하겠냐."

그리고 정당으로 돌아가니 밤이 깊어 빈객이 흩어졌다. 진상문이 사모하던 마음을 이기지 못해 신방에 이르니 신부가 벽을 향해 앉아있었다. 진상문이 말했다.

"우리 비록 신혼이나 얼굴이 익은지라. 어찌 촌스러운 태도를 짓겠소."

신부가 부끄러워하며 어두운 구석으로 돌아앉으니 춘경이 아뢰었다.

"날씨 무더운데 소저 기운이 불편하시니 일찍 취침하십시오."

진상문이 즉시 촛불을 창밖으로 물리고 신부 곁에 나가 손을 이끌어 평생의 사모하던 정회를 참지 못해 운우지락을 이루니 그 즐거움을 어찌 다 이르겠는가. 다시 일어나 신부의 손을 만지니 곱디고운 손이 아니었다. 놀라 헤아렸다.

'신부가 분명 정 소저인데 손이 크고 험하니 취중에 그릇 알았는가.'

다시 손을 만지니 가죽이 세고 마디가 굵어 나무 등걸 같았다. 마음이 급해 소리 질러 시녀를 부르니 그 신부가 픽픽 소리 내며 웃는 듯했다. 더욱 놀라 '빨리 불을 켜라.' 해 살피니 신부가 소매로 낯을 가리고 보여주지 않았다. 진상문이 수상해 힘을 다해 잡아 치고 보니 문득 시비 중 추하게 보던 봉귀형이었다. 곱지 않은 얼굴에 지분이 흉악하고 먼눈을 번득이는 형상이 정씨 집에서 물을 길을 적만도 못했다. 혼비백산해 크게 소리 지르고 혼절하니 시비 등이 급히 내당에 고했다. 진담 부부와

---

103 백년해로(百年偕老): 부부가 되어 한평생을 사이좋게 지내고 즐겁게 함께 늙음.

진 부인이 크게 놀라 바삐 신방에 이르니 진상문이 정신을 차려 신부를 엎지르고 치며 꾸짖었다.

"어떤 요망한 사람이 가르쳐 나를 욕보이더냐?"

진 부인이 붙들고 말했다.

"너의 부부가 새로 만난 백년 길일이거늘 이 같이 놀라운 거조를 하냐?"

진상문이 분기 대발해 소리 높여 말했다.

"숙모께서 제가 싫거든 당초에 거절함이 옳거늘 이렇듯 욕보이십니까?"

부인과 진담 부부가 놀라 말했다.

"이 아이가 어찌 이렇듯 실성했냐?"

"저 흉상을 보십시오."

모두 보니 정연앙이 아니라 봉금이었다. 진담 부부는 서로 얼굴만 보고 진 부인은 발을 굴러 말했다.

"이 무슨 변괴냐?"

급히 춘경을 불러 물으니 춘경이 말했다.

"소비 등이 어찌 알겠습니까. 올 때에 다만 소저의 글월을 가져 부인께 드리라 하니 그 곡절은 알지 못합니다."

그리고 주머니로부터 한 장 글을 올렸다. 받아 보니 이는 곧 정연양의 친필 편지였다. 열어보니 다음과 같았다.

> 불초녀는 삼가 어머니께 글을 올립니다. 계집은 정절이 으뜸입니다. 옛 초왕은 어렸을 때 공주를 사랑해 희롱하기를, '너는 자라거든 동문 밖 백정에게 시집보내리라.' 했습니다. 그런데 자라서 부마를 다른 곳에서 가리기에 공주는 부왕의 농담을 지켜 비녀를 품고 백정을 따랐

다고 합니다. 이제 제가 분명 아버지의 명을 듣고 떠날 때 경계를 받았으며 편지의 글 뜻을 뼈에 새기고 마음에 지킴이 떳떳한 바입니다. 그런데 어머니께서는 저를 사랑하여 저의 앞길을 그르게 하시니 오늘날 이 변이 어찌 어머니의 과실이 아니겠습니까. 저의 팔자가 무상해 간인의 속임이 어머니를 아첨해 지친을 생각지 않고 인의를 어지럽게 하니 극악한 소인이며 우리 집 원수입니다. 바라건대 그를 믿지 마십시오. 저는 어머니가 핍박하심으로 부득이 여종으로 몸을 대신하고 네 시녀로 더불어 절개를 지켜 슬하를 하직합니다. 어머니께서는 불초녀를 생각하지 마시고 보중하십시오. 저의 몸에 이렇듯 망극한 화를 당하니 목숨이 아깝지 아니하나 만 리에 귀양 가신 아버지의 정사와 동생의 외로움을 생각하니 차마 목숨을 끊지 못하고 정처 없이 갑니다. 천행으로 보전하면 다시 모시리니 있가를 버리지 마십시오.

부인이 읽고 가슴을 치고 발을 굴러 말했다.

"애달파라, 자식이여. 이렇듯 어미 정을 모르고 속이도다. 장원으로 보냄이 후회로다. 아비만 중히 여기고 어미는 생각지 않으니 자식이 거짓 것이로다."

그리고 통곡하니 좌우가 정연양의 절의를 칭찬하며 부인을 위로했다. 진담이 말했다.

"연양이 이 심야에 멀리 가지 못했을 것입니다. 급히 따를 것이니 누님은 울음을 그치세요."

그리고 진백문으로 하여금 말을 타고 찾게 했다. 부인은 어린 듯 앉았고 진상문은 넋이 없어 말을 못 하고 봉금은 면눈을 찡그리고 한 구석에 붉은 치마와 비취색 저고리를 이끌어 섰으니 더욱 가소로웠다. 좌우 사람들이 웃음으로 밤을 지내고자 하니 진상문이 부끄러워 외당으로 나갔다. 부인이 춘경에게 물었다.

"소저가 어디로 간다 하더냐?"

"산간에 들어가 머리를 베어 불가에 제자가 되거나 욕된 일이 있으면 맑은 물에 빠져 깨끗한 귀신이 되리라 하더이다."

부인이 더욱 통곡하고 설 씨 등 사람들이 칭찬함을 마지않았다. 봉금이 무료히 돌아와 있던 방에 가 단장을 바꾸어 자고자 하니 모든 시녀들이 보채어 말했다.

"한림에게 소박맞아 내쳤냐? 한림 부인이 어찌 봉당에서 자냐?"

봉금이 웃으며 말했다.

"너희들은 웃지 마라. 내 남의 여종으로 온갖 패물로 몸을 꾸미고 진 한림이 맞아 올 때 푸른 산과 물에 대고 맹세하고 관계하였으니 너희 등이 감히 우러러 볼쏘냐."

모두 크게 웃고 '한림 부인'이라며 희롱하니 이 말이 전해 절강에 자자하고 진상문이 더욱 부끄러워 이를 갈았다. 날이 밝아 진백문이 빈손으로 돌아오니 부인이 가슴을 두드려 통곡했다.

"본디 이 뜻이 깊기에 연양이 장원으로 갈 때 그다지 슬퍼하는 것을 내 어리석어 깨닫지 못하였구나."

또 가월을 꾸짖었다.

"교활한 말로 나를 농락해 이런 변을 만들고 어디로 갔냐."

그러며 몸을 진정하지 못하니 설 씨가 위로하고 정연경이 간해 겨우 진정한 후 구파가 술이 깨어 비로소 이 일을 알고 혼비백산해 말했다.

"소저가 분명히 단장을 갖추고 가마에 올랐거늘 귀신인들 어찌 바꾸리오."

부인이 크게 노해 꾸짖었다.

"늙은 년이 술만 먹고 대사를 그릇하였으니 너를 살려두어 무엇하겠냐. 빨리 소저 간 곳을 찾아와라. 소저를 찾아오지 아니하면 다시 내 눈에 보이지 못하리라."

구파가 황겁해 울며 말했다.

"소비는 다만 소저가 아름다운 낭군을 맞으니 기쁠 따름이요, 이러한 변괴야 꿈에나 뜻하였겠습니까. 교활한 가월이 나를 속였구나. 어여쁠사, 우리 소저. 애고지고 슬픈지고. 소저가 당초 진 낭군을 원하지 않았거든 진정으로 거절했으면 누가 능히 강박했을까."

발을 굴러 통곡하니 부인이 또한 통곡하며 견디지 못했다. 설 씨가 위로했다.

"가월은 지혜로운 자라, 무사히 보호해 오래지 않아 돌아올 거예요."

"그러려니와 가장이 돌아오시면 무엇이라 하겠어요. 내 상문의 감언이설(甘言利說)[104]로 이리 되었으니 좋지 못한 소문이 이미 임가에 들렸을 거예요. 어떻게 하겠어요."

그리고 식음을 전폐하니 집안 노복이 답답히 여겨 사방으로 찾되 종적이 없었다. 정연경이 더욱 당황해 어찌 할 줄 모르고 진상문은 이로 인하여 병으로 누우니 그 부모가 근심했다. 이 소문이 절강에 전파하니 다들 정연양의 절개와 지모를 탄상하고 진상문을 비웃었다. 진상문이 이러므로 집을 떠나 경사로 가려 하나 병이 낫지 않고 진명이 돌아오면 중책을 면하지 못할 것이니 심사가 자연 번민할 따름이었다.

임가에서 정연양 집의 동정을 탐지하더니 하루는 여종이 바삐 들어와 고하되, '진상문이 정 소저를 강제로 취하려다가 이리이리했다.'고 했다. 임자순 부부가 크게 놀라 말했다.

"어찌 이런 일이 있으리오."

문득 위 처사가 들어오며 말했다.

---

104 감언이설(甘言利說): 귀가 솔깃하도록 남의 비위를 맞추거나 이로운 조건을 내세워 꾀는 말.

"임 형, 놀라운 말이 있으니 들었어요? 진 부인이 조카의 곱지 못함을 꺼려 혼사를 물리치고 진상문의 꾀에 빠져 이리이리하니 온 현이 그 절개와 지모를 일컫고 진 부인과 상문을 꾸짖으니 이로써 혼사가 더딜까 합니다."

임자순이 탄식했다.

"진 부인의 시비는 우리가 할 바가 아니거니와 여자의 높은 절개와 깊은 지모가 이러하니 짐짓 자산의 딸이네. 그러나 정 소저가 열네 살 어린아이일세. 연약한 체질로 부친의 명을 지키고 절의를 잡아 정처 없이 떠도니 쓸모없는 임가를 위한 천성이 실로 감격스럽네. 마땅히 빙폐를 찾고 다른 곳에 구혼함이 좋을듯하네."

임규가 아뢰었다.

"제가 아직 이십이 멀었으니 당당이 삼 년을 기다려 저의 소식이 없다면 남자가 홀로 지낼 수 없으니 어진 여자를 택하려니와 그 필이 없는 사이에 어찌 채단을 보내라 하겠습니까. 나중에 정공이 듣더라도 조급히 여기리니 아직 참음이 옳습니다. 원래 정 씨가 수절해 도주하였으면 혼서를 가지고 갔으리니 어찌 찾겠습니까?"

임자순이 고개를 끄덕여 칭찬했다.

"네 말이 옳다. 어찌 자산의 낯을 돌아보지 않겠냐. 네 소원이 부디 공명을 취한 후 아내를 취한다 했으니 아무쪼록 학업에 힘써라."

임규가 명을 듣고 행동이 태연하니 짐짓 진중한 군자였다. 임규가 서당에 돌아와 정연양의 옥연시를 주머니에 두고 때때로 완상해 사모하던 정이 간절하나 일절 사색하지 아니했다. 이때 진 부인이 임가를 부끄러워 정연경을 보내지 못하니 정연경은 모친의 슬퍼함을 위해 가기를 청하지 못하고 다만 외삼촌이 돌아오기를 기다렸다.

이 달 초순에 진명이 돌아오다가 길 위에서 소문을 듣고 놀라 헤아렸다.

'연양이 도주하나 멀리 가든 못 하였으리니 내 두루 찾으리라.'

그리고 깊은 산이며 구석진 곳을 두루 찾았으나 종적이 없었다. 이에 돌아오더니 소이산 청하암에 이르러 행여 암자를 떠도는가 해 들어왔다. 비구니 등이 진명의 풍채 빼어남을 기특히 여겨 맞아 다과로 대접하니 진명이 물었다.

"암자가 유벽하니 노니는 자가 많을 듯싶군요."

"왕왕히 쉬어갈지언정 오래 머무는 이 없더니 저번 달에 네다섯 소년이 독서하는 객이라 하고 여러 날 머물렀습니다. 그 공자라 하는 이는 나이 열네다섯은 하고 용모가 기이하며 나머지 소년은 또한 아름다워 같이 한 방에서 글 읽으니 글 읽는 소리가 낭랑해 옥을 부수는 듯했습니다. 그런데 홀연 말없이 돌아가니 자못 신의가 없더군요."

"공자라 하는 이는 어디로 가며 부친의 이름은 무엇이라 하던가요?"

"가홍 주 어사의 아들이라 하되 부친의 이름은 이르지 않았으며 백 공자라 하는 이는 본현 정 상서 댁 소식을 묻고 주 공자의 친척이라 했습니다. 주 공자가 정 소저의 수절함과 진 부인이 비통해 병든 소식을 듣고 눈물을 흘려 슬퍼하니 백 공자 등이 위로했습니다. 다들 오래지 않아 갔으되 어디로 갔는지 알지 못합니다."

진명이 생각했다.

'주 공자는 반드시 정 소저요, 백 공자는 가월이로다.'

그러며 미리 이르지 못함을 한스러워 했다.

'슬프다. 연양이 절의를 중히 여겨 가녀린 버들 같은 기질로 도로에 떠도니 마땅히 보전하지 못하겠구나.'

탄식함을 마지않다가 길을 따라 돌아왔다. 설 씨와 자녀가 맞아 오래 그리던 정회를 펴고 무사히 돌아옴을 축하했다. 진명이 말했다.

"나는 산수에 편히 노닐다가 돌아 왔거니와 그 사이 집안은 별일 없는가?"

설 씨가 정씨 집의 변괴를 세세히 고하니 진명이 듣기를 다하고 어이없어 웃으며 말했다.

"이 변이 있을 줄 짐작하였거니와 누님의 기운이 어떠하시오?"

"이제까지 식음을 폐하고 밤낮으로 비통하시니 기운이 진할 듯하며 남편이 돌아오시면 꾸짖음을 면하지 못할까 번뇌하세요."

진명이 탄식한 후 진담 부부를 보고 진상문의 병을 물었다. 진담이 탄식하며 답하지 않으니 진명이 참지 못해 형의 실덕과 진상문의 패륜한 일을 말했다. 진담이 머리를 숙여 말이 없다가 한참 후에 말했다.

"시속이 사촌 간 혼인을 왕왕 하고 제 본디 청혼하기로 허락하였더니 일이 이 지경에 이르렀어."

진명이 도리어 위로하고 밤이 깊은 까닭에 아들 명문을 시켜 부인께 문안했다. 부인이 억지로 답해 평안히 옴을 기뻐하며 다음날 서로 보기를 말했다. 정연경은 외삼촌이 왔음을 반겨 문안하니 진명이 손을 잡고 반기며 정연양의 절의를 탄복했다. 정연경은 눈물을 흘리고 진담은 무안해 고개를 숙이고 말이 없었다.

다음날 진명이 정씨 집에 이르러 부인을 보니 얼굴이 초조해 침상에 누웠다가 진명을 보고 부끄러움을 이기지 못해 눈물을 흘렸다. 진명이 그 사이 안부를 묻는데 부인이 오열했다.

"내가 어리석고 무상해 가장의 명을 저버리고 너의 간언을 듣지 않아 이 같이 망극한 변을 당했구나. 뉘우치고 부끄러워 죽고자 하나 얻지 못하니 어찌 무안함을 헤아리겠냐. 딸아이가 어미의 정을 알지 못하고 달아나니 어미의 은의를 지푸라기같이 여기고 임가만 중히 여겨 몸을 경솔히 버리니 애달프고 노엽다. 잊고자 하나 어미 정은 그렇지 못해 차마 견디지 못하니 또한 오래 가지 못하겠구나."

말을 마치자 실성해 슬피 우니 진명이 비록 누나의 행사를 못마땅해 하나 남매의 정에 어찌 심사가 편안하겠는가. 슬피 탄식했다.

"누님이 일찍 저의 말을 받아들이지 않으시고 구태여 연양의 절개를 앗으려 하심은 그릇되었으나 또한 연양의 액이니 인력으로 못 할 일입니다. 일이 이미 이러하니 후회해도 어쩔 수 없지요. 누님은 마음을 너그러이 하시고 연경의 정사를 돌아보아 스스로 위로하세요. 그러나 누님은 정 형의 성품을 모르시고 어찌 그런 일을 하셨어요. 또 연양이 나이 어리나 숙녀의 높은 뜻과 절부의 맑은 행실을 지켜 마음을 굴하지 않을 텐데 모녀간 마음 모름이 어찌 이 같으세요. 규방의 어린 딸을 잃고 불의한 사위를 얻으려 하시니 되겠어요? 형이 처음에 이 뜻이 있어 자산 형에게 청혼을 부탁하니 제가 여러 번 거절하다가 뜻을 비치니 정 형의 엄숙함이 준절해 이리이리 책망하던 일을 생각하면 모골이 송연해요. 저 또한 정 형을 볼 낯이 없으니 원컨대 이후로는 잘못을 뉘우쳐 간인의 꾀에 속지 마시고 연경을 임가에 보내 한 가지 일이라도 가장의 명을 따르세요. 연양의 절행이 아름답고 가월의 충의와 식견이 넉넉하니 반드시 주인을 보호해 영화로이 돌아올 날이 있을 거예요. 누님은 마음을 놓으세요."

부인이 크게 부끄러워 말을 이루지 못하다가 말했다.

"임가가 분명 이 소문을 알았을 것이니 차마 부끄러워 아이를 보내지 못한다."

진명이 웃으며 말했다.

"비록 부끄러워도 할 일 없습니다. 연경이 예전과 같이 자주 왕래하면 임가가 묻지 않을 거예요. 연양을 찾아 혼인하면 무슨 관계가 있겠어요."

부인이 옳게 여겨 아들을 경계해 임가에 가 배우라 했다. 정연경이 대답했다.

"어머니께서 식음을 전폐하시고 상에 누워 계시는데 제가 어찌 곁을 떠나겠습니까."

"오늘로부터 심사를 너그러이 하리니 너는 마음 놓아라."

진명이 말했다.

"두 조카딸을 데려다가 말벗하세요."

부인이 기뻐했다.

"내 둘을 사랑해 매양 오라 하나 내 딸은 잃고 남의 자식을 데려옴이 비웃음을 받을까 한다."

"집이 가깝고 멀지 않으니 숙모가 조카딸들과 말벗하는데 누가 비웃겠어요?"

부인이 기뻐 즉일 데려올 새 구파가 문득 눈물을 흘려 말했다.

"소저의 거처하던 곳을 차마 보지 못하겠고 쓰시던 물건을 차마 손대시 못하였습니다. 오늘 상자에 간수하려 보니 임가의 옥인과 봉패가 없습니다. 소저가 가져가신가 합니다."

부인이 듣고 슬프고 부끄러워 다만 눈물만 흘리니 진명이 위로했다. 인하여 돌아가 딸을 정씨 집으로 보내니 진취아 소저의 나이 열다섯이었다. 용모가 빼어나고 성질이 순하며 총명하니 부모가 극히 사랑했다. 부친의 명으로 정씨 집에 이르니 부인이 기뻐 사랑함이 친딸 같고 취아 소저도 정성을 다했다. 진명이 또 진담의 딸 경아를 보내니 진경아 소저는 나이 열한 살이었다. 안색이 봄꽃 같고 태도가 미려해 뜻이 정숙하여 상문의 불인함을 탄식하고 일찍 정연양과 더불어 친애함이 간절하나 피차 규방에 있어 혹 서로 만나면 반길 따름이었다. 진가의 두 소저가 비록 아름다우나 정연양의 일월 같은 기질에 비하지는 못했다. 일찍 정연양을 자주 보지 못하고 허심함이 없더니 부인의 슬픔이 절박함을 인하여 부친의 명을 입어 이곳에 와 숙모를 위로하게 되었다.

이에 정연경이 비로소 방심하고 임자순의 집에 이르러 선생께 문안했다. 임자순이 반겨 손을 잡고 말했다.

“자산이 너를 내게 부탁하니 내 별로 가르치는 일이 없었으나 네가 한 번 간 후 자취가 없으니 어찌 나를 찾지 아니했냐. 그 사이 부친의 문안을 들었냐?”

“선생의 좌하에 가르침을 듣잡고자 하더니 모친이 득병하심에 도리에 곁을 뜨지 못해 오랫동안 문하에 뵙지 못하였습니다. 그간 모친의 병이 조금 나으심에 비로소 문하에 가르침을 들으며 부친이 가신 후 별로 소식이 없어 걱정할 따름입니다.”

임자순이 위로했다.

“노부가 네 오랫동안 오지 아니함을 의아해 먼저 알아보려 하였으나 모친의 환후가 그러하심은 알지 못했다. 조금 나으시다 하니 다행이며 부친의 안부를 듣지 못했다 하나 본디 부친의 심지가 활달하시니 슬퍼함이 없어 몸이 강건하실 것이다. 너는 과도히 심사를 상하지 말고 학업에 힘써 나중에 부친의 기뻐하심을 봐라.”

정연경이 사례하고 모셔 말하는데 임자순이 혼사 말씀은 도무지 묻지 않았다. 정연경이 또한 태연하던 차에 임규가 돌아와 정연경을 보고 반겨 손을 잡아 오래 오지 아니함을 묻고 상서의 고초를 위문했다. 정연경이 기뻐 생각했다.

‘처사 부자가 만일 우리 집 소문을 들었으면 저리 흔연하지 아니하리니 혹 모르는가.’

이러구러 육칠 일이 지나되 혼사 말이 없으니 전혀 모르는 줄 알고 실로 다행히 여겼다.

하루는 임규가 정연경의 손을 잡고 밖에 나와 시(詩)와 사(詞)를 의논하다가 홀연 물었다.

"근간 진생이 도무지 이름이 없으니 무슨 나의 허물을 봄이 있어 절교하고자 하는가?"

정연경이 부끄럽고 뜨끔해 억지로 대답했다.

"참으로 진 형이 요즘 병이 있어 외출하지 못해요."

임규가 웃으며 말했다.

"진 형을 초여름에 보았으니 지금 네다섯 달이야. 질병이 있으면 필시 고질에 미쳤으리니 극히 놀랍군. 실로 병이 있음이 아니라 날로 더불어 절교하고자 함이거니와 또 진 형이 벼슬에 매인 몸인데 지금 향리에 있음은 무슨 까닭이지?"

정연경이 태연히 웃으며 말했다.

"무슨 일로 없는 병을 있다고 하겠어요. 정말로 병이 있어 가지 못하는 거예요."

임규가 웃고 다시 묻지 않고 다른 말하다가 말했다.

"그간 너의 누나는 별 일 없으시냐?"

정연경이 십분 당황했으나 침착히 대답했다.

"누나는 아직 평안하거니와 형은 왜 물어요?"

임규가 웃으며 말했다.

"더위가 심하니 행여 병이 없는가 물은 거다. 장모께서는 무슨 질환이 그다지 오래 불편하시냐?"

정연경이 저의 캐물음이 집안의 기색을 탐지하고자 함이 아닌가 해 마음에 놀랍고 부끄러우나 즉시 답했다.

"우리 어머니 환후는 부친의 화액을 인연하심이지요."

그리고 또 말했다.

"형은 어찌 사람의 병 있음을 의심하세요?"

임규가 웃으며 말했다.

“내 무슨 의심함이 있겠어. 아마 가을에 성례하자고 하더니 이미 가을이 되었고 내 독신으로 부모의 시중을 받들 이 없으니 너는 모친께 고하고 어서 성례하게 해라.”

정연경이 천연덕스럽게 대답했다.

“누나의 성례는 부친 돌아오신 후 이루고자 하니 내가 돌아가 다시 고할게요.”

임규가 짐짓 정색하고 말했다.

“장인의 돌아오실 기약이 아직 묘연하거늘 어찌 고집하겠냐. 어서 성례하려 함은 우리 부친의 명이니 어김이 없게 해라.”

정연경이 민망해 말했다.

“형이 처음에는 공명을 이룬 후 사십에 아내를 취한다고 우리 아버지께 고집하더니 지금은 무슨 뜻으로 이 같이 조급해요. 이러므로 우리 누나가 형이 공명을 이루어 과거 급제자로서 화촉의 예 올리기를 기다리고 있어요. 이제 형이 재촉하나 우리 누나가 항복하지 않을까 해요.”

임규가 듣고 정연경이 이렇듯 영특해 답이 도도하고 말투가 태연해 조금도 군색함이 없으니 사랑해 말했다.

“속담에 ‘망아지 태산을 넘는다.’ 하더니 너 열 살 어린아이가 이렇듯 영민하니 짐짓 정 씨 가문의 천리마로구나. 당당히 청운을 타며 월계수를 꺾어 비단 옷에 옥띠로 네 누나를 맞으리라. 모름지기 네 누나께 전해라.”

또 웃으며 말했다.

“내 마땅히 벼슬 직첩을 가져 네 누나의 절의 보전함을 갚으리라. 모르겠노라, 절의를 보전해 언제 임규와 다시 합할까.”

말을 마치자 탄식했다. 정연경이 임규의 말이 은은해 누나의 일을 아는가 심사가 울적하나 억지로 대답했다.

"형의 큰 재주로 어찌 공명을 의심하겠어요. 형의 생각이 이러하시니 누나가 감은하실 거예요. 어찌 저버리겠어요."

임규가 정연경의 담이 크고 당돌함을 기뻐해 말을 그치고 손을 이끌어 당에 들어갔다. 이후 임규가 정연경을 사랑함이 더욱 더해 진정으로 대우하니 정연경이 또한 허심함이 죽어도 저버릴 뜻이 없었다.

이때 정연양의 지모와 식견이 비상해 사람마다 칭송하고 진상문은 비웃는 바가 되어 '봉귀형의 신랑 진 한림'이라 하며 봉금을 가르쳐 '진 부인'이라 해 일종의 기담이 되었다. 진상문이 반생 심력을 허비하다가 일세의 웃음을 이루매 분노함을 이기지 못해 식음을 전폐하고 병이 되어 고생했다. 부모가 초조해 의약으로 다스리나 차도가 없고 날로 초췌해 정연양의 속임을 생각한즉 일신이 떨리어 자주 혼절했다가 어린 듯해 부모가 당황할 따름이었다.

진명이 진상문을 원통해 해 오래도록 보지 아니하다가 비로소 병이 중함을 듣고 병석에 이르러 한바탕 크게 꾸짖으니 진상문이 황공해 사죄하나 실로 병세가 가볍지 않았다. 진명이 사리로 타일렀다.

"이후로는 잘못을 뉘우치고 몸을 닦아 성현의 가르침에 죄를 짓지 말고 남의 시비를 취하지 마라. 하물며 직무 맡은 곳에 휴가 기한이 넘었으니 만일 어기면 조정이 시비 있어 벼슬을 보전하지 못하리라."

진상문이 깨달아 사례하고 생각했다.

'내 정가 요물의 속임을 만나 부끄럽고 벼슬조차 잃으면 더욱 가망이 없을 것이다. 차라리 경사에 올라가 상국의 귀한 조카사위가 되면 크게 유익하리라.'

마음을 정하고 심사를 다스리니 오래지 않아 병이 나았다. 이에 부모께 고하고 함께 경사로 올라감을 청했다. 진담이 오래 향리에 있어 심사가 무료한 까닭에 자식의 영화를 띠어 경사에 나가 다시 벼슬이나 잇고자 해 허락하고 행리를 수습했다. 진백문은 머물러 집을 지키고 택일해 발행하려 하니 진명이 불쾌해 말했다.

"형이 오래 향리에 머물러 선산(先山)의 산소를 지키시며 몸이 한가하시고 의식이 군핍하지 않으신데 다시 경사에 분주해 어찌 만 리에 정신을 허비하겠어요. 상문이 아직 벼슬이 높지 않고 경사에 정해둔 집이 없으니 본가를 나와 의탁하기 군색할 거예요. 사세를 보아 가심이 마땅할까 해요."

"네 말이 옳으나 아들이 아직 혼사도 이르지 못하고 혼자 경사에 있으면 친척도 없이 누구에게 의지하겠나. 벼슬에 매인 후는 다시 떠나지 못할 거다. 내 같이 올라가 며느리를 경사에 택해 아이의 배필을 정하려 한다. 제 혼자 가서 마땅한 혼처가 있은들 우리 멀리 있으면 누가 능히 주혼하겠나. 내 이곳은 있지 않고 백문이 있으니 족히 근심이 없을까 한다."

진명이 형의 뜻을 보고 다시 타이르지 못할 줄 짐작하고 음식을 갖춰 형과 진상문을 전송했다. 진상문이 가만히 생각했다.

'내 정 소저를 취하지 못하고 다만 정공과 원한을 맺었으니 나중에 서로 대할 낯이 없다. 정가 어린 녀석이 매번 나를 지목해 원수로 한을 품으니 저 아이가 자라 혹 득의하면 나의 흠을 사사건건 훼방해 조정에 용납하지 못하게 할 것이다. 제 아비가 화를 입은 근본을 알면 나를 이 갈아 제 아비 돌아오면 일일이 고해 나로 하여금 처할 곳이 없게 할 것이요, 임가더러도 내 말을 해 원수로 치부케 할 것이다. 임가는 장차 처치하려니와 이 아이를 먼저 없애리라. 비록 숙모의 정사는 안타까우나 나의 앞길에 유해한즉 어찌 하겠는가.'

이렇듯 생각하더니 경사로 발행할 날이 하루를 격해 바야흐로 정씨 집에 나가 하직하는데 서로가 무안해 피차 다 말이 없고 서로 격조함을 일컬을 뿐이었다. 부인이 경아를 두고 감을 청하니 진상문이 대답했다.

"부모의 하실 바이니 제가 어찌 알겠습니까."

부인이 진담을 청해 이별하고 경아를 두고 가기를 청했다. 낭중이 흔연히 허락하고 소저를 경계했다.

"숙모를 모셔 위로하고 부모를 유념하지 마라."

경아가 비록 서운하나 숙모와의 정을 끊지 못해 눈물을 흘려 부모를 이별했다.

진상문이 전일 양 씨와의 혼사를 백 가지로 핑계 대 물리치고 정연양과의 혼사를 이루려 해 해가 넘도록 물리쳐 급제하거든 혼사를 이루자 하고 말했었다. 이때 진상문이 등과하니 양 한림이 크게 기뻐해 급히 혼인함을 청하니 진상문이 괴롭게 여겨 자기 몸에 병이 있으니 후일에 함을 말했었다. 양씨 집에서 빈민할 뿐 아니라 이후 봉귀형에 읽힌 소문이 자자해 진상문의 무상함을 용납하지 못하게 되니 양 한림이 이런 말을 듣고 분노해 즉시 납폐를 환송해 절혼했다. 진상문이 더욱 부끄러워 병세가 가장 깊었더니 숙부의 말씀을 듣고 비로소 깨달아 조섭해 급히 경사에 이르러 호가와의 혼사를 이루려 했다.[105]

진상문이 정연경을 해하려고 생각했다.

'내가 경사로 가면 도로가 멀어 계교가 어렵고 제 벼슬하는 사람이 아니니 해하지 못할 것이다.'

이에 흉계를 생각하고 심복 가동 두 사람을 불러 백금을 주어 '이리이리해 정 공자를 흔적 없이 죽이고 돌아온 즉 중히 상 주리라.' 했다. 둘

---

105 원문에는 이 부분에 "진 부인이 또한 이르러 리별하더라."는 문장이 있으나 앞뒤 문맥에 맞지 않고 72권 72책본에는 없는 문장이므로 현대어역본에서는 삭제했다.

이 명을 받들어 일을 행했다. 진담은 이러한 일을 알지 못하고 아들로 더불어 경사로 향해 여러 날 만에 경사에 이르렀다. 진상문이 호유용을 보고 아첨하는 말로 존후를 묻고 자기 병이 중해 휴가 기한 넘김을 고하니 호유용이 흔연히 위로했다.

"전일에 정현의 과악을 전함으로 성상께 아뢰어 치죄하려 했는데 관료들이 힘써 구하고 정현의 죄상을 증명할 바가 없는 까닭에 사형을 면하고 정배하였네. 정가가 분명 원망하리니 모르겠네, 그대는 친척 간 틈이 있어 흠을 만들어 사지에 보내려 함이 아닌가?"

진상문이 부끄러워하며 대답했다.

"소생이 어찌 사사로운 원한으로 친척을 해하겠습니까. 소생이 국록을 먹고 반열에 있어 국가를 위해 사사로운 정을 돌아보지 못해 사유를 고했는데 이러하시니 황공합니다."

호유용이 웃으며 말했다.

"그대 충성을 아네. 노부가 조금이나 의심하겠는가. 그대 정녀와의 혼사를 이뤘는가?"

"소생이 정녀와 맹약이 금석 같더니 정공이 배약하고 임가에 납빙하니 생이 분연하나 따지지 않고 정녀가 또 음란함으로 절혼하였습니다."

"정현이 아들이 있는가?"

"아들이 있으나 그 악함이 아비에 더합니다. 그 아비 귀양감이 대인의 일이라 하고 대인을 원망하며 제 등과하면 대인을 논핵한다고 하더이다."

호유용이 낯빛이 바뀌며 말했다.

"내 후일 멸구(滅口)의 환을 면하지 못하겠구나."

진상문이 돌아와 번민함을 이기지 못해 먹어도 맛을 모르니 부모가 우려해 바삐 며느리를 택했다. 누가 진상문의 풍채를 흠모하지 않겠는

가. 매파가 문에 메었으되 진상문이 본디 절색을 구해 신부를 본 후 정하려 했다.

이 시랑 부인이 일찍 죽고 후처 김 씨가 딸 하나가 있으되 용모가 미려해 한 가닥 살구꽃 같으나 성질이 음란하고 방자했다. 김 씨가 생각하되, '우리 딸은 세상에 짝이 없다.'고 해 부디 반악 같은 미남 사위를 구했다. 이 시랑은 진담의 누이동생의 시집이었다. 진상문이 일찍 이 시랑 집에 있을 때에 김 씨와 딸이 진상문을 엿보고 흠모해 진 씨로 통혼하니 진 씨가 시누이의 간악함을 아는 까닭에 말을 핑계대어 결혼함을 거절하니 김 씨 모녀가 시랑께 말씀해 시랑이 진담을 보고 청혼했다. 진담이 신부의 사람됨을 알지 못해 누이동생을 보고 이 씨의 사람됨을 물으니 진 씨 대답이 그 현숙함을 일컫지 않았다. 진담이 진상문에게 전하니 진상문이 말했다.

"규수를 보고 싶습니다."

"남의 규수를 결혼 전에 어찌 보는 수가 있겠냐."

"만일 보지 않았다가 결혼 후 아름답지 않으면 소자가 결단코 용납지 않으리니 급작스럽게 허락하지 못할 것입니다."

진담이 잠자코 불허하니 이 시랑 집에서 구혼함을 간절히 하고 진 씨를 보채고 달랬다. 진 씨가 계모와 시누이의 사나움을 두려워해 대답했다.

"조카의 마음이 규수를 직접 보아야 허혼한다고 합니다."

김 씨가 말했다.

"여아는 월궁 항아니 진 한림이 한 번 보면 넋을 잃을 것이다. 무엇이 어렵겠나. 여아를 그대 집으로 보내리니 한림을 청해 보게 해라."

진 씨가 마지못해 허락하니 형아가 용모를 다스리고 단장을 찬란히 해 진상문의 엿봄을 대령했다. 진 씨가 마음에 한심하나 시집의 명을 거역하지 못해 한림을 유인하여 이 씨를 보게 했다. 진상문이 한 번 보니 비록 정 소저에 비하지 못하나 짐짓 경성지색이었다. 마음에 좋아해 허혼하니 이 시랑 집안이 크게 기뻐해 진 씨를 각별 후대해 전일 같이 교만방자함을 보이지 않으니 진 씨가 마음에 냉소했다.

이때 조근, 경기 등이 진상문의 명을 듣고 촌가에 불량배 대여섯 명을 얻어 은자를 후히 주고 '이리이리해 길에서 정연경을 앗아다가 흔적없이 죽여라.' 하고 날 저물기를 기다려 임가에 나가 정연경을 보고 말했다.

"조정에서 명패가 내려 한림을 상경하라 하십니다. 하루 준비해 대노야와 온 집안이 내일 아침에 발행하려 하시는 까닭에 공자를 보고 가려 해 소인 등으로 하여금 모셔오라 합니다."

정연경이 즉시 들어가 선생께 고하니 선생이 말했다.

"날이 저물었으니 다음날 감이 옳을까 한다."

"숙부의 집안이 다음날 새벽에 길을 떠난다 하니 이제 가서 보고 즉시 오겠습니다."

"진실로 그렇다면 가거니와 날이 어두웠으니 길에 조심해 가라."

"집의 건장한 노복이 왔으니 의심할 바가 없습니다."

즉시 하직하고 나가 임규를 이별하니 임규가 놀라 말했다.

"무슨 긴급한 일이 있어 이 같이 총총히 가려 하냐?"

정연경이 가고자 하는 사유를 말하니 임규가 의혹해 말했다.

"진 형이 경사로 간다면 벌써 기별하지 않고 이렇듯 총망히 기별하였냐?"

"사촌형 또한 급작스럽게 상경의 황명을 받았기에 그렇다고 해요."

임규가 믿지 않아 말했다.

"일이 비록 그러하나 도로가 가깝지 않고 날이 이미 저물었으니 왕래가 편하지 못하다. 내 요사이 너의 기운을 보니 면상에 적지 않은 재앙이 있는 듯하고 또한 오늘이 술일(戌日)[106]이니 네게 이롭지 아니한 날이다. 아무리 미안하나 가지 아니함이 가할까 한다."

정연경이 웃으며 말했다.

"형은 가히 겁이 많은 사람이요. 출행에 날을 가리어 떠남은 여러 날 길을 위함이지, 지척에 무슨 길흉이 있겠어요. 숙부가 부디 보고 가시려 부르시는데 무엇이라 거역하겠어요."

"네 내 말을 믿지 않으니 강요하지 않으마. 그러나 내 너의 행도가 흉하고 불길함을 알며 어찌 방심하겠냐. 내 또한 벗을 보아 이별하고자 하니 함께 가서 한편으로 벗의 정을 펴고 너의 화를 구하리라."

정연경이 기뻤으나 임규가 진상문의 집에 이르러 누나의 소문을 들을까 염려했다.

---

106 술일(戌日): 날짜를 천간지지(天干地支)와 맞추어 놓은 것 가운데에서 지지가 '술(戌)'자로 된 날. 갑술일(甲戌日)·경술일(庚戌日)·임술일(壬戌日) 등을 말한다.

第九回
제구회

정연경은 화가 변해 복이 되고
진 부인은 어제 그름을 지금 깨닫다

정연경이 기뻐하나 임규가 진상문의 집에 가 누나의 소문을 들을까 염려했다. 그러나 또한 막지 못해 함께 가려 할 때 노복 조근이 재촉했다. 둘이 즉시 의관을 갖추고 임규가 큰 칼을 차고 철편(鐵鞭)[107]을 갖고 짚신을 메고 나왔다. 정연경이 웃으며 말했다.

"형은 도적을 잡으러 가요? 어찌 이렇게 무예를 갖춰요?"

임규가 웃으며 말했다.

"컴컴한 밤에 몸 보호할 물건을 가져 시골 외진 곳에 불의지변을 방어함이다."

정연경이 웃고 둘이 나와 처사께 하직했다. 처사가 물었다.

"너는 어디 가냐?"

"연경이 나이 어리고 밤길이 어려우니 소자가 데려다 주려 합니다."

임자순이 일찍 돌아옴을 당부하니 둘이 명을 받들고 밖으로 나왔다.

---

107 철편(鐵鞭): 쇠로 된 몽둥이와 같은 타격용 무기.

조근 등이 놀라 말했다.

"임 상공은 청하심이 없거늘 어찌 행하십니까?"

"너의 상공이 상경한다 하기에 연경과 더불어 나가 송별하고자 한다. 너희들은 따라라."

경기 등이 생각했다.

'임규를 마저 없애면 우리 노야가 기뻐하리라.'

"공자가 걸어 행하시니 소복이 업어 가겠습니다."

임규가 웃으며 말했다.

"열 살 남자가 지척을 걷지 못하고 사람에게 업혀 간다면 그 잔망한 것을 무엇에 쓰겠냐. 나와 같이 걸어가리라."

조근 등이 생각했다.

'임규는 선비다. 용력이 없으니 무찔러 없앰이 무슨 어려움이 있겠는가.'

넷이 행하는데 경기 등이 다시 계교 없이 따라 가더니 밤이 깊고 인적이 고요했다. 정연경이 마음이 서늘해 임규의 손을 단단히 잡고 붙들며 갔다. 임규가 정연경을 옆에 끼고 딩딩하세 실을 걸어가더니 문득 수풀 가운데로 네다섯 도적이 손에 큰 칼을 들고 내달아 소리 질렀다.

"너희 등이 가져가는 것과 의복을 벗어 주면 목숨을 보전하려니와 만일 거역하면 다 죽이겠다!"

정연경이 혼백이 날아올라 임규를 붙들고 떨었다. 임규가 정연경을 옆에 끼고 서서 사방을 살펴보니 조근 등이 거짓 소리 질렀다.

"우리 등은 진 한림 노복으로 정 공자를 모셔 가거늘 무슨 가진 것이 있겠냐! 너희들도 귀와 눈이 있으리니 상서 댁 귀공자를 해하고 어찌 죽기를 면하겠냐?"

"너희는 상서와 한림을 두려워하거니와 우리들이야 어찌 두려워함이 있겠냐. 들으니 정연경의 용모가 고와 미인과 같다 하니 우리 등이 잡아다가 장난감을 삼으리라."

말을 마치자 정연경을 빼앗으려 달려들다가 임규를 보고 크게 꾸짖었다.

"너는 어떤 놈이기에 방자히 서서 피하지 않냐? 살려거든 빨리 돌아가라."

이때 정연경은 크게 겁먹어 사지를 떨며 울었다. 임규는 조금도 놀라거나 겁내지 않고 정연경을 잠깐 물러서라 하고 손에 철편을 들어 도적을 향해 쳤다. 나머지 도적들이 칼을 들고 달려드니 임규가 조근에게 말했다.

"너희들은 공자를 보호해 놀라게 마라."

그리고 한 손에 철편을 들고 또 한 손에 칼을 들어 좌우충돌해 한 채에 하나씩 치니 도적들이 황겁해 쥐 숨듯 달아났다. 조근 등이 임규의 용맹함을 보고 어찌 저의 계교를 드러내겠는가. 행여 죄를 알까 두려워 정연경을 보호해 섰더니 임규가 도적들을 물리치고 칼을 들어 조근 등을 꾸짖었다.

"너희들이 연경을 심야에 데려감이 반드시 도적과 공모한 것이지? 죄를 면하려거든 바로 고해 죄를 면해라."

둘이 꿇어 아뢰었다.

"소인 등이 무슨 일로 공자를 해하겠습니까. 진 한림의 명을 받아 공자를 모셔가는 것입니다."

"너희들이 진 한림의 명이라 하니 아직 용서하거니와 연경이 놀라 걷지 못하니 너희들이 업어 앞서라."

둘이 두려워 떨며 정연경을 모셔 행했다. 경기로 앞을 보게 하고 임규가 앞에서 행해 정연경의 집 문 앞에 이르니 문을 닫고 인적이 고요했다. 사람을 깨우는데 둘이 일이 실패할까 겁내어 도망하고자 하나 임규가 엄하니 잡히면 죽을 것이었다. 이에 문을 두드려 부르니 정연경의 집 가인이 놀라 문을 열어 정연경의 업혀 들어옴을 보고 무슨 까닭인 줄 알지 못해 급히 내당에 고했다.

이때 진 부인이 아들을 임씨 집에 보내고 경아를 앞에 두어 심사를 위로하나 때때로 딸을 생각하고 연연해 마음을 정하지 못하는 까닭에 잠을 이루지 못하고 있었다. 공이 객지에서 겪을 고초며 아들을 여러 날 보지 못해 두루 심란한데 문득 여종이 들어와 시녀를 깨워 말했다.

"공자 왔다, 왔다."

부인이 정신없어 급히 물었다.

"공자가 왔냐?"

"세 사람이 업어 왔습니다."

부인이 이 말을 듣고 눈물을 흘렸다.

"아이가 분명 큰 변이 있어 왔구나."

그리고 좌우로 불을 켜라 했다. 사람들이 대경실색하더니 정연경이 들어왔다. 부인이 급히 나와 보고 물었다.

"네가 무슨 연고로 심야에 와 어미의 남은 혼백을 놀라게 하냐?"

정연경이 모친의 경황하심을 보고 급히 절했다.

"어머니와 숙부가 사람을 보내어 저를 부르시기에 왔거늘 어머니께서 어이 놀라십니까?"

부인이 아들을 붙들고 말했다.

"숙부는 서울 가신 지 수일이요, 내 너를 부름이 없거늘 이 어인 말이냐?"

정연경이 놀라 말했다.

"숙부 집의 하인 조근, 경기 등이 황혼에 와 이르되 오늘 새벽에 숙부가 진 형으로 더불어 경사에 가니 저를 부르신다고 하기에 왔습니다. 길에서 도적을 만나 죽을 것을 임 형의 재주를 힘입어 목숨이 살아 다시 어머니를 뵙거니와 이 자들이 저를 데려옴이 무슨 묘책이 있습니까?"

부인이 이 말을 듣고 놀라 의심하는 중 임규가 왔다하니 더욱 부끄러워 말했다.

"이 일이 극히 수상하니 둘을 빨리 불러라."

"임 형이 저 때문에 길에서 수고하였으니 먼저 청해 진정하게 하고 이 자들을 부르십시오."

"내 임생을 어찌 대접하겠냐. 네가 나가 서당으로 청해라."

정연경이 즉시 나오니 임규가 문에 서서 들어오지 않고 있었다. 정연경이 서당으로 가기를 청하니 임규가 사양했다.

"밤이 깊었고 부인이 내당에 혼자 계시는데 어찌 요란히 해 무례하겠냐. 내 벗을 보러 왔으니 진상문의 집에 통해라."

"진 형이 이미 경사에 간 지 이틀이요, 소제를 부른 일이 없다 해요. 극히 수상해 노복을 캐물으려 하니 청컨대 형은 사양하지 마세요."

"내 원래 괴이히 여겨 따라옴이요 벌써 갈 것이로되 두 놈이 달아날까 지켜봤었다. 빨리 두 노복을 잡아 캐물어라."

정연경이 응낙하고 이에 모든 가인을 불러 분부했다.

"경기 등을 끈으로 단단히 동여 나의 명을 기다려라."

분부하며 정연경이 임규를 재삼 청하되 듣지 않고 가려 했다. 이에 소매를 잡고 간청했다.

"이미 밤이 깊었으니 우리 집에 머물러 새벽에 돌아가요."

임규가 웃으며 말했다.

"내 비록 용렬하나 남자가 되어 밤길을 어이 두려워하겠냐."

정연경이 재삼 만류하나 듣지 않을 줄 알고 집의 노복을 분부해 짐을 지녀 잘 모셔 가게하고 임규에게 사례했다.

"형이 아니면 어찌 살았겠어요. 나를 낳은 분은 부모요 나를 살린 자는 형이라, 구원해 준 은혜를 입어 적화를 면하였으니 이번 생에 이 은혜를 갚지 못할 거예요. 그런데 형이 우리 집을 꺼려 급히 돌아가니 소제가 어찌 마음을 놓겠어요."

"이제 급히 갈 것이니 막지 마라."

"형의 말을 막지 못하니 다음날 나가 사례할게요."

임규가 겸양하고 돌아갔다. 이에 정연경이 바야흐로 내당에 들어가 모친께 임규의 말을 고하니 부인이 그윽이 부끄러워 대답하지 못하고 바삐 도적을 만난 사연을 물었다. 정연경이 드디어 도적을 만나 임규의 용력이 십여 도적을 한 채로 쳐 거꾸러뜨리던 말을 고했다. 부인이 가슴이 막혀 말을 이루지 못하다가 말했다.

"임생이 아니었으면 반드시 도적에게 죽을 뻔 했다."

"임 형이 아니었으면 놀라 죽었을 것입니다."

부인이 임규의 기특한 재주를 칭찬해 심중에 탄복할 뿐이요 일컫기 부끄러워했다. 정연경이 말했다.

"효렴 숙부를 청해 캐물으십시오."

부인이 옳게 여겨 즉시 진명을 청했다. 이때 진명이 잠이 깊었다가 정연경의 집에서 급히 청함을 듣고 놀라 물었다.

"무슨 일로 심야에 부르시냐?"

시비가 말했다.

"무슨 일인지 공자가 불시에 와 계시니 부인이 놀라 청하십니다."

진명이 바삐 옷을 입고 정씨 집에 이르니 당중에 촛불을 밝히고 부인이 정연경과 더불어 말하고 있었다. 진명이 당에 올라 물었다.

"무슨 급한 일이 있어 부르십니까?"

"극히 괴이한 일이 있기로 너를 놀라게 했다. 조근, 경기 등이 아이를 속여 돌아오다가 도중에서 도적을 만나 죽게 되었더니 다행이 임생의 구원함을 입어 무사히 돌아왔다. 저놈들이 무엄해 아이를 해하려 하던 일이 괴이한 까닭에 너를 청해 캐묻고자 한다."

진명이 실색하고 크게 놀라 말했다.

"조근 등은 상문의 가까운 노복입니다. 상문을 따라 경사로 간 지 이미 수일이거늘 이 어인 말씀이세요?"

"이러므로 더욱 괴이해 한다."

정연경이 말했다.

"아까 황혼 때에 둘이 이르러 이리이리하니 임 형이 이르되 '너에게 재앙이 있어 오늘 날이 불길하니 가지 말라.'고 했습니다. 제가 이리이리하니 임 형이 위태하다 해 함께 오다가 중도에서 도적을 만나니 임 형이 용력을 분발해 철편으로 도적을 쳐 물리치고 구해 돌아왔습니다. 기운이 씩씩해 조금도 겁냄이 없어 집까지 구해 왔으되 문에 들지 아니하옵고 즉시 돌아갔습니다."

세세히 고하니 진명이 듣고 놀라움을 이기지 못했다. 임규의 신기함을 칭찬하고 조근 등이 스스로 한 일이 아닌 줄 짐작하고 끔찍이 여겨 부인을 향해 말했다.

"누님께서 전에 임랑을 좋지 않게 여겨 불의에 희한한 거조를 많이 해 만대의 씻지 못할 누명을 취하였으니 어찌 애달프지 않겠어요. 저 임랑은 비록 용모가 아름답지 못하나 그 기품과 재질은 일대 영웅이에요. 한갓 얼굴만 취해 정 형을 원망하고 소저를 질책하시니 깊이 한하는 바는 누님의 불명하심을 답답히 여깁니다. 나중에 임랑이 공명부귀를 누리면 누님께서 애달파 하지 않으시겠어요?"

부인이 부끄러워 묵묵히 답하지 않았다. 진명이 이에 좌우로 하여금 조근, 경기를 불러들였다. 둘이 경황하나 임규의 위엄이 두려워 도망하지 못하고 있다가 잡혀 들어와 계단 아래에 엎드려 머리를 조아려 죄를 청했다. 진명이 물었다.

“네 수일 전에 행차를 모시고 갔거늘 무슨 연고로 도적과 동모해 공자를 해하려 하더냐? 바로 고하지 아니하면 네 목숨을 장하에 보전하지 못하리라.”

둘이 대답하지 못하고 머뭇거렸다. 진명이 크게 화내며 말했다.

“너희들이 흉모를 은닉하고자 하느냐? 좌우는 바삐 형벌 기구를 갖춰 흉한을 맹장해라.”

둘이 바삐 머리를 조아려 말했다.

“소복 등이 정공과 원수가 없거늘 무슨 일로 해하겠습니까. 공자를 모셔옴은 한림 노야의 명이요, 저희들의 사사로이 한 바가 아닙니다.”

진명이 더욱 화내며 말했다.

“상문이 떠난 지 수일이거늘 공자를 데려온다 함은 전혀 근거 없는 말이다. 너희 등이 무슨 흉계를 내어 공자를 해하려 하고 주인을 모해하니 극히 흉하다. 그냥은 바로 이르지 아니하리니 매로 때려 고하게 해라.”

이러구러 날이 밝으니 이 말이 전해 진백문이 듣고 크게 놀라 바삐 정씨 집에 이르러 경기 등을 보고 물었다.

“너희들이 한림을 모시고 갔거늘 무슨 일로 도망해 와서 공자를 해하려 했냐?”

둘이 고개를 숙여 잠잠했다. 진명이 진백문을 보고 말했다.

“이 일이 저놈들의 수단이 아니다. 반드시 주장한 자가 있으리니 네가 능히 짐작하겠냐?”

“제가 어찌 저놈들의 작용을 짐작하겠습니까.”

진명이 혀를 차 탄식하며 부인께 아뢰었다.

"연경을 해하려 함이 저놈들의 본심이 아닙니다. 주 어사가 사핵한다면 크게 어지러워 친척 간에 화기를 상할 뿐이니 물리쳐 묻지 말고자 합니다."

부인이 화내며 말했다.

"저놈들이 주인을 따라 가다가 도망해 돌아와 아이를 해하고자 한 뜻이 심상하지 않으니 어찌 놓겠냐. 빨리 쳐 물어라."

진명은 머리를 숙이고 잠자코 생각했다. 부인이 천금 같은 아들을 해하고자 함에 이를 갈며 좌우를 꾸짖어 '이 악한을 맹장하라.' 하니 진백문이 말했다.

"이놈들이 주인을 배반하고 도망한 죄가 클 뿐 아니라 연경을 해하려 함이 만 번 죽여 아깝지 않습니다. 숙모는 무겁게 다스리십시오."

진명이 누나의 불명함을 개탄하고 부득이 둘을 매우 쳐 문초했다. 십여 대에 이르러 경기 등이 소리 질러 말했다.

"공자를 해하려 함이 다 한림이 가르친 바요, 소인 등의 죄가 아니오니 바로 고하겠습니다."

인하여 진상문이 정연경을 꺼려 무사히 장성하면 자기가 나중에 해를 입을까 두려워 저희 두 사람에게 백금을 주며 비밀리에 계책을 가르쳐 보내던 말씀을 일일이 고했다.

"길에 도적이 한림의 뇌물을 받고 도중에서 공자를 흔적 없이 죽이려 했습니다. 의외에 임 상공이 오시다가 도적을 물리치고 공자를 보호해 화를 면하니 이는 하늘이 우리 한림의 악한 일을 좋지 않게 여기어 발각하게 하심입니다. 어찌 감히 숨기겠습니까."

좌우가 듣고 놀람을 이기지 못하고 진백문은 안색이 흙빛 같아 어린 듯하고 진명은 이미 짐작한 바였다. 어이없어 고개를 숙여 잠잠하되 부인은 크게 노해 분기가 가슴에 막혀 난간을 두드리며 소리 높여 크게 꾸짖었다.

"상문 흉한아, 내 너를 사랑함이 친자식 같거늘 차마 나의 아들을 죽이려 하냐!"

다시 통곡했다.

"내 밝지 못해 간인의 꾀에 빠져 여아를 그릇 만들고 아들까지 죽이려 하니 애달프고 뉘우침을 어디 비하겠냐. 상문아, 네 무슨 원수로 이같이 대악의 마음을 품었냐. 내 몸이 죽더라도 이 죄는 용서하지 못하리라."

이렇듯 후회하니 진백문은 어린 듯하고 진명은 눈물을 흘리며 말했다.

"슬프다. 상문의 문장재주가 가문을 빛낼까 하였더니 어찌 이렇듯 무상해 성현의 가르침에 죄인이 되고 가문의 맑은 덕을 떨어뜨릴 줄 알았겠는가. 조물주가 시기해 상문의 재주로 진실한 마음이 있었으면 가문의 복이 되었을 것이거늘 이제 소년 문사의 명성이 도리어 만대의 누명이 되었구나."

진명은 한스러움을 이기지 못해 안색이 자주 변하며 부인을 위로했다.

"누님은 조급히 원망하지 마세요. 상문이 성현의 가르침에 죄인이 되고 가문의 맑은 덕을 떨어뜨림이 모두 혼사를 말미암아 연경에게 위태함이 미친 거예요. 누님이 일찍이 예의로써 상문을 권장하시고 인륜과 풍화를 바르게 하시어 상문의 뜻을 받지 아니하셨으면 어찌 허다한 환란이 있으며 상문이 성현의 가르침에 죄인이 되었겠어요. 누님이 한갓 임랑을 미워해 대사를 경솔히 고치려 하다가 딸을 불의에 빠지게 하시고 자녀를 보전하지 못할 뻔하며 사나운 누명을 얻으니 제가 애달파 죽으려 하나 그러지 못해요. 또 이 일은 다른 사람에게 말할 수도 없는 일이에요. 제가 어찌 얼굴을 들어 남을 대하겠어요. 누님이 이제 설욕하려고 하면 도리어 가문의 부끄러움만 나타내니 누님이 실덕하신들 상문의 마음이 어찌 편안하며 또 상문이 악명을 얻은들 누님의 마음이 어찌 편안하겠어요. 피차 골육지간이니 이 일을 차마 드러내지 마시고 누님은 상문을 원망하지 않으시면 바깥 의논이 어지럽지 않으리다. 또 경기 등의 일도 제가 스스로 지은 바가 아니니 쾌히 용서해 보내시면 돌아가 자세히 말할 거예요. 상문이 듣고 혹 스스로 부끄러워 자책함이 있으면 가문의 경사가 크니 우리가 어찌 골육의 정을 아끼지 않겠어요."

부인이 듣고 몹시 부끄러워 잠잠하다가 말했다.

"너의 말을 들으니 무궁한 과액이 다 나의 밝지 못한 까닭이니 무슨 말을 하겠냐. 네 말이 금과 옥 같다. 너의 뜻대로 해라."

정연경이 탄식했다.

"숙부의 현명하신 말씀이 지극히 마땅하시나 진 형이 계교를 이루지 못하고 누설된 줄 알면 과연 뉘우칠지 모르겠습니다. 임 형을 원망하고 허물이 나타남을 한스러워 해 임 형을 해할까 두렵습니다."

진명이 칭찬했다.

"너의 영특한 재주가 진실로 통달하다. 상문이 인심이 있으면 부끄러워하고 뉘우쳐 덕을 닦으려니와 그렇지 않으면 어찌 임생만 한하겠냐. 정씨 가문으로 더불어 원수를 맺어 숙질과 사촌 사이에 원망이 깊어 작은 일이 큰 일이 되어 두 가문을 어지럽힐까 한다. 그러나 인명이 하늘에 달렸으니 설마 어찌 하겠냐. 임랑은 대인군자다. 속담에 '사불범정(邪不犯正)[108]이라.' 하니 간사한 꾀가 어진 사람을 해하지 못할 것이다. 이로부터

108 사불범정(邪不犯正): '바르지 못한 것은 바른 것을 감(敢)히 범(犯)하지 못한다.'는 뜻으로, 정의

상문이 점점 죄악에 빠져 앙화를 받을 것이니 어찌 불행하지 아니하겠냐."

정연경이 오래도록 탄식하니 부인은 기운을 잃어 말을 이루지 못했다. 진백문은 눈물을 흘리며 아우의 죄악을 한스러워 해 숙부께 사죄하니 진명이 말했다.

"너는 아우를 경계해 갈수록 조심하고 덕을 닦아라. 이번 과거에 네가 낙방하고 상문이 급제함이 정, 진 두 집안의 불행이다. 내가 전일부터 상문의 마음을 알았으니 불효하고 친척 간에 화목하지 못한 놈이라. 나를 또 원수로 알지 아니할 줄 어찌 알겠냐."

진백문이 탄식할 뿐이었다. 진명이 경기 등 두 놈을 용서해 바로 경사로 보내며 두 장 글을 부쳐 형에게 사유를 고하고 둘을 놓아 주었다. 경기 등이 죽을 줄 알고 망극하다가 다시 형벌의 더함이 없고 놓음을 입으니 뜻밖에 기뻐해 머리를 조아려 사례하고 쥐 숨듯 나와 경사로 향해 갔다.

이때 진 부인이 비록 말을 아니 하나 임규의 기특한 지략을 칭찬하며 아들을 구호한 은혜를 감격해 옛 일을 뉘우쳐 눈물이 가득해 정연경에게 말했다.

"상문의 용모 재학이며 소년 물망을 흠모해 사위를 삼고자 했다. 그런데 연양이 부친의 명을 지켜 달아났으니 이는 저의 인연이 없음이거늘 도리어 너를 해하고자 하니 저런 간악이 어디 있겠냐. 내 밝지 못해 사람의 어질고 어질지 못함을 알지 못해 너의 남매에게 화가 미치고 너의 부친에게 죄를 지으니 부끄러워 세상에 용납할 뜻이 없구나. 이제 임랑의 은혜가 바다 같아 감격함을 이기지 못하되 사례할 낯이 없고 저 임가가

(正義)는 반드시 이긴다는 말.

아는 체 아니 하나 지척에서 어이 모르겠냐. 전일을 뉘우쳐 예전같이 하고자 하나 사람의 염치에 부끄러움을 알지 못하고 차마 편안하겠냐. 네 저곳에 있으니 근간 임랑의 기색이 어떠하더냐?"

정연경이 듣고 모친이 이렇듯 뉘우치고 슬퍼함을 보고 위로했다.

"모친께서 실덕함이 있사오나 이제 뉘우쳐 미칠 바가 아닙니다. 만사가 다 하늘이니 인력으로 어찌 하겠습니까. 진 형의 무쌍한 악행은 한심하고 애통합니다. 그러나 제가 화를 면하였으니 다행이며 이제 진상문이 조정에 있으니 부친의 돌아오실 길이 끊길까 초조합니다. 또 부친의 재앙도 진 형의 수단인가 의심됩니다. 대저 임 형은 조금도 불평한 사색이 없고 일가가 천연히 모르는 양이니 바라건대 모친은 예전같이 후히 하시어 매사를 태연이 하십시오."

인하여 임규의 하던 말을 고했다. 부인이 말했다.

"그 말이 아는 듯하거니와 만일 실상을 자세히 알았으면 제 아무리 도량이 넓을지라도 그대도록 태연하지 않을 것이다. 너는 아무쪼록 삼가 누설하지 말고 너의 누나가 있는 듯이 해라. 그러나 마침내 어찌 하겠냐."

또 웃으며 말했다.

"상문이 너를 해하려 함은 오히려 작은 일이고, 네 대인의 일은 상문이 이곳에 내려온 후 죄명을 입으셨으니 이는 상문이 한 일이 아닌가 한다."

"당초 진 형이 누나를 취하고자 하나 부친이 집에 계셔 뜻을 이루지 못해 앙심을 품었습니다. 벼슬 내리기는 진 형이 경사에 있을 때에 내렸으니 반드시 대인을 집안에 없이 하려고 해 이 일을 부탁함이고 대인이 벼슬을 사양하시니 또 죄를 내리게 함입니다. 옛 일을 생각하면 어찌 모두 진 형의 수단이 아니겠습니까."

부인이 듣고 아들의 헤아림이 마디마디 유리함을 일컬었다. 정연경이 경아와 취아 두 소저를 향해 말했다.

"모친의 좌우가 적막하시니 누님 등은 모친을 위로하고 소제로 더불어 동기 같이 하면 그 은혜가 어찌 크지 않겠어요."

경아가 사양하고 부인이 또 그 영특함을 사랑해 친딸같이 했다. 정연경이 부인을 권해 '임가에 사례하십시오.' 하고 자기도 나가 사례했다. 부인이 임규를 감격함이 뼈에 사무치기에 부끄러움을 무릅쓰고 정연경의 유모로 하여금 임규의 집에 보내어 은근히 사례했다.

이때 임규가 집안에 돌아와 정연경의 집 노복을 돌려보내고 내당에 들어가 부인께 문안하니 처사가 물었다.

"벌써 벗을 송별하였냐?"

"진생이 이미 수일 전에 상경하였거늘 그 노복 등이 연경을 속여 데려감은 그간 연고가 있는 듯합니다. 도중에서 강도를 만나 위태하였습니다."

자세히 고하니 임자순이 크게 놀라 말했다.

"연경이 과연 혼자 갔으면 큰 화를 입을 뻔 했구나."

부인이 또 크게 놀라 말했다.

"정생도 위태할 뻔했거니와 너도 또한 위험했구나. 이후로는 너의 약간 기운을 믿고 그러한 일을 생각하지 마라."

임규가 소리를 낮춰 대답했다.

"소자가 용렬하오나 열다섯 장년 남자라. 그만한 도적을 두려워하겠습니까. 만일 위태할 양이면 제가 무상하오나 부모께서 주신 몸을 돌아보지 아니하겠습니까."

임자순이 경계했다.

"네 말이 장부의 기상이나 아무쪼록 몸을 조심해 혈기를 참는 것이

군자의 떳떳한 도다. 경솔히 방자하지 마라."

임규가 절해 명을 받들고 물러 나와 서재에 돌아와 글 읽기를 마지않아 나태함이 없고 정신이 더욱 씩씩했다.

다음날 홀연 정연경의 집에서 유모가 이르러 명함을 드리고 위 부인께 진 부인 말씀으로 임규가 아들 구호함을 사례함에 말씀이 간곡하고 공손하니 위 부인이 흔연히 답례했다. 이윽고 정연경이 이르러 선생을 뵙고 임규의 힘으로 목숨을 건진 은혜를 사례하니 임자순이 정색하고 겸양했다.

"두 노복이 무슨 연고로 주인을 해하려 하던가?"

정연경이 생각하되 만일 바로 고하면 친척의 과실이 드러날 것이었다. 거짓으로 아뢰었다.

"두 노복이 전일 부친께 득죄해 중책을 입은 까닭에 집안이 빈 틈을 타 소자를 해쳐 원한을 갚으려 함이었습니다. 까닭에 곧 두 노복을 다스리고자 본현 지부에게 고발했습니다."

임자순이 탄식했다.

"하류 천인이 뜻하지 않은 화를 지으니 인심이 가히 두렵지 않으냐. 너희들은 갈수록 조심해라."

정연경이 명을 받들고 사례하니 임규는 믿지 못하되 구태여 캐묻지 않고 정연경과 더불어 학문을 힘썼다. 차후 정연경이 왕래함에 네다섯 노복으로 옹위해 방심하지 못했다.

이때 진상문이 벼슬이 한림원에 있어 재기가 남다르고 말씀이 민첩했다. 상이 십분 총애하시고 인민이 친밀히 대해 물망이 빛났다. 득의양양해 안하무인하며 호유용에게 친근해 아첨하는 낯빛과 태도가 소인의 뜻을 영합해 매일 왕래했다. 호유용이 매우 사랑해 그 본바탕은 낮게 여기나 재주 있음을 소중히 여겨 자기 조카딸의 배우자를 삼고자 해 진상문을 대해 말했다.

"저번에 노부가 조카딸을 위해 그대에게 청혼하되 그대가 사양하기로 마음에 불안하나 인륜대사를 위세로 강박하지 못해 다른 곳에 약혼하였네. 그런데 약혼한 신랑이 병이 많다 하여 물리치고 다시 아름다운 신랑을 구하는데 인연이 그대에게 있는 까닭에 다시 그대를 맞으려 하네. 그대가 이제 가히 허락하겠는가?"

진상문이 급히 두 손을 맞잡고 사례했다.

"합하 대인의 편애하시는 은혜를 입으니 삼생의 행운이요 가문의 성사입니다. 어찌 감히 사양함이 있겠습니까. 저번에 고 한림으로 하여금 대인께 혼사를 아뢰니 이미 다른 곳에 약혼하시다 함에 소생의 부모가 소생을 위해 이 시랑의 딸과 약혼해 길일이 수일을 격하였습니다. 이제 대인의 말씀을 들으니 소생이 바삐 약혼함을 만 번 뉘우치오나 어쩌지 못하옵니다. 어찌 소생의 박복함이 아니겠나이까."

"이는 허언이라. 어느 사이에 약혼해 길일이 수일을 격하였겠는가."

진상문이 바삐 대답했다.

"소생이 어찌 감히 대인을 속이겠습니까. 이 씨 소저는 소생 고모의 딸이므로 대면해 약혼하였고 과연 길일이 가까웠나이다."

호유용이 듣고 비로소 그 말이 허언이 아닌 줄 알고 십분 불쾌하나 본디 교만한 호승심이 남과 다르고 진상문의 아름다움을 남에게 빼앗김을 못마땅하게 여겼다. 부디 진상문과 혼사를 이루어 타인에게 형세를 자랑하고자 해 말했다.

"그대 이 씨 혼사를 거절하지 못할진대 그대 벼슬이 족히 두 부인을 갖출 것이네. 조카딸을 취하고 버금으로 이 씨를 취하지 못하겠는가?"

진상문이 일어나 절하고 사례했다.

"대인이 소자를 이렇듯 사랑하시니 사지에 나아감을 명하시어도 사양하지 못하거든 하물며 천금 소녀를 사양하겠습니까. 삼가 명대로 하려니와 이 씨의 혼사는 소생의 부모가 서로 얼굴을 맞대어 정하였고 날짜가 수일을 격해 여러 가지를 다 준비하였으니 지금 물리침이 어려울 듯하니 어찌 하겠습니까?"

"이는 어렵지 않네. 길일 아침에 내 조카딸을 취하고 저녁에 이 씨를 취해 조카딸로 첫째 부인을 정하고 이 씨로 둘째 부인을 정함이 마땅하네."

진상문이 사례하고 돌아와 이 사연을 부모께 고했다. 진담 부부가 호유용과 친척됨은 다행하나 이 씨로 부실을 삼은즉 일이 크게 편하지 않았다. '어찌 하리오.' 하고 근심하니 진상문이 말했다.

"호 상국의 권세를 온 조정이 다 두려워하고 또 성상이 꺼리시니 이 시랑이 감히 항거하겠습니까. 만일 순종하지 아니하면 큰 환이 있을 것이니 부친은 이 뜻으로 통하십시오."

진담이 이에 시랑을 보고 거짓 근심하며 분한 사색으로 눈썹을 찡그리고 호유용의 강박함을 일일이 전하고 말했다.

"거역하고자 한즉 그 해독을 적지 않게 입을지니 어찌 하면 좋겠소?"

시랑이 듣고 대경실색해 어린 듯하나 호유용의 위세는 온 조정이 다 두려워하는 바였다. 조그마한 시랑과 침체한 낭중이 항거하지 못할 줄 짐작하고 한참 잠잠하다가 말했다.

"호 상국이 그렇듯 강박할진대 소관이 겨루지 못하지요. 우리 혼사는 파하고 호 씨를 맞게 하시지요."

"일이 이렇듯 난처하니 형의 뜻대로 하리이다."

시랑이 내당에 들어가 이 사연을 부인에게 이르고 혼인의 물리침을 일렀다. 김 씨가 실색하고 크게 놀라 말했다.

"저 위세가 당당한 여자와 나의 여아가 서로 적이 되어 괴롭게 하느니 쾌히 파혼하고 다른 곳에 사위를 구하세요.”

시랑이 부인의 허락함을 보고 절혼해 진가 빙물을 도로 보내려 했다. 형아가 크게 놀라 호가를 절치하며 헤아렸다.

‘내 진생의 풍모를 사모해 길일을 손꼽아 기다렸으니 어찌 차마 거절하겠는가. 또 진생이 나의 용모를 친히 본 바이니 생이 비록 호 씨를 취하나 총애함은 반드시 내게 있을 것이다. 내 어찌 진랑을 버리겠는가.’

그리고 부모께 아뢰었다.

“소녀가 진가 빙폐를 받아 길일이 수일을 격하였으니 일가친척이 다 소녀를 다 진씨 집 사람으로 알거늘 비록 일이 그러하오나 어찌 타인을 따르겠습니까. 진생이 호 씨를 취하고 소녀를 버릴진대 소녀는 절개를 지킬 것이오며 부모가 만일 강박하시면 소녀는 한갓 죽을 따름입니다.”

시랑 부부가 크게 기특히 여겨 슬퍼 말했다.

“네 뜻이 이렇듯 높으니 우리 강박하지 않거니와 네 신세의 괴로움이 있을진대 뉘우침이 있을까 한다.”

형아가 슬퍼하며 말했다.

“이 모두 소녀의 팔자이니 어찌 하겠습니까.”

부모가 할 일 없어 진담 부자를 불러 여아의 높은 절개를 자랑하며 날을 택해 성례하라 하니 진담 부자가 이 씨의 높은 절개를 칭찬해 공경했다.

이러구러 길일이 다다르니 세 집에서 위의를 준비했다. 진상문이 한림의 위의를 거룩히 차려 호가에 이르니 기구의 성대함이 헤아리기 어려웠다. 이에 전안례(奠鴈禮)[109] 후 신부를 맞아 본부에 이르러 교배(交拜)[110]를

---

109 전안례(奠鴈禮): 전통혼례에서 결혼 당일 신랑이 대례를 치르러 신부집에 갈 때 기러기를 가지고 가서 초례상(醮禮床) 위에 놓고 절을 하는 절차.

110 교배(交拜): 전통혼례에서 신랑과 신부가 절을 주고받는 절차.

마치고 위의를 다시 차려 이 씨의 집에 나가 신부로 맞아 돌아오니 한 날 두 부인을 맞이함은 고금의 희한한 경사였다. 사람마다 서로 칭송하며 진상문이 의기양양해 돌아와 교배와 합환(合歡)[111]을 마쳤다. 두 신부가 일시에 폐백을 드리니 그 꾸밈과 옷차림이 휘황찬란해 햇빛에 빛났다. 진담 부부가 두 신부의 조율(棗栗)[112]을 받으니 좌우가 일시에 신부를 바라봤다. 호 씨는 풍만해 모란꽃 같으며 붉은 입술과 흰 이가 극히 아름답되 교만해 안하무인한 태도가 녹록하지 않아 세차고 험상궂었다. 이 씨는 빼어나고 경첩해 아름다운 태도가 삼색의 복숭아꽃을 다투는 듯하되 눈썹에 샷된 기운이 있으나 어두운 진담이 어이 알겠는가. 다만 용모자태가 화려하고 기세당당하니 흔연히 쾌락해 두 며느리 아름답다 칭찬하며 유복하다 할 따름이었다.

석양에 빈객이 각각 돌아가니 진상문이 신부의 아름다움을 기뻐해 먼저 호 씨의 방에 가 금슬을 이루고 다음날 이 씨의 침실에 정을 이뤄 둘을 다 사랑했다. 그러나 호 씨는 성정이 한결같아 남편을 능멸했다. 그리고 이 씨는 친정에 권세가 없는 까닭에 교만함은 없으나 간음하고 사특해 총애를 독점해 가부로 더불어 일시도 떠나지 않으려 했다. 호 씨에게 정이 나뉨을 원망하되 천성이 간교한 까닭에 짐짓 시부모를 정성으로 섬기며 가부의 뜻을 아첨하며 호 씨를 공경하니 여우와 사갈(蛇蝎)[113]이 이미 양립하기 어려웠다. 집안이 어찌 평안하겠는가.

호 씨는 권세를 자랑하고 부귀를 빙자해 노복을 경시하며 시부모를 능멸하고 이 씨를 꾸짖고 욕해 공손함이 없었다. 진상문은 승상이 두려워 후대하고 시부모가 감히 하대하지 못하니 진상문이 겉으로 응순하고

---

111 합환(合歡): 전통혼례에서 신랑과 신부가 잔을 주고 받는 절차. 합근례(合巹禮)라고 한다.
112 조율(棗栗): 대추와 밤. 신부(新婦)가 시부모(媤父母)에게 드리는 폐백(幣帛).
113 사갈(蛇蝎): 뱀과 전갈.

내심으로는 멀리 대했다. 이 씨는 시부모가 사랑하고 진상문의 사랑함이 무궁해 자연 정이 친밀해 모이면 떠날 줄을 알지 못하니 호 씨가 크게 노해 절치부심했다. 그러나 스스로 생각하기에 진가에 시집옴이 오래지 않으니 남의 시비를 생각하고 아직 잠잠하나 장래 이 씨로 인체(人彘)[114]를 만들 뜻이 있어 심지가 좋지 못했다. 시부모가 더욱 두려워하고 진상문이 민망해 두 부인에게 대하기를 마음대로 못 했다.

대저 이렇듯 즐기는 중 조근 등의 소식을 알지 못해 번민하더니 수개월이 지난 후 둘이 이르러 죄를 청하고 눈물을 흘렸다. 진상문이 급히 둘을 데리고 급히 들어가 바삐 물었다.

"너희들이 대사를 이루었냐?"

둘이 머리를 조아려 말했다.

"소인 등이 노야의 명을 받아 정성을 다해 공을 이루게 되었는데 임생이 공자를 데리고 오다가 철퇴로 여러 사람을 쳐 쫓고 공자를 구해 소인 등을 잡아 정 씨 집에 이르러 맡기고 갔습니다. 효렴 상공이 소인 등을 무겁게 다스리니 매에 견디지 못해 전후곡절을 자세히 아뢰고 말았습니다. 상공이 신 부인으로 더불어 엄형으로 다스리고자 하시다가 용서하시며 두 봉 글을 부치셨습니다."

진상문이 듣고 넋이 날아오르고 안색이 새빨개져 발을 굴렀다.

"임가 축생으로 말미암아 너의 계교가 그릇되어 나의 행사가 나타났구나. 정가와 원수 되었을 뿐 아니라 숙질의 의리 끊어졌으니 결단코 양립하지 못할 것이다. 숙부가 진노해 필연 용서하지 아니할 것이니 결단코 임가 도적을 죽여 설욕하고 정가 어린놈을 살려두지 못하리라. 일을

---

114 인체(人彘): 사람돼지. 한 고조(漢高祖)의 황후 여 씨(呂氏)는 한 고조가 죽자 평소 미워하던 한 고조의 후궁 척 부인(戚夫人)의 손과 발을 자르고 돼지우리에 넣어 '사람돼지'라고 불렀다.

시작해 나의 해로운 것을 거칠 것이 없게 하리라."

그리고 진명의 글을 열어 보니 종이 가득 꾸짖고 경계한 말씀이요, 저의 뉘우치고 자책함을 생각하라 하였으니 부끄럽고 분히 여겼다. 또 자기 부친께 보낸 편지를 보니 다 이 같은 사연이었다. 다시 생각했다.

'이 일을 부모는 알지 못하시거늘 이 글을 드리면 반드시 나를 꾸짖으시리니 없애리라.'

그리고 조근 등을 분부해 '대인께 고하지 말라.' 하니 둘이 명령을 받들었다. 진상문이 한편으로 마음을 놓지 못해 밤낮으로 생각함에 오직 일념이 임규와 정연경을 해할 계교로되 마침내 계책을 얻지 못해 애를 태웠다.

정연양이 봉귀형으로 진상문을 속이고 네 시녀로 더불어 모부인을 떠나 길에 올라 몇 리를 행하지 못해 날이 새어 대로에 인성이 시끄러웠다. 정연양이 섬섬약질로 발걸음을 움직여 밖을 나간 적이 없었는데 가운이 불길하여 액운을 면하지 못하고 진상문 때문에 재상 규문의 금옥 같은 소저가 희한한 변을 만나 길거리로 분주하며 낯을 드러내어 사람들 속에 섞이게 된 것이다. 슬픈 회포를 말하지도 못하고 가는데 6월 더위에 불같은 햇빛이 온 몸을 녹이는 듯했다. 정연양이 좋은 집에 살며 가벼운 비단옷도 무겁게 여기는 몸으로 이렇듯 길 위에 괴로움이 극진하니 슬프고 분함을 이기지 못해 눈물이 흘러내려 슬픈 빛이 가려 걸음이 어려웠다. 겨우 행해 한 곳에 이르니 산세가 매우 깊고 인가가 드물었다. 정연양이 말했다.

"내 기운이 불평하니 조용한 집에 주인을 얻어 쉬고자 한다."

네 시녀가 명을 받들고 두루 살피니 그 중 조그마한 촌가가 있었다. 문 앞이 적막하니 사립문에 나가 정연양을 이끌어 나귀에 내리게 했다. 정연양은 땀이 흘러 옷깃에 사무치고 얼굴이 무르녹아 붉은 연꽃이 이슬에 잠긴 듯 눈썹을 찡그리고 연약한 체격에 피곤함을 이기지 못했다. 난난이 정연양의 몸을 붙들고 가월이 부채를 들어 바람을 내어 쉬는데 문득 안에서 한 노파 있어 사람의 부르는 소리를 응해 나오니 나이는 육십이나 하고 인물이 단아했다. 가월이 읍하고 말했다.

"우리는 가흥 땅 주 어사 댁 하인입니다. 공자를 모셔 친척을 찾아가던 중 친가가 벼슬을 해 이곳을 떠나 도로 고향으로 가는 길입니다. 날씨가 매우 더워 공자께서 더위를 이기지 못해 귀댁에서 잠깐 쉬고자 합니다."

노파가 눈을 들어 보니 네다섯 옥 같은 소년이 왔는데 의관이 선명하고 용모가 깨끗해 한 무리 선관이 강림한 듯했다. 그 중 하나가 더욱 기이해 백설 같은 얼굴이 더위에 취해 땀이 흘러 붉은 빛이 무르녹았으니 붉은 연꽃이 소나기에 젖은 듯했다. 또 한 쌍 시선에 괴로움을 머금고 눈썹에 슬픈 기운을 띠었으니 꽃이 신음하고 달이 근심하는 듯 곱고 기이했다. 눈이 황홀하니 저 촌가 노파가 어찌 저러한 사람을 구경하였겠는가. 황홀해 가월의 말을 대답하지 못하고 입속으로 중얼거려 말했다.

"이것이 봉래산(蓬萊山), 방장산(方丈山)[115]이 아니거늘 대낮에 신선이 내렸나, 요괴가 변하였나?"

네 사람이 웃음을 머금고 노파를 달래어 말했다.

"할머니, 우리 공자가 본디 주 어사 댁 자제로 귀신도 아니고 요괴도 아니에요. 놀라지 말고 방세를 후히 줄 것이니 깨끗한 방을 빌립시다."

노파가 그제야 답했다.

"첩이 늙고 자식이 없어 간고히 지내기에 객실을 청소하지 않아 매우

---

115 봉래산(蓬萊山), 방장산(方丈山): 봉래산과 방장산은 중국 전설에서 신선이 산다는 삼신산(三神山). 또 다른 하나는 영주산(瀛洲山).

누추합니다. 저런 신선이 어찌 머물겠어요.”

정연양이 말했다.

“날이 더워 방이 없어도 족히 머물 것이네. 다만 허락하기를 원하네.”

노파가 즉시 들어가 청했다. 네 사람이 정연양을 모시고 나귀를 이끌어 들어가니 집은 극히 좁되 정결했다. 객실에 머무르지 못하고 대청에 한 돗자리를 펴고 정연양을 청해 앉게 한 후 짐을 정돈했다. 노파가 부엌에 들어가 점심을 차려 드리니 가장 정결해 먹음직했다. 정연양이 생각하되 노파의 집이 좁으나 남자가 없을 뿐 아니라 또 여러 사람이 없으니 조용함을 기뻐 안심하고 더운 것을 진정했다. 두건을 벗고 푸른 머리를 쓸어 머리카락을 짜 매니 옥 같은 귀밑머리가 더욱 신묘했다.

노파가 더욱 기특히 여겨 칭찬함을 마지못하고 지성으로 대접했다. 정연양이 먹기를 마치고 네 시비가 한 곳에 앉아 쉬며 돌아보니 노파의 세간이 가난해 접대할 것이 없어 곤란한 모양이었다. 정연양이 가월을 명해 짐을 열어 두어 냥 은자를 내어주며 ‘저녁을 하라.’ 하니 노파가 기뻐 쌀과 반찬거리를 사러 갔다. 가월이 말했다.

“날씨가 연일 극히 덥고 소저가 불평하십니다. 이 집이 좁고 누추하나 매우 조용하고 노파가 극히 양순합니다. 며칠을 묵어감이 마땅할까 합니다.”

셋이 옳게 여겨 정연양을 권하니 정연양이 탄식했다.

“너희들의 말이 유리하나 집이 얕고 노파가 촌사람이니 내외 없이 출입할 것이다. 오래 묵기 불안하니 아무 곳이던지 암자를 얻어 더위를 지내고 날씨가 서늘해지거든 가고자 한다.”

네 시녀가 깨달아 주인을 재촉해 저녁을 들이라 해 먹기를 마쳤다. 주인이 돗자리를 마루 아래 깔고 앉으니 정연양이 말했다.

“주객의 예 그렇지 아니하네. 우리 등이 다 남자나 주인으로 더불어 나이가 다르니 무슨 혐의가 있겠나. 청컨대 한가지로 머물러 객의 마음을 편하게 하게."

"공자는 귀인이요 첩은 비천한 사람이니 좌석을 함께 하면 아름답지 못합니다."

"주인의 유식함은 기특하거니와 다만 손의 마음이 불안하네."

"첩이 더위를 매우 타기에 본디 자리를 가지고 뜰에서 자니 공자는 염려하지 마십시오."

서로 앉아 말하더니 이윽고 달빛이 명랑하고 날씨가 매우 시원해졌다. 정연양은 누워 쉬고 네 시녀는 뜰에서 노파와 말하는데 가월이 말했다.

"우리 공자가 집으로 돌아가고자 하는데 이 더위에 길 가기가 어려운 까닭에 깨끗한 암자를 얻어 이 달이나 머물러 가고자 합니다. 할머니가 한 곳을 가르쳐 주세요."

"이 뒤에 소이산 청하암이 있으니 비구니 십여 인이 있으되 사대부의 여자이니 혹 일찍 과부가 되며 혹 시집에서 내친 부녀자입니다. 나이 젊고 살림이 넉넉하고 잡인을 들이지 아니하나 공자가 가시면 분명 머무르리니 그리 가십시오."

넷이 기뻐하고 정연양이 생각했다.

'청하암 여승이 다 천인이 아니면 도가 높을 것이다. 이 사람과 다르리니 틈을 보아 도로에 떠도는 것보다 차라리 머리를 깎고 중이 되어 세상사를 사절하리라. 또 이 땅이 타향이 아니요 집이 가까우니 소식을 듣기 쉬우리라.'

第十回
제십회

정연양이 도망해서 비구니의 난을 피하고 다시 도적을 만나서 행장을 빼앗기다

정연양이 생각했다.

'이 땅이 타향이 아니요 집이 가까우니 소식도 들으려니와 내 또 나중에 모친을 뵐 때 모친이 설혹 핍박하시더라도 출가한 일은 강박하지 않으시리라. 도로에서 떠도는 것보다 오히려 다행하지 않겠는가.'

마음을 정하고 다음날 암자를 찾으려 했다. 날이 밝아 주인에게 후히 사례하니 노파가 떠남을 아쉬워했다. 네 사람이 정연양을 모시고 소이산을 찾아 갔다. 십여 리를 행해 한 큰 산이 있으니 산수가 깨끗했다. 과연 청하암이 있으되 아담하고 깨끗해 소나무 숲 사이에 누른 두 짝 문에 푸른 이끼가 얽어 매우 품위가 있었다. 네 사람이 가장 기뻐했다.

"가히 그윽해 세속을 멀리 하고 학업을 힘쓸 땅이로다."

그리고 문 앞에 나가 문을 두드리니 안에서 작은 비구니가 나와 물었다.

"깊은 암자에 어떠한 속객이 이르러 요란하시오?"

가월이 예하고 말했다.

"우리는 독서하는 선비입니다. 귀암이 조용하다 하기에 귀암 한 조각을 빌어 머물고자 합니다. 사부는 허락하심을 원합니다."

"빈도는 절에서 음식을 맡고 있으니 마음대로 못 합니다."

그리고 들어가 이 말을 전하니 주지승 묘정이 가장 기뻐 허락하고 친히 나와 보았다. 네다섯 옥 같은 소년이 용모가 아름다운 중 한 사람이 더욱 빼어났으니 처음 본 바였다. 심중에 크게 기뻐해 은근히 청해 별당에 들이고 모든 비구니가 차례로 나와 합장 배례하는데 저마다 정연양을 보고 황홀해 했다. 가월이 소저께 차를 올리고 묘정이 극히 대접하니 정연양이 사례했다.

"소생은 먼 지방 선비로 이 땅에 친척을 찾으러 왔더니 친척이 경사로 올라가고 없어 도로 고향으로 가고자 했습니다. 그러나 더위가 심한 까닭에 깨끗한 곳을 얻어 머물러 가고자 하되 촌가가 멀고 비좁아 귀암을 번거롭게 합니다. 미안함을 이길 수 없는데 모든 사부의 사비심이 이러하시니 감사합니다."

묘정은 본디 천인이 아니었다.

"빈도는 원나라 상서 달공의 손녀입니다. 시절이 변하여 조부모가 국란에 사망하고 부모가 산중에 거하였더니 또 세상을 버리시니 빈도가 팔자가 기구해 이십이 못 해 지아비를 여의고 자식이 없어 몸이 외로웠습니다. 전생에 죄악이 중해 금생에 박명한 사람이 됨을 슬퍼 재물을 흩어 암자를 이루고 부처를 공양하며 행실을 닦아 내세에나 죄를 면하고자 해 출가한 지 육칠 년입니다. 인근 사부가의 박명한 여자들이 발원해 머리를 깎고 제자가 되어 경문을 외우니 남자의 머무름이 없어 잡인을 보지 못했습니다. 존객을 보니 실로 비상하시고 또 나이 젊어 군자의 풍모가 계신 까닭에 머물기를 허락하니 안심해 학업을 힘쓰시고 가을을 기다려 돌아가십시오."

다섯 사람이 크게 기뻐해 천만 사례했다. 모든 비구니가 객의 아름다움을 구경하고 칭찬, 흠모했다.

원래 묘정은 달 승상의 딸인데 성격이 음란했다. 남편을 희롱하고 남편이 일찍 죽자 삼년이 지나지 못해 외간 남자를 사통하고 간부를 유인하여 뽕나무 숲 달 아래에 더러운 정적이 어지러웠다. 까닭에 시부모가 내치니 그 부모가 크게 노해 이곳에 와 거짓 수양하는 체 하니 실은 지나다니는 손을 마음대로 음란하려 함이었다. 또 그 제자 등의 행실이 다 묘정과 같은 무리였다. 혹 과부도 있고 혹 음행을 하다가 시집에서 내친 여자도 있었다. 다 나이 젊어 이십이 차지 못한 까닭에 혹 용모가 미려한 남자를 만나면 암중에 머물게 해 어지러이 음행했다.

그 이웃고을에 한 강개한 남자가 있어 이 소문을 듣고 한스러움을 이기지 못해 암자에 와 한바탕 난리를 치고 그 암자 어귀에 나무를 깎아 세우고 글을 지어, '만일 청하암에 머무는 손이 있은즉 부처의 청정함을 어지럽게 함이니 관부에 통해 다스리리라.' 하니 그 후에 아는 자가 이르지 않아 묘정 등이 번민하던 차였다. 뜻밖에 이러한 미소년 서너 사람이 이름을 보고 기쁨을 이기지 못해 지극히 후대하니 소저와 시비들은 그 본심을 알지 못하고 다행히 여겨 짐을 정돈하고 평안히 머물렀다.

비구니 등이 조석으로 받듦을 정성으로 하되 모든 일에 교태를 머금으니 음란한 행태가 나타났다. 가월 등이 기쁨을 이기지 못해 흔연히 화답하나 비구니들의 거동을 해괴히 여기니 묘정이 정연양을 가장 어렵게 여겨 말을 붙이지 못하고 다만 온갖 자태로 마음을 돋웠다. 정연양이 탄식했다.

"세상에 절개 높은 여자가 되기 어려우나 어찌 이렇듯 무상하겠는가. 대저 이 자 등이 사족의 딸이라 하며 저렇듯 음란하니 어찌 원통하지 않겠는가. 결단코 이곳을 떠나 숙모를 찾아 가리니 차라리 길 위 고초는 겪을지언정 이 더러운 광경은 보지 아니하리라."

네 사람이 대답했다.

"저 무리 비록 백가지로 음란하나 우리에게 간섭하지 않으니 잠깐 참아 더위가 지나거든 주 어사 댁을 찾아감이 마땅할까 합니다."

정연양이 탄식할 따름이었다.

이러구러 수십 일이 되었다. 비구니 혜정이 나이 열여덟인데 음란하기 가장 심했다. 하루는 아침에 일어나 가만히 정연양 침실에 이르러 엿보니 정연양이 창을 빗겨 눈썹을 찡그리고 앉아 있었다. 비록 세수는 안 했으나 맑고 우아한 태도가 황홀해 둥근 달이 가을 물결에 비춘 듯 어여쁘고 사랑스러워 사람의 정신을 놀라게 했다. 혜정이 한 번 보고 정신이 날아갈 듯해 가슴이 터지는 듯해 염치를 잃고 바삐 나가 손을 잡고 말했다.

"기이하다, 주 공자여. 남자의 외모가 이 같이 기묘한가. 만일 여사였으면 남자의 간장을 마디마디 끊었겠구나. 내가 어려서부터 미색을 많이 보았으되 공자 같은 이는 일찍 보지 못했다. 만일 공자와 더불어 원앙침대에 즐거운 꿈을 얻는다면 죽석에 죽어도 한이 없겠구나."

정연양이 듣고 놀라움을 이기지 못해 급히 손을 빼고 정색했다.

"남녀의 행실이 현격하거늘 하물며 그대는 출가한 여자요. 마땅히 행실을 닦아 조심할 것이거늘 이렇듯 음란해 염치를 모르시오. 생은 군자의 도를 삼가 행하니 월(越)나라 서시(西施)[116]라도 예가 아닌 일을 행하지 않을 것이오. 청컨대 그대는 행실을 좋게 해 금세의 악명을 취하지 마시오."

말을 마치자 기운이 서리 같으니 혜정이 크게 부끄러우나 방탕한 음

---

116 월(越)나라 서시(西施): 중국 춘추시대 월나라의 유명한 미녀.

심을 겉잡지 못해 웃으며 말했다.

"수재는 나이가 어려 남녀 호합(好合)의 일을 모르는군요. 예로부터 탁문군(卓文君)이 있고 사마상여(司馬相如)가 있으니[117] 수재가 만일 절대 미인으로 더불어 초대(楚臺)의 운우(雲雨)[118]를 시험한즉 오늘 한 고고한 말을 뉘우침이 있을 겁니다. 너무 높은 태도를 짓지 마세요. 내 비록 머리는 깎았으나 본디 사족으로 지아비를 여의었으니 그대 같은 미남자를 사랑합니다."

정연양이 어이없어 대답하지 않고 안색이 서리 같아 소매를 떨쳐 일어서서 소리 질러 시동을 불러 세숫물 놓기를 분부했다. 난난이 세수할 도구를 갖춰 나오니 혜정이 무안해 나오며 말했다.

"수재 비록 정대한 양이나 우리 수단을 면하지 못하리라. 이 석갑 중 고초를 받으라."

그리고 가니 가월이 마침 듣고 들어와 정연양을 봤다. 정연양이 세수를 마치고 단정이 앉아 안색에 분한 기색이 있었다. 연고를 물으니 정연양이 아까 거동을 일렀다. 가월 등이 듣고 놀람을 이기지 못하고 정연양이 탄식했다.

"여자가 또 이 같이 음란하거든 진생 같은 남자야 다시 말하겠냐? 맹세코 머무르지 못하겠다."

가월이 대답했다.

"소비 등은 평범한 사람입니다. 부처의 맑은 법을 수행하지 못하나

---

117 탁문군(卓文君)이 있고 사마상여(司馬相如)가 있나니: 중국 한(漢)나라 때 탁왕손의 딸인 탁문군은 과부였는데 사마상여가 탁왕손의 집에서 술을 마시다가 탁문군이 새로 과부가 되었음을 알고 거문고로 그녀를 꾀어내자 탁문군이 반해서 밤중에 집을 빠져나와 사마상여의 아내가 되었다는 고사가 있다.

118 초대(楚臺)의 운우(雲雨): 중국 초(楚)나라 송옥(宋玉)의 「고당부(高唐賦)」에 옛날 초 회왕(楚懷王)이 운몽(雲夢)에서 유람하였는데 꿈에 무산의 선녀를 만나 잠자리를 함께 했다는 전설이 있다. 이로 인하여 초대의 운우는 남녀의 정사를 의미하게 되었다.

관계없거니와 머리를 깎고 목에 염주를 걸고 어찌 이같이 음란하고 방자하겠습니까. 반드시 오래지 않아 부처의 벌을 받을 것입니다. 그러나 지금 사나운 뜻이 우리를 남자로 알아 석갑에 가두어 항복 받으려 하니 그 마음이 흉악합니다. 소저의 말씀대로 떠나려니와 우리가 만일 하직하면 놓아 보내지 않으리니 다음날 새벽에 도망하십시다."

정연양과 시비가 계교를 정하고 가만히 짐을 거두더니 마침 재를 올리거늘 가월 등이 가 구경하고 모든 비구니로 더불어 말을 나누었다. 가월은 조금도 사색을 나타내지 않고 흔연히 담소하되 정연양은 기운이 찬 서리 같아 눈썹을 찡그리고 입술을 닫아 입을 열지 않았다. 비구니 등이 꺼리고 혜정이 넋이 흩어져 백 가지로 의사가 샘솟아 저와 아무쪼록 동침하고자 하나 어찌 하겠는가. 교활한 의사가 발해 석갑에 가두어 겁측하려 했다.

이때 가월이 생각했다.

'불측한 비구니들이 음흉함이 있으나 석갑이란 것이 무엇이기에 사람을 가두어 겁측하려 하는가. 뉘 능히 제 손에 갇히겠는가. 반드시 이를 자세히 알았다가 나중에 아무 힘을 빌거든 이 흉측한 것들을 처치하리라.'

그리고 비구니들이 흩어진 후 부엌에 재하는 비구니를 달래어 물으려 해 뒷문 앞에 이르렀다. 마침 한 비구니가 묘정의 수군거림을 듣고 성내어 고깔을 벗어 후려치고 중얼거리니 가월이 물었다.

"무슨 일로 그렇게 성내요?"

그 비구니가 안쪽을 가르쳐 말했다.

"몹쓸 것들이 경 읽는 체 하고 남자를 보면 좋게 여겨 후려다가 종일토록 몹쓸 말만 해요. 또 주 공자의 풍채를 사모해 마음을 풀지 못해 화를 내어 애꿎은 내게 풀려 하니 어찌 아니 우스운가요."

"미친 말을 하는군요. 모든 사부가 다 도행이 높고 자비심이 거룩해 우리를 후히 대접하거늘 어이 부처의 곳에 저러한 부정한 일이 있을 것이라 이 같은 무상한 말을 내시나요."

비구니가 입을 비쭉거렸다.

"부처님도 영험이 없어 저것들을 벌도 주지 아니시니 뉘라서 부처를 기특하다 하겠어요. 수재도 이것들의 묘리를 알지 못하고 있다가 속을 일이 있을 거요."

가월이 손을 이끌고 그윽한 곳에 가 물었다.

"우리 등이 들으니 청하암에 석갑을 해두고 지나다니는 손님을 가둔다 하니 과연 그러해요?"

비구니가 근거 없는 말을 했다가 자세히 물음을 보고 행여 자신이 죄를 얻을까 겁내어 말했다.

"암중 사부들이 양순하지 못하나 석갑이란 말은 듣지 못했어요."

가월이 소매 안에서 금비녀 하나를 주며 말했다.

"우리 등이 암중 소식을 알고자 해 짐짓 이에 이르렀으니 자세히 말해 주세요."

그 비구니가 비녀를 받지 않고 수상히 여겨 달아나려 했다. 가월이 붙들고 달래며 간절히 물으니, 그 비구니가 말했다.

"무엇하려 물으세요?"

"우리 상공은 어사 노야의 공자에요. 청하암의 비구니들이 음란하고 간악해 지나다니는 손님 중 자기들의 뜻을 받지 아니하면 석갑에 가둔다고 하니 어사 노야가 한스러워 해 무찔러 없애려 하셨어요. 우리 공자가 어진 마음에 행여 애매한가 해 친히 와 살피어 원한이 없게 하려 하시어 짐짓 암중에 머무시더니 비구니 등이 과연 음란하더군요. 가장 분노해 노야께 고하려 하시는데 그대는 지식이 있는 비구니에요. 죄를 벗기려 하니 소식을 자세히 이르면 중상을 받을 거예요."

그 비구니가 그 말을 듣고 눈이 둥그렇고 낯이 변하더니 이윽고 말했다.

"빈승이 눈이 있으나 망울이 없어 무례함이 많으니 황공합니다. 빈승은 본디 이 땅 사람이 아니요 멀리 있어 부모가 일찍 죽어 사방에 떠돌아 이 땅에 왔습니다. 주지 묘정이 머물러 두되 박대 심하니 또한 곧 떠날 것입니다. 어찌 속임이 있겠습니까. 대저 이것들은 본디 사나운 여자들로 거짓 수양하노라 핑계대고 모여 지나다니는 손님을 후립니다. 만일 자기 눈에 드는 남자가 저의 뜻을 받지 않으면 산 뒤 바위틈에 크기가 방만 한 돌 궤를 만들어 두고 사방을 막고 구멍을 내어 말하기를 '부처의 석갑이라.'고 합니다. 그리고 거짓 속여 넣은 후 밖으로 문을 해 두고 조그마한 구멍으로 밥덩이를 던져주어 굶주려 죽지 않게 합니다. 밤마다 그 밖에서 괴이한 소리와 수상한 뜻을 베풀어 보채면 그 남자가 목숨을 아껴 나가기를 도모해 제 뜻을 따라 음란하게 됩니다. 그래서 다투어 친근함이 무궁해 그 남자를 나가지 못하게 해 단단히 잡고 놓아 보내지 않습니다. 그러나 계교로 석갑을 면한 후에야 저희를 속이지 못하겠습니까. 도망한 자가 여러 명이며 작년에 한 수재는 거기 갇혀 수개월이 되었으되 마음이 철석같아 죽음으로 거역하니 이놈들이 크게 노해 쳐 죽이려 했습니다. 그러다가 문득 한 호한이 암중에 소란하니 두려워 즉시 놓아 보낸 후 이제껏 아무도 이르지 아니했습니다. 이제 상공이 불행히 와 계시니 서둘러 돌아가시고 빈승의 말씀을 누설하지 마십시오. 빈승도 이로부터 도망하려 합니다."

가월이 듣고 마음이 서늘해 한참 후에 말했다.

"비구니는 양순한 사람이니 우리가 어찌 해하겠어요. 그렇지만 이곳이 그리 깊지 않거늘 이 같이 무상한 일이 있으되 어찌 고을에서 다스리지 않나요?"

"주지 묘정의 삼촌 달 장군이 이 땅의 유명한 사나운 사람이고, 종족이 많고 사납습니다. 혜정의 오라비는 불량배일 뿐 아니라 그것들이 돈이 많아 일이 났다가도 무사하고 그 종족을 두려워 건드리지 못한다 합니다."

이렇듯 말할 때 혜정이 안에서 나오며 비구니가 손님으로 더불어 조용이 말함을 의심해 낯빛을 바꾸고 꾸짖었다.

"네 무슨 말씀을 저리 가만히 하냐? 손님은 또 저 걸승이 무엇이 아름다워 사사로이 말을 하시오?"

비구니가 황망해 말했다.

"무슨 말이 있겠어요."

가월이 또 이어 말했다.

"사부는 의심하지 마시오. 내 바깥소문을 물었어요."

그리고 객실로 나가니 혜정이 따라갔다. 정연양이 심기 불평해 누워 신음이 요란한 중 난난은 곁에서 부채질하고 섬월은 수족을 주무르니 가월이 놀라 물었다.

"공자께서는 무슨 연고로 갑자기 이리 불평하십니까?"

"홀연히 정신이 어질해 누웠다. 네 어디를 갔더냐?"

가월이 정연양의 불평함을 보고 십분 경황해 다음날 발행하지 못할까 겁내나 혜정이 곁에 있기에 태연히 대답했다.

"날씨가 무더우니 반드시 더위에 막히심입니다. 밤사이 잘 조섭하십시오. 아까 소생이 바깥소문을 들으니 정 상서 댁 소저가 지혜 기특하고 진가의 일이 가소로워 재미있게 듣노라 자연 늦어졌습니다."

정연양이 이 말을 들으니 놀람을 면하지 못해 안색을 변하고 연유를 물었다. 가월이 드디어 자세히 고하니 정연양이 모친을 사모해 마음이 쓸쓸해져 자연 안색이 슬퍼 길이 탄식했다. 혜정이 웃으며 말했다.

"정 소저가 공자께 관계있는 사람입니까? 어찌 슬퍼하십니까?"

정연양은 묵묵하고 가월이 말했다.

"정 소저가 우리 공자께 관계는 없어요. 규중 여자의 지혜에 놀라시고 그 부인의 슬퍼하심에 애석하실 뿐이니 공자의 마음이 매우 인자하여 이렇듯 마음을 움직이신 거예요."

혜정이 웃으며 말했다.

"그대는 잘못 알았소. 공자는 외모가 약하셔도 속마음은 철석같으시니 자기에게 관계되지 않은 일이면 결단코 마음을 움직이지 않으시오."

가월이 속으로 생각하며 답하지 않고 정연양의 병을 근심해 시원한 음식을 갖춰 구호하나 별로 차도가 없어 네 시녀가 초조하고 절박해 근심했다. 다음날 저 비구니를 불러 금은을 상주고 성내에 들어가 정씨 집 소식을 탐지하라 하니 비구니가 기뻐 나와 엿보고 석양에 들어와 회보했다. 부인이 소저를 잃고 슬퍼 밤낮으로 눈물 흘리며 그 소저의 시녀 네 사람이 소저를 유인하여 나가 이를 갈며 후일 들어오면 네 사람을 죽이려 벼르고 진 한림이 더욱 분해 사면으로 수색한나 하고 사람마다 봉귀형의 기이한 말을 이르더라고 했다. 정연양은 은연히 눈물을 머금고 시녀 등은 기색이 침착해 남의 일 같이 크게 웃으며 진상문은 윤리를 모르는 사람이라 꾸짖었다. 비구니 등이 정연양의 기색을 보고 괴이히 여겨 정연양을 정씨 가문의 친척인가 의심했다.

이때 정연양이 제법 정신이 들어 암자를 어서 떠나고자 해 다음날 새벽에 비구니들의 잠든 틈을 타 나귀를 이끌어 정연양을 태우고 채찍질해 나갔다. 비구니들이 오래지 않아 일어나 본즉 객의 모습이 없었다. 놀라 분히 여겼다.

가월 등이 정연양을 모셔 암자를 떠나 행할 때 비구니들이 따라올까 두려워 대로는 버리고 촌가 어귀로 내달았다. 붉은 해가 동쪽에 떠오르고 촌가에 사람 소리가 시끄러웠다. 바야흐로 정신을 정해 조용한 집을 찾아 정연양을 붙들어 나귀에 내리고 주인을 불러 아침밥을 시키며 객관에서 쉬었다. 인하여 주인이 아침밥을 올리니 정연양과 시비가 먹기를 다하고 다시 길을 떠날 때 가월이 객점 주인에게 물었다.

"우리가 지금 가흥으로 가고자 하나 길을 알지 못하니 원컨대 자세히 가르쳐 주세요."

주인이 손을 들어 큰 길을 가르쳐 말했다.

"소로는 도적이 무서우니 아무쪼록 대로로 바로 가면 가흥으로 갈 수 있습니다."

가월이 사례하고 발행한 지 삼일에 산음 땅에 이르니 6월 25일[119]이었다. 삼복더위에 견디기 어려워 길을 행하지 못하고 객점을 찾아 점심을 사 먹었다. 정연양은 밥을 능히 먹지 못하니 약간 과일을 사서 요기하고 몸이 불평함을 이기지 못해 잠깐 상에 누우니 네 사람이 번민함을 이기지 못했다.

이 객점 주인의 성명은 구일만이요 사위 장대랑이 본디 성품이 선량하지 못했다. 산음이 굶주려 도적이 곳곳에 무리를 지어 행인을 노략질하는 까닭에 둘이 도적의 괴수가 되었던 차였다. 오늘 객의 행색을 보니 의복이 선명하고 말이 있어 짐이 무거우니 이에 흉심을 내어 둘이 약속하고 저녁 그 객점 계집에게 말했다.

"건넛마을 중대랑 집에서 그 아들의 혼인 간다 하고 우리 부자를 청하기에 간다. 너희는 아이를 데리고 집을 지켜라."

그리고 의관을 정제해 나갔다. 정연양과 네 시녀가 주인 남자들이 다

---

119 6월 25일: 작품에 표시된 모든 날짜는 음력이다. 양력으로는 대략 7월 말에서 8월 초가 된다.

나감을 보고 기뻐 방심해 편히 잤다. 밤중에 한 무리 도적이 고함하며 주인의 집을 겁측하니 정연양과 가월 등이 잠결에 화를 당했다. 망극함을 이기지 못해 정연양이 통곡하니 가월이 급히 정연양을 이끌고 천방지방 뒤로 피해 어두운 구석을 찾는데 어느 겨를에 나귀와 짐을 돌아보겠는가. 몸만 뛰어 달아나니 하늘이 어두웠다. 울을 헤치고 도망해 그윽한 수풀 속에 네 시녀가 정연양을 에워 한 뭉치가 되었다.

이윽고 도적이 흩어지니 동쪽이 밝고 주인 노파가 역시 집을 버리고 도망했다가 비로소 돌아와 손뼉을 두드리고 울었다. 정연양과 시비가 겨우 정신을 진정해 있던 곳에 돌아오니 나귀와 행장은 고사하고 벗어 두었던 의복과 부채까지 쓸어갔다. 입을 다물고 서로 바라보며 어찌할 바를 모르는데 노파가 가슴을 두드려 말했다.

"원수의 도적이 한 개나 남기고 가는 것이 아니라 쓸어간 것 같이 분탕질해 갔으니 오늘 아침을 무엇으로 마련한단 말인가."

그러며 슬피 울었다. 정연양과 시비가 그 속임수는 알지 못하고 오히려 불쌍히 여겼다. 노파의 부부가 들어오며 말했다.

"도적이 우리 없는 줄 알고 왔던가 싶으니 할 일 없거니와 손님네 경상이 참혹하다."

그러며 정연양 일행을 위로했다.

"이 땅에 도적이 심해 불행히 도적의 노략함을 인하여 손님의 정사가 가히 없으되 집안에 남은 것이 없어 아침도 할 길이 없구려. 빨리 나가 아침을 얻어먹으십시오."

정연양이 말했다.

"주객이 다 불행해 도적을 만났거늘 주인이 이렇듯 염려하니 감사합니다."

정연양과 시비가 떠나려 하나 짐은 고사하고 의관이 없으니 의지해 갈 길이 없어 아무리 할 줄 모르고 정연양은 눈물만 흘렸다. 가월 등이 지극히 위로하고 마침 난난이 허리에 장식한 칼이 있어 건너 마을에 가서 팔아 의복을 사 정연양을 입게 했다. 주인을 하직한 후 길에 오르니 수중에 푼돈이 없고 사면으로 돌아보나 의지할 곳이 없었다. 근심하는 중 정연양이 약질로 열에 상해 심려가 무거웠다. 나귀 등에 의지하여도 길 가는 것을 괴로이 여기더니 이제 날이 늦도록 걸어 행하게 되니 걸음을 옮기기 극히 어려웠다. 네 시비가 붙들어 행하다가 날이 늦으니 또 배가 고프고 기력이 진한 중 더운 기운이 오장을 녹이는 듯했다. 정연양이 전신이 무르녹아 능히 수습하지 못하니 이에 그윽한 산간에 이르러 노주가 서로 앉아 쉬었다. 정연양이 하늘을 우러러 말했다.

"하늘이 재앙을 내려 행로를 괴롭게 하시니 이는 나의 목숨을 재촉하심이라. 구구히 살아 무엇 하겠는가. 쾌히 죽어 괴로움을 잊으리라."

가월이 위로했다.

"사람의 명은 하늘에 달렸으니 인력으로 미치지 못합니다. 이제 소저의 이러한 고초가 다 한때 천명이니 마침내 어떠하겠습니까. 마음을 널리 가지십시오."

정연양이 탄식했다.

"규방의 몸으로 도로에 떠돌아다님도 망극한 변이거늘 이렇듯 낭패해 살고자 하나 살 길이 없고 행하고자 하나 갈 길이 없으니 구걸하는 욕을 보고 차마 어이 살겠냐. 신령이 그릇 여기사 첩첩한 재앙을 내리시니 죽지 않고 장차 어찌 하겠냐."

말을 마치고 흑흑 흐느껴 우니 네 시녀가 다시금 위로했다.

"예부터 미인과 숙녀가 화액이 많고 정인군자가 고초 많은 법입니다. 손영의 신기로도 백일 재앙을 면하지 못해 감심해 제나라 정승이 되었고 공자께서도 14년 고초를 겪고 대업을 이루셨으니 남녀의 다름이 있으나 액운은 다 하나입니다. 소저가 절의를 잡아 희한한 고초를 겪으시고 부모께서 남긴 몸을 보전해 효를 잃지 않으시면 절개와 효도가 완전할 것입니다. 노야께서 만 리 타향에서 자녀의 생사를 생각하시고 부인은 소저를 잃으시고 밤낮으로 슬퍼하십니다. 한갓 괴로움만 생각하시어 목숨을 경솔히 하시면 노야와 부인께서 슬픔으로 거의 장님이 되시리니 소저가 어찌 불효한 죄를 면하시겠습니까. 사람이 죽으면 다시 살지 못하고 '작은 일을 참지 못하면 큰일을 도모하기 어렵다.'고 하니 소저는 고초를 참으십시오. 소비 등이 죽을힘을 다해 소저를 보호해 주 부인을 찾아 의탁하게 할 것입니다. 나중에 노야가 돌아오시고 임 공자가 봉각에 올라 부인으로 맞아들여 영광이 빛나실 때 오늘 고초는 일장춘몽이 될 것입니다. 소비 등이 비록 고인의 충성은 없사오나 소저를 평안히 모시겠습니다."

정연양이 시녀의 절실한 말을 들으니 마음이 시원했다. 감격해 사례했다.

"내 너희들에게 각별한 은혜를 끼침이 없거늘 이렇듯 충의를 발해 고인을 본받으니 감격함을 이기지 못한다. 만일 나중에 부모를 집안에 뫼시고 오늘 일을 옛 이야기 같이 여길진대 너희들의 오늘날 공을 갚으리라."

네 사람이 머리를 조아려 말했다.

"소저께서 이 무슨 말씀이십니까. 소비 등이 어려서부터 소저를 섬겨 노주의 의리는 군신의 의리와 같습니다. 신하가 되어 임금이 위태하면 목숨을 아끼지 않고 보호함이 충성이요 비자가 되어 주인을 따라 고락과 영욕을 함께 함이 떳떳한 일이거늘 은혜 두 글자를 일컬으시니 소비 등이 죽고 싶을 따름이옵니다. 다만 소저의 천금 같은 몸이 무사하시고 인륜이 온전하시면 소비 등이 죽어도 한이 없을 것입니다."

정연양이 네 사람의 충의를 감복해 슬픔을 물리치고 마음을 널리 하나 허약한 몸이 피곤한 중 배고픔이 매우 심했다. 팔자의 기구함을 한탄하더니 가월이 말했다.

"날이 늦었고 아침을 못 하였으니 소저가 배고픔을 견디지 못하실 것이다. 너희 등은 소저를 모시고 있어라. 내 촌가에 가서 요기할 것을 얻어 오겠다."

그리고 촌가로 나왔다. 말솜씨와 담략이 없으면 갑자기 사람을 대해 비는 언사가 쉽겠는가. 그렇지만 가월은 말솜씨와 담략이 넉넉했다. 조금도 어려움이 없어 사람을 향해 길이 읍하고 말했다.

"내 본디 먼 곳 선비로 고향으로 돌아가다가 도적을 만나 행장을 잃고 진퇴양난입니다. 배고픔이 심하기에 회음후(淮陰侯)[120]의 밥 빌기를 본받습니다."

말이 빛나고 공손하되 구차하지 아니하며 용모가 수려하고 풍채가 사람의 마음을 움직였다. 사람들이 칭찬하고 슬퍼해 각각 돈이며 쌀이며 과일과 떡 같은 온갖 것을 있는 대로 많이 주되 걸객 같이 천대하지 않고 공경해 좋은 그릇에 담아 주니 돈과 쌀이 어느덧 많았다. 가월이 사례하고 바삐 돌아오니 섬월 등이 정연양을 모셔 주림이 극진하다가 가월의 돌아옴을 보고 반겨 물었다.

"네 나아가더니 무슨 음식을 얻어 왔냐?"

"대저 인생 세간에 천백 가지로 지내지 못하면 쾌한 사람이 되지 못한다 하니 오늘 나의 걸객됨이 또한 우연한 일이 아니다. 우연히 인심이 순후해 비는 뜻을 꾸짖지 않고 저마다 후히 주니 어찌 우리 소저를 보전

---

120 회음후(淮陰侯): 중국 한(漢)나라의 무장 한신(韓信). 어려서 매우 가난해 강가에서 빨래하던 아낙네에게 밥을 얻어먹었던 적이 있다. 훗날 한 고조 유방(劉邦)에게 가담해 많은 공을 세우고 왕이 되었다.

할 복이 아니겠냐."

드디어 소매 속으로 은자 두어 꿰미와 쌀 서너 말과 과일, 떡을 내어 소저께 드려 말했다.

"촌사람들이 유식해 저의 의복이 선명함을 공경해 상품의 먹거리를 얻어 왔습니다. 소저는 의심하지 마시고 배고픔을 면하십시오."

정연양이 배고프던 터에 음식을 보고 제법 마음이 놓여 슬피 탄식할 뿐이로되 세 사람은 기뻐했다.

"족히 두어 날 양식은 하겠다."

그리고 정연양을 권해 '요기하십시오.' 하니 정연양이 과일과 떡을 약간 맛보고 여러 시녀를 주어 먹이니 배고픔이 제법 가셨다. 정연양이 말했다.

"날이 또 저물었으니 마땅히 인가를 찾아 머물도록 하자."

네 사람이 정연양을 붙들고 몇 리를 나가니 인가가 있었다. 가월 등이 약간 밥으로 노주가 요기하고 밤을 지냈다. 다음날 아침밥을 마치고 또 길을 떠나 노주가 더딘 속도로 전진해 수일 만에 가흥 땅에 이르렀다. 정연양을 길 가장자리에 머물러 쉬게 하고 수 어사 댁을 찾아 가월, 난난 등이 성중에 왕래하며 안찰어사 댁을 물으니 한 사람이 답했다.

"작년 가을에 주 어사 일가가 동촌 고택에 와서 계셨는데 금년 초여름에 조정이 기주 안찰어사를 정해 부름이 급하니 부임지로 가셨습니다. 지금은 집이 빈 까닭에 우리 주인장이 세내어 들었습니다."

두 사람이 낙담해 하늘을 우러러 탄식했다.

"일마다 이러한즉 소저가 반드시 죽기를 생각하리니 어찌 하겠는가."

돌아와 들은 바를 고하니 정연양이 탄식하고 오열했다.

"하늘이 나를 죽이려 하시거늘 구태여 살아 무엇 하며 숙모가 멀리 가시고 수중이 비었으니 장차 어찌 하겠는가."

네 사람이 또한 어찌할 바를 모르고 서로 돌아볼 뿐이었다. 도로 집으로 돌아가고자 하나 양식이 다했을 뿐 아니라 다시 진상문의 욕을 볼까 두렵고 사면을 돌아보아 생각하되 다시 의지할 곳이 없었다. 백계무책이더니 이러구러 날이 저무니 주인이 방세를 요구해 심이 불안했다. 섬월 등이 찼던 비단주머니와 칼을 끌러 주니 주인이 성내어 받지 않고 불순한 빛이 있었다. 가월이 분을 참고 좋은 말로 주인을 달래니 바야흐로 받으나 정연양 일행을 다시 머물기는 허락하지 않으니 가월 등이 욕을 볼까 두려워 주인을 떠나 나왔다. 다시 의지할 곳이 없어 길가에 방황하다가 한 곳에 이르니 검은 문이 길을 당해 늙은 노복 수인이 문짝을 의지해 부채질 하고 있었다. 가월이 앞에 나가 공손이 예하고 말했다.

"우리는 먼 곳 사람으로 길에 도적의 화를 만나 짐을 다 잃고 형제 다섯 사람이 길 위에서 걸식하다가 날이 저무니 빈손으로 용납할 곳이 없어 방황하고 있습니다. 바라건대 어르신은 자비심을 드리워 하룻밤 지내기를 허하시면 처마 밑에 머물러 가고자 합니다."

그 사람이 눈으로 다섯 사람을 보고 크게 놀라 칭찬했다.

"천하에 미남자도 있네. 우리 공자를 아름답다 하였더니 저 서생은 배나 뛰어나네."

그리고 일어나 답례했다.

"우리는 예부상서 화 노야의 노복입니다. 금년 봄에 우리 노야가 조정에 득죄해 조주에 정배하시고 부인과 소저가 공자를 데리고 계시어 잡인을 들이지 아니하니 청컨대 수재는 다른 데로 가십시오."

가월이 다시 애걸했다.

"우리가 빈손입니다. 촌가의 무식한 사람들은 은전이 없으면 용납하지 않습니다. 이렇듯 길에서 다녀 날이 저물어 의지할 곳을 얻지 못하고 우리 형세가 심한 약질로 무더위에 상해 걸음을 이루지 못하고 도중에서 죽게 되었습니다. 속담에 '열 층 탑을 쌓음이 한 사람의 목숨 살림에 미치지 못한다.' 하니 바라건대 어르신은 위태한 사람을 구제하시면 사람을 살린 은덕이 천지 같을 것입니다. 우리가 비록 한때 액운을 만나오나 나중에 보은함이 가볍지 아니할 것입니다."

늙은 노복이 저 소년의 용모가 수려하고 언어가 빛남을 보고 차마 물리치지 못해 말했다.

"나는 마음대로 허락하지 못하니 들어가 유모에게 통하고 부인께 품해 보겠습니다."

그리고 몸을 돌려 들어가 정 파랑[121]을 보고 '아뢸 말이 있다.'고 했다.

원래 상서 화경윤이 유배지로 간 후 부인이 자녀를 데리고 고향에 돌아와 가사를 다스려 세월을 보내나 조주 소식이 아득했다. 부인과 소저가 밤낮으로 슬퍼했다.

본부 지현 이현경[122]은 호유용의 문하생으로 가흥 지현이 되어 재물을 탐내 백성에 학정(虐政)이 무수했다. 이현경이 한 아들을 두었으니 이름은 창백이고 나이 십여 세에 얼굴이 비려했다. 교만방자하고 음란포악하되 지현이 다만 외아들이라 사랑함을 만금같이 해 천하의 으뜸가는 며느리를 구했다. 이웃에 송파라 칭하는 늙은 계집이 있으되 지현 부인 경 씨 유모의 사촌동생이었다. 매파 노릇도 하고 연지분 팔기도 해 사부가에 안팎 없이 다니니 말씀이 민첩해 부인 여자가 자연 뜻을 기울여 후대하는 바였다. 일찍이 화씨 집에 출입하던 까닭에 이때 화 부인이 홀로

---

121 파랑: 늙은 여성을 일컫는 호칭.

122 이현경: 본부 지현의 이름이 첫 부분에는 '이태현'으로 되어 있으나 다음부터는 계속 '이현경'으로 나온다. 72책본에서도 맨 처음에만 '이태현'으로 나오고 다음부터는 줄곧 '이천경'으로 나온다. 이 점을 고려해 현대어역본에서는 '이태현'을 오기로 보고, 처음부터 '이현경'으로 표기했다.

왔음을 듣고 나가 보며 상서의 귀양감을 위문했다. 부인이 적막하던 중 송파의 빛난 말을 듣고 일시 근심을 달래어 후대하고 자주 오기를 이르니 노파가 그 후 수시로 왕래해 화빙아 소저의 용모가 고금에 무쌍함을 보고 칭찬해 마지않았다.

하루는 본현 관아에 이르러 부인 경 씨와 한담하는데 말이 점점 화빙아에 미쳐 극구 칭찬했다. 경 씨가 기뻐 남편을 보고 화빙아의 초월함을 들은 대로 전해 아들과 혼인하기를 권하니 이현경이 말했다.

"전하는 말을 어찌 족히 믿겠소. 화가 여자의 용모와 자질을 자세히 안 후에 청혼하는 것이 좋겠소."

송파가 말했다.

"화씨 댁의 주 부인이 가장 엄해 내외가 격절하고 집안이 깊어 잡인이 마음대로 들어가지 못합니다."

경 씨가 두어 필 비단을 내어 송파를 주고 재삼 간청하니 송파가 한참 생각하다가 말했다.

"부인이 무슨 보배로운 물건으로 유모를 주어 저를 따라 보내십시오."

경 씨가 기뻐 옥가락지 한 쌍과 산호로 된 노리개를 내어 유모를 주고 당부해 보냈다. 유모가 응낙하고 송파를 따라 화씨 집에 이르러 내당으로 들어가니 영파가 먼저 보고 말했다.

"송파야, 저 노파는 어떤 사람이기에 데리고 마음대로 들어왔어?"

"저 노파는 보물 파는 노파야. 오늘 보물 노리개를 가지고 팔 길을 알려달라기에 부인이 소저를 위해 사실까 해 데려 왔으니 부인과 소저께 고해 줘."

"부인과 소저가 근심 중에 계시니 이러한 보물 등에 생각이 없으실 걸. 그러나 아뢰어 보지."

드디어 데리고 부인 면전에 이르렀다. 마침 화빙아가 모친을 모셔 소공자의 글을 가르치고 있었다. 송파가 다다라 절하고 말했다.

"제가 일이 많아 오래 뵙지 못하였사오니 죄를 청합니다."

부인이 말했다.

"놀지 않는 사람이 자주 오기 어렵겠지. 오늘은 머물러 나의 심회를 위로하게."

송파가 사례하자 화빙아가 눈을 들어 유모를 보고 물었다.

"저는 어떤 여자인가?"

송파가 대답했다.

"보물 파는 성 파랑이니 보배의 옥가락지와 노리개를 팔려하기에 소저를 위해 부인이 사실까 데려왔습니다."

"내 바야흐로 근심 중에 있으니 호화로운 것에 마음이 없네."

부인이 말했다.

"너의 성혼할 기약이 가까웠으니 노리개에 관심을 둘 일이다. 지금 심사가 구슬퍼 다른 생각이 없거니와 아무려나 무엇인가 보자."

송파가 급히 받들어 올리니 부인이 받아 보았다. 다만 옥가락지 한 쌍과 산호로 된 노리개 한 줄이로되 좋은 보배였다. 값을 물으니 두 가지에 은자 오십 냥을 달라 하니 부인이 화빙아에게 말했다.

"이 물건이 비록 묘하나 값이 너무 과한가 한다."

화빙아와 부인이 노리개를 보되 살핌이 없고 다만 마음을 쏟아 공자를 글 가르치더니 화빙아가 모친의 물으심을 듣고 대답했다.

"제 노리개가 일찍이 부족하지 않고 심사가 구슬프거늘 저런 보배를 다시 사 무엇 하겠습니까? 도로 주어 보내십시오."

부인이 도로 줬다. 유모가 소원과 같이 화빙아를 만나니 서왕모(西王

母)[123]가 요지(瑤池)에 배회하며 항아가 달에 내린 듯한 광채가 곤륜산(崑崙山)의 옥과 같았다. 눈이 어리고 정신이 황홀해 어린 듯 취한 듯하니 송파가 노리개를 담아 주며 말했다.

"이 댁에서는 사지 않으시니 다른 곳으로 가서 파세요. 나는 이곳에서 부인을 모셔 말씀하다가 석양 때에 집으로 가려 하니 후일 다시 봅시다."

그리고 나가라 하니 유모가 화빙아의 깨끗한 용모를 보고 신기히 여겨 나오며 아연했다. 그러나 무단히 오래 있지 못해 도로 나와 문밖 여염집에 앉아 송파가 나오기를 기다려 함께 가려 했다.

이때 송파가 주 부인을 모셔 앉아 한담하는데 상서의 애매하게 유배함과 공자의 남매 의지할 곳 없어 집안이 적막함을 일컬어 교활한 언어로 적적한 부인을 위로했다. 부인이 슬픔을 금하지 못하고 화빙아 남매 또한 슬픈 심회를 정하지 못하니 부인의 슬픔을 동하지 아니하고자 화기를 지어내어 모친을 위로하니 가득한 화기로 봄바람을 자아내어 자리를 채웠다.

부인이 슬픔 간절하나 자녀의 빼어남을 기뻐하고 송파가 또 화빙아의 기질을 특별히 유의해 보더니 화빙아의 기색이 다름을 보고 불안해 돌아가고자 하직하고 문에 나왔다. 경파가 문 밖에 있다가 함께 관아에 돌아오니 이현경 부부와 이창백이 화빙아의 명성을 물어 듣고 이창백이 말했다.

"송파는 그만 일러라. 화 소저의 기리는 말을 들으니 벌써 상사병이 날 듯하니 만일 이번 생에 화 소저를 취하지 못하면 반드시 죽으리라."

---

123 서왕모(西王母): 중국 신화에 나오는 여신(女神). 도교에서는 여선(女仙)을 총괄하는 가장 높은 여신이며 불사약을 가진 것으로 알려져 있다. 곤륜산(崑崙山) 정상에 있는 궁전에 거처하며 궁전 왼편에는 요지(瑤池)라고 불리는 연못이 있다.

그러며 날뛰니 이현경 부부가 웃고 말했다.

"화 상서가 비록 조정의 명관이나 정직한 재상으로 이제 가문이 쇠했다. 내 비록 한미한 사람이나 당당한 본현의 지주이니 한 번 구혼하면 어찌 따르지 않겠냐. 너는 염려하지 마라."

그리고 송파에게 말했다.

"네 마땅히 중매되어 저 집에 통혼해라. 만일 혼사가 성공하면 중히 상 주리라."

송파가 비록 천인이나 유식한 계집이었다. 저 이창백의 거동을 보니 천하고 용렬해 화빙아의 문객 삼기도 어려운데 백년가약을 맺음이 땅 아래 버러지가 천상 신선을 바라는 일 같았다. 마음에 냉소해 생각했다.

'화 소저의 봉황 같은 기질이 저 용렬한 공자와 노주 됨도 불가하거늘 주 부인이 지현의 위세에 굴해 신선 같은 여아를 어찌 가벼이 혼인하겠는가. 이 혼사가 결단코 되지 못할 것이다. 내 이제 관여해 까마귀로 봉황을 욕하겠는가.'

이에 사양했다.

"첩이 말이 서투르고 식견이 고루해 저 집 상하의 존중함을 얻지 못하였으니 혼인은 대사입니다. 이 미천한 노파의 말을 듣겠습니까? 반드시 경멸해 업신여긴다 하리니 노야와 부인은 각별히 존중할만한 사람을 얻어 매파를 삼으십시오."

이현경이 고개를 끄덕였다.

"네 말이 유리하다. 당당히 체면 있는 사람을 얻어 중매를 삼으리라."

송파가 하직하고 돌아갔다. 이현경이 즉시 본현에 있는 위 거인(擧人)[124]을 청해 화경윤 집에 중매되기를 청했다. 위 거인은 위 시랑의 아들

124 거인(擧人): 옛날 중국에서 향시에 합격한 사람에게 수여되었던 자격.

이요 이름은 후진이니 나이 삼십이 안 되고 위인이 간사해 재주가 평범했다. 언변이 넉넉함으로 학중 거인이 되었으되 은자(隱者)의 정직함이 없어 권세를 따르는 까닭에 이현경을 사귀어 지극히 친밀했다. 화가에 중매되란 말을 듣고 기뻐 즉시 허락해 화씨 집에 이르니 화원 공자가 외당에 나왔다. 위후진이 화원의 나이 어림을 업신여겨 조금도 손님의 예를 안 차리고 편안히 말했다.

"본부 이 지현이 아들을 두고 며느리를 택하는데 화 소저의 아름다움을 듣고 그대 부친의 유배됨을 거리끼지 않고 나로 하여금 부인께 통하고 길일을 택해 친영하고자 한다. 공자는 부인께 아뢰어 후의를 사례하고 혼사를 이루게 해라."

화원이 듣고 저의 언사가 무례함을 보고 화를 참고 대답했다.

"혼사 일체는 마땅히 노모께 고해 회보하리니 잠깐 머무르십시오."

그리고 들어가 모친께 이를 자세히 고하니 부인이 발끈 화내며 말했다.

"이 지현은 진실로 무례한 사람이다. 내 비록 외로이 있으나 너의 부친 벼슬이 예부상서요 가문이 빛나거늘 이렇듯 무례히 위세를 빙자해 방자히 청혼하니 조금도 예의를 알지 못하는 무리다. 내 설사 용렬하나 저 금수 같은 것을 두려워 않으리라. 네 이리이리 대접해 보내라."

화원이 명을 받들고 나와 위후진에게 말했다.

"노모가 지현 존공의 청혼함을 감사하시되 부친께서 전일에 정하신 곳이 있으니 갑자기 고치지 못할 것이요, 또 여아가 강렬해 부친의 명을 지키니 후의를 받들지 못해 애석하다 하십니다."

위후진이 발끈 화내며 말했다.

"매파의 말을 들으니 정혼하지 아니했다 하던데 이렇듯 거절하니 두렵건대 뉘우침이 있을까 한다."

화원이 나이 어리나 기품이 곧고 명석했다. 어찌 위력으로 강박함을 두려워하겠는가. 발끈 낯빛을 바꾸어 말했다.

"부친이 경사에 계실 때에 정한 곳이 있으니 누가 정혼하지 않았다고 합니까? 혼사는 좋은 일입니다. 양가에서 뜻이 합한 후에 혼인을 이룰 것이요, 원하지 아니하는 바를 누가 감히 핍박하겠습니까?"

위후진이 화원의 언어가 강직해 어린아이 같지 않음을 보고 마음에 무안해 다시 말을 안 하고 돌아갔다. 화원이 내당에 들어가 거인의 무상함을 한스러워하니 부인이 또한 분노해 생각했다.

'이제 나는 형세가 약하고 저는 본부 지현이니 심중에 가장 두렵다.'

또한 근심하니 방심하지 못하고 영파가 또한 염려해 화빙아에게 이 일을 고했다. 화빙아가 말은 하지 않으나 놀람을 마지않으니 마침내 어찌될까.

이때 위후진이 돌아와 이현경을 보고 화씨 집에 가 문답함을 사세히 이르니 이현경이 크게 화내며 말했다.

"제 불과 폐인의 딸이라. 당당한 지현의 명을 거역하고 어찌 이 같이 거절하겠는가."

"화경윤은 지극히 괴벽한 자입니다. 그 자식이 닮아 겨우 십여 세 아이의 말이 극히 방자하니 노선생은 저를 미약하다 가벼이 보지 마시고 십분 생각하십시오."

이현경이 성내어 말했다.

"내 비록 벼슬이 낮으나 저 유배된 폐인의 여자를 처치하지 못하겠는가."

위후진이 웃고 답하지 않으니 이현경이 술로써 후대해 보냈다. 내당에 들어가 부인과 아들을 보고 화씨 집에서 불허함을 이르니 경 씨가 크게 노해 '저기 다시 구혼하지 말라.'고 했다. 이창백이 위후진의 말을 듣고 낙담해 어린 듯 눈물을 흘리더니 문득 발을 구르고 기둥에 머리를 부딪쳐 하늘을 우러러 탄식했다.

"불쌍하다. 내가 죽겠구나."

또 다시 주먹으로 가슴을 두드렸다.

"화 씨야, 나를 살려라."

모습이 기괴하니 이현경이 붙들어 위로했다.

"너는 이렇게 굴지 마라. 우리가 당당이 혼사가 되도록 하리라."

이창백이 바야흐로 울음을 그치고 빙긋이 웃으며 말했다.

"부모께서 소자를 죽이고자 하시거든 그만두고 살리고자 하시거든 화 씨와 혼사가 되도록 하십시오."

이현경 부부가 재삼 위로하나 만일 저 집이 끝내 허하지 아니하면 아들이 죽지는 아니할지라도 실망해 병이 될까 염려하고 혼인할 계교를 생각하되 계책이 없어 매우 걱정했다. 용렬한 이창백은 아무 것도 알지 못하고 다만 날로 부모를 보채어 죽으려 하니 경 씨가 민망해 또 송파를 불러 아들의 모습을 이르고 달랬다.

"화가는 불허하고 아이는 죽으려 자처하니 이런 절박한 일이 없다. 네가 만일 이 혼사를 이루게 하면 천금 상을 아끼지 않으리라."

第十一回
제십일회

정연양이 화빙아와 혼인을 정하고 이현경이 홍연을 헛 취하다

경 씨가 송파에게 말했다.

“네가 화가와 친하다 하니 아이의 사정을 이르고 타이르기 바란다.”

송파가 듣고 놀라움을 이기지 못해 말을 못 하다가 말했다.

“제가 부질없이 입이 무겁지 못하여 공자의 번민함을 이루게 하니 죽고 싶을 따름입니다. 그러나 화 소저가 아니면 천하 미인이 다시 또 없건대 그대도록 번뇌하여 죽음으로 자처하십니까. 화 소저가 어릴 적에 정혼한 곳이 있다 하니 자세히 알지 못하거니와 혼인은 대사입니다. 천한 노파의 말을 받아들이지 않을 까닭에 제가 계교하지 못하는 바입니다.”

경 씨가 다급히 말했다.

“대저 저 집의 듣지 아니함은 고사하고 화 소저가 과연 정혼한 곳이 있는가 자세히 탐지해라. 그 후 우리의 부귀와 위세를 이르고 아이의 상황이 경각에 있음을 전해 저의 기색이 어떠함을 살펴 회보하기를 바란다.”

송파가 응낙하고 돌아와 스스로 생각했다.

'화씨 댁에 가 이 말을 전한즉 중책을 당하리니 어찌 하리오.'

그리고 무슨 근심이 있는 듯이 저녁을 먹지 못하고 밤을 지냈다. 다음날 아침식사 후 화씨 집에 이르러 부인께 뵙고 말씀하다가 말했다.

"제가 어제 본부 관아에 들어가니 지현 노야가 아들을 위해 댁에 중매를 보냈으나 거절하시다 하더이다. 무슨 일로 물리치셨습니까?"

"일찍 경사에 있을 때에 이미 혼사를 정해 채례를 받은 까닭에 지현의 후의를 받들지 못했다."

"정혼하신 댁은 뉘 댁이오며 성씨는 무엇입니까?"

"지금 벼슬하는 집이 아니요 노야의 친구니 일러 무엇 하겠냐. 지현이 또 물음이 있거든 딸의 고집이 비례와 불법은 감내하지 않고 무례한 위세는 두려워하지 않는다는 뜻으로 전해라."

말을 마치자 기색이 씩씩하니 송파가 황공해 말했다.

"제가 감히 존부의 일을 탐지해 누설하는 세객(說客)[125]이 되겠습니까. 우연히 아뢴 말씀입니다."

그리고 다시 혼인에 관계된 말을 하지 못하고 다른 말하다가 돌아갔다. 그리고 스스로 이가의 좋지 못한 행색과 이창백의 방탕함이 화가와 겨루어 폐단이 있을 줄 알고 제 당초에 화빙아의 미모를 전함을 뉘우쳐 몸을 두드려 죽으려 번민했다. 이에 관아에 들어가니 경 씨가 바삐 묻거늘 송파가 눈썹을 찡그리고 말했다.

"원컨대 부인은 공자를 타일러 화가에 의향을 끊게 하십시오. 제가 저곳에 가 탐지하니 '화 노야가 전일 경사에 계실 때 소저 열 살 때에 친구의 아들과 정혼하였으니 황상의 명과 칼날이 임하여도 고치지 못하겠다.' 하고 만일 위세로 강박함이 있으면 소저가 친히 상급 아문에 북을

125 세객(說客): 유세객. 자기 의견 또는 소속 집단의 주장을 선전하며 돌아다니는 사람.

두드려 원정을 아뢸 것이라 합니다. 상급 아문에서 만일 듣지 아니하면 황성에 올라가 등문고를 친다 하니 화씨 본디 벌열명문이라. 화 소저가 비록 육척(六尺) 미만의 버들 같은 약질이나 심장은 옥이라도 당하지 못할 것이요 죽음을 두려워하지 아니한다고 합니다. 부인은 깊이 생각하시어 어지럽게 굴지 마십시오."

경 씨가 송파의 말을 듣고 놀라움을 이기지 못해 말했다.

"화가와 정친한 사람의 성명은 무엇이라 하더냐?"

"성씨는 이르지 않더이다."

경 씨가 할 일 없어 송파를 보내고 남편과 아들을 대해 송파의 말을 일렀다. 이현경은 분하나 말이 이렇듯 격렬하니 묵묵히 앉았으나 몰지각한 이창백은 한갓 화빙아를 잊지 못해 아무 사리와 체면도 알지 못하고 날뛰며 죽으려 해 식음을 전폐했다. 부모가 민망해 달래어 말했다.

"노부가 아무쪼록 도모하리니 너는 아직 안심해라."

이창백이 잠깐 진정하며 말했다.

"내 맹세코 화 씨를 취하고 말리라."

부모가 이에 다시 중매를 보내어 달래고자 했다.

이때 주 부인은 송파를 보내고 심사가 불안했다. 마침내 이현경 부자가 핍박하는 폐가 있을까 두려워 딸에게 이가의 무상함을 이르니 화빙아가 말했다.

"이 지현이 사람을 보냄이 있었습니까? 예전에 패물 팔러 왔던 여자가 극히 수상하니 반드시 현에서 왔었는가 합니다. 송파가 비록 유식하나 천인의 욕심이 중대해 나쁜 짓을 함입니다. 원컨대 모친은 저를 짐작해 대접하시고 말씀함에 소녀는 이미 정혼함이 있다 하십시오."

"너의 말이 옳거니와 정혼함이 있다 하고 성명은 이르지 아니하면 분명 믿지 아니할 것이요, 지현이 지금 본현 지주이니 저를 항거하면 필연 화액이 있을 것이다. 너의 부친이 계셨으면 두려울 것이 없으되 우리 모녀가 외롭고 아들이 어리며 또 가까운 친척이 없으니 뉘 능히 붙들겠냐."

"그가 비록 간악하나 우리 본디 천한 백성이 아니요, 국법과 풍화가 절로 밝으니 그다지 침해하겠습니까? 이가가 만일 위세로써 해치거든 우리도 국법으로써 방어할 것입니다. 이 같이 하되 그치지 아니한다면 제가 당당이 상급 아문에 나가 해명하리니 바라건대 어머니께서는 지나치게 염려하지 마십시오."

그리고 모녀가 마주해 근심하더니 문득 어린 여종이 들어와 영파를 불러 말했다.

"문 지킨 창두가 부인께 품할 일이 있다 하고 유모를 불러요."

영파가 즉시 나가니 창두가 말했다.

"문 밖에 낯선 소년 다섯이 이르러 자기는 원방 사람으로 도중에 적환을 만나 행장을 다 잃고 갈 곳이 없으니 행랑에서 하룻밤 지내기를 간절히 바랍니다. 마음대로 허락하지 못해 고하니 원컨대 내당에 아뢰세요."

영파가 응낙하고 들어와 부인께 고하니 부인이 말했다.

"집안에 노야가 계시지 아니하니 바깥손님을 머무름이 불가하다. 다만 잡인을 영접하지 못한다 하고 다른 집으로 가게 해라."

화빙아가 말했다.

"해가 저물어 다른 데로 가지 못할 것입니다. 공손한 사람을 박절이 물리침이 불쌍합니다."

"여러 남자라 하니 마음씨도 알지 못하고 허락했다가 혹 양순하지 못한 불량배면 좋지 못할까 한다."

화원이 말했다.

"제가 먼저 나가 보아 선악을 안 연후에 머물게 하시지요."

일어나 밖으로 나와 살펴보니 문밖에 과연 다섯 사람이 있으되 의복이 추루하고 용모가 초췌하나 다 옥골선풍이었다. 그 중 하나가 더욱 기특해 나이 열네댓 정도에 체형이 눈에 띄었다. 늦봄버들이 춘풍에 휘날리는 듯 옥 같은 용모가 수려하고 깨끗해 화빙아와 방불하고 시름하는 눈썹이 더욱 아름다워 한 번 바라보니 사람으로 하여금 심신이 깨끗하게 했다. 화원이 흠복해 길이 읍하고 말했다.

"여러 존객은 어느 곳 사람이기에 행색이 이렇듯 쓸쓸하신지요?"

다섯 사람이 답했다.

"소생은 본디 소흥부 사람으로 이 땅의 주 어사를 찾아왔습니다. 도중에서 도적을 만나 가진 것을 다 잃고 이 마을 저 마을 걸식해 겨우 이곳에 이르렀는데 주 어사가 기주 근무지로 갔다 해 집이 비었습니다. 도로 할 일 없어 고향으로 갈 터이나 수중에 푼돈이 없으니 낭패한 중 여러 사람이 머물 곳이 없어 이렇듯 방황하고 있습니다. 바라건대 귀댁 처마를 빌려 주시면 나중에 후은을 사례하겠습니다."

화원이 저의 낭랑한 옥성과 애원한 정사를 듣고 공경해 서재로 맞이했다. 좌정 후 촛불을 밝히고 이에 내당에 고해 저녁을 내오라 하니 사례했다.

"먼 지방의 걸객이 하룻밤을 댁에 머물러 지나감도 다행이거늘 이렇듯 후의를 입사오니 감격합니다."

"부친이 멀리 귀양 가시고 가세 영락해 귀객을 접대하지 못하오니 부끄럽습니다. 청컨대 안심하시고 갑작스러운 만남을 혐의하지 마시어 일생의 벗을 허락하시면 삼생의 다행이겠습니다. 소생이 나이 어리고 다만 한 아우가 있으나 아직 나이 어림을 면하지 못했고 친척이 희소해 매양 고독함을 탄식하던 바에 오늘 현형을 만났습니다. 비록 거리 지극히 머나 사해(四海)의 안이 다 형제라 하니 원컨대 존성대명을 듣고자 합니다.

소생은 예부상서 화모의 장자니 명은 원이요 나이는 열 살입니다. 부친이 권신의 화를 입어 조주에 귀양 가시고 훤당(萱堂)[126]에 모친을 모셔 외로이 집을 지켜 잡객을 용납하지 않았습니다. 오늘 여러 형을 만나 사모함이 일찍 알던 바와 같아 저희 집에 모시니 아직 가실 곳이 없으시면 오래 머물러 가십시오."

정연양이 화원의 옥 같은 풍모를 보고 탈속하고 언어가 공손함을 칭찬하던 중 이렇듯 은근함을 감격해 사례했다.

"소생은 초야의 미천한 필부입니다. 사방에 떠돌되 한 사람도 어여삐 여길 이 없더니 천행으로 어진 주인을 만나 대은을 입으니 감은하거늘 어찌 사귐을 원하지 않겠습니까. 소생의 성명은 운해이니 전 이부상서 정공의 아들입니다. 부친이 일찍 사직하시고 고향에 돌아오신 지 오래더니 조정이 홀연 벼슬로 부르셨습니다. 부친이 다시 벼슬길을 원하지 아니하시는 까닭에 굳이 사양하시더니 간신 등이 사이를 타 모함해 창주에 유배하시니 소생이 어린 몸으로 더불어 모친을 뫼시고 세월을 보냈습니다. 주 어사 부인은 생의 외숙모신 까닭에 뵙고자 오다가 중로에서 도적에게 낭패하고 겨우 이에 이르렀는데 숙모가 부임지에 가 계시니 실로 진퇴양난입니다. 고향으로 가고자 하나 행장이 없어 번민하다가 현형의 후의를 이 같이 입고 또 유숙함을 허하시니 감격함을 이기지 못합니다. 그러나 생이 노중에서 더위를 먹어 신음하되 조리할 길이 없어 이에 오래 묵어 조리하고자 하나 주인에게 폐를 끼칠까 불안합니다."

드디어 가월 등을 가르쳐 말했다.

"이 사람 등은 소생의 친척 석성 형이니 다 가까운 친척으로 함께 숙

---

126 훤당(萱堂): 어머니를 이르는 말. 옛날 중국 집에서 부인(婦人)의 방을 북쪽에 두었고, 그 뜰에 훤초(萱草)를 심었던 데에서 유래했다.

모를 뵈러 동행했다가 또한 이렇듯 고생을 겪습니다."

화원이 듣고 정연양 또한 재상의 자제로 심사가 또한 자기와 같음을 더욱 감격하며 주 어사의 조카라 함을 더욱 반겨 말했다.

"원래 정 형의 회포가 소제와 같고 형이 주 부인의 조카라 하니 더욱 기쁩니다. 조금도 우려하지 마십시오."

또 가월 등으로 말해 그 은근함이 일찍 알던 바와 같았다. 이윽고 내당으로부터 저녁밥이 나오니 가장 풍성했다. 정연양과 시비가 적화를 만난 후로 박한 음식을 차마 먹지 못하고 나물로도 배를 채우지 못해 배고픔이 심했었다. 천만 의외에 하늘이 지시하여 좋은 집에 화원을 만나 진심을 토로하고 쇠 그릇과 옥쟁반에 놓인 정결한 음식을 받아 달게 먹기를 마지않았다. 이에 저녁 먹기를 마치니 화원이 몸을 일어 말했다.

"모친께 저녁 문안의 예를 마치고 나오리니 여러 형은 편히 쉬십시오."

내당에 들어가니 정연양과 가월 등이 화원의 특출함을 못내 일컫고 이렇듯 편안한 주인 만남을 다행해 여러 날 머물고자 했다. 또 주인 수재에게 누이가 있다 하니 혹 가소로운 일이 있을까 했다. 이때 부인이 아들이 손님의 행색을 보러 나가더니 이윽고 저녁을 갖추라 하니 부인이 말했다.

"어린아이 어떤 무리를 보고 이 같이 하는가?"

영파가 말했다.

"제가 보고 들어오겠습니다."

나가더니 이윽고 만면희색으로 들어와 칭찬했다.

"천하에 미남자도 있더이다. 다섯 사람이 다 모습이 빼어나고 그 중에 공자라 하는 사람은 그 용모가 천고무쌍이니 옛날 하안(何晏)[127]이 기특하다 하나 어찌 정 공자를 당하며 그 고운 태도가 우리 소저와 방불하되 그 천태만상이 비길 데 없습니다. 부인은 마땅히 후대해 머물러 그 근본을 보아 소저의 배필을 삼으십시오."

부인이 기뻐 저녁을 갖춰 내어 보내니 상 가져갔던 시녀가 또한 정 공자의 아름다운 풍채를 몹시 칭찬해 도리어 허둥지둥했다. 부인이 말했다.

"손님이 어떠한 인물이기에 저렇듯 하냐?"

그러더니 화원이 저녁 문안하러 들어오거늘 부인이 물었다.

"외당에 온 손이 어느 곳 사람이며 위인이 어떠하더냐?"

"온 손은 정 상서의 아들과 그 조카 넷인데 인물이 다들 빼어나고 나이는 저보다 두세 살 더하며 옥골선풍이 천고무쌍입니다. 이제 한 번 보니 사랑하는 마음이 자연 나오거늘 그 내력을 자세히 물으니 본디 소흥부 사람으로 주 어사의 조카라 합니다. 더위로 병이 있다 하니 소자가 머물기를 허락해 조리하라 하였습니다. 바라건대 어머니께서는 후대하십시오."

부인이 놀라 말했다.

"소흥 정 상서는 네 부친의 친구다. 정 상서가 향리에 돌아간 후 상공이 매양 생각하시더니 그 아들이 저렇듯 고생하며 부친을 멀리 떠난 회포가 우리 아이와 같구나. 네 부친의 친구 아들이니 어찌 후대하지 않겠냐. 너는 모름지기 머물러 조리하게 하고 떠날 때 노잣돈을 갖춰 보내라."

화원이 명을 받들고 외당에 나가니 화빙아가 또 부인에게 말했다.

"정 상서의 자제일진대 무심한 과객이 아닙니다. 소홀히 접대하지 못

127 하안(何晏): 중국 삼국시대 위(魏)나라 관료. 용모가 아름답고 얼굴이 흰 것으로 유명했다.

할 것이니 자리와 이불을 갖춰 대접함이 옳습니다."

부인이 옳게 여겨 이에 화원의 유모로 해 이불을 보내고 말을 전했다.

"의외에 귀객이 우리 집에 임하시니 다행한 중 대인과 남편이 교분이 깊으시던 바입니다. 어찌 숙질과 다름이 있겠습니까. 몸이 불편하다 하시니 모름지기 조리하실진대 떠나실 때에 여비를 돕겠습니다."

정연양이 공경해 듣기를 다하고 두 번 절하고 사례했다.

"시운이 불행하여 행로에 낭패함이 극진합니다. 길가에 떠돌기를 면하지 못하더니 하늘이 도와 귀댁 문하에 이르러 귀공자의 후대를 입고 또 부인의 하교 이러하시니 재생지은(再生之恩)이 천지 같습니다. 존대인이 소생의 부친과 교분이 깊음은 소생이 어찌 모르겠습니까. 가운이 불행해 두 대인이 귀양살이로 고생하심은 두 집이 같으니 슬픔을 이기지 못하며 또 천한 몸이 병 있음을 살펴주시니 감은합니다."

부인이 또한 중보를 얻은 듯이 기뻐하니 이는 딸의 사위를 은근이 유념함이었다.

이날 밤에 화원이 정연양과 더불어 말하는데 말마다 피차 친애해 늦게 만남을 일러 쉬이 떠날까 염려했다. 다음날 아침에 화원이 정연양의 의복이 누추함을 보고 여러 필 비단을 내어 다섯 사람의 옷을 짓게 했다. 정연양이 더욱 감은하며 화씨 집 상하가 정 공자의 용모를 기림이 날로 더해 일가가 진동했다. 화빙아의 시녀 취정이 생각했다.

'어떠한 과객을 저리 기릴까? 내가 한 번 봐야지.'

그리고 외당에 나가 가만히 엿보니 과연 다섯 소년이 앉았는데 진실로 옥경(玉京)[128] 신선이 강림한 듯 빛나는 광채가 사방에 반짝였다. 취정

128 옥경(玉京): 하늘 위에 옥황상제가 산다고 하는 가상의 서울.

이 숨을 길게 쉬며 놀라 탄식했다.

"좋고도 기이하도다. 우리 소저의 일생이 어찌 쾌하지 아니하겠는가."

그리고 들어와 화빙아에게 정생의 기이함을 칭찬했다. 화빙아가 책망했다.

"네 비록 하천의 무식한 소견인들 나를 당해 외간 남자의 말을 누설해 내 귀에 들리게 하냐? 이후로 다시 이 같은 가벼운 거조가 있으면 용서하지 아니하리라."

취정이 사죄하고 웃으며 말했다.

"저번에 이 지현 부자가 소저의 명성을 사모하니 마침내 허하지 아니하면 형세가 좋지 아니할 듯합니다. 정생을 보아 과연 아름다우면 부인께 고해 소저의 종신대사를 정하고자 함이요 한갓 공경함이 아니로소이다."

그리고 길이 기림을 마지않아 입에 침이 마르고 혀가 마를 듯하니 소저가 도리어 어이없고 우스웠다. 묵묵히 앉아 지현의 무례함을 상상하니 부친이 멀리 계시고 형제 고단해 마침내 무례한 욕을 만날까 해 심사가 한가롭지 못했다. 이때 부인이 정연양의 특이함을 그윽이 유의해 기뻐하나 정연양의 뜻이 어떠한지도 몰랐다. 또 일이 급해 정연양을 타일러 허락하지 아니할지라도 임시방편으로 성례나 해 이가의 급한 화를 막고자 하나 일이 너무 급해 십분 번민했다.

이때 이현경 부부와 이창백이 화씨 집에서 허혼하지 아니함을 보고 이현경은 분해 이를 갈며 이창백은 취한 듯 미친 듯해 침식을 전폐하고 큰 병이 날 듯이 날뛰었다. 이현경이 그 음탕한 자식의 광패한 거동을 억제하지 못하고 역시 걱정해 '아무쪼록 화 소저와 성혼한다.' 하고 만단으로 달래며 타일렀다. 그러나 마침내 화가의 허락을 얻을 길이 없고 또 화가가 미약하나 지현을 내세워 너무 협박하기도 어려워 밤낮으로 생각하나 좋은 묘책이 없어 번뇌했다.

하루는 본현 중에 사는 고 어사라 하는 자가 찾아 이르렀으니 이는 본디 마음이 부정해 이현경에게 아첨하고자 하는 자였다. 이 소문을 듣고 관아에 나가 이현경을 보고 화가의 혼사를 지현의 위세로 공갈해 중매가 되어 성공하려 이야기하고자 청한 것이었다. 이현경이 크게 기뻐해 지극히 사례해 보내니 고 어사가 용기를 크게 내 화씨 집에 이르렀다. 공자를 청해 지현의 청혼함에 거절한 연고를 캐물으니 화원이 정색하고 대답했다.

"부친이 경사에 계실 때에 이미 정혼한 곳이 있어 누나가 감히 고치지 못하여 존명을 봉승하지 못합니다. 노선생을 번거롭게 하니 실로 황공합니다."

"비록 정혼한 곳이 있으나 아직 화촉의 예를 행하지 아니하였으면 무방하네. 저 지현이 비록 재상이 아니나 본현 지주이니 마침내 고집하면 반드시 불평한 일이 있을 것이네. 그대 부친이 멀리 계시고 그대의 나이 어리며 모친이 외로우시니 두렵건대 저를 항거하지 못하고 마침내 서로 좋지 아니한 거조가 있은 후 허락함이 쾌하지 아니할까 하네."

화원이 저의 말을 듣고 마음에 크게 노했으나 꾹 참고 대답했다.

"소생은 나이 어린 소아입니다. 사리를 알지 못하니 우리 모친께 고해 회보하겠습니다."

어사가 고개를 끄덕였다.

"그러면 바삐 모친께 아뢰어 후일 뉘우침이 없게 하게."

화원이 이에 내당에 들어가 모친께 어사의 말을 고했다. 부인이 또한 저의 무상 패악함이 이러함을 한스러워하나 다만 사나운 무리가 화를 일으킴이 있을까 십분 초조해 이에 화빙아를 불러 자초지종을 이르고 말했다.

"만일 네 부친이 계시면 너의 혼사를 우리 모녀가 어찌 의논할 바이겠냐. 이제를 당해 이렇듯 핍박하니 장차 어찌 하겠냐?"

화빙아가 옷깃을 여미고 대답했다.

"지금을 당해 제가 한갓 규수의 태도로 모친의 근심을 끼치겠습니까. 제가 차라리 만 길 구렁에 떨어져 목숨을 돌아보지 아니할지언정 불의하고 무도한 욕은 참지 아니하겠습니다. 처음 말씀대로 거절해 보내시면 자연 물리칠 계교 있을 것입니다."

부인이 고개를 끄덕이고 이에 아들로 하여금 이리이리 하라 했다. 화원이 나와 어사를 대해 모친의 말씀으로 존명을 받들지 못할 줄로 전하니 어사가 불쾌해 말했다.

"부인의 말씀이 마땅하시나 저의 청혼함이 마침내 그치지 아니할 것이니 그대의 남매가 화를 만날까 하네."

화원이 정색하고 말했다.

"대인은 사리를 아시거늘 어찌 이 같은 억설을 하십니까. 천자도 필부의 뜻은 빼앗지 못하니 지현이 어찌 작은 위세로써 무죄한 사람을 침해하겠습니까. 소생 남매는 결단코 부친의 명을 저버리지 못합니다."

어사가 화원의 언사가 강렬함을 크게 노여워하나 제 또한 딸이 있어 나이 열한 살에 용모가 가장 아름다웠다. 화원의 옥골선풍을 십분 사랑해 사윗감을 유의하니 이에 웃고 말했다.

"그대 나이 어리나 강렬하고 정직함을 노부가 공경하네. 그러나 지현이 그대 누이의 이미 정혼함을 믿지 아니하니 그 참과 거짓을 자세히 이르게."

화원이 창졸간에 거짓으로 꾸며 말했다.

"상서 정현의 아들과 정혼하였습니다. 정공과 부친이 다 멀리 계시므로 예를 이루지 못하였으나 납폐는 행한지 이미 오래입니다."

어사가 곧이듣고 돌아가니 화원이 문밖에 배웅했다. 고 어사가 화원의 손을 잡고 재삼 연연하니 이는 화가의 큰 우환이었다. 고 어사가 현에 이르러 화가에서 문답하던 말을 일일이 전하니 이현경이 심중에 크게 노하나 참고 말했다.

"소제는 구태여 화가를 강박하고자 않으나 아들이 고집해 죽기로 자처하니 실로 근심입니다. 또 저 집이 소제의 벼슬이 낮음을 혐의해 재삼 청혼하되 끝내 거절하니 결단코 이 분을 풀 것입니다. 혼사는 위력으로 하지 못할 바거늘 아들이 저렇듯 하니 실로 근심입니다."

고 어사는 화원을 유의하는 까닭에 별로 저 집을 해할 뜻이 없었다. 재삼 권해 '공자를 타일러 다른 데 청혼하고 화가를 거절해 불평함이 없게 하십시오.' 하고 돌아갔다. 이창백은 고 어사의 회보를 기다리다가 또 실망해 다시 죽고자 날뛰었다. 문득 위후진이 들어와 이현경을 보고 물었다.

"들으니 대인이 청혼하기 위해 고 어사를 화가에 보내셨다 하니 허혼함이 있습니까?"

이현경이 분노해 말했다.

"화가가 무상해 허혼하지 않으니 가히 원통하네."

"대인이 조정의 명관이시고 현의 부모시니 지방 백성의 생사가 대인께 있거늘 저 유배된 상서가 두려워 욕됨을 감심하시겠습니까. 대인 위엄이 온 현을 제어할 것이거늘 고작 화가 모녀와 어린아이를 제어하지 못하십니까?"

이현경이 기뻐 말했다.

"그대를 '후진(後進)'[129]이라 함이 마땅하네. 나는 공무에 바빠 불법을

---

129 후진(後進): 『논어(論語)』에 '후생가외(後生可畏)'라는 표현과 관련된 말. '후생가외'는 '젊은 후

행하지 못하니 그대가 아이를 위해 기특한 수단을 내어 이 혼사를 되게 하면 중히 사례하겠네."

위후진이 기뻐 생각했다.

'요사이 매우 곤궁하더니 저 어린아이를 농락해 은전을 얻어 생계를 삼으리라.'

이에 흔연히 응낙한 후 금백을 가지고 감언미어로 화빙아 탈취할 계교를 이창백에게 일렀다. 이창백이 혼백이 어려 위후진의 계책을 말마다 묘하다 하고 손뼉 쳐 크게 웃었다.

이때 주 부인이 고 어사를 보내고 모자 남매가 서로 대해 근심함을 마지않았다. 연파가 나와 아뢰었다.

"소저의 평생 신을 굳게 하고자 하신다면 번거로우나 오늘 정 공자를 청하여 소저로 더불어 서로 보아 인연을 굳게 맺으시면 공자가 감히 배신할 뜻을 두지 못하실 것입니다."

부인이 크게 기뻐 이에 연파를 명해 정연양을 청했다. 정연양이 사양하지 않고 천천히 들어오니 원래 주 부인이 지현의 겁박함을 민망해 화원으로 하여금 먼저 정연양에게 지현이 무례한 일의 전말을 전하고 청혼한 것이었다. 정연양은 내키지 않으나 헤아림이 있어 쾌히 허락하고 먼저 납빙한 후 성례는 고향에 돌아가 할 뜻으로 말했다. 화원이 크게 기뻐해 즉시 내당에 들어가 이 뜻을 부인께 고하니 부인이 기쁨을 이기지 못해 즉시 빙례를 행할 뜻을 전했다. 정연양은 전일 받은 옥벼루 한 줄로써 전해 빙폐했다. 이에 부인의 청함을 따라 내당에 이르니 주 부인이 기뻐 맞아 자리를 정하고 이에 또 연파를 명해 화빙아를 불렀다. 연파가 돌아

학(後學)들을 두려워할 만하다.'는 뜻으로, 후진(後進)들이 선배(先輩)들보다 젊고 기력(氣力)이 좋아, 학문(學問)을 닦음에 따라 큰 인물(人物)이 될 수 있으므로 가히 두렵다는 말.

와 화빙아의 말로 아뢰었다.

"'소녀가 비록 정 공자로 빙폐함은 있으나 화촉의 예는 행하지 아니하였으니 혐의를 구애해 나가지 못합니다.'고 합니다."

부인이 불쾌해 친히 딸의 침실에 나가 대의로 꾸짖고 정도로 경계하나 화빙아가 사죄하고 굳이 거절해 오지 않으니 부인이 할 일 없어 돌아와 좌중에 여아의 고집함을 일렀다. 정연양과 가월 등이 화빙아의 유한 정정함을 감복해 흔연히 칭찬했다.

"저렇듯 높은 행실이 참 숙녀입니다. 소생이 공경하는 뜻을 표해 글을 지어 사례하겠습니다."

말을 마치자 붓과 벼루를 내어 사운율시(四韻律詩) 한 수를 지어 화원으로 하여금 화빙아에게 전했다. 정연양이 손에 산호로 장식한 붓을 들어 잠깐 사이에 글을 쓰니 붓 아래에 바람과 구름이 일어나고 구슬이 떨어지는 듯했다. 주 부인이 마음에 상쾌하고 화원이 글을 가져 누나에게 전하고 정 공자가 글 신속히 지음을 말했다. 화빙아가 정 공자의 은근함을 감사해 글을 받아보기를 마치고 문득 놀라 생각에 잠기니 화원이 말했다.

"정 형의 문채 깨끗하고 빛나거늘 누님이 어찌 의심하십니까? 글이 경박함이 있습니까?"

"저의 시가 극히 빛나고 아름답되 다만 뜻이 깊고 수상해 날로써 말마다 형제로 비겼고 나의 보지 아니함을 그윽이 꾸짖었다. 다른 날 당당이 부인으로 맞고자 한다고 하였는데 대저 필법이 여성의 글씨체이기에 의심이 된다."

화원이 믿지 않고 말했다.

"정 형은 옥 같은 장부입니다. 조금이라도 의심됨이 있겠습니까."

화빙아가 잠잠히 웃고 태연이 붓과 벼루를 내어 순식에 차운해 화원을 줬다. 화원이 나와 정 공자에게 전하니 정연양이 받아봄에 필법이 깨끗해 완연히 철사를 드리운 듯 옥구슬의 빛남이 있었다. 심중에 크게 놀라 생각했다.

'이 사람의 문채 반드시 수를 누리고 복이 많으리니 무슨 근심이 있겠는가.'

이에 부인을 향해 사례했다.

"소저의 필법을 보니 귀한 격이 종이 위에 드러납니다. 비록 소소한 재앙이 있으나 마침내 평안하리니 소저의 평생이 파묻힐까 우려하지 마십시오. 소생은 일시 액운이 기구해 낭패를 당하고 노상에 떠돌아 주림을 면하지 못했습니다. 천우신조로 천한 자취가 귀댁에 이르러 산 같은 은택을 입고 또 사위를 허하시니 감사함을 마지못합니다. 다만 인연을 미처 이루지 못하옵고 존댁을 떠나게 되오니 호사다마(好事多魔)[130]함이나 어찌하겠습니까. 소생의 운액이 진하고 소저의 길운이 다다르면 자연 회합할 날이 있을 것입니다."

말을 마치자 근심어린 모습이 아름다우니 태도가 더욱 빼어났다. 부인이 기뻐 쓸쓸히 위로했다.

"노모가 어질지 못해 악인으로 말미암아 능히 혼사를 이루지 못하니 어찌 슬프지 않겠는가. 사위는 천만 보중하고 오늘날 약속을 잊지 말게."

연파가 또한 공자의 소매를 잡고 눈물 흘려 말했다.

"천만 보중하시어 우리 소저의 고생을 파묻히게 마십시오."

정연양이 아름답게 웃으며 말했다.

---

130 호사다마(好事多魔): 좋은 일에는 탈이 많다라는 뜻으로, 좋은 일에는 방해가 많이 따른다거나 좋은 일이 실현되기 위해서는 많은 풍파를 겪어야 한다는 것을 의미하는 말이다.

"나의 옥인이 소저의 백년 신물이요 소저의 옥경 한 쌍이 만세의 근원이니 두 폭의 시가 월로(月老)[131]의 소임이 될 것이네. 연파는 보중하게."

"이제 공자께서는 장차 어디로 향하십니까?"

"고향으로 아직 가지 못할 연고가 있어 전전해 기주 숙모가 계신 곳으로 가고자 하네."

연파가 놀라 말했다.

"기주가 여기서 수천 리가 넘는 길이거늘 그대도록 멀리 가십니까. 이 근처 편안한 곳을 얻어 머무시다가 때를 보아 하심이 마땅할까 합니다."

정연양이 응낙하고 이에 부인을 향해 하직을 고하고 화원을 이별했다. 수개월 후대하던 은덕을 천만 사례하니 화원이 또한 연연해 정연양의 소매를 잡고 훗날을 재삼 기약했다. 다섯 사람이 역시 눈물을 뿌려 이별하는 정이 서운하니 화원이 위로했다.

"원수 같은 이가의 연고로 좋은 날을 허송하고 형들을 이별하니 어찌 분하지 않겠습니까. 형은 원컨대 천금 같은 몸을 보중하고 빙폐의 신을 간직해 백발의 모친께서 비라는 근심이 없게 하십시오."

정연양이 가며 사례했다.

"생이 무상하나 어찌 배은망덕하는 신의 없는 사람이 되겠습니까. 그러나 사람의 일이 뜻 같지 못하며 화복이 운이 있으니 그 사이 또 무슨 일이 있을 줄 알겠습니까. 나의 마음은 천금 같이 무거우며 벽해상전(碧海桑田)[132]이 되어도 고침이 없으리니 모름지기 길이 보중해 나중에 좋은 낯으로 반김을 바랍니다."

---

131 월로(月老): 부부의 인연을 맺어 준다는 전설상의 늙은이.

132 벽해상전(碧海桑田): '푸른 바다가 뽕나무 밭이 되었다.'는 뜻으로, 세상이 몰라 볼 정도로 바뀐 것.

말을 마치매 가벼이 소매를 떨쳐 다섯 사람이 일시에 문을 나서니 자취 홀연해 향하는 바를 알지 못했다. 정연양 노주가 화씨 집 상하의 후은을 감격해 이창백 부자가 무례함을 분해하고 화 부인 모자 남매의 외로움을 생각해 염려를 놓지 못했다.

이때 화씨 집에서 정연양을 이별하고 십분 번뇌하며 또 이현경의 은밀한 계교를 만날까 좌우로 생각해 방어할 도리에 십분 분주했다. 또한 화경윤의 돌아올 기한은 멀고 지현의 핍박함은 급하되 방어할 묘책이 없으니 십분 초조하거늘 화빙아가 말했다.

"사세가 이러하니 큰 화를 급히 피함이 마땅합니다. 어찌 앉아 화를 받겠습니까?"

부인이 말했다.

"어미는 정신이 닳아 능히 알지 못하니 너의 소견을 듣고자 한다."

화빙아가 가만히 부인께 아뢰었다.

"이가 축생이 오늘밤에 오지 아니하면 반드시 내일 밤에는 이를 것입니다. 이리이리해 흉인의 담을 서늘하게 하면 다시는 독수를 펴지 못할 것입니다. 또 만일 그치지 아니하면 반드시 흉험한 꾀를 내어 위세로 법을 빙자하고 소녀를 해할 것이니 그때 여아가 스스로 처치할 도리가 있어 저로 더불어 형을 다툴 것입니다. 어머니께서는 미리 번뇌하지 마십시오. 이렇듯 어지러운 가운데 두 동생의 신상이 어려울 것입니다. 어머니께서는 바삐 믿을만한 노복을 택해 두 동생을 보호해 외가에 피하게 하고 모든 비복으로 장비를 준비해 내외를 보호하고 침실에 깊이 계십시오. 저는 유모와 취정으로 더불어 자연 화를 벗어나겠습니다."

부인이 옳게 여겨 방비하고 충노 연충, 연기를 내실로 가까이 불러 이 사유를 이르고 공자를 모셔 안전한 곳에 보호하라 하고 아들을 경계해 노복을 따라 화를 피하라 했다. 연충은 연파의 남편이요 연기는 소연파의 남편이었다. 다 유모로서의 정이 있고 본성이 충근했다. 부인의 분부를 따라 공자를 업고 외가에 가서 숨었다.

이때 화빙아가 침실에 돌아와 연파, 취정으로 더불어 계책을 행했다. 연파가 지혜 있어 짚으로 사람 만들기를 잘했다. 정 공자의 모양을 만들어 의관을 입혀 서당에 비단이불을 덮어 상 위에 뉘이고 또 두 사람을 만들어 서동이 모셔 자는 것 같이 했다. 어린 여종 홍연은 잠깐 자색이 있었다. 이에 지분으로 빛나게 다스리고 소저의 장속을 다스려 유모 취정으로 더불어 침실에 모셔 모시게 하니 알 사람이 없었다. 방의 기물을 다 치워 도적의 엿봄을 방비하게 한 후 화빙아가 네다섯 여종으로 치장을 가볍게 하고 단검을 준비해 침실 곁방에 들어 모든 일을 일일이 차렸다.

다음날 밤에 이르러 부인이 딸의 계책을 믿으나 오히려 방심하지 못해 여아를 불러 곁에 있으라 하니 화빙아가 대답했다.

"소녀가 어머니 곁에 있으면 어머니께 화가 될 것입니다. 소녀가 자연 무사할 것이니 어머니는 우려 마십시오."

그리고 안색이 침착해 침실로 돌아갔다.

한편 위후진은 이가에서 이백 냥 은자를 얻고 심중에 크게 기뻐했다. 집에 돌아와 심복으로 하여금 술집에 도박하는 불량배 수십 인을 모아 각각 은자 수십 냥씩 주고 분부했다.

"이것이 본현 이 공자의 가르치신 바이다. 너희들이 진심하지 않으면 지현 노야가 낱낱이 잡아 무거운 죄를 주실 것이다. 십분 힘쓰면 성사 후 크게 상 주리라."

또 가만히 일러 말했다.

"화가 외당에 있는 정생을 죽이고 내당에 들어가 소저를 겁탈하되 정생 외에 다른 인물은 해하지 마라. 약간 재보나 앗아다가 너희들 술값이나 하되 요란하게는 말 것이며 소저를 앗아 가마에 편히 모셔 와라."

도적들이 응낙하고 각각 기구를 준비해 화씨 집 근처에 가 두루 살펴 밤들기를 기다려 일시에 화씨 집 담을 넘어 들어가니 인적이 고요했다. 바로 서당에 이르러 창틈으로 엿보니 촛불이 거의 꺼지려고 해 불빛이 희미한데 상하에 두어 사람이 누워 자고 있었다.

도적들이 '분명 정생이로다.' 하고 가만히 창을 열고 들어가 촛불을 끄고 바로 상에 나가 칼을 들어 옆을 지르니 부스스 하는 소리가 났다. 겁결에 '사람의 뼈 부서지는 소리라.' 해 급히 안으로 들어가니 정당에 등불이 조용하고 사람의 그림자가 많이 있었다. 가만히 엿보니 한 부인이 촛불 아래에 앉아 있었다. 급히 나와 안뜰로 나가니 일찍 누상에 촛불 그림자가 반짝였다. 가만히 창틈으로 엿보니 한 소저가 비단병풍에 의지하였는데 희미한 빛에 흰 낯과 붉은 입이 십분 아름답고 한 노파와 젊은 시녀가 모시고 있었다.

춘원이 급히 문을 열며 칼을 비끼고 뛰어드니 뭇 시녀가 크게 놀라고 그 소저가 놀라 실색했다. 즉시 달려들어 소저를 업고 나는 듯이 나아가는데 십여 강도의 모습이 흉악했다. 또 그 남은 도적이 일시에 달려들어 각종 물건을 가져가니 유모, 취정 등이 혼비백산해 발을 구르고 소리 질렀다.

"강도가 들어 왔다!"

문마다 순시하던 장객(庄客)[133]들이 일시에 불을 밝히고 지껄였다. 도적이 감히 머무르지 못하고 급히 내달아 소저를 가마에 실어 가니 홍연은 기절해 인사를 몰랐다.

이때 도적이 홍연을 화빙아로 알고 모셔 가니 가히 우스웠다. 화빙아가 후원 깊은 당에 있어 도적의 물러감을 보고 시비로 하여금 대강 살

---

133 장객(庄客): 남의 논밭을 맡아서 관리하는 사람.

폈다. 노복을 불러 내외를 엄히 지키라 하고 유모, 시녀 등으로 방중에 들어가니 부인이 강도의 소리를 듣고 혼비백산해 허둥지둥했다. 문득 화빙아가 시녀로 촛불을 잡게 하고 유모가 모셔 천천히 들어왔다. 부인이 기뻐 화빙아를 붙들고 말했다.

"흉적 십여 명이 집안에 돌입하니 너의 계교 행여 소홀함이 있을까 염려했다. 네 무사히 돌아오니 기쁘거니와 후일에 이런 변이 다시 있은즉 또 방비할 묘책이 없으니 어찌 하겠냐?"

화빙아가 말했다.

"흉인이 가짜 정생을 죽이고 홍연을 소녀로 알아 납치하였으나 내일이면 반드시 무슨 일이 있을 것입니다. 어제 외당에서 강도가 죽이고 간 사람을 짐짓 정 공자라 해 관을 사서 입관하시면 이가가 듣고 겁내어 아직 흉계를 내지 못할 것입니다."

第十二回
제십이회

홍연이 그 실정을 노출하니 이현경의 뉘우침이 미칠 데 없다

화빙아가 말했다.

"흉한이 가짜 정생을 죽이고 홍연을 소녀인 줄 알고 납치하였으나 다음날 반드시 무슨 일이 있을 것입니다. 어머니께서는 거짓 죽은 것을 가짜 정 공자가 죽었다고 해 발상하시고 관을 사 입관하십시오. 그러면 이가가 듣고 겁내어 아직 흉계를 내지 못할 것이고 나쁜 말을 내어 소녀를 해할 것이니 그때 소녀가 당당이 별다른 묘책이 있을 것입니다. 어머니는 놀라지 마시고 저의 계책을 보십시오."

부인이 딸의 말대로 유모를 서당에 보냈다.

"정 공자의 안부를 알아 와라."

연파가 명대로 불을 켜 방중을 돌아보니 초인을 찔러 속에 감추었던 짐승의 피가 낭자했다. 비록 그 근본과 사실을 바로 알았으나 마음이 자연 무섭고 서늘했다. 한편으로 화빙아의 지모를 일컬으며 급히 소리 질렀다.

"도적이 정 공자를 죽였다!"

크게 곡하니 모든 비복들이 바삐 들어가 봤다. 과연 상 위에 피가 흘렀고 정 공자가 비껴 누었으니 사람들이 다 끔찍해 하며 어지럽게 쑥덕거리어 부인께 고했다. 부인이 거짓 놀라며 통곡했다.

"도적이 당연이 재물을 취할 것이거늘 나의 사위를 해함은 무슨 일인가."

친히 나와 보고 유모로 더불어 이불을 열지 않고 발상하며 초인은 없애니 밖에 노복이 누가 알겠는가. 사람마다 참혹히 여겨 말했다.

"아깝다, 정 공자여. 공연이 남의 액을 만나 참혹히 죽었구나. 이로부터 우리 소저의 처지가 어이 될까."

분분히 애석해 하며 연파는 정 공자를 부르짖어 슬피 울어 사람들을 감동시키니 집안사람이 다 참혹히 여겼다.

이러구러 날이 밝으니 연충 등이 공자를 데리고 왔다. 부인이 한편으로 분부해 관을 사고 옷을 갖춰 입관했다. 연충 등이 꼼꼼히 해 남이 보지 않게 하고 피 묻은 옷과 이불이 강도에게 죽은 보증이 되어 이런 소문이 자자했다. 사람들에게 이르되 '심야에 어떤 강도가 화씨 집에 들어와 그 신랑을 죽이고 갔다.' 하니 사람들이 전해 듣는 자가 크게 놀라 말했다.

"혼인이 수삼 일 남은 신랑을 죽였으니 반드시 화 소저의 혼사를 빼앗으려 하는 사람의 수단이다."

혹 '정 공자의 원수가 있어 해쳤다.'고 해 의논이 분분하며 혹 이 일을 짐작하는 사람은 화씨 집에 와 조문했다. 부인이 슬퍼해 여아의 혼사가 험난함을 일컫고 빈소에 가 피 묻은 의복을 내어 보이니 보는 자가 다 참혹하게 여겼다.

이때 이창백이 위후진의 계책 행함을 바라더니 이날 저녁에 위후진이 와 오늘 밤 계책 행함을 말했다. 이창백이 크게 기뻐해 부모께 고하고 관아가 번거롭다 해 그윽한 곳에 집을 잡아 성혼 기구를 준비하고 화빙아 데려오기를 기다리고 앉았다. 밤중이 되어 도적들이 소저의 가마를 옹위해 왔다. 위후진과 이창백이 기뻐해 바삐 소저를 이끌어 보니 소저가 기절하고 인사를 모르니 시녀로 하여금 붙들어 방중에 들이고 구호했다. 한편으로 화가에 가서 일하던 말을 물으니 춘원이 유세하는 말로 정 공자를 죽이기도 제 수단이요 소저를 앗아 오기도 제 공이라 해 어지럽게 지껄였다. 이창백이 크게 기뻐해 약간 은자로 춘원을 상 주어 돌려보내고 위후진이 이창백을 향해 치하했다. 이창백이 천만 사례하고 술을 나와 권하니 위후진이 취하도록 먹은 후 집으로 돌아갔다. 이창백이 이에 소저 있는 곳으로 들어가니 소저가 비로소 정신을 차려 슬피 울며 엎드렸거늘 이창백이 붙들어 위로했다.

"소저는 놀라지 마십시오. 소생 이창백은 본현 지부의 아들입니다. 전일 소저의 꽃다운 이름을 사모해 이렇듯 계교로써 모셔 왔습니다. 이제를 당해 소저가 아무리 떨어지고자 하나 뜻과 같지 못하고 창백의 아내가 될 것입니다. 백년을 화락해 아들, 딸 낳고 살아서는 한 집에 지내며 죽어서는 한 무덤에 묻힐 것이니 이렇듯 번뇌하지 마십시오."

홍연이 화빙아의 허다한 경계를 들었던 터라 울며 꾸짖었다.

"무릇 부부되는 것은 예의가 소중하다. 그대는 선비의 몸으로 도적을 보내어 재상가 규수를 겁측하니 그 무례함이 비길 데 없구나. 이는 금수의 행실이니 내 어찌 따르겠는가."

이창백이 손을 비비며 빌었다.

"소생이 무례함이 아닙니다. 소저가 혼인을 허락하지 않으시니 마지못해 이 일을 행함입니다. 빙례할 물품은 우리 창고에 보배가 무수하니 소저의 구하는 대로 육례(六禮)[134]를 갖춰 부인을 삼을 것입니다. 소생의 죽어가는 목숨을 살리십시오."

그러며 홍연의 몸을 어루만져 음탕한 태도가 미칠 듯해 시비를 몰아 내치고 가까이하려 했다. 홍연은 나이 어린 여종으로 처음은 그 음란한 거동을 꾸짖다가 저의 백 가지로 애걸함을 보고 뜻이 합해 침석에 나가니 남녀의 정이 흡족함이 헤아릴 수 없었다. 이창백이 오매불망하던 화빙아를 취하니 마음이 흡족하도록 음란해 기력이 없었다. 유모와 여종 등이 웃고 대령하더니 이창백이 비로소 깨어 눈을 들어 보니 창밖에 새벽빛이 밝고 홍연은 일어나 한 구석에 앉았다. 이창백이 이에 일어나 옷을 입고 나가 앉으며 말했다.

"어이 이제껏 단장도 아니하였소. 이제 현으로 갈 것이니 빨리 차림을 이루시오."

그리고 밝은 날 고운 얼굴을 다시 보고자 해 자세히 보니 용모가 아주 평평하며 예사 이목이었다. 조금도 규방 소저의 아름다움이 없어 듣던 바와 다르니 마음에 실망해 빨리 일어나며 꾸짖었다.

"송파와 유모는 눈망울이 없구나. 저 얼굴을 그리 기려 날로 하여금 창자를 사르게 하며 육백 냥 은자를 공연이 잃었구나. 이 년들을 통쾌히 처분을 하리라."

문을 박차고 내다르니 유모가 이에 웃고 말했다.

"공자가 신혼에 취해 너무 늦게 일어나 계십니다. 화 소저가 과연 어떠합니까?"

이창백이 눈을 부릅뜨고 소리 높여 말했다.

---

134 육례(六禮): 혼인의 여섯 가지 예법. 납채(納采), 문명(問名), 납길(納吉), 납폐(納幣), 청기(請期), 친영(親迎)을 말함.

"네 눈망울이 빠지지 아니하였거든 저 흉악한 소저를 그리 황홀히 여겨 내 혼을 사르게 해 하마터면 죽을 뻔하게 하고 육백 냥 은자를 잃게 하니 그 어인 일이냐? 화 소저의 용모가 평범해 오히려 우리 집 여종만 같지 못하니 저만한 계집이야 백 명인들 얻지 못하겠냐? 네 나를 해롭게 하였으니 어찌 그 죄를 면할까?"

유모가 크게 놀라 말했다.

"화 소저의 기특한 용모는 천고에 비길 데 없거늘 공자가 이 무슨 말씀이신지요? 소저의 용모가 너무 황홀해 정신을 잃고 눈의 정기를 잃어 자세히 보지 않고 저를 꾸짖으시는지요?"

이창백이 크게 꾸짖었다.

"내 어찌 그릇 보았겠냐. 빨리 들어가 봐라."

유모가 이에 곧 들어가 보니 아주 평범한 인물이요 꿈에도 화빙아가 아니었다. 크게 놀라 손뼉 치며 말했다.

"이 여자가 화 소저가 아니니 위생이 일을 그릇하였구나."

이창백이 이 말을 듣고 다시 들어가 그 여자를 붙잡고 말했다.

"네 화 소저가 아니라 하니 뉘 집 여자냐?"

홍연이 크게 웃으며 말했다.

"내 어찌 화 소저가 아니겠냐. 네가 흉계로 재상가 부녀를 겁측하여다가 몸을 더럽혀 놓고 이제 무슨 말을 하냐. 네 나를 거짓으로 의심할진대 빨리 상급 아문에 가 따져라."

그리고 악을 쓰니 이러한 맹랑한 일이 어디 있겠는가. 마침 위후진이 왔다가 이 말을 듣고 놀라 말했다.

"분명 누가 화씨 집에서 화 소저를 앗아 왔습니다. 아까 화씨 집 소식을 들으니 정 공자가 적화를 입어 죽다 하며 소문이 자자하거늘 어찌 화 소저가 아니겠습니까. 반드시 그릇 보고 그리함입니다. 그러나 공자가 화 씨를 얻으려 불의한 일을 행해 인명까지 상하였으니 어디 가 변명하겠습니까. 재상가 규수를 겁탈한 죄는 면하지 못할 것입니다. 생심도 요란히 굴지 말고 소저를 달래어 현에 들어가 형적을 감추게 하십시오."

이창백이 듣고 혼백이 날아갈 듯해 한 마디 말을 이루지 못했다. 유모를 명해 홍연을 단장하게 하며 가마를 갖춰 현으로 보내고 저는 관아로 향했다. 길 위의 사람들이 전하되 화씨 집에서 정 공자를 죽이고 소저 잃은 말이며 또한 이르되 '화 상서 부인이 사위를 죽이고 딸을 잃으니 도적 보낸 곳을 짐작해 법사에 송사하고자 강도의 기미를 더 본다.'고 했다. 창백이 듣고 경황해 아무리 할 줄 모르고 현에 이르니 이현경 부부가 홍연의 옴을 보고 두려워하며 한편으로 기뻐 홍연을 맞아 깊은 방에 머물게 했다. 아들이 기색이 경황해 들어와 눈물을 흘리니 부모가 놀라 까닭을 물었다. 이창백이 말했다.

"유모가 당초에 화 소저를 칭찬하고 송파의 황홀한 말에 혹해 허다 심려를 허비해 겨우 소원을 이루나 화 씨가 아주 평범합니다. 애달프고 뉘우침이 무궁한데 그 중에 또 염려스러운 일이 있으니 일마다 통분하고 마침내 무사하지 못할까 합니다."

인하여 화가의 말을 고하니 이현경 부부가 십분 경황하나 장물 잡히지 아니함을 다행히 여겨 말했다.

"너는 염려하지 마라. 화가가 아무리 송사하려 하나 장물 잡은 증거가 없으니 무슨 일을 하겠냐. 아직 데려온 여자를 후대해 깊이 감추고 저 집 동정을 살핌이 진실로 옳으니 미리 경동하지 마라."

그리고 스스로 소저 침실에 이르러 보니 용모가 그다지 추악하지 아니하나 이목구비가 평범했다. 그리고 체형이 아름다운 듯하나 매우 경박해 비록 귀가 소저의 차림은 하였으되 조금도 규수의 태도가 있지 않았다. 이현경 부부가 마음에 불만스러우나 내색하지 않고 송파를 한하며 유모를 크게 꾸짖었다. 유모가 답답해 홍연의 진가를 분간하고자 하나 제 스스로 화빙아라 자칭하니 다시 별 도리 없었다.

이창백은 바깥소문을 들으니 화씨 집의 거조가 좋지 못해 말마다 놀라웠다. 이현경 부부가 심중에 불안할 뿐 아니라 위후진의 왕래함이 없으니 매우 괴이하게 여겼다. 외부 사람들의 말이 분분해 '암행어사가 가까이 온다.' 하니 이현경 부부가 더욱 겁내어 다만 홍연만 극히 대접했다. 홍연은 이창백이 다시 묻지 않으니 진실로 가짜 화빙아가 되었으나 온 집안이 후대함을 자만해 교만한 마음이 없지 않았다. 또 이가가 겁내는 눈치를 보면 더욱 교만한 체하니 문중이 다만 데려옴을 후회했다. 유모는 홍연의 진가를 알고자 해 천만 가지로 캐묻되 일절 드러내지 않았다.

이러구러 한 달이 지나니 작심삼일(作心三日)[135]이었다. 홍연의 행동거지가 점점 여종의 본색이 드러나니 유모가 더욱 의심이 간절했다. 하루는 유모가 데리고 자는데 홍연이 문득 잠결에 말했다.

"취정아, 소저가 춘정에서 부르신다."

유모가 듣고 몸이 소스라쳐 생각했다.

'이것이 반드시 화 소저가 아니라 그릇 잡아 왔다. 이제야 비로소 본색을 알았으니 내 이에 죄를 면하고 책망을 듣지 않으리라.'

다시 잠을 이루지 못하고 누웠더니 또 잠꼬대를 했다.

"취정아, 공자가 서당에서 오라 하신다."

취정을 나무라니 이른바 낮에 생각한 것이 밤에 꿈으로 나타나는 것이었다. 유모가 밝기를 기다려 급히 내당에 들어가니 이현경은 외당에 출

135 작심삼일(作心三日): '마음 먹은 지 삼일이 못간다.'는 뜻으로, 결심(決心)이 얼마 되지 않아 흐지부지 된다는 말.

근해 공무를 보고 이창백은 내당에서 아침밥을 먹고 있었다. 유모가 눈을 크게 뜨고 달려들어 손을 두드리며 말했다.

"공자야, 공자야. 제가 이제야 꾸지람을 면하게 되었습니다. 공자가 데려온 여자가 화 소저가 아니라 그 집 여종입니다."

이창백이 이 말을 듣고 빨리 먹던 밥을 토해 버리고 바삐 물었다.

"유모가 어이 알았냐?"

유모가 그 잠꼬대를 전하니 창백이 분노해 말했다.

"과연 그러할진대 내 이제 가 주먹으로 두드리며 그 실상을 물으리라."

그리고 일어나 달리거늘 경 씨가 붙들어 말했다.

"너는 너무 과격하지 말고 조용히 캐물어라."

"조용히 이르면 그 년이 바로 이르지 아니할 것이니 마구 두드려 물은 후 아주 죽여 없애고자 합니다."

그리고 손에 매를 들고 바로 뛰어 후당에 들어갔다. 홍연이 바야흐로 치장하느라 거울을 높이 들고 지분을 고르다가 이창백이 매를 들고 안색이 흙빛이 되어 들어옴을 보고 놀라 거울을 던지며 일어나 웃고 말했다.

"공자가 무슨 일로 매를 들고 오십니까?"

이창백이 눈을 부릅뜨고 매를 들어 치며 말했다.

"이 천한 년아, 이제도 소저인 체 하고 날을 속이냐?"

홍연이 실색하고 말했다.

"미친 공자야, 어디 거짓말을 듣고 나를 이제 홀연히 소저가 아니라 하냐. 내 원래 화 소저이기에 네게 붙잡혀 왔지, 미천한 종년이면 무슨 일로 잡혀 왔겠냐. 네 매양 저리 의심하거든 나와 같이 상급 아문에 가 밝히자."

이창백이 더욱 크게 노해 이를 갈며 말했다.

"네 항상 상급 아문을 빙자하니 나를 죽일까 싶으냐. 네 도무지 바로 이르지 않으니 쾌히 때려 물으리라."

홍연이 크게 소리해 울며 외쳤다.

"네 지현의 아들이라 유세하고 강도를 보내어 정 공자를 죽이고 나를 납치해 비례로 성혼해 두고 근본을 말하라 하며 무죄한 사람을 또 쳐 죽이려 하는구나. 네 지현의 세력이 다 무엇이기에 사람을 마음대로 죽이려 하냐. 내 법정에 송사만 일으키면 너희 부자는 보전하지 못하리라."

이창백이 분기탱천해 홍연의 머리를 끌고 무수 난타하니 홍연이 발악했다. 경 씨가 놀라 내달아 말려 물리치니 홍연이 발을 구르며 이창백의 전후 잘못을 이끌어 외쳤다. 경 씨가 바삐 붙들어 만류했다.

"네 근본을 이미 다 알았으니 바른대로 이른즉 내 아들을 권해 첩으로 편히 거느릴 것이요, 그렇지 않으면 지현께 고해 중형을 더하리라."

홍연이 울며 지현 노야가 중형을 더한다 하니 더욱 놀랍고 겁먹은 체해 공손히 여쭈었다.

"이것이 다 나의 죄가 아니거늘 공자가 이렇듯 나를 때리시니 어찌 애매하지 않겠습니까. 저는 본디 화씨 집에 있던 여종입니다. 하루는 송파가 이르러 공자의 전후 잘못과 또한 아무 날 흉계를 행하려 함을 와서 말하니 지혜로 거짓 저를 소저의 차림을 해 화 소저 침실에 두어 준비해 잡혀 오게 했습니다. 화 소저는 남복으로 갈아입고 유모와 시녀 취정을 데리고 피해 계시니 나는 주인의 대신이거니와 공자가 불의한 일을 하고 도리어 나를 치니 어찌 허무하지 않습니까. 공자가 이미 제 얼굴을 미흡하게 여기거든 속히 놓아 보내주십시오."

경 씨 모자가 이 말을 듣고 모골이 송연해 분함을 헤아리지 못해 이를 갈며 꾸짖었다.

"송파 늙은 년이 우리의 계교를 정탐해 화가에 누설하였으니 화 소저를 얻지 못함은 관계없거니와 화가가 이 일을 알았으니 장차 큰일이 나리라."

홍연이 말했다.

"우리 소저가 말씀하기를 '이 지현이 한 지방의 부모가 되어 학정을 행하고 무도해 강도를 체결해 재상가 규수를 겁탈하고자 했다. 또 재상의 아들을 죽이고 불법을 꺼리지 아니하며 나라를 욕하고 인군을 속이며 풍화를 어지럽게 하니 반역자와 같다. 당당이 대궐에 등문고를 쳐 천자께 아뢰고 이가 부자를 죽이리라.'고 하시더이다."

경 씨가 이 말을 듣고 혼비백산해 온 몸이 떨렸다. 능히 말을 이루지 못하고 이창백은 크게 놀라 두 눈에 흰자위뿐이요 손발을 떨었다. 어느 겨를에 홍연의 참과 거짓을 분간할 마음이 있겠는가. 객기가 사라지고 나무 같이 앉았으니 홍연이 더욱 사나운 말로 허다한 죄악을 연속해 말했다.

"또 정 공자를 죽였으니 오래지 않아 정가에서 살인 송사를 시작하면 그 여러 죄악을 어이 다 당하려 하십니까?"

무수히 꾸짖으나 제 무슨 말을 하겠는가. 경 씨가 유모와 여종을 명해 '홍연을 단단히 지켜 도망하지 못하게 하라.' 하고 이창백과 함께 돌아가 급히 남편을 청해 허다한 곡절을 세세히 전했다. 이현경이 듣고 실색해 어린 듯하다가 아들을 꾸짖었다.

"이런 큰 일이 다 너를 말미암아 집안을 보전하지 못하게 된 것이다. 장차 무슨 힘으로 화를 면하겠냐."

이창백이 더욱 망극해 무수히 울고 말을 이루지 못했다. 이현경이 말했다.

"송파 늙은 년이 우리 일을 다 알았으니 먼저 이 년을 잡아다가 깊이 가두어 종적을 없이 한 후 도모하리라."

사람을 보내어 송파를 잡아다가 묻지 않고 깊은 옥에 단단히 가두라 한 후 친히 들어가 홍연을 보고 말했다.

"네 화씨 집 여종이라 하나 이미 데려왔으니 너를 며느리로 대접할 터이다. 어찌 서로 남으로 대하며 넌들 시부모와 남편을 중히 여기지 아니하겠냐. 벌써 한 가족이 되었으니 화복을 같이 할 것이다. 무슨 숨길 바가 있겠냐. 소저가 실로 서울로 갔으면 정 공자를 죽을 곳에 두지 아니하였으리라. 내 마땅히 아들로 하여금 다시 아내를 취하지 않고 너로 백년해로하게 할 것이다."

홍연이 기뻐하나 생각하되 당초에 화빙아가 저를 잡혀 보낼 때에 정녕 남복을 입고 서울로 간다 했었다. 또 이현경이 정 공자가 죽지 않은 줄 알면 또 무슨 풍파가 있을까 염려해 사례하고 말했다.

"첩은 본디 천인입니다. 노야가 황공한 처분을 내리시니 첩이 이미 공자께 몸을 허락하였으니 은혜 잊기 어려우나 공자가 불안히 여기실까 받들기 어렵습니다. 첩이 이리로 올 때에 우리 소저가 분명히 남복을 준비하시며 말씀하시되 '내 너를 대신 보내고 마땅히 서울 간다.' 하셨으니 분명 피하셨을 것입니다. 정생에게 피하라 하니 그가 고집해 '인명이 하늘에 달렸으니 비명에 죽지 아니한다.' 하고 소저를 잊지 못해 떠나지 못하더이다. 그 사촌형 백생 등이 힘써 권하되 듣지 아니하는 까닭에 부득이 백생 등만 고향으로 돌아갔습니다. 부인이 또한 타이르되 또한 듣지 아니하다가 마침내 비명에 죽었으니 소저가 정생을 위해 원수 갚을 뜻이 깊었습니다."

이현경이 속으로 겁내나 침착히 말했다.

"화 소저가 아직 친영하지 아니하였거늘 무슨 연연한 정이 있겠냐.

필시 초례 전에 사통함이 있는가 싶다."

"우리 소저가 비례는 원수 같이 아십니다."

이현경이 화씨 집의 일을 의논하고자 위후진을 부르니 위후진이 이르러 말했다.

"그 사이 제가 병이 있어 오래 동안 뵙지 못하였습니다. 무슨 일이 있어 부르셨습니까?"

이현경이 위후진을 이끌고 깊은 곳에 들어가 좌우를 치우고 화빙아의 전후곡절과 그간 허다 사연을 자세히 이르고 또 말했다.

"처음 계교는 소저를 도적해 아들과 부부가 되면 제 비록 노하나 할 일 없고 정생이 비록 죽었으나 아들이 저 집 사위가 되면 딸을 보아 대접할 것이니 흠이 덮여 무사할까 하였네. 그런데 그 원수의 송파 년이 먼저 우리 꾀를 알고 저 집에 누설해 이에 이르렀네. 당초 화 씨가 피신할 때에 화 씨와 가인이 정생의 피신함을 권하나 고집해 피하지 아니하다가 죽었다 하나 그 말을 믿지 못할 것이네. 또 화 소저의 이리이리 말함이 극히 유리할 뿐 아니라 하여간 정생은 죽었고 규수를 납치하였으니 인륜에 크게 관계되는 죄목이네. 저 요악한 계집이 만일 일을 저지르면 화를 면하지 못할 것이니 마음에 십분 경황하되 무사할 계교를 생각지 못해 의논하네. 그대는 묘책을 가르치게."

위후진이 듣고 놀라고 겁먹어 급히 말했다.

"이 일이 가볍지 않으니 화가가 그냥 있지 아니할 것이요, 그 화가 가볍지 않을 것입니다. 죄인 부자는 물론이거니와 소생이 또한 죽기를 면하지 못할 것이니 장차 큰 일이 나겠습니다. 소생은 원래 부질없는 사람을 간섭한 일이 없더니 공자가 매우 보채어 정리에 불쌍해 일을 함인데 큰일이 나게 되었으니 제가 무슨 액으로 죄를 당한단 말입니까. 각각 목숨을 피함이 상책입니다. 다시 서투른 일을 하다가 좌우에 죄를 더 만날 것입니다."

말을 마치자 일어나니 이현경이 바삐 붙들어 말했다.

"이 과연 신의 없는 사람일세. 좋은 일은 같이 꾀하고 궂은일은 피하니 대장부의 행사가 아닐세. 그대는 나의 값진 재물을 쓰고 어려운 때 한 팔 힘을 돕지 않으려 하는가? 가장 맹랑하네 그려."

위후진이 냉소하며 말했다.

"대인의 말이 가소롭습니다. 육백 냥 은자를 나를 쓰라 주었습니까? 공자의 일 도모하기에 다 허비하고 한 푼도 내가 쓴 일이 없거니와 내 술만 허비했을 따름이니 유익할진대 죽을 곳을 당하더라도 감히 사양하겠습니까? 죽건 살건 간에 공자가 당할 것이니 이 위후진이야 무슨 관계가 있기에 나에게 이르십니까?"

이현경이 위후진의 말이 좋지 못함을 보고 노기를 참고 달래어 말했다.

"내 그대를 그르다 함이 아닐세. 이미 대사를 같이 하다가 불행해 일은 아직 나지 아니하였거니와 모든 일을 예비함이 좋거늘 이렇듯 박정하니 내 그 육백 냥을 신경 쓰지 않네. 이제 만일 일에 유익함이 있어 쓸 곳이 있으면 천금을 아끼지 아니하겠으니 그대는 우리 부자를 위해 좋은 계책을 생각하게. 대사를 도모함에 재물이 물 같이 쓰일 것이니 청컨대 선생은 자비심을 드리워 나중이 무사하게 함을 바라네."

그리고 술과 안주를 성대히 차려 극진히 대접했다. 위후진은 본디 가난한 사람이었다. 이미 육백 냥을 얻어 삼분의 이는 제 주머니를 채웠던 터였다. 이른바 견물생심(見物生心)[136]이었다. 이현경의 말을 들으니 욕심이 눈을 가렸다. 이에 풀어져 말했다.

136 견물생심(見物生心): 어떠한 물건을 보게 되면 그것을 가지고 싶은 욕심이 생김.

"노선생이 소생에게 이런 대사를 의논하시니 어찌 거역하겠습니까? 일이 중대할 뿐 아니라 계교가 없어 말씀을 받들지 못하더니 이렇듯 믿고 맡기시니 깊이 헤아리려니와 진실로 앞으로의 일이 어찌 될지 모르겠습니다."

이현경이 위후진의 안색이 펴고 대답이 순함을 보고 천만 사례했다.

"이 화근을 막으면 우리 부자가 결단코 진심 보은하리니 부디 묘계를 생각하게."

위후진이 응낙하고 다시 오겠다고 한 후 돌아갔다. 이현경이 내당에 들어가 부인과 아들을 대해 위후진과 계교하던 말을 이르고 제일 먼저 홍연을 잘 대하라 했다. 마침 저녁 문안할 때가 되었다. 홍연이 정당에 이르니 이현경 부부와 공자가 모여 말하는데 자리에 나가 모셔 앉으니 이현경 부부가 자리를 가까이 주고 어루만져 사랑해 말했다.

"현부(賢婦)[137]는 우리 집 맏며느리다. 아이의 고집이 사나워 화가와 원수가 되었으니 우리 반드시 이 원수의 일을 화평하게 하려면 현부에게 달렸다. 현부는 화씨 집 시녀 중 친근한 자가 있을 것이니 화씨 집 소식을 비밀히 알아 전하면 제법 후환을 방비힐 듯하나. 현부가 능히 행하겠냐? 이제 당한 일이 남에게는 없는 일이다. 일가가 무사하면 그대를 후대하며 은인으로 알아 조금도 저버리지 아니하리라."

이창백이 또 말했다.

"내 전일 급한 마음으로 낭자를 욕하였으나 이제는 뉘우치오. 우리 화를 면하게 하면 평생 맹세를 어기지 않고 정실로 대접해 맹세코 속이지 않겠소."

홍연이 이현경 부부와 이창백의 이렇듯 굽힘을 보고 심중에 크게 기

137 현부(賢婦): 어진 며느리. 며느리를 높여 부르는 호칭.

빼해 말했다.

"공자가 만일 속이지 아니할진대 어찌 물불을 사양하겠습니까. 가르치신 대로 하고 존명을 일일이 받들겠습니다."

이현경 부부가 크게 기뻐해 등을 두드려 일컫기를 마지않고 천인의 심정을 농락하며 아들을 권해 '홍연을 박대하지 말고 좋게 달래라.'고 했다. 이창백은 위인이 밥주머니였다. 어리석어 인사가 아주 흐릿한데 부모의 가르치는 말을 듣고 홍연을 달래는 모양이 실상이 되어 홍연을 곧 대하면 은정이 황홀하며 잠시도 떠나지 않아 밤낮으로 음탕했다. 남종과 여종이 다 비웃되 이현경 부부는 알지 못하고 홍연을 대접함이 극진해 가문이 맞먹는 며느리 같이 대접했다. 홍연이 의기양양해 스스로 제 몸이 여종임을 잊었다.

이때 위후진이 이현경의 말을 듣고 집에 돌아와 세세히 생각하니 제 몸이 또한 이해가 있었다. 능히 방심하지 못해 밤낮으로 생각하니 원래 간악이 구비한 자였다. 깨달아 생각했다.

'마 지부의 신임 아전 장청은 비록 촌백성이나 사리를 통달하고 사람의 불의와 불법을 원수 같이 배척한다. 마 지부가 매우 사랑하고 믿어 관가의 대소사를 다 이 사람이 처결해 지부에게 아뢰면 지부가 일마다 듣는다고 한다. 내 가히 이 사람을 찾아보고 이리이리 격동해 이 소문이 마 지부에 들음이 되어 이 지현을 불러다가 면책하게 하면 자연 큰 일을 빚어내리라.'

그리고 하루는 날 저물기를 기다려 가동을 분부해 약간 술과 안주를 갖춰 뒤를 따르라 하고 장청의 집에 이르러 문을 두드려 왔음을 통했다. 장청이 바삐 의관을 갖추고 나와 땅에 절하고 말했다.

"소인이 관사에 일이 많기로 상공께 가 뵙지 못하였더니 누추한 곳에 왕림하시니 황공 감격합니다."

위후진이 흔연히 대답했다.

"마침 이곳에 친척을 찾으러 왔더니 오랫동안 그대를 보지 못해 아쉬움이 극진하네. 그대가 관가에 일이 많아 낮에 만나기 어려워 밤에 여가를 타서 정을 펴고자 왔네."

장청이 그 후의를 사례하고 이끌어 별당에 들어 좌석을 정한 후 추앙해 위후진을 높이 앉히고 장청이 스스로 모셔 앉았다. 위후진이 웃고 그 손을 잡아 곁에 앉히고 말했다.

"내 비록 거인이요 그대 비록 부의 아전이나 또한 같은 백성이니 나중에 몸을 일으키면 지위가 통판(通判)에 이름이 어렵지 않거늘 무엇을 이토록 겸양하는가. 모름지기 염려하지 말고 편히 앉아 조용히 회포를 펴도록 하세. 또 친구 간에 무슨 귀천을 분별하겠는가."

장청이 급히 사례했다.

"상공은 선비 중의 으뜸이시고 소인은 비천한 몸입니다. 어찌 체번을 상하겠습니까. 황공합니다."

위후진이 은근히 권유해 가까이 자리를 정하니 장청이 술을 드려 하며 은근히 말했다. 술이 다하니 위후진이 또 가동으로 술과 안주를 내어 말했다.

"마침 친척을 대접하려 장만하였더니 그대를 생각해 가져왔네. 간략함을 허물하지 말게."

장청이 급히 사례하고 많이 마셔 서로 취했다. 인하여 밤이 깊고 인적이 없으니 위후진이 문득 말했다.

"그대 요사이 놀라운 소문을 듣지 못하였는가?"

"무슨 소문이 있습니까. 일찍 듣지 못하였습니다."

"서로 왕래하므로 그러하네. 본관에 한 윤리의 큰 변이 있어 소문이 자자하거늘 지부와 지현이 다 묵묵하고 풍속을 다스리지 않고 있네. 만일 순무어사(巡撫御史)가 이르러 먼저 알고 지부와 지현의 용렬함을 노해 천자께 아뢰면 두 분이 다 죄를 면하지 못할 것이네. 지부는 깊이 있어 외간 물정을 듣지 못하거니와 그대 같은 아전이 이런 일을 듣고 보아 관원의 몸에 시비 없게 함이 옳을까 하네."

"무슨 일입니까. 원컨대 자세히 이르시면 다음날 당당이 대야께 아뢰어 풍속을 바르게 하겠습니다."

"다른 일이 아니라 전 예부상서 화경윤의 집안에 무상한 일이네. 화상서가 귀향할 때 일찍 한 딸이 있어 정가에 정혼함이 있었네. 그 부인이 고향에 돌아오니 정가가 아내를 맞아 가고자 타향으로부터 이르러 머물며 택일해 성례하고자 할 때 정생의 벗 백생이란 소년이 마침 정생을 따라 왔는데 풍채가 놀라우며 뜻이 남다른 중 여색을 탐했네. 화 씨를 엿보고 흠모해 글을 던져 뜻을 통한 후 사사로이 음란하니 그 어미가 자식의 행실을 짐작하고 바삐 성혼하려 했네. 그러자 화 씨가 백가와 정이 은근하고 깊어 심야에 정생을 찔러 죽이고 백생과 더불어 도망했네. 화가가 딸의 흠이 드러날까 해 급히 관을 갖춰 입관하고 거짓말을 지어 '심야에 도적이 들어와 죽였다.'고 말을 꾸몄네. 진실로 도적이 죽였을진대 그 재물을 앗아가지 않고 어찌 사람만 죽였겠는가. 또 진정 도적이 들어 죽였으면 응당 관부에 송사해 일가가 진동할 것이거늘 묵묵히 아무 거조가 있지 않으니 이는 정령 간부와 음녀의 작용이네. 이는 마땅히 교화에 관계된 일이요 인륜의 큰 변고이거늘 한 사람도 의기를 분발해 국법을 밝힘이 없네. 어사가 만일 이 소문을 들을진대 지부와 지현을 문죄하고 고을을 혁파하려 할 것일세. 그대는 자세히 들어 지부께 고해 국법을 바르게 하면 제일 그대의 현명함이 될 것이니 부디 잊지 말게."

장청이 비록 천한 아전이나 그 위인이 가장 강렬해 이 같은 예 아닌 불법의 말을 들으면 온 몸을 떠는 성품이었다. 위후진의 허다한 말을 듣고 머리카락이 솟구쳐 분해하며 말했다.

"이는 창녀와 천인에도 금시초문이니 화가 여자와 백가 간부는 죽기로도 부족합니다. 상공이 이르지 아니했으면 거의 우리 대야 몸의 욕이 미칠 뻔했으니 감사합니다. 그러나 모든 일에 증거가 있어야 일이 명백하오니 혹 이 가운데 빈말이 많아 화가가 변명할 도리가 있으면 도리어 난처할 것입니다. 상공은 자세히 아십니까?"

"내 어찌 풍속의 변을 지어내겠는가. 화가 노복이 관을 사갈 때에 내 보았고 또 사람들이 다 저의 피 묻은 의복을 보고 참혹히 여겨 화 씨를 꾸짖지 아니할 이 없었네."

장청이 저 말이 명백함을 보고 다시 의심하지 않아 다음날 일을 내려 했다.

이러구러 날이 밝으니 장청은 관아에 일 하러 가고 위후진은 집으로 돌아갔다. 이에 장청이 부에 들어가 조용히 지부께 위후진의 말을 세세히 고하니 마 지부가 놀라움을 이기지 못해 말했다.

"현에 이런 큰 변이 있으되 지현이 함구하고 말이 없다니. 지현을 불러 꾸짖고 그 까닭을 자세히 안 후 화경윤의 처를 잡아 캐묻고 음녀와 간부를 또 잡아 동시에 참해 국법을 바르게 하리라. 원래 정가는 누구 집 자식이건대 그다지 의탁할 곳이 없어 죽은 지 한 달이 넘되 찾지 아니하는가. 괴이하다."

"누구의 자식인 줄 모로되 먼 곳에서 성례하러 오니 화공이 유배 전에 정혼했다고 합니다. 백생이라 하는 자가 정생을 데리고 왔다 하니 정가가 분명 멀리 있기로 변을 모르는가 합니다."

지부가 고개를 끄덕였다.

"즉시 아역으로 하여금 지현을 청해 오되 '관사의 급한 일이 있으니 오십시오.' 하라."

심부름꾼이 즉시 현에 이르러 지부의 명을 전했다. 이현경이 즉시 관아에 이르니 지부가 맞아 예를 마친 후 이현경이 몸을 굽혀 말했다.

"노대인이 무슨 일이 있어 하관을 부르십니까?"

지부가 정색하고 말했다.

"나라가 우리에게 한 지방을 맡기심은 만민을 극진히 가르치고 성현의 가르침을 성히 해 예법을 밝게 하심이오. 우리가 마땅히 힘써 백성을 어루만지며 민간의 어려움을 살핌이 옳거늘 그대는 어찌 하건대 나의 속현에 윤리의 큰 변이 있으되 다스림이 없이 침묵하고 모르는 체 하시오? 그 깊은 생각을 듣고자 하오."

이현경이 듣고 놀라나 거짓 모르는 체 하고 말했다.

"소생이 어두워 이런 일을 알지 못하옵나이다. 바라건대 대인은 밝게 가르치십시오."

"노부가 들으니 전 예부상서 화경윤의 집안의 이러이러한 흉변을 모르는 이 없다 하거늘 어찌 알지 못하오?"

인하여 장청의 고하던 말을 말하니 이현경이 거짓 놀라는 체 하며 말했다.

"소생이 어리석어 이런 흉변이 속현에 있으되 알지 못하였사오니 부끄러움을 이길 수 없나이다. 죄악을 의논한즉 법대로 행할 것이로되 저들이 소소한 백성의 집이 아니요, 화경윤이 비록 귀양 갔으나 재상의 체면에 어찌 하오면 마땅하겠습니까?"

"화가 여자가 일개 사대부 규수로 이 같은 음란한 행실이 있으니 어찌 저의 아비를 구애하겠소. 다만 재상의 체면이 있고 허실을 자세히 알지 못하니 재상의 처자를 가벼이 잡지 못할 것이오. 먼저 그 가까운 노복을 잡아다가 엄히 캐물어 그 내막을 자세히 알아 원고와 피고를 삼으며 백생을 찾아 잡으면 일을 가히 자세히 알 것이오. 빨리 조사해 간부와 음녀를 잡게 하시오."

이현경이 응낙하고 현에 돌아와 아들과 경 씨를 대해 지부의 말을 이르니 모자가 크게 기뻐했다. 홍연은 저 부자가 마침내 앙화를 입을 줄 알고 또한 염려하나 아무 주의 없이 혼암한 인물이었다. 각별 주인을 위한 충심도 없고 제 몸을 돕고 주인을 해할 뜻도 없으며 정생의 죽지 아니함을 분명이 이르지 아니하고 자기에게 해로울까 해 계속 정생은 죽은 듯이 말했다. 이현경이 즉시 심부름꾼을 내어 '화씨 집 노복을 잡아 오되 조금이나 인정을 받는 자가 있으면 참형을 더하리라.'고 명령했다. 네다섯 범 같은 하리배가 바로 화씨 집에 돌입해 '인륜의 범인을 잡는다.' 하며 어지럽게 시끄러웠다.

이때 화씨 집 상하가 크게 놀라 요란해 아무리 할 줄 모르고 다만 급급히 내당에 아뢰었다. 이때 부인이 화빙아와 더불어 이가의 다시 변 일으킴이 있을까 염려해 이야기하더니 의외에 비복의 놀라운 말을 듣고 크게 놀라 능히 말을 하지 못했다. 화빙아가 말했다.

"어머니는 놀라지 마십시오. 이 일이 이가가 저 죄를 감추고 소녀를 모함해 정생을 죽었다 해 죽을 곳에 몰아넣고 소녀로써 입이 있으나 변명하지 못하게 하고 저의 죄를 도리어 우리에게 씌우려 해 이렇듯 핍박함입니다. 이제 갑자기 백계무책이오나 어머니는 경동하지 마시고 두 동생은 나이 어려 관부에 나아가지 못할 것이니 먼저 노복을 잡혀 보내십시오. 소녀가 비록 일개 아녀자이오나 그 사이에 해를 입지 않을 것입니다. 어머니는 관차(官差)[138]를 대접하시고 연중 등 몇몇 노복을 불러 이리이리 이르십시오."

부인이 고개를 끄덕이고 여러 꿰미 돈을 내어 관차들을 술 먹이고 전

---

138 관차(官差): 관아에서 파견한 군뢰(軍牢)나 사령(使令) 따위의 아전.

해 말했다.

"우리 노야가 멀리 계시고 집안의 각별 범죄자가 없거늘 지현이 무슨 일로 관차를 보내시더냐?"

관차 등이 비록 지현의 엄한 분부를 받았으나 무지한 촌사람들이 은자와 술을 보고 거의 목숨을 아끼며 본디 제게 원수 없고 인정이 후함을 기뻐해 말했다.

"우리는 자세히 모르거니와 노야가 분부하시기를 이 댁 소저가 무상한 행사가 있으니 지부 노야가 들으시고 우리 노야가 다스리지 아니함을 꾸짖으시니 지현 노야가 관차를 보내어 잡으심입니다. 다만 먼저 노복을 잡아 캐물으려 하시니 마땅히 노복과 유모를 내어 보내십시오."

부인이 이 말을 듣고 분함을 이기지 못해 연충과 유모 분향과 유모 연파를 보냈다. 화빙아가 법정에 가 대답할 말을 일일이 가르치고 연기에게 여러 냥 은자를 주어 위아래로 인정을 후히 써 연충 등을 돌보게 했다. 관차 등이 연충 등을 거느리고 나는 듯이 돌아가니 부인이 놀람을 진정하고 화원은 기색이 찬 재 같아 웃으며 말했다.

"이가가 흉계를 내어 우리 일가를 모살하고자 하니 이를 장차 어찌 합니까?"

부인이 말했다.

"이가의 계교 교활하거니와 들으니 지부가 이가를 꾸짖어 이 같이 명한 바라 하니 이는 지부를 부추겨 공적으로 우리 모녀를 죽을 곳에 넣고자 함이다. 죄는 없으나 우리 집 형세가 저를 당하지 못할지니 욕을 면하지 못할까 한다."

화빙아가 대답했다.

"지부는 이가의 음흉함을 알지 못하고 간인의 참언을 신청해 지현으로써 우리를 다스리게 한 것입니다. 지현이 의리를 잡아 죄를 묻는 체 하고 소녀를 불측한 죄로써 얽어 화근을 끊으려 설계함이나 일이 시비 분간이 있을 바요, 대사에 증거가 있어 참과 거짓을 판단할 것입니다. 하물며 신명이 굽어 살피시니 저들이 비록 계교를 얻어 자득하나 자연 죄는 지은 자에게 돌아갈 것입니다. 도리어 소녀의 신상이 유익해 모친의 염려를 덜고 소녀가 규방에 편안해 두려움이 없으리니 바라건대 모친은 염려하지 마십시오. 소녀가 자연 이가 부자를 증거로 몰아넣고 입을 놀리지 못하게 하리니 대저 이 일은 어사 드는 날이야 결말이 있을 것입니다. 지속은 아직 알지 못하오나 흉인의 독수가 어렵습니다. 소녀가 스스로 보신책이 있을 뿐 아니라 이가가 소녀를 도주한 줄로 아는 까닭에 도모하지 않으려니와 두 동생을 해하고자 하리니 빨리 감추어 독수를 면하게 하십시오."

부인이 딸의 지모를 칭찬해 별로 염려하지 아니하나 아들들을 해할까 놀라 말했다.

"네 말이 옳으니 두 아이를 급히 치우려니와 둘 만한 곳이 없으니 어찌 하겠냐?"

"한 달이면 결말이 나리니 두 동생을 각별 멀리 보내지 말고 연기를 맡겨 절간에 숨겨 두십시오. 그렇지 않으면 여염집이라도 제 아는 집에 잘 숨어있으라 하고 외간에 꾸며 말하되 '두 공자가 저의 부친 계신 곳에 갔다.'고 해 비록 관부에서 찾더라도 이 같이 하면 좋을 것입니다."

부인이 즉시 사람을 고을에 보내어 연기를 불러 오라 했다.

사성기봉 임화정연 일 권 끝

(四姓奇逢 林花鄭延 一 終)

원문 임화정연

第一編

四姓奇逢 林花鄭延 卷之一

림화졍연 권지일

뎨일회 第一回

국운이 불행하야 간신이 권세를 희롱함애 졍현이 벼살을 하직하고 고향에 도라오다

國運不幸奸臣弄權 鄭鉉辭職歸故鄕

호호탕탕한 이 텬디 사이에 활활발발하며 비비쥰쥰하는 자ㅣ 다 조물쥬의 권능으로 생셩지은을 고로 입어 우열을 물론하고 각각 그 범위 안 무궁환락을 짜라써 쇠하야 사라감은 하날의 지공무사한 리치이나 엇지 인생의 귀쳔궁달이 그다지 셔로 멀고 달나 매양 사람으로 하야금 길이 늣김을 자어내이나뇨. 이에 탄식함을 마지못하야 안두에 붓을 들어 옛 일을 긔록하노라.

화셜. 대명 홍무 년간에 금자광록태위 리부상셔 겸 총재 졍공의 명은 현이요 자는 자산이니 졀강 소흥부 사람이라. 대대로 잠영거족이요 교목셰가로 공후장상이 끈임이 업더라. 공의 사람됨이 츙효로 근본을 삼고 그 행실이 광명졍대함애 사람사람이 공의 덕을 흠모하니 진즛 일세의 명쳘한 재상이러라.

차시 텬자ㅣ 인현셩명하사 례법이 졍슉하시며 츙직지신이 조졍에 가득하더니 시운이 불행하야 간신 호유용이 승상이 되여 권세를 희롱함애 됴야신민이 두리고 써려 국사가 날로 그르는 즁 군자ㅣ 긔운을 펴지 못하는지라. 졍공이 이에 크게 분한함을 이긔지 못하나 간당의 형세 날로 당당하야 위복을 쳔자함애 개국공신 등이 그 화를 당<2>하는 자ㅣ 그 수를 헤지 못할너라. 이때에 경공이 스사로 헤오되,

'내 부모의 독자로 겸하야 정시의 족당이 히소하고 슬하ㅣ 션션치 못하야 조션 향화가 내 일신뿐이니 엇지 간신에게 무릅을 굽펴 군자의 지긔를 상해오리요. 호젹이 한 번 눈을 흘기면 아쳠하는 참소ㅣ 이러나 젼를 보젼가치 못하리니 비록 후회하나 밋지 못하리라.'

하고 이에 진즛 병을 일커러 나지 아니하니 원근지구 등이 번거리 와 뭇거늘 공이 텬연이 상에 누어 신음함애 제객이 의심치 아니하고 텬자게 경현의 병이 깁허 행공치 못함을 쥬달한대 상이 경해하시더라. 공이 층병 월여에 텬자게 해골을 비러 고향에 도라감을 쥬달하니 상이 의윤하사 수이 조리 상경하라 하시고 금백을 상사하시니 공이 소원의 셩취함을 깃거하야 즉시 행장을 수습하야 가권을 거나리고 향리에 도라와 고택을 수리하고 가사를 경리한 후 친붕 림 쳐사와 위 쳐사와 진호염 등으로 더부러 등션 월하에 시부를 창화하며 현금을 희롱하야 청운 길을 부운에 붓쳐 듯에 두지 아니하고 한가이 세월을 보내더라.

공의 부인 진 시는 진 급사의 상녀이라. 용모가 졀륜하고 성행이 정슉한 즁 부녀의 사덕이 잇스니 공이 심이 애즁이 녁이며 겸하야 부귀가 자족하되 한갓 늣도록 슬하에 혈육이 업셔 근심함을 마지아니하나 잡인을 모히면 다만 가내 불안할가 렴려하야 재취함을 생각지 아니하고 부인으로 더부러 더욱 다정하며 쏘 공의 성도ㅣ 대범하야 녀자에게 롱락지 아니하니 부인이 항상 두리고 공경하야 부쳐ㅣ 서로 공경함을 손과 갓치 하니 화긔가 일실에 유유하더라.

션시에 진 급사의 부인이 조사하고 자녀 사인이 잇셔 부인의 아오와 남제 이인이 잇스니 장은 진담이요 자는 공녀이라. 진사 츌신으로 낭중을 하엿더니 급사ㅣ 죽으매 치상하야 향리에 도라와 삼상을 맛친 후 인하야 다시 벼

살을 구치 아니하고 쏘한 본토를 써나지 아니하니 담의 셩품은 용직하고 그 아오 진명은 청렴 정직한 선배이라. 풍도ㅣ 쇄락하야 비범한 재조를 가젓스나 그 형을 짜라 향리에 잇스니 모다 정공의 집과 리웃이 머지 아니하며 부인의 <3> 아오는 리부상셔 문현각의 식부가 되여 일즉이 경사에 잇더라. 정공이 본래 동긔지친이 업셔 일신이 녕경하니 쳐남으로 더부러 친애지졍이 골육과 다름이 업더니 담의 셩품은 관홍치 아니하매 항상 뜻이 셔로 맛지 아니하되 진명은 놉흔 션배이라. 정공이 사랑함을 마지아니하야 일시도 셔로 써나지 아니하더라.

명의 쳐 셜 시는 유슌하되 담의 쳐 조시는 사람됨이 혼암질둔하니 담의 마음에 숙녀 아님을 미흡히 녁이나 부모ㅣ 이믜 명한 바 조강졍실이요 겸하야 자녀가 진진한지라. 항려지의를 직혀 형제 일실에 우애 지극하며 쏘 졍부로 이웃을 졉하야 왕래 빈번하고 졍의 소통하나 다만 상서ㅣ 늣도록 자녀가 업셔 부부ㅣ 매양 슬허하더니 공의 나희 삼십이 넘으매 비로소 부인이 잉태하니 공이 크게 깃거하야 생남함을 암축할 새 십 삭 만에 일개 녀아를 탄생하매 비록 심내에 실망하나 엇지 깃부지 아니리요. 부부의 애즁함이 비길 데 업셔 다시 아달을 바라지 아니하고 인하야 일홈은 연양이라 하고 자를 운희라 하다.

운희 소제 졈졈 자라매 텬셩이 온순한 즁 추월 갓흔 정신과 연화 갓흔 용광이며 아미는 버들 갓고 두 눈은 추파 갓하야 주순옥치가 연연졍졍하고 총명이 졀인하야 말을 배홈에 글자를 해독하고 자슈 방적도 한 번 눈에 지나치면 그 재조를 가히 짐작할지니 상셔 부부ㅣ 사랑하야 남의 아달을 부러 아니하더라. 소제 오세에 이르매 부인이 쏘 잉태하야 일개 옥동을 생하니 상셔ㅣ 대희과망하야 귀즁함이 비길데 업셔 일홈을 연경이라 하다.

진 랑즁이 두 아달을 두엇스되 장은 백문이니 일즉 취쳐하고 차자 샹문은 이때 십여 세에 션풍도골이 보암즉 하고 문장이 유여하야 일향이 진 시의 션랑이라 일컷는 즁 부모ㅣ 쏘한 과애하는 고로 마음이 교만하야 사람을 가배야이 녁이더니 그 표매 운희 소저를 보고 매양 흠모하야 심내에 가연을 맷고져 부모게 그 회포를 고하니 랑즁 부쳐ㅣ 쏘한 소저의 풍채를 항상 층찬하던 차 아자의 말을 듯고 대희하나 졍공의 뜻을 아지 못하매 공의 뜻을 여허본 후에 구친코져 하더라.

원래 진상문이 졍 소져로 더부러 <4> 사촌 남매이요 조셕으로 일실에 모히니 자연 친근한지라. 진생은 깁흔 생각이 잇셔 비록 유의하나 소져는 엇지 일호의 타의가 잇스리요. 랑즁 부처ㅣ 소저를 유의하는 고로 상셔 부부를 대한즉 아자의 문장을 일컷고 행실을 길림이 지극하니 상서의 부인은 질아의 아름다음을 칭찬하나 공은 상문의 위인이 경망함을 불쾌히 녁이는 고로 강잉이 대답하나 심내에 생소함을 마지아니하더라.

소제 졈졈 자라매 가지록 긔특하야 효졀덕행의 미진함이 업스니 부모의 사랑함이 날로 더하야 후원에 심슈한 루각을 세워 특별이 소저의 쳐소를 삼으니 그 루의 유슈하고 찬란함이 무릉도원 갓흔지라. 상서ㅣ 친히 제액하야 '봉선루'라 하고 유모 장 노파와 시녀 난난, 진진 형데와 가월, 셤월 두 시비로 셔로 갈마 시위케 하고 쏘 츈경 등 사오 개 시녀로 사환케 하니 난난 등 사인은 시비 즁 열사이요 화류 즁 옥면가인이라. 문채가 졍묘하고 지식이 유여하매 소제 사랑함이 수족과 갓더라.

연경 공자ㅣ 졈졈 자라매 옥면이 쇄연하고 총명이 특달하니 공이 심히 귀즁하나 조곰도 방종함을 용셔치 아니하고 엄졀히 교도하니 공자ㅣ 일호도 교만함이 업셔 공근한 태도ㅣ 어른을 압두하니 향당 친쳑이 칭찬치 아니하리 업더라.

공자의 나히 륙 세에 이르매 공이 림 쳐사에게 보내여 수학케 할 새 림 쳐사의 명은 자순이오 자는 즁위이요 호는 백운쳐사이라. 본래 졍공과 동향 지의가 잇고 겸하야 명문거족이라. 쳐사의 위인이 고상하야 문장은 리두를 압두하나 세상 공명을 초개와 갓치 녁이고 다만 명산대쳔에 마음을 두어 술병과 필연을 잇그러 산슈를 구경하며 시귀로 벗을 삼아 나귀 등에 유산객을 지으나 친쳑과 붕우가 그 문장재화를 애셕히 녁여 쳥운길을 여러 입신하기를 권한즉 쳐사ㅣ 문득 냉소하야 왈,

"홍진환로는 위태한 싸이요 인간 공명은 재앙이 감추인 곳이니 나의 맥반초식으로 일신이 걸이김이 업슴만 갓지 못한지라. 엇지 홍진에 분쥬하리요."

하니 다시 권치 못하더라.

그 쳐제 위 쳐사로 더부러 지긔가 상득하고 졍공은 아시로부터 쥭마의 옛 벗이라. 공이 비록 소년 등<5>과하야 경사에 멀니 두류하나 항상 셔로 잇지 못하더니 이때 벼살을 바리고 고향에 도라오매 셔로 반기고 깃거 상애지졍이 형뎨와 갓더라.

림 쳐사, 부인 위 시로 더부러 금슬지락이 비할 데 업스나 쏘한 늣도록 혈육이 업셔 조션 향화를 렴려하야 매양 설허하더니 부인이 늣게야 비로소 잉태하야 일자를 생하니 쳐사ㅣ 부부ㅣ 대희하야 하날게 사례하고 아자 사랑에 취하야 사방에 운유하기를 젼혀 폐하고 쥬야에 슬하 롱장으로 자미를 일삼으니 위 쳐사 역시 질아의 사랑함이 긔츌과 다름이 업더라.

쳐사ㅣ 아자의 명을 규라 하고 자를 봉인이라 하야 날로 자라기를 기다리더니 이러구러 공자ㅣ 륙세에 이르매 텬셩이 공근침즁하야 비록 창졸 사이에 놀나는 일이 잇스나 경동치 아니하야 유덕군자의 풍도가 잇스니 쳐사ㅣ 아자의 긔특함을 과즁하야 셩경현젼과 제자백가를 가랏치니 재조가 초월하야 눈과 귀에 졉하고 지나는 바는 종신토록 잇지 아니하니 겨우 십여 세에 문장이 싸혀나고 필하에 풍운이 번득이여 리백의 문장과 왕희지의 필법을 일신에 겸비한 즁 거지가 단아하고 언사가 침묵하니 그 부친이라도 그 지량을 혜지 못하고 향당 친쳑이 그 문장의 쳔심을 아지 못하는지라. 고요히 문

을 닷고 독셔의 락을 조히 녁이고 대인졉물을 즐기지 아니하니 비록 쳐사의 친붕이라도 공자의 잇슴은 알되 그 얼골은 보지 못한 자ㅣ 매양 만터라.

림생이 언사의 침즁함을 그의 텬셩이나 만일 입을 여러 말하기를 시작한즉 담논이 유창하야 장강을 헷치는 듯 유화한 긔운이 츄양과 갓흐매 짐짓 대인군자이요 긔부가 풍후하고 졍신이 츄월 갓흐여 강산졍긔를 품엇스며 삼세 시에 두역을 어더 신고한 고로 얼골이 젹이 검고 털이 맷쳣스매 범안으로 심상이 보아 지낫치면 아람답다 하기 어려우나 그 재질은 가위 쳔고 긔남이니 범인이 뉘 능히 알니요 년금 십삼에 외모 덕긔가 이갓치 숙셩함으로 쳐사ㅣ 아람다운 배필을 구하더니 일일은 공자ㅣ 부친게 고 왈,

"남녀 셩취는 오륜의 근원이요 세상의 썻썻한 바이오며 험을며 이제 아자는 부모게 독자이오니 배필 엇<6>기를 더듸지 못하려니와 혼사는 일생 대사이라. 만일 불초한 녀자를 어들진대 가사도 관려이오며 아자가 박행의 허물을 엇지 면하올잇가. 아자의 나희 아즉 이팔에 잇지 못하엿사오니 취쳐하기 밧부지 아는지라. 북원 대인은 소자의 약관시를 기다려 어진 녀자를 구하소셔."

림공이 졈두 왈,

"너의 소견이 가장 맛당하니 셔셔히 구하려니와 다만 부부 화락하고 가도ㅣ 창셩함이 다 네게 잇나니 네 소견이 웃듬이라. 모롬이 무염녀와 맹덕요 갓흔 녀자를 구하느냐? 네 소원을 대강 듯고져 하노라."

생이 대 왈,

"무염녀, 맹덕요는 덕은 잇사오나 얼골이 너모 츄악하압고 장강과 반쳡여는 가인이오나 명도ㅣ 긔구하오며 재덕이 구비한 녀자를 구하고져 하오나 엇지 쉬우리잇가. 다만 규범과 부덕이 겸비하올진대 색덕이 부족하온들 엇지 하리잇가."

쳐사 부부ㅣ 우스며 졈두하더라.

위 쳐사 역시 질아를 위하야 숙녀를 구하더니 쳐사의 집 차환은 경부 사환 난난의 아자미라. 숙질이 셔로 내왕할 새 우연이 졍 소져를 보고 크게 놀나 칭찬함을 마지아니한 후 도라와 쳐사 부인게 말삼하엿더니 부인 김 시 쳐사게 말삼하야 구혼하기를 권한대 쳐사ㅣ 왈,

"졍공은 부귀 혁혁한 즁 만래에 녀아를 어더 그 귀즁함이 쳔금 보옥 갓흐니 엇지 한미한 집과 결혼하기를 즐기리오. 하물며 질아의 용모가 아람답지 못하니 비록 흉즁에 쥬아부 갓흔 재조가 잇슨들 엇지 졍공의 택셔함을 응하리요."

김 시 묵연하고 위생이 다시 차언을 개론치 아니하더라.

차시 졍공이 아자를 림 쳐사게 슈학케 하니 쳐사ㅣ 졍 공자의 쥰일함을 사랑하야 지셩으로 교도하며 쳐사ㅣ 아자를 명하야 한가지 학업을 권장하니 졍 공자ㅣ 림생의 장대함을 보고 공경하야 션생이라 칭하니 쳐사ㅣ 소 왈,

"이는 나의 아자이니 키 비록 장대하나 년금 십삼이라. 너에게 칠년이 더한즉 형으로 대졉함이 가하다."

하니 공자ㅣ 배사 왈,

"제자ㅣ 아지 못하압고 림형을 노션생만 녁엿나이다. 제자의 져져는 소자에게 오년이 맛이로대 그리 크지 아니하온대 이제 림형은 비록 칠세가 더한들 엇지 저대도록 크니잇가?"

쳐사ㅣ 왈,

"남녀의 장단<7>이 갓지 아니하거니와 년긔로 말하면 젹이 장대하다."

하더라.

림생이 졍 공자의 아람다음을 사랑하야 셔재에 도라와 학업을 권장할새 쳐사가 대지를 가라친즉 림생은 의미를 셜파하니 졍 공자ㅣ 나희 비록 어리나 총명이 특이한 고로 학업이 날로 진취하매 림생이 친뎨갓치 사랑하고 졍 공자ㅣ 역시 감동하야 친형갓치 공경하며 삼일에 일차식 도라와 부모게

뵈이고 져져를 반기더니 일일은 본부에 이르러 훤당에 배알하고 봉션루에 가 져져를 보이니 소제 반겨 배온 글을 뭇고 닑은 글을 외이라 하니 공자ㅣ 응대하고 외오기를 물쏫쓧 하매 소제 크게 깃거 왈,

"네 이럿틋 잘 배우니 문호에 만행이라. 네 부대 종시여일하야 부모의 소망을 져바리지 말나."

공자ㅣ 대 왈,

"삼가 져져의 명교를 밧들리이다."

하고 남매 조용히 담론할 새 공자ㅣ 문득 우셔 왈,

"림 사부의 아자ㅣ 년금 십삼에 신장이 일곱자이요 슈족의 장대함은 우리 야야에 배승하오며 소래는 옥을 부시는 듯하고 얼골은 곱지 아니하나 인물이 긔특하고 문장 필법이 쥬옥 갓흐여 가위 긔남자로대 다만 애달은 바는 얼골이 보기에 험쥰하더이다."

하며 인하야 사매로셔 림생의 글을 내여 소져를 주기늘 소제 바다 보매 필법이 긔의하야 텰장을 드리온 듯한지라. 소제 한 번 보고 심하에 놀나 칭찬 왈,

"글이 빗나고 아람다와 짐짓 문장의 슈단이니 너는 아모조록 이 글을 모방하야 배우기를 공부하라. 대져 사람은 고금을 물논하고 도덕이 웃듬이요 얼골이 버금이며 황남자의 얼골로 의론하면 엇지 미묘함을 귀하다 하리요."

공자ㅣ 웃고 대 왈,

"져져의 말삼이 올으시오나 엇지 남자인들 형모가 너모 괴악하면 무엇이 아람다오리잇가."

소제 웃고 다시 대답지 아니하더니 문득 시비 난난이 한 옥함의 봉한 것을 들고 드러오며 왈,

"강셔 쥬 어사 댁 부인이 이 옥연 한 쌍을 셔역으로 래왕하는 장사에게 빅금을 쥬고 사니 지극하온 보배이라. 소져의 자람을 헤아려 아람다옴이 옥

갓다 하사 특별히 소져게 보내시고 또 부인의 글월이 왓나이다.”

소제 반겨 급히 바다 보니 옥연 우에 제비 한 쌍을 삭이고 남해 명쥬를 더하엿스니 옥품<8>의 긔이함이 참 이른 바 남젼 백옥이라. 소제 대희 왈,

“슉모ㅣ 여러 자녀를 두어 게시거늘 이렂틋 긔화로 질녀를 생각하시니 가히 슉질의 졍의 알이로다. 슉모의 글월이 어대 잇느뇨?”

난난 소매로 좃차 내여 드리니 소제 바다 보매 모부인게 온 글월이라. 그 글에 일럿스되,

> 별래에 오래 상모하는 회포 간졀하도다. 셔로 손을 난호은 후 음용이 묘망하니 속졀업시 남으로 가는 기럭이를 슬허 하나니 현데의 졍도 이곳 제 갓흐리로다. 드르니 벼살을 바리고 고향에 도라와 한가타 하니 모로미 한 번 강셔에 이르러 동긔 반김을 바라노라. 더욱 질녀의 교연한 거동이 안젼에 삼삼하고 질자를 또한 강보에 본 후 면목이 의희하니 이제 자라 그 아람다음을 생각하매 그윽히 궁겁도다. 이 옥연 일쌍은 우리 상공이 녀아를 위하야 백금을 쥬고 셔역장사에게 사둔 것이니 진실로 긔보이라. 용우한 사람이 임자가 되지 못할 것이니 녀아는 재조가 범상한 속골이라. 이것이 무언 즁 임자의 글웃됨을 한할 뜻 한 고로 질녀의 아람다옴이 짐짓 셔로 젹당함을 쌔다라 보내나니 나의 졍을 표하야 질녀의 안두 비품을 도을가 함이니 질녀는 모로미 이 슉모의 생각하는 뜻을 일로써 알게 할지어다. 우리 상공이 또한 벼살을 바리고져 하시니 아지 못게라. 불구에 도라가리라.

하엿더라. 소제 간필에 우어 왈,

“슉모게서 질녀를 찬양하심이 너모 과도하시도다. 표제 이를 쌔앗기면 필경 즐기지 아니리라.”

하고 쌍연을 다시 잇그러 자셔이 보며 심히 사랑하거늘 난난 왈,

“쥬 부인이 이 갓흔 즁보를 소저에게 보내신 졍이 심히 간졀하시온대 소

제 엇지 한장 글을 지여 슉모의 후의를 사례치 아니하시나잇가?”

공자ㅣ 또한 권함을 마지아니하니 소제 왈,

“음영은 본대 지인재자의 일이라. 슉모ㅣ 엇지 조화하시며 또 녀자의 음풍영월함이 온당치 아니한 바이나 차물은 긔이한 즁 슉모의 후의가 여차하시니 맛당히 일슈 시를 지어 옥연이 쳔리 밧으로부터 내게 도라옴을 칭<9>송하리라.”

하고 드듸여 화젼 일폭을 펼쳐 놋코 옥슈에 채필을 드러 삽시간에 옥연찬 칠언사률을 지어 나작이 음영하니 공자는 어림으로 그 글의 의미를 아지못하되 그 붓 두름이 신속하고 필쳬가 쥬옥 갓흠을 보고 크게 칭찬하야 가만이 생각하되,

‘림형의 재조ㅣ 심히 신속하더니 져져의 슈단이 이럿틋 긔특하니 내 맛당히 져 글을 가져다가 림형을 쥬어 길임을 보리라. 그러하나 저져ㅣ 필경 쥬지아니할 것이니 내 가만히 가져가리라.’

하고 게책을 생각하더니 문득 안으로셔 시비 나아와 고 왈,

“로야와 부인이 소져를 부르시더이다.”

하니 소제 황망히 이러 드러갈 새 옥언시를 경내에 늣코 이러나며 공자다려 한가지 가자 하니 공자ㅣ 대 왈,

“소뎨 지금 발이 져리오니 잠간 진졍하야 가리이다.”

쇼제 신지무의하고 내당에 이르니 상셔ㅣ 왈,

“져져ㅣ 너의 어렷슬 때에 떠나시되 사랑하는 뜻이 못지 아니하사 이갓치 긔이한 보배를 네게 보내쥬시니 엇지 황감치 아니리요. 네 맛당히 슉모게 사례하는 뜻을 표하라.”

부인이 소 왈,

“쥬 부인의 후졍은 감사하거니와 필경 쥬질은 즐겨 아니할가 하노니 너의 장엽 즁에 옥패가 여럿이 잇스니 그 즁 아람다온 것을 갈히여 질아에게

보내여 회사하라."

소제 대 왈,

"슉모의 후은은 감격하온지라. 명대로 하리이다."

하더라.

차시 공자ㅣ 져져의 몬져 감을 보고 즉시 글을 소매에 늣코 내당에 이르니 소제 왈,

"현뎨 매양 발이 져리다 하니 반다시 계으른 본이로다."

공자ㅣ 왈,

"오래 동안 쑬엇스니 자연 발이 져리더이다."

상셔ㅣ 소 왈,

"사람이 혹 긔맥이 부족하야 손과 발이 져림이니라."

소져와 공자ㅣ 다 웃더라. 인하야 공자ㅣ 이러나 림가로 가랴 하직을 고하니 상서ㅣ 가동을 명하야 공자를 뫼셔 가라 하고 쳐사에게 쏘한 젼어하니라. 쇼제 침소에 도라와 옥패를 봉하고 슉모게 상셔하야 사례왈 새 부인도 회셔하고 례몰을 듯터히 봉하야 쥬가 창두를 도라가게 하니라.

시시에 림생이 졍 공자를 보내고 홀노 셔재에 잇셔 글을 읽더니 이 날 셕양시에 공자ㅣ 도라와 쳐사게 뵈옵고 물너오니 생이 손을 잇그러 겻헤 안치고 왈,

"네 오날은 무삼 일이 잇셔 이다<10>지 느졋나뇨?"

공자ㅣ 왈,

"부모게 뵈옵고 져져로 더부러 강론하다가 자연 오기에 더듸니이다."

생이 다시 뭇지 아니코 공자로 더부러 글 읽기를 마지아니하더니 이에 날이 어두으매 글 읽기를 슷치고 쳐사게 젼역 문안을 맛친 후 셔재로 도라와 촉하에 다시 글을 읽을 새 밤이 깁흔 후 셔안을 물이치고 각각 차를 마신 후 실과를 씹더니 공자ㅣ 소매 안으로셔 옥연시를 내여 텬연히 생을 쥬며 왈,

"이 글이 엇더하뇨? 형은 보라."

생이 바다 보니 제일 필법이 쳥신하야 진쥬 쌘 듯하며 의사가 소통하야 아리싸온 미인의 태도를 먹으며 유즐유표하야 의의히 쒸여나고 사의가 옥연을 찬하엿스니 쳥아하고 쇄락하야 규즁 필젹이 분명한지라. 심하에 칭찬하야 왈,

'묘하고 아람답도다. 옛날 소약난의 해문과 사도은의 영셜 시를 일즉 일카랏스나 엇지 이 옥연찬에 지남이 잇스리요. 아지 못게라.'

"네 이러한 글을 어대로 좃차 어덧는다?"

공자ㅣ 나희 어림애 저저의 글을 길임에 조히 녁여 즉시 답 왈,

"이는 다른 사람의 글이 아니요 곳 우리 져져의 지은 글이라. 형에게 보이여 그 션불션을 알고자 가져옴이라."

생이 놀나 생각하되,

'졍 소제 한갓 규즁 아녀자로 이러한 놉흔 재조ㅣ 잇도디. 연하나 녀사ㅣ 글을 지은들 엇지 어린아희를 쥬어 외간 남자를 보이는고. 녀자 행실에 맛당치 아니타.'

하고 문 왈,

"너의 저저ㅣ 옥연을 어대로 좃차 어더관대 이 글을 지엇스며, 너를 쥬어 보냄은 엇짐이뇨?"

공자ㅣ 대 왈,

"이 글의 지은 곡졀이 잇나니 오날 우리 슉모 쥬 부인이 옥연 한 쌍을 우리 져져게 보내 쥬시니 가위 텬하의 보배이라. 그 찬사를 지으라 권하매 져져ㅣ 가치 아니타 하더니 여차여차하고 지엿기로 로형을 보이고져 할 새 져져의 수종을 입을가 하야 내 또한 이리이리하고 가져옴이니다."

생이 함소 왈,

"너의 의사는 가소롭거니와 어린아헤 엇지 으른 속임을 능사로 아나뇨.

차후는 부대 삼갈지어다. 후일에 만일 너의 져져가 짐작하면 즁책을 면치 못할지니 도로 갓다 두게 할지어다."

공자ㅣ 소 왈,

"그리 하리이다."

생이 그 글을 옴겨 벗기고 공자를 쥬더라. 일로 좃차 림생이 졍 소져의 문장을 짐작하고 칭찬<11>하며 생이 또한 일슈 시를 지여 그 겻헤 쓰고 다시 문 왈,

"너의 져져ㅣ 년긔 얼마나 되뇨?"

공자ㅣ 답 왈,

"년금 십일 세니이다."

생이 차탄하야 왈,

'십여 세 아녀자ㅣ 이러한 문장이 잇스니 용열한 남자ㅣ 엇지 붓그럽지 아니리요.'

또 가마니 내심에 헤오되,

'이 녀자ㅣ 이럿틋 아람다우니 내 구하야 배필을 삼으면 진실로 남자의 쾌사이로다.'

생각함이 이에 이르다가 문득 뉘웃쳐 왈,

'나는 외간 남자이요 져는 규즁 여자이라. 엇지 남의 집 규슈를 유의하리요.'

인하야 그 시를 연갑에 간슈하고 다시 유렴치 아니하나 매양 글을 내여 보면 문득 흠션함을 마지아니하더라.

차시 졍 소저ㅣ 옥연시를 다시 보고자 하야 경대를 여러 보매 문득 간 곳이 업는지라. 심하에 경혹하야 연갑이며 셔책을 뒤여 보되 종시 보이지 아니하니 십분 의아하아 난난 등 사인을 불너 무른대 난난, 진진이 대 왈,

"소비 등은 작일 소져를 뫼셔 졍당에 드러가고 공자ㅣ 호올로 게시더니

모롬이 가져가신가 하나이다."

소저ㅣ 왈,

"어린아해 내 글을 가져다가 무엇에 쓰리요?"

셤월이 엿자오되,

"소비가 어제 소저 가신 후 이곳에 잇더니 공자ㅣ 발이 져리다 하고 경대 압헤 계시다가 쇼비 나간 후 곳 경대를 다드시더니 반다시 공자ㅣ 소져의 글을 가저다가 림생에게 뵈이려 함인가 하나이다."

소저ㅣ 쳥파에 공자의 가져감이 올흔 쥴 짐작하고 심즁에 불열하야 공자의 도라오기를 기다리더라.

차시에 졍 공자ㅣ 소져의 글을 기림을 보고 가쟝 깃거 또 션생게 자랑코져 하야 명일 쳥신에 선생게 배알하고 화젼을 내여 쌍슈로 선생게 드려 왈,

"제자ㅣ 이 글을 어덧삽더니 고하를 아지 못하얏기 션생게 드려 그 고하를 알고져 하나이다."

쳐사ㅣ 바다 보니 옥연을 두고 지음이라. 쳥아 은은하야 화젼 우에 향연이 어리여 사람을 향하야 칭찬하는 의사ㅣ 간졀하되 작법이 연약하고 자획이 영영하야 남자의 슈단은 아니어늘 놀니며 긔득이 넉여 징찬 왈,

"긔재이며 묘재이로다. 이 글을 보매 옛사람의 글도 아니요 또 남자의 필법이 아니니 반다시 규즁 소작이라. 모로미 이 글이 뉘의 소작이뇨?"

공자ㅣ 션생의 기림을 환희하야 대 왈,

"이 글은 제자<12>의 누의 소작이니다."

션생이 대경 왈,

"네 매양의 년긔 몃치며 이 글을 무삼 뜻으로 지엇나뇨?"

공자ㅣ 드듸여 소져의 나희며 글 지은 연고를 다 고하니 쳐사ㅣ 크게 칭찬하야 왈,

"긔특도다. 십여 세 녀아로 이러한 재조ㅣ 잇도다. 작지함을 보니 텬셩이

경슉하며 다슈다복할 슉녀이라. 경자산이 과연 그녀를 두엇도다."

하며 칭션함을 마지아니하니 공자ㅣ 흔흔 깃거할 새 이때 림생이 안으로 좃차 나오거늘 쳐사ㅣ 그 시편을 쥬어 읽으라 한대 생이 공경 대 왈,

"앗가 연경이 그 글을 가졋기로 몬져 보앗나이다."

쳐사ㅣ 졈득 왈,

"네 이 글을 보매 무삼 흥치 잇더뇨? 엇지 일언이 업나냐?"

생이 대 왈,

"규즁 필젹을 외간 남자가 엇지 평론하리잇가."

쳐사ㅣ 칭찬 왈,

"네 례를 직힘이 이럿틋 하니 가히 아람답도다."

하고 인하야 글을 내여 쥬니 공자ㅣ 바다 낭즁에 감츄더라.

이날 석양 시에 경공이 림 쳐사를 보고자 하야 일필 청녀로 림부에 이르니 이때 쳐사ㅣ 초당에셔 거문고를 희롱하더니 공을 마자 례필 좌졍 후에 경공이 몬져 갈아대,

"소제가 근일에 젹은 신병을 인하야 여러 날 외츌치 못할 새 오래 형을 보지 못하매 봉속한 태도ㅣ 낫타나는 고로 이에 차자 이르럿노라."

쳐사ㅣ 사 왈,

"소뎨 쏘한 심사ㅣ 곤뇌하기로 형을 찻지 못하엿더니 자산이 몬져 차지니 감사하도다."

경공이 쇼 왈,

"형이 요사히 불민한 자식을 가랏치노라 심력을 허비하니 쇼뎨 도리여 불안 감사하거늘 쏘 엇지 왕림하심을 바라리요."

쳐사ㅣ 답 왈,

"영낭이 비록 나희 어리나 총명이 과인한 고로 가랏침에 일호도 근노함이 업스니 엇지 다시 념려하시리요."

공이 칭사하고 빈쥬ㅣ 셔로 대하야 한가히 말삼하더니 이윽고 위 쳐사ㅣ ᄯᅩ한 이르니 피차 반겨 담화할 새 림공이 가□을 명하야 쥬찬을 나아오니 담박한 안쥬로 백화쥬를 옥배에 부어 셔로 권하야 슐이 반취하매 쳐사ㅣ 왈,

"근간 질아의 학업이 얼마니 진취하얏나뇨?"

림공ㅣ 답 왈,

"아자ㅣ 너모 질둔하야 공부는 착실히 하나 진취는 엇지 못하엿나이다."

정공이 웃고 왈,

"쇼뎨 형으로 더부러 교정의 둣터옴이 골육 갓흐되 영낭은 소제를 더러이 녀여 한 번 상대함을 엇지 못하도다."

림 쳐<13>사ㅣ 손사 왈,

"아자ㅣ 불초하야 텬품이 우졸한 고로 제 스사로 나아와 배알하기를 두림이오니 엇지 셜만함이 잇스리요."

정공 왈,

"녜로붓터 어진 션배는 뎨왕이라도 가뷔야이 이르지 못하나니, 우리 셔로 일실 갓흔 사이에 영낭이 엇지 그대도록 소홀하리요. 아지 못게라, 이는 형이 교자에 너모 고집함이로다."

위 쳐사ㅣ 쇼 왈,

"질아의 품셩이 엄위하야 쇼홀함이 아니라. 본래 심지가 묵어워 원근 친쇼를 물론하고 대인졉물을 즐기지 아니하는 고로 ᄯᅢᄯᅢ 이르기를 마지아니하노라."

림 쳐사ㅣ ᄯᅩ한 우으며 왈,

"쇼뎨 만득으로 일자를 어더 별로히 교도함은 업스나 자못 법도ㅣ 잇는지라. 다만 형의 왕림하심을 아지 못하야 자연 더딤인가 하노라."

정공이 쇼 왈,

"그러할진대 금일은 종용하온즉 영낭을 명하야 나를 보임이 엇더하뇨?"

림공이 응락하고 가동을 분부하야 아자와 졍 공자를 불너 상셰게 배알함을 명하니 졍 공자ㅣ 야야의 이르심을 듯고 크게 반겨 림생을 재촉하야 슈히 나아가고자 하니 림생이 함쇼하고 의관을 졍제하야 졍 공자로 더부러 객당에 이르매 졍공이 일즉 림생의 행지를 듯고 내심에 써 하되 엇더한 괴물인가 하야 부대 보고자 하더니 문득 멀이 족젹이 들이거늘 밧비 눈을 드려 보니 일위 셔생이 머리에 후사당건을 쓰고 몸에 백져포를 부치엿스며 허리에 가는 혁대를 두루고 셔셔히 거러 당에 올나 졍공을 향하야 배례필에 또 위쳐사게 졀하고 부친 좌하에 단졍히 시립하니 졍공이 그 신장이 장대하고 위풍이 늠늠함을 보고 일개 소아인 줄 깨닷지 못하고 거슈 답례하니 쳐사ㅣ 급히 말여 왈,

"형이 아자에게 부집의 존즁함이 잇고 나희가 또 어리거늘 엇지 이럿틋 과례하나뇨. 이른바 과공이 비례이로다."

졍공 왈,

"영낭은 놉흔 션배이라. 쇼뎨 엇지 감히 셜만히리요."

림생이 흠신 사죄 왈,

"대인이 소생을 이럿틋 과례하시오니 몸의 둘 바를 아지 못하리로소이다."

졍공이 소 왈,

"그대의 문학이 실노 고상한지라. 고사의 대졉이 맛당하거늘 엇지 사례함이 잇스리요."

생이 황공하야 좌를 물너 염슬 궤좌하니 졍공이 다시 눈을 들어 자시 살피니 신쟝이 팔쳑이요 위의 현<14>앙하며 허리 길고 몸이 둥그러 억개는 산이 션 듯하고 눈셥이 길며 코가 놉고 눈은 깁흔 듯하나 광채 찬란하야 그 용모와 긔상이 당당한 일대 영웅으로 텬지조화를 흉즁에 품어 제세안민할 자이라. 졍공이 한 번 보매 크게 칭찬하야 왈,

"림형은 비록 만래에 일자를 두엇스나 오래지 아니하야 무궁한 영화를 보리로다."

쳐사 왈,

"쇼뎨 다른 자녀ㅣ 업고 일신이 고독하매 밧비 며나리를 엇고져 하오나 아자의 소원이 여차여차한 고로 대사를 쵸솔히 정치 못할 쁜 아니라 또 아자의 용모ㅣ 아람답지 못하니 뉘 즐겨 옥녀와 교아로 동상을 허하오며 또한 가세가 빈한하매 가약의 대사가 자연 더될가 하노라."

졍공이 소 왈,

"무릇 사람이며 나라를 구할진대 몬져 덕을 보고 후에 용모를 의논하나니 하믈며 남자의 얼골을 의론하리요. 령낭의 놉흔 코와 깁흔 눈이 영웅의 긔상이요 복된 귀와 빠혀난 눈셥이며 모진 입과 붉은 량슌이 반다시 오복이 구비할 샹모이라. 엇지 아람답지 아니하다 하며 혼인에 빈한함을 걸이씸은 오랑캐의 행실이라. 엇지 빈부를 의론하리요."

림 져사ㅣ 대소 왈,

"용열한 아자를 너모 과찬하시도다. 아자ㅣ 과연 얼골은 괴이하나 쇼학은 그리 용열치 아니한가 하노라."

위 쳐사ㅣ 졍공의 언론함을 보고 그윽키 깃거우며 이 틈을 타 친사를 도모코져 하더라. 졍공이 림생의 용모ㅣ 험악함을 보고 심지와 학업을 시험코져 하야 고금을 강론할 새 생이 응구쳡대하야 대해를 기우리는 어른 소견과 원츌한 말삼은 공이 능히 빗쳐 슈응치 못할지라. 공이 크게 긔특이 녁여 암암칭찬하고 사랑함을 이긔지 못하는 즁 겸하야 몸가짐이 신즁하야 공으로 더부러 대하야 안진 지 때가 오래되 기우려 곳침이 업고 음셩이 맑아 옥을 싸리는 듯 례모ㅣ 공근하고 거동이 단아하야 한 곳도 미흡함이 업는지라. 공이 심하에 경동 애모하야 생각하되,

'차인은 진짓 경즁한 군자이요 짝이 업는 영웅이나 한갓 용모가 해박하

고 거동이 가증하도다.'

그럿치 아니하면 녀셔를 삼음이 맛당하고 그 재조와 인믈을 사랑하야 은근히 화답하며 쏘 그 문필을 구경코자 하야 생다려 문 왈,

"내 일즉이 환로<15>에 분쥬하기로 글을 노은 지 오래고 겸하야 재조ㅣ 소활하나 남의 아람다온 시사는 사랑하나니 군 갓흔 재조로 일즉 지은 배 만으리니 쥬옥갓흔 글귀를 내여 이 노부의 어두은 귀를 밝킴을 바라노라."

생이 공경 대 왈,

"소생의 텬셩이 용졸하와 종일토록 칭하에 잠착하오매 소견이 무식하와 비록 젹이 글자를 아오나 엇지 쥬옥갓흔 글귀가 잇셔 노션생게 지졍할 자ㅣ 잇사올잇가."

공 왈,

"노부ㅣ 군가로 더부러 일실 갓흐니 군은 엇지 이갓치 홀대하야 부유의 겸사함을 모방하느냐."

림생이 굿게 츄사하거늘 위 쳐사는 다만 결혼한 뜻으로 생의 재조를 매양 자랑코자 하던 차 생의 츄사함을 보고 심하에 고민하야 생을 도라보아 왈,

"졍 형은 일실 갓흐니 엇지 이럿틋 고사하나뇨."

눈을 구을여 당하를 여허 보니 생의 시동 한복이 셧거늘 즉시 불너 분부 왈,

"졍 로야ㅣ 보랴 하시니 네 빨이 공자의 셔안을 가져 오라."

복이 청명하고 셔당에 이르러 생의 사집 느흔 샹자를 가져 드리니 위 쳐사ㅣ 바다 글을 내여 졍공으로 더부러 함긔 볼 새 그 수ㅣ 백여 편이라. 혹 달을 읇푸며 쏫을 지여 칠언오률이 각각 잇스니 그 즁 츙신 열사의 고젹과 열녀의 찬사도 잇셔 귀귀히 문장과 사의가 완전하며 심원하야 안목으로 하야금 현황케 하는지라. 졍공이 극구 칭찬함을 마지아니하고 위 쳐사ㅣ 쏘한 깃

거함을 이긔지 못하니 림 쳐사는 다만 희희히 우음을 먹음고 생은 머리를 나작이 하야 담연 무어하니 공이 더욱 긔특이 녁여 림공을 향하야 만구 칭하하며 왈,

"내 유시로부터 열인함이 극히 만으나 눈에 드는 재조를 별로 보지 못하엿더니 금일 령낭의 강하 갓흔 문장을 구경하매 크게 깃부도다. 형이 비록 독자를 두엇스나 남의 십자를 당할지라. 이 갓흔 재조로써 엇지 진토에 뭇치리요. 오래지 아니하야 룡문에 올나 단계를 찍고 어향을 쏘여 금마옥당에 쥬인이 되야 국가를 창셩케 하리니 미리 치하함을 마지아니하노라."

쳐사ㅣ 웃고 사양 왈,

"자산이 젼일은 눈이 놉고 뜻이 거만하야 일즉 기림이 업더니 엇지 아즉 방향 업는 아자의 글귀를 져럿틋 과찬하나뇨. 이제 형이 아자의 미거한 문자를 이갓치 <16> 과장하거니와 형의 규옥은 가위 쳔금 재녀이라. 남자의 학업을 힘씀은 그 당연한 직분이어니와 녀자의 문장은 자고 희귀한 바이니 령녀의 희세한 재조를 소뎨가 실로 만심 칭하하노라. 형이 이러한 긔녀를 두고 소제의 한미한 아자를 과찬함이 여차하시뇨?"

경공이 의괴히야 미소 왈,

"소뎨의 어린 쌀이 약간 총명하나 무삼 낫타난 문장이 형의 찬양함을 드르리요?"

림공의,

"령애의 옥연찬 시를 어더 보니 녀즁 문장이라. 소뎨 깁히 공경하노라."

샹셔ㅣ 경아하 마음이 간졀하야 왈,

"소녀ㅣ 년금 십일에 문장 재화가 젹이 보암즉 하거니와 소뎨 일즉 시 지는 양은 보지 못하엿나니 형이 옥년시를 어듸로 좃차 어더 보앗스며 뉘 이르되 소녀의 소작이라 하더뇨?"

쳐사ㅣ 졍공의 아지 못함을 보고 소 왈,

"풍속 말에 '등하ㅣ 불명이라.' 하더니 엇지 녀아의 옥년시 지음을 모르리요. 오날 아참에 연경이 옥년시 일슈를 내여 쥬며 제 매시의 소작이라 하거늘 소뎨 공경하야 보앗나니 형이 도로여 녀아의 재조를 소뎨만치 모롬이 괴이하도다."

정공이 더욱 의아하야 왈,

"과연 형이 바다 보앗다 하니 반다시 허언이 아니라. 그 시가 이제 어대 잇나뇨? 보고자 하노라."

쳐사ㅣ 왈,

"령낭에 무러 차지라."

공이 아자다러 문 왈,

"네 누의 글을 언제 지엇스며 엇지 나를 보이지 아니하고 몬져 션생게 뵈앗나뇨? 대져 사제의 졍리는 부자에 더함을 깨닷게도다. 그 시젼을 가져오라."

공자ㅣ 본대 저저의 글을 가마니 가져다가 림생을 뵈여 기림을 듯고자 함이러니 일이 공교하야 의외에 부친이 이르시고 처사ㅣ 창셜하니 내심에 착급하야 머리를 숙이고 일언을 이르지 못할 지음에 부친의 이 말을 듯고 감히 츄탁지 못하야 낭즁으로부터 시를 내여 드리니 공이 바다 보기를 맛치고 미우에 희색이 가득하야 흔연이 우음을 먹음고 왈,

"네 누의 시를 어느 때 지엿나냐?"

공자ㅣ 부친의 흔연한 긔색을 보고 잠간 방심하고 대 왈,

"져즘께 슉모게셔 옥연을 보내시매 즉시 이 시를 지을새 그때 맛참 부모게셔 져져를 부르시거늘 져져ㅣ 드러가매 소자ㅣ 그 글의 고하를 알고자 하와 션생게 뵈오랴 하야 져져를 모로게 가져 왓나이다."

<17>공이 우어 왈,

"네 그날 발이 절임을 거즛 이르고 누의를 속이여 글을 도적함이로다.

림형의 보심은 관계치 아니하거니와 규즁 필적을 번거히 젼파하면 네 누의ㅣ 반다시 즐기지 아니하야 네 대책을 면치 못하리라."

공자ㅣ 이 말삼을 듯고 안색이 변하야 은은히 눈물을 먹음는지라. 공이 아자의 번민함을 보고 위로 왈,

"네 누의 혹 책망할지나 내 일을 것이니 심려치 말나."

공자ㅣ 바야흐로 사색이 평슌하더라.

第二回
뎨이회

졍 공자 림생으로 더부러 글 배우고
진상문이 소년의 등과하다
鄭公子與林生書學 陳相文少年登科

이때 위 처사ㅣ 졍공다려 왈,

“형은 과연 긔녀와 긔자를 두엇도다. 그 재조ㅣ 이럿틋하니 용모 아람다올지라. 형의 택셔함이 심샹치 아니리로다.”

졍공이 소 왈,

“아녀 비록 젹이 재용이 잇스나 엇지 감히 옛사람에 밋치리요. 대저 자식을 위하야 아람다온 배필을 구함은 사람사람의 썻썻한 일이라. 엇지 범연타 하리요마는 아즉 나희 어리고 절강 인물이 용속하기로 가랑을 엇지 못할가 근심하노라.”

위 쳐사ㅣ 진짓 이르되,

“형이 일녀의 등샹을 가림에 반다시 번화한 황셩 근쳐에 왕손 공경이며 부귀 공자를 갈히리니 엇지 절강의 향암한 션배를 구하리요.”

졍공이 소 왈,

“형언이 가히 우직하다 하리로다. 소뎨 실로 한미한 사람이라. 한갓 단아한 군자를 어더 녀아의 일생을 부탁코자 하나 아즉 가합한 가랑이 업슴을 우려하로라.”

위 쳐사ㅣ 소 왈,

“자산의 놉흔 뜻이 맛당하도다. 시속이 모다 번화함을 취하거니와 소뎨는 실로 부운갓치 녁이로라.”

졍공이 소 왈,

“림형의 며나리 구함은 아지 못게라, 그 뜻이 엇더하뇨?”

쳐사ㅣ 왈,

“혼인은 인륜대사이요 집의 흥망이며 나라에 매엿스니 엇지 다만 부귀를 취하리요. 형언이 내 뜻에 합당하도다. 소뎨 역 일자의 쌍을 구함에 엇지 범연하리요. 반다시 용모 비범한 녀자를 구하려 하엿더니 아자의 소원이 장강, 반비의 박명함을 혐의하야 비록 가빈<18>하나 요한 졍숙한 녀자를 뜻하야 소망이 놉흐니 실로 민망하여이다. 본대 아자의 얼골이 아람답지 못하니 아람다온 며나리를 어더 자미를 볼가 바라는 바이니 뜻과 갓지 아니함을 우려하노라.”

졍공이 박쟝대소 왈,

“령랑의 소견이 실로 놉흔지라. 다만 지조가 초월한 녀자를 구할지언졍 엇지 얼골을 구하리요.”

하고 셜파에 좌우ㅣ 대쇼하며 담론이 긋치지 아니하되 림생은 긔운이 씩씩하고 거지가 침즁하야 좌우ㅣ 번거러 생의 용모를 시비하나 각별 수괴함도 보이지 아니하고 또 생의 혼사 등을 의론하나 생이 유의함이 업셔 다만 단졍히 안졋스니 졍공이 더옥 탄복하야 녀셔를 삼고자 뜻이 태반이나 기우렷스되 한갓 그 용모가 녀아와 현격함을 미흡히 녁여 발언치 아니하고 날이 져몰매 하직고 도라올 새 녀아의 시젼을 소매에 넛코 이러나니 림생이 뫼셔 문외에 배별 젼송하거늘 공이 흔연 왈,

“다행히 군은 차후로 사부를 괄시치 말지며 아자는 용우함이 만으니 아

모조록 널이 가랏쳐 대도로 나아감을 인도하야 매사를 형뎨갓치 화합하기 바라며 한 번 아자로 더부러 로부의 집에 이르기를 바라노라."

생이 공경 왈,

"소자의 용우함을 이럿틋 애휼하시니 엇지 감사치 아니하오며 연경은 총명 다재하와 소자ㅣ 족히 가랏칠 것이 업사오나 존명이 여차하시니 삼가 명대로 하리이다."

공이 다시 연연함을 마지아니하다가 도라가니 졍 공자ㅣ 심히 셥셥히 녁이거늘 림 쳐사ㅣ 더욱 사랑이 친자 갓고 림생이 쏘한 지극히 위로하니 졍 공자ㅣ 웃고 왈,

"소뎨 부졀업시 져져의 시사를 가져다가 션생과 형을 보엿더니 일이 루셜하엿스니 타일에 우리 져져에게 일장 즁책을 입을가 하로라."

쳐사와 림생이 웃고 생을 명하야 글읽기를 분부하니 생이 공자로 더부러 셔재에 도라와 독셔함을 마지아니하더라.

이때 위공이 림공을 대하야 왈,

"질아를 위하야 혼사를 결의코져 하되 나히 상젹지 못하고 쏘 질아의 얼골이 곱지 못하기로 자져하야 져져게도 말삼치 못하엿더니 금일 졍녀의 시문을 보오니 그 녀자의 재모ㅣ 쌍비한지라. 반다시 이를 구하야 질아의 배우를 정하면 엇지 깃<19>부지 아니하리요마는 상셔의 쥬의를 아지 못하니 엇지 하리요?"

림 쳐사ㅣ 왈,

"아자의 재덕이 표일함을 사랑하야 오래지 아니하야 졍 샹셔ㅣ 스사로 몬져 구친하리니 백셤은 선동치 말나."

위 쳐사ㅣ 올타 하고 도라가니라.

차시 졍 상셔ㅣ 림생을 보고 도라오며 그윽히 생각하되,

'아마 그 얼골 미흡하야 부인이 즐기지 아니하리라.'

하고 부즁에 이르니 부인이 마자 왈,

"상공이 어대 가 종일 취하시니잇가?"

공이 답 왈,

"림즁유를 차자보고 종일 연음타가 도라오나이다."

부인이 쇼 왈,

"아자ㅣ 상공을 반기다가 떠나기를 셥셥하야 가장 결연하리로소이다."

공이 쇼 왈,

"아자ㅣ 제 누의에게 죄를 어더 금심하기에 셥셥함도 아지 못하더이다."

부인이 경문 왈,

"연경이 무삼 죄를 지엇더잇가?"

공이 웃고 그 곡졀을 이르니 부인이 쇼 왈,

"쳘 업는 아해가 규즁 필젹이 즁난함을 아지 못하고 다만 누의의 재조를 자랑코져 하야 가져갓스나 일이 탄로하고 제 누의의 셩품을 짐작하매 응당 두리워할지라. 복원 상공은 수짓지 마옵쇼셔."

공이 취즁이라 이르되,

"연경은 나의 장즁보옥이니 졀을 보고 한 일을 엇지 책하리요."

정언 간에 쇼제 드러와 문후하거늘 공이 겻해닥아 안치고 문 왈,

"네 젼일부터 글을 만히 보앗슨즉 시도 쏘한 지여 을펏스리니 지은 글이 잇나냐?"

쇼제 의아하야 왈,

"쇼녀ㅣ 비록 글을 약간 짐작하오나 엇지 제작하올 재조가 잇사올잇가마는 일젼에 슉모 쥬옥연을 보내시오니 그 후의를 감격하와 옥연의 긔이함을 보고 두어 쥴의 찬사를 지엿삽더니 마참 모친이 부르시는 고로 내당으로 드러온 사이에 연경이 가져가고 잇지 아니하오니 명일 연경의 오기를 기다려 차지랴 하오며 어린 아해 혹시 외인에게 누셜할가 져허하나이다."

공이 크게 우으며 쇼매로셔 옥연시를 내여 쥬며 왈,

"연경이 이 글을 션생게 뵈여 자랑코져 하야 가져가던가 십으며 림 쳐사ㅣ 보고 만구칭션하고 내게 보이며 긔이타 하기로 내 바아흐로 알고 가져왓스니 이는 도시 어린 아해의 일이라. 과히 책지 말나."

쇼제 그 번거함을 이긔지 못하야 마음에 불안하나 임에 일이 이에 이르고 야야의 분부ㅣ 여차하신<20>지라. 사색지 아니하고 대 왈,

"우연히 지은 것이 문 밧그로 나아가 외인의 눈에 지낫치오니 이는 쇼녀의 간슈치 못하온 허물이온지라. 다만 연경을 즁책하랴 하엿삽더니 이제 야야게오셔 연경을 두호하시니 용셔하겟사오나 이제 자라는 아해가 계교ㅣ 여차하오니 복원 야야는 후일을 경계하옵쇼셔."

공이 젹이 슉연 듯고 왈,

"네 말이 과연 울커니와 원래 대단치 아니한 일이며 림 쳐사는 일실 갓흔 사람이니 무삼 관계 잇스러요."

하고 말삼을 이여 왈,

"림 쳐사의 아달을 오날 비로소 보매 짐짓 대현군자이요 영웅호걸이라. 경박한 태도ㅣ 업고 례즁함이 옛사람을 압두할지니 본 바 쳐음이라."

하고 칭찬함을 마지아니하니 쇼져는 묵연 무어하고 부인 왈,

"쳐사의 아자ㅣ 극히 용우하야 문 밧글 나지 아니한다 하기로 병인인가 녁엿더니 상공의 말삼을 듯자오니 과연 긔특하온지라. 과연 재모ㅣ 아람다오면 엇지 내외하는 남자를 지엇더잇가?"

공이 쇼 왈,

"자고로 미옥과 명쥬는 용이히 보이지 아니하나니 험을며 긔득한 선배와 놉흔 군자ㅣ 엇지 대인하기를 경홀히 하리요. 이럼으로 제왕도 현사를 일우고져 할진대 몸을 굽혀 여러 번 슈래를 슈고로이 하나니 림생과 갓흔 츌즁한 재죠로써 엇지 경솔히 사람 보기를 즐기리요. 금일에 내쳥하야 보니 연금

십삼 세 쇼아로대 긔우가 엄즁하고 동지가 유법하야 내 져의 부형의 붕배됨을 깨닷지 못하고 그 흠션한 마음이 옛날 한 쇼열이 와룡 션생을 대한 듯 사모하엿나니 엇지 용우한 남자이라 하리요. 이제 녀아를 위하야 동상을 삼고자 하나 다만 년치와 톄량이 장대하야 셔로 맛지 아니한 고로 유예미결하나이다."

부인 왈,

"상공이 평생에 별로 기리는 사람 잇지 아니하더니 림생을 져럿틋 대찬하시니 실로 긔남자인가 하거니와 용모와 재품이 상문과 엇더하더잇가?"

공이 냉쇼 왈,

"상문은 낫이 희고 용모가 쏙쏙한 듯하나 다만 경박한 아해이니 엇지 림낭의 그 도량을 당하리요."

하고 림생의 문장을 일커러 칭찬불이하니 부인도 쏘한 동상을 유의하더라.

이리구러 밤이 깁흐매 쇼제 혼졍의 례를 파하고 봉루에 도라와 시젼을 깁히 감쵸<21>우고 심하에 즐기지 아니하더니 난난이 우스며 왈,

"공자의 쇼위임은 생각 밧긔라. 쇼제 명철하시거늘 노리여 쇽음을 입으시니 남녀의 의사ㅣ 셔로 갓지 아니함이 여차하도쇼이다."

진진이 쏘한 우어 왈,

"공자의 발이 젼이다 함은 항상 하는 일이니 엇지 쇽지 아니하리요. 실로 쯧밧긔라. 남자의 능통함이 유시로부터 이러타거든 험을며 쟝셩한 남자이야 일너 무엇하리요."

난난이 쏘 엿자오되,

"이졔 비록 규즁 필젹이 루셜하엿사오나 별로히 다른 곳으로 구을너 간 배 아니오니 과도히 괘렴치 마옵쇼서."

하고 관위함을 마지아니하니 그 말이 관곡하더라.

명일에 쇼제 상셔 부부게 문안하니 공이 작일 대취함을 인하야 일즉 긔거치 못하시거늘 쇼제 겻헤 뫼셔 약을 나아오더니 진 낭즁 형뎨와 상문이 일시에 이르러 긔후를 뭇잡고 뫼셔 말삼할 새 공자ㅣ 또 이르러 부모게 배알하고 쇼져를 보며 참괴한 빗이 잇거늘 효렴은 본대 총명한 사람이라. 져의 남매의 긔색을 보고 쇼 왈,

"연경이 운아에게 무삼 죄를 짓고 져다지 츅쳑하뇨?"

부인이 웃고 공자의 쇼위를 말삼하니 좌즁이 모다 대쇼하고 효렴이 공자의 손을 잡고 희롱 왈,

"림공이 녀매의 시를 보고 무삼 말삼하더뇨?"

공자ㅣ 대 왈,

"긔특한 재죠이라 하더이다."

효렴이 웃고 공자의 총명함을 일컷더라. 상문 왈,

"표매 이럿틋 놉흔 재조ㅣ 잇슬진대 아등을 내외함이 친쳑의 후의가 아니라. 옥연시를 구경코져 하노라."

쇼제 대 왈,

"쇼매 나희 어려 글자를 해득지 못하는지라. 엇지 족히 구경할 배 잇스리요. 우연히 문묵을 희롱하엿더니 망영된 아해가 방외에 누셜하엿는 고로 즉시 업시 하엿나이다."

진생이 웃고 츄탁함을 말하나 죵시 즐겨 보이지 아니하니 효렴이 쇼 왈,

"질녀ㅣ 너모 고집하도다. 문쟝을 보려 함이니 빨이 가져오라."

쇼제 불열하야 일향 가져옴을 즐기지 아니하니 부인이 책 왈,

"이는 나의 동긔이요 나의 친질이어늘 엇지 외대함이 이 갓트뇨? 이는 어미를 경홀히 녁임이라. 빨이 가져오라."

쇼제 부득이 난난을 명하야 가져다가 슉부게 드리니 효렴이 보기를 맛고 실색 칭찬하야 재삼 음영하며 질아를 쥬어 왈,

"너의 비록 쥬야 독셔<22>하나 질녀의 재조를 앙망치 못할지니 엇지 붓그럽지 아니하리요. 차후로는 질녀에게 졀함을 감심하라."

백문은 슌후한 군자이라. 다만 표매의 문재를 만구칭션할 쁜이나 상문은 호일방자한지라. 쇼져의 용재를 흠모하는 즁 이러한 대재를 보고 심신이 어린 듯하야 글을 손에 놋치 못하고 어지러이 일커러 경박한 취태가 극진하야 소져를 자로 도라보아 넉을 일은 듯하니 상서ㅣ 심하에 불쾌히 녁이고 효렴이 미안하야 글을 아셔 쇼져게 돌여보내니 소제 활연하야 침소로 도라와 한탄함을 마지아니하더라.

상셔ㅣ 효렴다려 왈,

"일즉 림 쳐사 즁유의 아자를 보앗는다?"

효렴 왈,

"림가의 슈재 잇다 하되 한 번 보지 못하였거니와 드르니 사람 상졉하기를 즐기지 안이한다 하니 필시 병인인가 하노라."

상셔ㅣ 쇼 왈,

"져 림생을 엇던 사람만 녁이는다?"

하고 림생의 용모는 젼셜치 아니히니 이는 부인이 즐겨 아니할가 함인고로 듯는 자ㅣ 다 림생의 용모가 아람답지 못함은 짐작지 못하니라.

이일 졍 공자ㅣ 셔현에셔 노더니 진생이 공자다려 문 왈,

"너의 사부의 아자ㅣ 문장이 쌔혀나다 하니 엇더하며 얼골은 나와 엇더하더뇨?"

공자ㅣ 왈,

"림형의 문장은 부친과 져져의 기리시는 바어니와 용모는 형만 갓지 못하니라."

진생 왈,

"슉부는 림생의 글을 보와 게시니 칭찬하시려니와 져져는 엇지 알고 기

리더뇨?"

공자ㅣ 왈,

"쇼뎨 림형의 글을 가져 져져를 보이니 져져ㅣ 크게 칭찬하고 쇼뎨다려 힘써 림형을 효측하라 하더이다."

진생이 쳥파에 앙앙하야 헤오대,

'쇼매 나희 어리나 림생의 재조를 사랑하야 짐짓 옥연시를 지여 연경을 쥬어 림생에게 자랑함이니 예로부터 글 잘하는 녀자ㅣ 츈경이 만타 하더니 연경이 무삼 쳘을 알□ 누의 시를 도적하엿스리요. 필시 연경을 가랏쳐 계교함이로다. 대져 졍슉이 림생을 대찬하시고 표매 쏘한 흠모하매 반다시 림가에 아일가 하노니 나의 사모하는 심사ㅣ 그림에 썩이로다.'

심사ㅣ 요요하야 공연한 림생을 미워하더라. 연하야 셔당에 도라와 쳔사만렴으로 생각하되 쓧 갓흔 슉녀를 남에게 아임이 분로하야 아모조록 인연이 제 몸으로 도라오기를 <23> 도모하나 졸연히 계교가 업셔 다시 생각하되,

'표매의 나희 아즉 어려 츌가할 긔약이 머럿스니 차차 사셰를 보아 도모하리니 아즉 분한 긔운을 참아 슉부모 눈에 버셔나지 아니함을 요구하고 일변 힘써 공부하야 등과하면 져 한미한 림생을 압두치 못하리요.'

하야 글 읽기를 발분망식하며 효셩으로 슉모를 셤기고 상셔게 졍셩을 다하니 부인은 사랑함이 쇼저 갓고 상셔는 그 아쳠함을 깃거 아니하나 다만 그 효슌함을 사랑하니 생이 깃거하야 가지록 공경하더라.

일일은 쇼제 부인을 뫼셔 말삼할 새 맛참 효렴이 이르러 한담하더니 쇼저의 패물을 보고 문득 갈오대,

"향자에 옥연시를 보앗스나 옥연은 보지 못하엿스니 한 번 보고자 하노라."

소제 즉시 글너 드리니 효렴이 익히 보고 칭찬 왈,

"과연 보배로다. 그 갑을 의론하면 쳔금이 헐후할 것이니 그 아람다옴이 실로 질녀의 사랑할 바이라."

하고 졍히 말삼할 지음에 홀연 진생이 드러오거늘 쇼제 총망 즁 피치 못하야 안졋스니 생이 반겨 보아 왈,

"쇼제 요사히 아등의 무삼 허물을 보왓관대 내 자조 왓스되 매양 자최를 감초니 스사로 참괴하도다."

소제 크게 깃거 아니하야 왈,

"우연히 보지 못함이라. 무삼 피함이 잇스리요. 말삼이 번거하도소이다."

생이 실언함을 사죄하며 슉부 옥연을 압해 가져 구경함을 보고 문 왈,

"이 보배 어느 곳 산물이온잇가?"

효렴 왈,

"이는 곳 질녀의 시 지은 옥연이니 너는 보라."

생이 바다 보고 소저를 향하야 왈,

"차물의 졀묘함이 짐짓 표매 갓흐니 하날이 유의하야 표매를 쥬심이로다. 연하오나 옥연은 쌍이 잇스리니 현매의 쌍이 옥연 갓흐면 맛당히 일세의 아람다옴이 되리로다."

하고 언파에 눈을 드러 소저를 보매 소제 크게 불열하는 빗이 잇거늘 효렴이 대책 왈,

"형매간 희소함이 비록 상사이나 질녀는 규슈 아녀이요 너는 셩장한 남자이어늘 잡된 말로써 침노하나뇨. 감히 무례치 말나."

드듸여 옥연을 거두어 소져를 쥬니 생이 무류하야 그릇함을 사죄한대 부인 왈,

"질아ㅣ 녀아로 더부러 표종지간이라. 일린에 생장하야 동긔 갓흐니 질아의 희언이 예사이라. 무삼 허물됨이 잇스리요."

생이 칭샤 왈,

"실로 슉모<24>의 말삼이 맛당하시오나 이제 표매에게 대하와는 심히 불안하여이다."

소저는 종시 일언을 발치 아니하고 몸을 돌여 이러나니 효렴이 쏘한 생의 거지를 가장 불쾌히 넉일 쑨 아니라 차후는 소제 진생을 영영 보지 아니함에 부인이 자로 고집한다 쑤짓더라.

셔시에 진 효렴이 림생의 긔특한 재화를 흠션하야 일일은 림 쳐사를 차지니 쳐사ㅣ 반겨 마져 좌정 한담하더니 효렴이 쳐사를 대하야 왈,

"쇼뎨 형으로 더부러 친애지졍이 형뎨 갓흐매 셔로 은휘할 일이 업거늘 형은 외대함이 심하도다."

쳐사ㅣ,

"슉유의 차언이 무엇을 일음이뇨?"

효렴 왈,

"다른 일이 아니라 형의 슬하에 긔특한 아자ㅣ 잇셔 룡자, 봉츄 갓다 하되 일졀 상면함을 엇지 못하니 남자가 엇지 내외함이 잇스리요? 허물며 자산은 자죠 상대하되 홀노 쇼뎨를 피하니 이는 반다시 쇼뎨의 용우함을 가증히 녁여 외대함이로다."

쳐사 쇼 왈,

"슉유의 이 말이 너모 과격하도다. 본대 아자의 텬품이 용속하야 죵일 방즁에 잇기를 죠희 녁이고 대인함을 즐기지 아니하나 형의 책망이 여차할진대 더러온 자식을 불너봄이 무삼 어려옴이 잇스리요."

하고 셜파에 가동을 명하야 공자를 부르니 생이 승명한 후 즉시 의관을 정제하고 객당에 이르러 효렴을 볼 새 례의 공근하고 풍채 웅위하니 효렴이 쳐음에 림생을 옥인 미남으로 아랏더니 이제 보매 엄위 정슉함이 대인지상이요 텬연한 장부로 슉셩한 키와 침정한 모양이 보는 자로 하야금 경동케 하

는지라. 심하에 놀나 몸이 이는 쥴 깨닷지 못하고 공손히 답례하니 쳐사 급히 븟들어 왈,

"슉유는 엇지 이럿틋 과례하나뇨?"

효렴 왈,

"어진 션배는 제왕의 죤귀함으로도 공경하나니 엇지 가히 답례함이 업스리요."

공이 답사하고 생은 황공 겸퇴하야 공경 시립하니 효렴 왈,

"로부ㅣ 령대인으로 더부러 슉마의 옛 벗이라. 츅일 상죵하나 군을 한 번도 보지 못하야 즁심에 사모함이 간절하더니 텬행으로 오날날 군자를 맛나 대하니 쇼원을 셩취함 갓도다."

생이 피셕 사 왈,

"죤대인이 가엄으로 더부리 친근하신 쥴 짐작하오나 쇼자 텬셩이 혼암하와 례모를 아지 못하압고 인사ㅣ 불민하아 감히 죤전<25>에 배알치 못하엿사오니 죄숑하여이다."

효렴이 생의 쇄락한 음셩과 공근한 말삼을 들으매 불승흠애하야 은근히 친애하는 졍이 무궁하야 얼골이 너모 박우함을 한탄하나 그 문장을 책책칭션하다가 일모하매 셔로 리별하고 도라올 새 생이 하당 배숑하니 효렴이 집슈 칭션 왈,

"쳥컨대 군은 한 번 페리에 이르러 로부를 차질지어다."

생이 숀사 왈,

"쇼생이 엇지 회사하는 례를 폐하리요마는 부훈이 엄졀하사 쇼자의 자의 츌문을 검하시오니 타일 부명을 엇사오면 맛당히 나아가 대인의 셩의를 밧들이이다."

하거늘 효렴이 졈두하고 바로 졍부에 이르러 졍공을 차진대 졍공 왈,

"그대 어대로 좃차 이제 이르나뇨?"

효렴이 쇼 왈,

“림생을 보랴 하야 림형을 차자 림생을 보온즉 과연 비상한 사람이니 형의 지인지감을 탄복하엿나이다.”

공 왈,

“림생은 대인군자이라. 슉유도 지인지감이 젹이 명민하도다. 문노니 용모는 엇더하더뇨?”

효렴이 대쇼 왈,

“얼골은 실로 아람답지 못하나 엇지 남자의 용모를 취하리요. 용모는 비록 괴셕 갓흐나 도덕이 무쌍하니 타일에 반다시 황각에 쥬인이 되지 아니하면 삼군에 대장이 되여 일홈을 쥭백에 날이리니 형은 엇지 글로써 질녀의 배우를 구치 아니하나뇨?”

공이 대희 왈,

“슉유의 쇼견이 내 뜻과 갓도다. 내 일즉 이 뜻이 잇스되 녀아의 나희 아즉 어리고 림생은 과히 건장하매 부젹할 뜻하고 얼골이 너모 불미하매 그대의 매뎨 필경 즐기지 아니할 듯한 고로 발셕치 못한 바이니 일로 좃차 랑재를 널이 구하야 만일 재용이 겸젼한 가랑을 어드면 만행이어니와 그럿치 아니하면 림랑으로 녀셔를 삼고져 하노니 인륜대사를 엇지 경숄히 하리요.”

효렴이 ᄯᅩ한 올히 녁이는지라. 공이 당부하야 왈,

“부인이 녀아를 과애하야 그 배우를 구함에 가리는 배 만으니 그 용모의 불미함을 아즉 일으지 말나. 조협한 녀자ㅣ 그 얼골의 아람답지 못함을 불열하야 대사에 저히함이 잇슬가 하노라.”

효렴이 응락하고 도라가니라.

차시 진생이 정공 부부게 셩심 치경하야 매사를 다 십분 쳐당하고 일변 학업을 힘써 일즉이 등과함을 바라더니 세월이 여류하야 쇼져의 방년이 십<26>이 셰라. 그 교교함이 월궁 항아ㅣ 하림한 듯 범사의 슉셩함이 십오륙

세 된 녀자 갓흔지라. 부모의 애즁함이 날로 더하고 밧비 아람다온 가랑을 어더 동상의 자미를 보고자 하야 넓히 택셔할 새 구혼하는 매파 문졍에 모엇스니 진생이 더욱 쵸조하야 모친을 보채여 구친하기를 바라는지라. 랑즁 부부ㅣ 의론 왈,

“졍부의 택셔함이 분분하니 만일 남에게 아스면 비록 후회하나 밋지 못하리니 맛당히 몬져 구친하리라.”

하고 효렴을 대하야 의논한대 효렴이 대경 왈,

“불가하니이다. 무릇 혼인은 인간대사이요 오륜에 읏듬이라. 맛당히 례로써 하리니 텬하에 옥녀와 긔남이 무수하엿거늘 표종 사이에 혼인을 의론하리잇고. 질아의 문장 풍채로써 엇지 슉녀의 배필을 근심하리요. 쇼뎨는 결코 불가하니이다.”

하니 랑즁이 본대 효렴의 강명 정직함을 항상 쓰리는 고로 다시 개구치 못하니 상문이 슉부를 원망하야 부모게 다시 고 왈,

“소자ㅣ 만일 표매로 더부러 부부ㅣ 되지 뭇할진대 맛당히 자문하야 슈괴함을 이즐가 하노이다.”

랑즁이 졍파에 대겁하야 위로하더라.

차시 연과 향시 잇셔 공자ㅣ 졀강을 나려오매 졀강 태슈와 쇼흥 지현이 학문 긔재의 단쟈를 거두는지라. 위 쳐사ㅣ 림생을 보고 왈,

“향시 머지 아니하엿거늘 질아ㅣ 엇지 단자를 거지 아니하나뇨?”

공자ㅣ 대 왈,

“소질은 재조ㅣ 노둔하와 향시를 바라지 못하리니 십분 공부를 더 하야 과거를 응코져 하나이다.”

위공 왈,

“불연하다. 현질의 대재로써 엇지 향시 보기를 근심하리요? 림형이 쏘한 환로를 부운갓치 녁이거니와 지금 텬하ㅣ 태평하야 셩텬자ㅣ 사해를 통치하

시니 군자ㅣ 때를 일치 못할지라. 무삼 연고로 림하에 썩은 션배를 짓고자 하나뇨?"

생이 웃고 대 왈,

"슉부는 시무를 아지 못하시나이다. 지금 셩텬자ㅣ 비록 사해를 통치하시오나 츈츄ㅣ 놉흐시고 간신이 롱권하와 츙신이 왕왕히 그 해를 입는지라. 엇지 차세의 벼살을 구하리잇가."

위 쳐사ㅣ 심히 올히 녁이더라.

림생이 유시로부터 고요히 드러 사셔삼경과 졔자백가를 통하며 륙도삼약과 텬문디리를 연구하며 의학이 긔묘하야 왕왕히 청낭묘술을 시험하<27>는지라. 일즉 텬하대세를 졈복하야 황제 년로하시고 태손이 유약하야 오라지 아니하야 사직을 보죤치 못할 쥴 짐작하매 엇지 몸을 버려 나라에 허하리요. 생이 쏘 이날 밤에 건상을 살피매 자미셩이 졍긔 흐미하고 태손의 쥬셩이 흐리여 동방을 둘넛는지라. 자셔히 쳠망하매 연국으로 죠차 셔긔 찬란하고 제셩이 명낭하엿스니 시세의 변복할 긔틀이라. 생이 탄식 왈,

"차호ㅣ라. 건곤이 비색하매 반다시 남북이 밧귀리니 내 맛당히 깁히 드러 님군을 기다리리라."

하더라.

위 쳐사ㅣ 쏘 림공을 보고 질아로 하야금 과지에 다닷기를 권한대 공 왈,

"아자ㅣ 년금 십여이라. 무삼 급함이 잇스리요."

하더라.

차시 진생의 형뎨 학업을 힘써 과일을 기다리더니 츄구월 망긴에 절강지부 지현이 션배를 모와 여러 날 만에 글 밧기를 맛치고 방목을 내여 거니 장원은 진상문이요 그 버금은 진백문이라. 진생이 임에 방목이 나매 무슈한 하인이 진 장원 택을 차자 문을 두다려 희보를 젼하니 랑즁 부부와 효렴이 깃붐을 이기지 못하야 은자를 내여 제인을 상사하고 환셩이 헌자하니 고구

친붕이 모다 십여 세 아희의 능히 장원함을 칭찬하며 용모 풍채를 사랑하매 생이 양양 자득하야 더욱 교방함이 비할 데 업더라.

창방 날을 당하매 생이 흑사 당건과 청사 관대로 고각을 거나려 집에 도라오니 랑중 부부의 즐기는 거동은 측양키 어렵고 진 부인이 질아의 조달함을 깃거 사랑함이 지극하니 진생이 슉모의 찬양함을 어드매 혼사는 의심 업시 이룰 쥴 짐작하고 심즁에 대희하더라.

진 랑즁이 대연을 배셜하고 아자의 경사를 즐길 새 외사에 림, 위 양공도 참셕하엿더라. 진 부인이 쇼져를 다리고 경연에 다닷고자 하니 쇼제 츄사 왈,

“쇼녀는 규즁쳐자이라. 문 밧을 남이 볼가하압고 쏘한 신긔 불평하오니 복원 태태는 호을로 림하쇼셔.”

하니 부인이 그러히 녁여 홀로 진부에 이르러 잔채를 구경할 새 내외 실즁에 풍악쇼래 진동하며 생이 아람다온 풍채로 항시를 놉히 드니 인인히 징찬하고 래빈 즁 쌀을 둔 자 더욱 유심 흠애하야 환셩이 요란하니 졍공이 심즁에 가쇼로이 녁여 랑즁을 향하야 왈,

“그대는 <28> 이십이 넘은 후 겨우 참방하엿더니 이제 상문은 십사에 장원을 하엿스니 가위 승어부이로다.”

좌우ㅣ 대쇼하고 랑즁이 답쇼 왈,

“실로 아자는 날 갓흔 아비에 몃 배 우승하도다.”

상서ㅣ 그 위인을 웃고 효렴은 참괴하여하나 진생은 상셔의 기림을 듯고 만심 흔희하야 의긔양양하더라.

셕양에 잔채를 파하고 제객이 각각 산귀하니 다만 형뎨 남매 모다 촉을 도도고 잔을 날여 담쇼할 새 랑즁이 부인을 대하야 왈,

“쇼뎨 한 말이 잇스니 아지 못하게라, 드르시리잇가?”

부인 왈,

"무삼 일인가 듯고자 하노라."

랑즁 왈,

"만일 차언을 발셜하야 져져와 졍 형이 듯지 아니하면 붓그러옴이 극진할 뿐 아니라 졍 형게 득죄할가 하노이다."

부인 왈,

"무삼 말인지 쌀이 가랏쳐 드럼즉하면 엇지 듯지 아니하리요."

랑즁 왈,

"별다른 말삼이 아니라 진진의 호연을 맷고자 하나니 상문의 용모ㅣ 과히 용속지 아니하니 질녀의 용모재덕은 따르지 못하오나 져져ㅣ 질아를 사랑하시니 질녀의 배필을 삼아 두 집 보배로 형매 인아의 친을 매질진대 양가의 아람다음이 엇지 타인의 인친 갓흐리요. 쇼뎨 벌셔부터 이 뜻이 잇스나 졍 형의 고상한 지조로 표종 남매에 결친이 불가타 할가 렴려하야 쥬져하더니 오날날 참지 못하야 발언하오니 복원 져져는 아모죠록 쥬션 결친하압쇼셔."

부인 왈,

"무삼 쇼회로 자져함인가 하엿더니 일단 아람다온 일이라. 내 쏘한 이 마음이 업지 아니하엿슨즉 차언을 상공게 고하야 상공이 허락하시면 내 엇지 타의가 잇스리요."

랑즁 왈,

"져져ㅣ 몬져 형의 마음을 시험하신 후 발언하압쇼셔."

부인이 응락하고 야심한 후 도라와 졍공을 대하야 상문의 아람다온 용모와 어린 나희에 죠달함을 기려 상셔의 뜻을 시험하니 상셔ㅣ 쏘한 아람답다 하나 크게 칭찬치 아니하야 왈,

"알셩장원이나 한 드시 츄태를 감츔이 업고 상문의 자득함이 안하무인하야 일호도 겸숀함이 업스니 맛참내 큰 그릇이 되지 못할지라. 슉유의 겸숀함과 갓치 아니하니 그 슉질의 품슈ㅣ 심히 부동하더이다."

부인이 답 왈,

“질아ㅣ 십오 세가 다 못 되여 향시에 제일이 되엿스니 명년 츈에 반다시 룡문에 올을지라. 엇지 긔특<29>지 아니하리요. 상공의 말삼이 너모 과도한가 하나이다.”

공 왈,

“십여 세 아해 젹이 재명이 잇슨즉 향시 장원이 무삼 희귀함이 잇스리요. 만일 림즁유의 아자 향시를 보앗더면 상문이 엇지 감히 방목에 웃듬이 되엿스리요. 절강 션배들이 용열하기로 상문의 일홈이 장원예 올나나니 절강에 션배 업슴을 가히 알이로쇼이다.”

부인이 공의 긔색을 보매 친사는 결단코 되지 못할 쥴 알고 다른 말을 하다가 취침하니라.

션시에 진생이 그 부친의 구친함을 보고 만심환희하야 죵야토록 잠을 일우지 못하고 명일 아참에 졍부에 이르니 졍공이 신긔 곤뢰하야 이지 아니하엿거늘 생이 자리에 나아가 문후하고 겻해 뫼셔 은근히 위곡하니 부인이 흔연히 마자 조용히 말삼하더니 차시 쇼제 부친게 신셩 후 불평하심을 보고 십분 경려하야 단장을 맛친 후 다시 내당에 이르니 뜻밧게 진생이 안잣는지라. 심즁에 불쾌하나 쏘한 피키 극난하야 나작이 야야의 죤후를 뭇잡고 진생을 향하야 치하하니 진생이 쇼저를 서로 보지 못한 지 해가 오랜지라. 항상 사모하다가 이제 우연히 대하매 반갑고 깃붐을 이긔지 못하야 흔연히 우셔 왈,

“현매 표죵 간 내외함을 항상 남과 갓치 하니 매양 박졍함을 한하더니 금일이 하일이완대 의의에 화용을 대하니 깃부미 극진하도다. 생은 요행히 향시에 참방하오나 큰 공명이 아니오니 엇지 족히 일커를 바ㅣ 잇쓰리요.”

쇼제 대답지 아니하고 다만 모친 겻해 뫼셔 안잣스니 진생이 다시 눈을 드러 쇼저를 바라보고 졍신이 취하엿는지라. 상서ㅣ 그 무례함을 통분하야

정색고 쇼저를 드러가라 하니 생이 아연하나 상셔의 미안한 긔색을 아지 못하고 말삼함이 쟈약하되 공과 부인은 녀아의 긔색을 생각하야 죵시 불안하더니 생이 도라간 후 상셔ㅣ 노 왈,

"진생이 무례함이 극진한지라. 분인은 항상 지친이라 하야 녀아를 상문과 셔로 보게 하야 상문의 무례함을 밧게 하니 차후는 진생을 갓가히 츌입지 못하게 할지어다."

부인이 무류하야 강잉 대 왈,

"질아 년쇼하고 쇼녀로 더부러 지친이라 하야 희담을 하엿스나 상공이 엇지 이럿틋 의심하야 책망이 이에 밋치시<30>나잇가?"

공이 정색 왈,

"친친한 졍분도 남녀 사이는 례의가 잇나니 이제 상문의 녀아를 보는 거동이 크게 고히한지라. 내 어이 져의 심쳔을 모로리요."

부인이 무류함을 이긔지 못하야 짐짓 우어 왈,

"상문의 불초함이 엇지 본의리잇가. 모다 녀를 사랑하야 타문에 허혼할가 우려하야 랑즁이 작일에 쳡을 대하야 표죵간 혼인함을 간쳥하나 쳡이 상공의 의향을 아지 못하와 여차여차 대답하고 왓더니 어린아희 몰각한 생각으로 고히한 사색을 현로함이 인는가 하나이다."

상서ㅣ 쳥파에 정색 질책 왈,

"내 일즉 부인이 례를 아는가 하얏더니 무식 혼암하도다. 대져 부부는 이셩지합이오 오륜의 근본이라. 풍화의 대관이어늘 엇지 표종 사이에 혼사를 의론하며 또 진아는 텬하의 경박자이요 일세의 쇼인이라. 한갓 미려한 용모ㅣ 보암즉 하고 져이 문필이 잇스나 엇지 감히 쇼녀의 배우가 되리요. 질아ㅣ 져이 사람의 도리가 잇슬진대 부인이 혹 이러한 뜻을 두드래도 맛당히 츄사할 것이어늘 스사로 불쵸한 뜻을 두어 쇼녀를 유의함이 크게 해연한지라. 결단코 만만불가하니 다시 이르지 말지어다. 상문이 비록 옥 갓흔 군자

라도 졍문에 혼인은 아니 할 것이며 허물며 그런 경박한 무리를 나의 긔화 갓흔 녀아의 신세를 그릇하야 명쥬를 니토에 더지리요. 슉원은 위인이 용우 혼암하야 례의를 아지 못하는 자이니 엇지 그 말을 갈히리요."

언파에 긔색이 쥰졀하니 부인이 다시 개구치 못하더라.

진생이 무례함을 당하고 도라가다가 몸을 숨겨 졍공의 셜화를 자세히 듯고 분긔 대발하야 급히 집으로 도라와 이윽히 생각하매 졍 쇼져와 혼인은 다시 가망이 업고 더욱 졍공이 자긔를 금슈가치 함을 분로하야 식음을 젼폐하고 백 가지로 생각하되 졍공의 뜻은 도로킬 바이 업고 쇼져의 화용월태는 새로히 사모ㅣ 간졀하야 간담에 찬 긔운이 긋치지 아니하니 졍공을 원망하는 심사ㅣ 흉즁에 가득한지라. 다시 가마니 맹세하되,

'졍 쇼져로써 타인의 긔물이 되게 하면 내 텬하의 남자ㅣ 아니라. 쥭기를 한하고 쇼져의 친사를 져히하야 일생에 츌가치 못하게 할 쁜 아니라 내 맛당히 명년 츈에 내 <31> 급제하야 몸이 즁신이 된 즉 졍노젹으로 하야금 나의 독수를 알게 하야 공이 스사로 뉘웃쳐 회심하고 그 딸로써 도라 보내게 하리니 내 이 한을 셜치치 아니하면 이 하날 아래에 살지 아니하리라.'

하고 이럿틋 게교를 생각하매 흉즁에 불인지심이 한량키 어려온지라. 진상문이 불의 불미한 행사를 내여 무삼 흉계를 맨드니 텬디 엇지 무심하리요. 죵말이 하여할는지. 진 량즁이 그 매제의 회보를 그윽히 기다리더라.

第三回
뎨삼회

졍 상셔ㅣ 림생을 사회 삼으니 진 부인이 망녕되이 퇴혼을 짓다

鄭公擇婿林公子 陳氏妄做退婚說

차셜. 진 랑즁이 매뎨에게 구친한 후 그윽히 희보를 기다리나 동졍이 업스니 심히 답답하야 일일은 죵용히 져져를 차자 졍공의 뜻을 힐문하니 부인이 참아 바로 이루지 못하고 또 썻치기도 무료할 뜻하야 강잉 답 왈,

"질아의 용모를 미흡다 함이 아니라 표죵 혼사를 써리고 녀아ㅣ 아즉 유약하니 죠혼함을 원치 아니하시는 고로 즉시 회보치 못하엿노라."

랑즁 왈,

"졍 형이 고집하나 질아의 나희 아즉 유약한즉 셔로 약혼만 하엿다가 슈년을 기다려 셩례함이 늣지 아니하니 져져는 다시 품하야 보쇼셔."

부인 왈,

"가군의 셩졍이 엄졀하시니 즐겨 아니하는 일을 강권치 못할지나 승간하야 다시 고하야 보리이다."

랑즁이 할 일 업셔 도라가니 부인이 심심민민하야 졍공의 고집함을 원망하나 상셔ㅣ 진생을 미흡히 녁일 쑨 아니라 표죵 사이에 친근함을 배쳑하는대 부인이 엇지 다시 혼사를 발하리요. 상셔ㅣ 매양 진생을 통분하야 차후로

흔연한 빗이 업고 행혀 녀아의 신상에 진생의 해독을 밧을가 우민하야 급히 동상을 가힐 새 별로 가합한 자ㅣ 업는지라. 가마니 생각하매 림생이 비록 용모는 불미하나 위인과 도학이 그 쌍이 업스니 타일 반다시 복록이 진진할지라.

'쇼쇼한 용모를 개렴치 말고 결혼하야 동상에 마즈리라.'

하고 뜻을 졍하나 오히려 유예하더니 진 량즁이 졍공<32>의 택셔함을 듯고 생각하되,

'질녀ㅣ 아직 년유하나 이제 구혼하는 매파ㅣ 낙역부졀하니 반다시 져져의 쥬션이 민활치 못함이라.'

하고 효렴을 대하야 극력 쥬션함을 쳥하니 효렴이 가장 불쾌하나 형의 명을 어긔지 못하야 죵용히 졍공을 보고 가형의 구혼함을 젼한대 공이 졍색 왈,

"슉유는 놉흔 션배이요 슉원은 졍즁 활달하야 례의를 알거늘 엇지 이갓치 무례한 말을 하나뇨? 방금 셩텬자ㅣ 텬하를 밝히 하사 비런 팃글을 쓸고 례악 문물을 졍하매 아등은 션배의 일홈을 가졋스니 자식의 혼취를 졍하매 엇지 맛당히 비례로써 이젹의 행실을 하리요. 텬하의 숙녀ㅣ 불가승슈이라. 진질의 문장 풍채로 엇지 숙녀의 배필을 우려하리요. 숙원의 후의는 다감하나 이 일은 풍화의 쇼관이라. 결코 허치 못하리니 다행히 슉유는 다시 이르지 말나."

효렴이 참괴함을 이긔지 못하야 칭사 왈,

"뎨 비록 불인하나 엇지 이러한 톄모를 아지 못하리오마는 사형이 질녀를 흠애하야 타문에 보내기를 앗기시고 시쇽 항상사로 녁이시매 형에게 말한 바이라. 책언이 당연하니 쇼뎨 참괴함을 이긔지 못하나이다."

졍공이 웃고 사사 왈,

"슉유는 나의 지긔지우이라. 내 마음에 잇는 말을 이름이요, 일호 박졀

함이 아니니 쳥컨대 용셔하쇼셔."

효렴이 웃고 다른 말을 이여 담화하다가 도라가 졍공의 말을 젼하니 랑즁이 크게 붓그러 다시 감히 생의치 못하되 상문은 더욱 분로하야 생각지 아니할 바 업셔 졍공이 사위를 졍하거든 불원쳔리하고 따라가며 져희하기를 발분망식하야 졍공의 택셔하는 곳만 유의하고 학업에는 뜻이 업셔 만사무심하야 생각는 바ㅣ 다 불인무의함이러라.

차시 졍공이 진가에 구지 구흔함을 분한하고 혹 무삼 변이 잇슬가 하야 급히 친사를 졍하야 진가의 바람을 끈코자 하야 위 쳐사를 보고 림가에 즁매됨을 쳥하니 위공이 헤오되,

'졍공은 과연 신명한 사람이로다.'

하고 흔연히,

"형이 질아의 츄투함을 더러히 녁이지 아니하고 금옥 갓흔 녀아로써 허혼하시니 이는 림가의 경복이라. 쇼뎨 말당히 진진의 호의를 매즈리이다."

공이 깃거 도라가니 위공이 밧비 나귀를 챗쳐 림부에 <33> 이르매 쳐사ㅣ 마자 문 왈,

"백겸이 무삼 희사ㅣ 잇관대 미간에 희긔 현져하뇨?"

위공이 쇼 왈,

"형은 과연 지감이 신긔한지라. 젼일에 졍공이 몬져 구혼하리라 하더니 과연 그 말이 부합하도다."

쳐사ㅣ 대희하야 왈,

"졍 쇼져는 쳔고 슉녀이요 졍공은 졍직한 군자이라. 일로 좃차 아자의 일생이 쾌하리니 백겸은 자산을 보고 허혼하되 아자ㅣ 비록 슉셩하나 아즉 십오 세에 밋지 못하엿스니 금년에는 빙례만 이르고 명년에 셩례케 하쇼셔."

위공이 응락하고 즉시 졍부에 이르러 쳐사의 말을 젼한대 상셔ㅣ 대희하야 쥬배를 나아와 빈쥬ㅣ 통음하고 훗터진이라. 림 쳐사ㅣ 부인을 대하야 졍

가의 구친함을 이르니 부인이 쏘한 졍 쇼져의 졍슉함을 익히 드럿는지라. 심즁에 대희하야 하례하거늘 쳐사ㅣ 쏘한 깃거 새로히 생을 불어 젼말을 이르니 생이 쏘한 심하에 희행하야 대 왈,

"인륜대사는 부모게오셔 졍하시오리니 아자다려 무르실 배 아니요, 쏘 쇼자의 마음은 나히 삼십이 되야 공명을 일운 후에 취실하랴 하압나니 졍공이 능히 아자의 쓧을 질겨 좃지 아니할가 하나이다."

쳐사ㅣ 왈,

"뎡 쇼져는 요조슉녀이니 다시 의심할 배 아니요 네 내의 독자이라. 취쳐하기를 엇지 더듸게 하리요. 명년에는 셩례할 것이니 엇지 입신하기를 기다리리요. 아자는 고집지 말나."

생이 부명을 거역 못하야 다만 유유하더라.

이때 졍공이 부인을 대하야 림가와 친사 이룸을 말하고 인하야 택일하니 부인이 림생의 긔특함은 익히 드럿는 고로 묵연 응슌하나 다만 진실의 져치함을 크게 우려하더라.

이러구러 납채 길일이 임박하매 거가ㅣ 례졀을 차리더니 이에 진생이 바야흐로 드러 알고 통분함을 마지아니하야 가삼을 두다려 왈,

"졍공이 굿해여 나를 바리고 림가 쇼자를 마즈려 하니 내 반다시 림생을 보아 그 얼골과 재덕이 날과 갓치 못할진대 맹세코 그져 두지 아니한리라."

하고 초사 번민하야 식음을 젼폐하고 밋친 듯 취한 듯하매 그 부모 민망히 녁여 부귀 경국지색을 어더 아자를 진졍하고 졍가를 셜치코져 하야 널니 택부하나 진생은 오히려 일심이 졍 쇼져에 밋쳐 부모의 말삼을 쳥죵치 아니하<34>고 잠젹히 누여 다만 림생을 한 번 보고져하며 졍가를 졀치하야 진진의 가약을 져희코져 하더니 이러구러 졍 쇼져ㅣ 채례를 바들 새 량즁 부부는 마지못하야 참례하나 상문은 칭병하고 오지 아니하엿더라. 림 쳐사ㅣ 채례를 극진히 하야 보내니 졍공이 바다 봉피를 써히매 셰 필 깁과 옥패 한 쌍

이라. 공이 그 쳥고함을 깃거하는 즁 옥패 일쌍이 텬하긔보라. 더욱 희열하니 랑즁이 냉소 왈,

"림공이 비록 쳥고하나 엇지 대례를 이갓치 박약케 하리요. 반다시 경이히 녁임이라. 질녀의 현미함으로써 엇지 쳔금 빙례를 앗기며 형의 위세로써 또 엇지 만금 빙례를 밧지 못하리요."

공이 우어 왈,

"혼인의 빙례는 다쇼를 의론치 아니하나니 셩인이 례를 지으매 쳔금으로 례한다 함은 일즉 듯지 못하엿슨즉 슉유는 엇지 녹녹한 말을 하나뇨."

랑즁이 묵연부답하더라. 효렴은,

"림가 빙례 비록 박약하나 옥패 일쌍이 남텬긔보이라. 쳔금을 가히 대신할지니 림 쳐사ㅣ 미옥으로써 명쥬 갓흔 며나리를 비례함이 긔특하고 하날이 경하신 배필이니 맛당히 옥연으로써 답빙하야 쌍옥이 완젼하고 이연이 빗남을 표하라."

경공이 칭사 왈,

"슉유의 의론이 명언이로다. 맛당히 옥연으로써 답빙하리라. 원래 옥연은 신의를 직힘이니 엇지 텬의가 아니리요."

부인으로 하야금 옥연을 가져오라 하야 림가에 보내니라. 랑즁은 심사ㅣ 불평하야 몬져 도라가고 효렴은 경공으로 더부러 내당에 드러가니 부인이 채례를 보고 묵연히 말이 업거늘 효렴 왈,

"부인은 빙채의 박약함을 셔어히 녁이지 마르쇼셔. 이 옥연이 텬하의 긔이하온 보배니이다."

경공이 쇼져의 유모를 불너 채례를 쇼져 침쇼로 보내며 옥패는 쇼져 장염에 쓰라 하니 유모ㅣ 웃고 드러가 쇼져다려 왈,

"쇼져야, 이것이 림 낭군의 백년신물이로쇼이다."

쇼져ㅣ 머리를 슉여 정색 부답하더라.

정 공자ㅣ 림생의 긔이함을 알고 졍의 상득하더니 저저의 뎡혼함을 대희하야 부모게 뵈오랴 집에 도라오니 모부인이 림생의 현부를 뭇는지라. 공자ㅣ 본대 춍명한 고로 모친게셔 럼생의 얼골이 곱지 아닌 줄 드르신즉 반다시 깃거 아니하실 것이요 내 ᄯᅩ 부<35>친게 대책을 면치 못할지라. 텬연히 대 왈,

"아자의 쇼견이 미거하오니 자셔히 아지 못하되 림 형의 얼골은 그다지 곱지 못하오니 남자를 엇지 얼골만 취하리잇고."

부인 왈,

"상문과 엇더하뇨?"

공자ㅣ 대 왈,

"세샹의 엇지 갓흔 사람이 잇스리잇고."

부인이 ᄉᆞ지져 왈,

"네 아모리 미거하나 말대답이 엇지 그다지 모호하뇨. 림생의 용모가 신생과 비겨 엇더하더뇨?"

공자ㅣ 대 왈,

"진 형은 미려한 션배이요 림형은 엄숙한 군자이라. 그 얼골은 진 형만 갓지 못하니니다."

부인이 그윽히 림생의 얼골을 의심하야 친히 보고자 하야 민민하더가 진생이 졍공을 절치하야 졍부에 족적을 ᄭᅳᆫ코 계교를 내여 져의 명절을 휘지하리라 하야 용모를 치례하고 졍부에 이르러 상셔 부부게 배현하고 그 사이 병을 인하야 왕래치 못함을 청죄하며 쇼져의 납채함을 하례하야 림생의 아람다옴을 일커르니 부인과 상셔ㅣ 그 간교함을 엇지 알이요. 흔연히 화답하니 상문이 그윽히 부인의 긔색을 살피더라.

션시에 진 량즁이 ᄯᅩ한 진생을 위하야 널이 매파를 노아 구혼하야 리부시랑 양유의 차녀로 졍혼하니 양 시의 아람다옴이 졍 쇼져의 텬향을 당하리

요. 상문이 깃분 마음이 업고 유유 일렴이 졍 쇼져 혼인 희짓기만 생각하더니 구월 십팔일은 맛참 졍공의 생일이라. 쥬찬을 갓쵸와 붕우를 모흘새 부인이 이 사이를 타 림생을 보고자 하야 졍공게 쳥하니 공이 쳐사 부자를 쳥한대 쳐사ㅣ 아자를 잇그러 이를 새 상문이 의복을 빗나게 하고 얼골을 가다듬어 이르럿더니 이윽고 빈객이 모히고 위 쳐사ㅣ 쏘한 아자로 더부러 이르니 졍공이 문에 나와 마자 한헌례필에 졍공이 림 공자의 손을 잡고 애즁함이 비할대 업스니 랑즁 등 빈객이 림생의 용모ㅣ 아람다와 가히 보염즉 한 줄 아랏더니 밋 대하야 보매 얼근 코와 거문 빗이며 너른 턱이 일호도 아릿다온 신랑이 아니요 봉안이 깁고 양미 사이에 거문 사마귀 한 쥴로 잇고 쟝대한 모양이 극히 츄루한지라. 쇽인 범류가 엇지 영웅을 알이요. 제인이 대경실색하야 셔로 도라보며 졍공의 택셔함을 의아하고 상문은 더욱 놀나 분심이 탱텬하야 생각하되,

'졍공이 져러<36>한 츄루한 자를 구하야 어드니 졍공이 반다시 안졍이 분명치 못하거나 그럿치 아니하면 졍 쇼져ㅣ 옥연시를 사통하야 규방을 더러히 하매 쌀의 허물을 감초고자 림가에 졍혼함이로다. 그럿치 아니하면 엇지 이러한 축생을 구하리요.'

하고 림생을 쏘아 악안 무심하니 졍공이 불열하고 림 쳐사의 부자ㅣ 진생의 무례함을 심즁에 냉쇼하나 사색지 아니하고 피차 셩명과 년치를 통하니 림생이 상문과 동년이라. 좌우ㅣ 더욱 놀나 림생의 장대함을 다시 도라보고 허언인가 하더라.

이윽고 배반이 이르러 좌상이 통음할 새 효렴이 림생에게 슐을 권하니 생이 사양하야 왈,

"모든 노션생이 재상하시고 쏘 가엄이 게시오니 엇지 방자히 잔을 바다 마시리잇고?"

졍공이 친히 잔을 권하야 왈,

"금일은 노부의 생일이라. 노소ㅣ 동락하리니 그대가 사양할진대 무삼 흥치가 잇스리요. 림형이 엄위하시나 현셔ㅣ 엇지 빙가에 와 한 잔 슐을 피하리요."

쳐사ㅣ,

"어린아희 존젼에셔 당돌히 배작함을 즐기리요마는 네 잔을 바다 존의를 답사하라."

생이 슈명하고 잔을 바다 마신 후 다시 부어 졍공게 드리니 위 쳐사ㅣ 쇼왈,

"금일은 졍공의 생일이니 현질은 맛당히 슈셕시를 지어 자산의 후의를 사례하라."

졍공이 대희 왈,

"형의 말이 맛당하니 현셔는 쥬옥을 토하야 좌즁의 광채를 도으라."

생이 사양하야 왈,

"초야의 노둔한 재조ㅣ 엇지 취졸을 나타내리잇고."

진생이 웃고 왈,

"림형이 만복의 금슈를 감초우고 좌즁의 문장을 자허하며 이럿흣 츄사하니 쇼졔갓치 용우한 자는 도로여 무색하도다."

림생 왈,

"쇼제는 일개 필부로 아는 것이 업거늘 슈셕시를 어이 찬하하리요. 또 슈셕시는 륙십일 세를 하례함이니 졍션생이 츈츄ㅣ 졍셩하시매 금일 잔채에 강능슈를 바람이요, 겸하야 졍션생의 명덕을 칭송할 재죠ㅣ 업사오며 쇼제는 외인이라. 비록 졍문에 입막지빈이오나 미혼 젼 빙부의 슈셕을 찬하함이 불가하거니와 진 형은 그 재조ㅣ 일향을 놀내여 명셩이 사린에 진동하엿스니 반다시 금옥 갓흔 문장으로 슉당을 위하야 슈셕을 찬하함이 맛당하거늘 엇지 쇼제를 권하나뇨?"

셜파에 긔운이 츄상갓고 <37> 동지가 엄쥰하매 좌우ㅣ 칭션하고 진생이 면강 쇼 왈,

"형이 쇼제를 조롱함이 심하도다."

림생이 칭사하고 묵연 졍좌하니 제객이 림생의 얼골을 용열히 녁이다가 언어 동지가 비상함을 보고 칭찬함을 마지아니하며 졍공은 우음을 먹음고 왈,

"진질과 현셔는 동년생이며 통가지의가 잇나니 그대 등은 오날부터 교의를 매져 휴쳑을 한가지 하라."

림생은 공슈 사례하고 진생은 락락하야 '림형에 배호기를 원하노라.' 하니 림 쳐사ㅣ 진생의 얼골이 아람다옴과 빗난 말삼을 사랑하야 쏘한 교의를 마즈라 하니 림생이 상문을 보건대 여호의 거동이요 쇼인지태이라. 내심에 개탄하고 부명을 승순하더라.

진생은 옥 갓흔 풍유랑이요 림생은 엄위한 호걸이라. 인하야 슐이 여러 슌에 생을 여러 슌 권하니 림생이 부친을 두리고 쏘 슐은 죠행에 해로옴으로 항상 배쥬를 갓가히 함이 업스나 본대 쥬량이 너른 고로 부친의 허하심을 입어 슌배를 사양치 아니하고 십여 배에 이르나 조금도 취함이 업셔 안색이 경대하니 졍, 진 이공이 흠복하고 좌우ㅣ 다 공경하더라.

차시 부인이 림생의 왓슴울 듯고 밧비 여어보고자 하되 대객 슈응에 밋쳐 결을치 못하더니 진생이 림생의 불미한 거동을 슉모게 뵈이고자 하야 진짓 좌즁에 츄탁하고 내당에 드러가 가라대,

"오날 슉부 생신에 쇼매는 엇지 나아오지 아니하고 슉모게셔 홀로 근노ㅣ하시나잇가?"

부인 왈,

"녀아ㅣ 앗가 나왓더니 지금 드러감이로다."

생이 쇼 왈,

"림생이 밧게 왓스니 슉모는 엇지 한 번 여어보지 아니하시나잇가?"

부인 왈,

"이제 나아가 보려니와 뭇나니 림생의 얼골이 엇더하더뇨?"

진생 왈,

"옥인군자이니 진짓 표매의 텬경가연이라. 슉부의 택셔함이 긔괴하더이다."

언파에 대쇼하고 나아가니 부인이 크게 깃거 쇼져의 유모 구파를 다리고 즁졍에 나아와 외객을 규시할 새 제객이 열좌하엿스나 아모리 보아도 옥 갓흔 쇼년 남자는 보이지 아니하는지라. 벌셔 갓는가 의심하야 시녀다려 무르니 시녀ㅣ 대 왈,

"림생이 져 말셕에 안자 계시더이다."

부인 왈,

"져 쇼년은 용모ㅣ 심히 츄루하니 이는 다른 쇼년인가 십으매 네 밧<38>게 나아가 무러 보라."

시아ㅣ 청명하고 나아가 쳠하에 셔 잇는 시동다려 무르되,

"우리 쇼져와 결혼한 림 공자ㅣ 아니 오시냐?"

시동이 림생을 가랏쳐 왈,

"네 눈이 엇지 되엿관대 저긔 안진 신랑을 아지 못하나냐?"

시녀ㅣ 왈,

"이 밋친 아해 놈아, 큰 일이 날 말도 하는도다. 우리 댁 셔랑이 아닌가 하노라."

셔동 왈,

"내 어이 그릇 보리요. 림 공자ㅣ 본대 얼골이 곱지 못하니라."

시녀ㅣ 이에 올흔 줄 알고 실색하야 밧비 도라와 고 왈,

"져 아래 안즈신 얽고 코 큰 상공이 림 상공이시니 우리 댁 신랑이라 하

더이다."

부인이 크게 ᄭ지져 왈,

"몰각한 쳔비 엇지 이런 말를 하나뇨? 져 남자는 츄루하야 한갓 우두나찰 갓거늘 요망한 네가 자셔히 아지 못하고 경숄히 이르나뇨? ᄲ이 공자를 불너 오라."

시녀ㅣ 황망히 나아와 공자게 부인의 명을 젼하니 공자ㅣ 드러오거늘 부인 왈,

"림생이 왓다 하더니 어대 잇나뇨?"

공자ㅣ 숀으로 림생을 가랏치니 부인이 실색하야 자셔히 본즉 장대한 거동이 한갓 용열할 ᄲᅮᆫ 아니라 형모가 귀신갓고 조곰도 아리ᄯᅡ온 거동이 업스니 녀아로 비겨 생각하매 놀나온 마음과 심담이 ᄯᅱ노라 능히 말을 이루지 못하고 일신을 ᄯᅥ러 능히 안졉지 못하는 즁 구패 ᄯᅩ한 대경하야 눈물이 방타하야 비회를 검치 못하니 부인은 로긔 태산 갓흐며 공을 원망하야 가라대,

"옥 것흔 녀아의 신세를 져 츄루한 괴형을 맛겨 녀아의 ᄭᅩᆺ다온 일생을 참아 맛치려 하나뇨. 상공의 안쳥이 막지 못하야 저러한 사람으로 녀아의 가장을 삼으려 하나뇨. 마음이 가장 사오납도다."

언파에 로긔 대발하야 원망이 부졀하며 진생의 풍채로 사회를 삼지 못함을 한하야 눈물이 비 오듯 하니 이ᄯᅢ 쇼져 나아와 나작한 쇼래로 위로하야 왈,

"차등사를 쇼녀ㅣ 아른 체 하올 배 아니오나 다만 부공이 쥬장하사 쇼녀의 신세를 사랑하시리니 이는 인륜대사이라. 엇지 소홀히 졍하사 쇼년의 일생을 그릇하시리잇가. 복원 모친은 진즁하쇼셔. 대져 사람은 인물을 취치 아니하고 다만 그 마음만 취하나니 모친은 너모 마음을 상해오지 마로쇼셔."

부인이 쳥이 불문하고 상셔를 원망하는 쇼래 긋치치 아니하니 난난 등이 ᄯᅩ한 경동하야 <39> ᄯᅩ한 밧게 나아와 여어보니 과연 보기 슬흐나 풍채

늠늠하고 거동이 엄위하야 우러러 보는 자로 하야금 두림을 깨닷지 못할지라. 난난 등이 셔로 보고 왈,

"림 상공이 얼골은 비록 곱지 아니하시나 풍채 늠늠하시니 범상한 사림이 아니어늘 부인이 엇지 실쳬하시는고."

하며 봉루에 도라오니 귀패 난간에 셔 눈물을 흘이거늘 셤월이 문 왈,

"파파는 무삼 일노 체읍하나뇨?"

패 펄셕 쥬져안즈며 왈,

"이 쳘업슨 아해들아, 너희도 림생의 모양을 보앗슬려니와 우리 쇼져를 위하야 너모 애달아 우노라."

셤월 왈,

"무삼 애달음이 잇셔 체읍함에 이르나뇨?"

정인긴에 난난, 진진이 드러와 구파의 거동 보고 놀나 무러 왈,

"유랑은 무삼 일로 우나뇨?"

구패 가삼을 두다려 왈,

"너의는 쇼져를 뫼셔 갓치 자랏스니 쇼져ㅣ 상젹한 배우를 어더 츌가하심을 보면 엇지 행이 아니러요. 우리 쇼져의 숏 갓흔 태도ㅣ 월궁 항아로 비기매 나의 일생 쇼원이 당세 긔남을 어더 자미를 보고자 하엿더니 로야ㅣ 그릇 림가에 졍혼하신지라. 앗가 나아가 보매 신랑의 거동이 흉악하야 다시 대면하야 보기가 실흐니 장승갓치 키도 클사 코는 어이 그리 놉고 얽기는 무삼 일고. 어엿불사 우리 쇼져, 연연약질 져 태도가 배우를 그릇 맛나 백년을 어이 볼고. 건는 모양 말할진대 셩큼셩큼 황새 갓고 안즌 형 볼작시면 태산의 범 갓흐여 일호도 아리싸온 곳이 업도다. 가셕할사 진 랑군의 풍채를 칭찬치 아니하시더니 과연 어엿분 신랑도 어드시도다. 진량군은 챠시 제일로 용모가 신션 갓거늘 림생은 부유 한사로 나희는 삼십이나 되여 보이니 늘기는 무삼 일고. 내 마음이 이러하거니 부인의 마음이 오작 하시랴."

하고 눈물이 한 업시 흐르니 사인이 우슴을 참지 못하야 셔로 도라보아 우스니 구패 쑤지져 왈,

“너의는 쇼져게 졍이 깁지 못하야 애달롭지 아니하냐?”

난난이 쇼 왈,

“유랑의 져갓치 하심이 한갓 무익하도다. 우리 로야ㅣ 이믜 뇌정하사 셔랑으로 대졉하시거늘 유랑의 애달아 함으로 능히 퇴혼하랴? 우리도 앗가 림공자를 보매 그 용모ㅣ 비록 곱지 못하나 긔질이 비상하시고 위풍이 당당하시니 남자의 키 큰 것이 무삼 흉이오<40>며 또 우리 노야의 지인하심이 엇지 유랑만 갓지 못하시리요.”

구파 왈,

“너의 말은 그러하거니와 나는 애달은 마음을 측양치 못하겟도다.”

셤월 등이 웃고 위로하더니 차시 쇼저ㅣ 봉루에 잇셔 모친의 젼도하심을 민망히 녁이던 차 구패 드러오매 졍색 책 왈,

“유랑이 나를 슈양하엿스나 노쥬의 분의가 잇거늘 나의 인륜대사를 졍하심은 야야의 처분이라. 고로 비록 모부인이라도 간예치 못하실 터에 유랑이 망측한 거조ㅣ 대단하야 로야게 득죄코자 하니 유랑은 쌔닷지 못하는다.”

유모ㅣ 쳥파에 황공하야 사죄하나 내심의 불울함을 이긔지 못하더라.

차시 공자ㅣ 져져의 말을 듯고 나아오더니 맛참 효렴이 나오다가 공자를 맛나매 공자ㅣ 모친의 하시던 거동을 대강 고하고 내당에 드러가기를 청하니 효렴이 대경하야 드러가고져 할 새 공자는 부친을 모셔 안즈니 졍공이 아자의 긔색이 화긔 업고 양협에 붉은 긔운이 잇슴을 보고 놀나 문 왈,

“아자ㅣ 어대 불평함이 잇나냐?”

공자ㅣ 대 왈,

“앗가 실죡하야 업더졋으나 압흔 데는 업나이다.”

공이 공자의 숀을 잡고 썀을 어루만자 닷쳣는가 의려할지언졍 그 내막

이야 엇지 알이요. 림생이 비록 말셕에 안졋스나 공자ㅣ 효렴다려 부의 말을 자셔이 일을 새 림생의 총명함이 타인과 다른 고로 대강 아라 듯고 심니에 냉쇼하나 호발도 경동함이 업셔 안연 자약하야 내심에 헤오되 졍 쇼져ㅣ 혹 모친과 갓흐면 심지가 통달치 못할가 우려하더라.

이때 효렴이 밧비 내당에 드러가니 부인이 분긔 대발하아 노질 왈,

"너는 나의 동복 동거어늘 질녀의 백년대사를 졍하매 말을 바른대로 이르지 아니하야 져 츄루한 림생을 군자이라 하야 나의 지란 갓흔 녀아의 신세를 불행케 하니 무삼 용심인고. 네 본대 림가에 자죠 왕래하얏슨즉 져 츄한 자을 쟈셔히 알지어늘 내게 바로 일넛스면 내 쥭을지언졍 납채치 못하엿슬지니 이제는 완졍한 혼인이라. 상공의 고집으로 퇴혼할 리 업슨 즉 이 일을 장찻 엇지 하리요. 녀아의 신세를 저 츄루한 놈에게 맛기라 하는다? 내가 보니 그 징승갓흔 키와 아귀 갓흔 면목이 삼십이 넘은 듯하니 나의 연약한 녀아로 참<41>아 엇지 져를 맛기리요."

하고 셜파에 눈물이 여우하니 효렴이 웃고 위로 왈,

"져져는 번뇌치 마르쇼서. 림랑의 외모ㅣ 비록 보암즉지 아니하나 위인이 졍대하고 문장이 특이하오니 금세의 무쌍한 군자이라. 타일에 반다시 귀히 되여 질녀의 일생이 영화로오리니 남자를 어이 색으로 취하리요. 대져 셰상 록록한 남아의 낫치 희며 닙이 붉고 발이 젹은 경박자의 배필이 되여 신세를 자탄함이 엇지 차악하지 아니하온잇가. 림랑의 얽은 낫치 타일 부귀 화락하고 몸이 영귀할 상모오니 저저는 쇼제를 책지 마르시고 후일 보쇼셔. 림쳐사의 나희 이제 삼십여 세오니 삼십 된 아달이 잇겟삼나잇가. 림랑의 품슈한 바가 범인에 특이하야 쳬모가 장대한지라. 실로 림생의 나희 십사이니다. 엇지 일호인들 져져를 쇽임이 잇스리잇가. 이제 쏘 이럿틋 하시되 퇴혼치 못하실 것을 이러한 거죠를 하시면 다만 방인의 치쇼를 구함이니다. 졍 형의 식견이 고명 광대하오니 결단코 질녀 일생을 매몰케 아니하리이다."

부인이 로 왈,

"너의 언변이 족히 날을 쇽이겟도다. 림생이 결코 이십이 넘은 남자이라. 엇지 나를 속이려 하나뇨?"

효렴이 대쇼 왈,

"만일 이십이 넘으면 슈염이 잇스리이다. 림생이 장대하고 얼골이 아람답지 못한 고로 나히 만아 보이거니와 기실은 셩동이 다 못된 동치 유생이니라. 타일 금포 옥대로 져져긔 현알할 째에 아람다와 보일 것이오니 저저는 번뢰치 마르쇼셔."

셜파에 웃고 나아가니 부인이 꾸짓기를 마지아니하며 상셔를 원망함이 각골하더라.

이때 진가로부터 됴시, 셜 시 다 이르러 다 위로하니 부인이 됴시를 붓그러 묵연 유유하니 됴시 말로써 부인의 분긔를 도도더라.

이러구러 날이 져무니 제객이 흣터져 갈 새 진생이 림생의 숀을 잡고 간졀히 쳥유하니 졍 공자ㅣ 진생의 그윽한 쐬를 아지 못하고 쏘한 써남을 앗겨 림 쳐사를 향하야 생의 멈을기를 청한대 림공이 흔연히 허하니 림생이 가장 불평하나 부명을 거역지 못하야 승명하나 효렴과 졍 공자는 내당에 부인이 즐기지 아니함을 아는 고로 림생의 머물너 잇슴을 가장 불안히 녁이더라. 진생이 림생을 은근히 사<42>랑하야 쳐사를 배숑하고 림생을 잇그러 자긔 셔당으로 가니 효렴은 바야흐로 져져의 번뢰함을 상셔게 젼하니 상셔 듯ㅣ고 부인의 경쳔함을 노하나 대져 녀자의 쇼견에는 림랑의 용모를 미흡히 녁일 쥴 아는 고로 강잉히 우셔 왈,

"편협한 녀재ㅣ 그 죄 여차하나 아자는 무삼 죄로 쌤을 싸렷나뇨."

하고 공자를 어루만져 왈,

"네 매부ㅣ 얼골이 곱지 못함으로 쳐남이 쌤을 마즈니 쳔츈의 긔리한 일이로다. 여모ㅣ 져럿틋 색을 취하니 네 아비 얼골이 곱지 못하엿던들 너의 남

매를 두지 못하엿스리로다."

효렴이 대쇼하고 공자는 머리를 숙여 묵연 무어하더라. 효렴이 도라와 부인을 대하야 차언을 젼하고 쏘한 대쇼하더라.

이때 상서ㅣ 부인을 크게 질책코자 하야 내당에 드러가니 부인은 머리를 싸고 누엇고 쇼져는 모친을 뫼셧다가 상셔를 이러 마자 의대를 벗기되 부인이 안연부동하거늘 상셔ㅣ 짐짓 무러 갈오대,

"부인이 오날 대객에 골몰하기로 신긔 불안하야 이러 맛지 못함인 듯하오니 증세 대단한즉 쌀이 약치하게 하라."

쇼졔 쌍아를 숙여 묵연하니 공이 나아가 병근을 무른대 부인이 이러 안즈며 오렬 왈,

"상공이 녀아를 말래에 어더 사랑함이 과도하야 낙지 이후로 장즁보옥 갓치 길너 일생을 쾌케 하랴 하시더니 져 림가의 츅생이 어대로 보아 쇼녀의 쌍이 되리잇가. 츅생을 한 번 보매 놀납기 측양업셔 일각에 병이 되엿사오니 녀아의 평생을 장찻 엇지 하리잇가. 만일 림랑을 퇴혼치 아니하시면 쳡이 몬셔 쥭어 녀이의 셜워함을 보지 아니리다. 상공이 상문을 미흡히 녁이시더니 이제 림생과 병좌하니 그 엇더하리요. 아람다온 가랑을 바리시고 빈한 흉악한 츅생을 어더 옥 갓흔 녀아의 일생을 맛치려 하시니 실로 상공의 쥬의를 아지 못하리로소이다. 림생의 안모는 장셩 낸 것 갓고 입은 식양이 갓치 모지러 보이니 녀아의 연연약질로 엇지 견대리잇가. 쏘 장승갓흔 키는 삼십이 넘어 보이거늘 십사 세라 하시니 차역 헛된 말이 분명한지라. 상공이 쳡의 모녀를 살이고자 하시거든 쌀이 납채를 환송하시고 다른 곳에 옥인 군자를 택하사 녀아의 일생을 빗나게 하쇼셔."

하<43>고 방셩대곡하니 상셔ㅣ 쳥파에 부인의 불쵸함을 통한하야 작색 왈,

"그대를 내 본대 슉녀 아인 쥴은 아랏거니와 오히려 망영되고 쳔루함은

아지 못하엿더니 이제 부인의 거동을 볼진대 과연 혼암하고 나즌 행실이로다. 림랑이 비록 외모ㅣ 불미하나 금옥 갓흔 군자이니 엇지 축생이라 하며 상문의 것이 히고 쇽이 거문 데 비하리요. 내 비록 용렬하나 부인의 쇼견만 갓지 못하리잇고? 또 가장이 졍혼한 바를 녀자ㅣ 곳침이 엇지 가하리요. 림랑이 비록 곱지 아니하나 '퇴혼' 이자를 경솔히 구두에 발하니 그대는 림가를 물이치고 쏠로 하야금 실졀한 계집이 되게 하니 임의로 하라. 하물며 녀자가 되여 장부의 얼골을 션택하고 덕을 불관히 녁이니 반다시 취색 음란한 행실이라. 결단코 용셔치 못하리로다."

또 쇼져다려 왈,

"너도 어미를 달마 가랑을 가릴 뜻이 잇거든 어미 뜻을 좃차 행하고, 아비의 명이 쇼즁한 쥴 알거든 무행한 어미에 말을 듯지 말나."

언파에 사긔가 엄졀하야 사매를 뗠치고 나아가며 공자다려 왈,

"아비 대신에 네 또 쌤 마즐 것이니 내 명 젼에는 어미를 보지 말나."

공자ㅣ 황공하야 쥬져하거늘 공이 수지져 잇글고 나아가니라.

第四回 뎨사회

졍 쇼져 졀개를 직켜 쳐음 이년을 져바리지 안으니 진상문의 간악한 마음을 측양키 어렵더라
鄭小姐烈節初緣不負 陳相文奸像中心難測

이때 쇼져는 아미를 숙이고 황공하야 모친의 이렁틋함을 애달나 하거늘 부인은 공의 말을 듯고 대로하야 가삼을 두다려 통곡하며 숙으려 하는지라. 쇼제 더욱 황공하야 나아가 나즉이 간 왈,

"모친게셔 이제 례의를 익히 아압시거늘 금일 엇젼 연고로 실언함이 과도하시 대인의 노괴를 닙으시며 부도에 붓그러온 쥴 모로시나잇가. 이제 비록 림생이 얼골이 츄루하고 실셩 광인인들 녀자ㅣ 되여 빙채를 밧고 이렁틋함이 무삼 이로옴이 잇스릿가. 아즉 비록 례를 행치 아니하엿스나 녀아는 졀을 직히여 규즁에셔 죄인 자쳐함이 계집의 행실이어늘 허물며 용모를 미흡히 녁여 '퇴혼' 이자<44>를 일커르시리잇가. 이 또한 녀아의 팔자이요 대인이 자식의 일생을 그르게 아니하실 것이니 태태는 엇지 과도한 거조를 하시나잇가. 야야의 말삼이 십분 과도하시되 모친게서오는 황괴함을 깨닷지 못하시니 엇지 황공치 아니하리잇고. 복원 태태는 명찰하쇼셔."

부인이 탄 왈,

"내 너를 늣게야 어더 긔질이 인류에 특이하니 부대 갓흔 배필을 어더 일

생 신세를 쾌하고자 하더니 림생의 츄류함을 보매 엇지 놀납지 아니하리요. 네 부친이 나를 제어하노라 억택하거니와 나는 불복하노니 쥭어도 림가를 용납지 아니리라."

쇼제 모부인의 거조를 보매 가히 명졀을 어지러일 듯하야 크게 근심하나 온슌히 웃고 왈,

"태태는 쇼녀를 사랑하는 말삼이 도로혀 불리하게 하심이오니 바라건대 졀행을 훼숀케 마르쇼셔. 림생은 남자이라. 비록 곱지 아니하오나 무삼 관계 잇사오릿가?"

부인 왈,

"녀아는 림생을 보지 못하엿스매 자셔히 아지 못하거니와 만일 대면하면 자연히 외면하리니 네 무엇을 알이요. 녀자의 신세는 장부에게 달엿나니 네 엇지 이런 말을 하나뇨."

쇼제 죵시 모친게셔 회복지 못함을 보고 일변 생각하되 모친이 장래 무삼 변을 지을가 근심이 만복할지언졍 림생의 츄루함은 죠곰도 괘렴치 아니하나 가마니 혜오되,

'림생의 얼골이 엇더하관대 모친과 유랑이 그대도록 괴히타 하는고.'

하더라.

부인이 심사ㅣ 번먼하야 음식을 젼폐하고 와상에 누엇스니 쇼제 번민 쵸조하야 만단으로 간하야 식상을 드리고 인하야 물너나지 아니코 안잣스니 긴긴 츄야 찬 긔운에 연약한 몸이 병에 걸일가 렴여하야 녀아를 사침으로 가라 하니 쇼제 거사리지 못하야 유모 등으로 더부러 침쇼에 도라와 그윽히 생각하되 아마도 모친의 하시는 일이 자긔 명졀에 해로올가 하야 자연 긔색이 불안하니 난난이 뭇자와 왈,

"부인게셔 림 공자를 져다지 미흡히 녁이시니 쇼비의 어린 쇼견으로는 림 공자ㅣ 반다시 친사를 앗고자 할 것이니 쇼제 엇지코자 하시나잇가?"

쇼제 정색 왈,

“네 엇지 방자하야 모친의 실덕함을 창노코자 하나뇨. 장래사는 미리 예탁지 못하나니 생심코 이르지 말나.”

난난이 <45> 묵연하더라.

차일 진생이 림랑을 잇글고 셔당에 도라와 촉을 밝히고 말삼할 새 진생에 언어가 빗나고 졍의가 밀물하니 림생이 비록 자긔의 지긔지우 아닌 쥴 알되 년쇼한 마음에 아람다온 벗을 맛나 흔연 관대함을 엇지 사랑치 아니하리요. 마음을 여러 회포를 이르며 고금을 강론하니 림생의 대재는 그 널고 큼을 이루 측양키 어렵고 진생의 풍채도 가워 쌍이 업는지라. 진생이 쇼 왈,

“쇼제 일작 림형의 대재를 귀에 우뢰갓치 드럿스매 쏘다시 개론할 배 아니오나 형의 재조가 고상하야 후진 교육함을 즐기지 아니한다 하매 감히 셔로 차자 상우함을 엇지 못하고 앙모할 쓴이러니 금일 요행히 만나 합셕하니 평일에 바라던 바이라. 희행함을 이기지 못하는 즁 형이 바리시 아니함늘 입어 교의를 맷고 심지를 허하야 이곳에 상대하니 쳔고 희사이라. 량신 월야에 츄풍이 한가하고 옥쵹이 휘황하니 문인이 상대하야 쇽졀 업시 허숑하리요. 쳥컨대 아람다온 글을 지여 금아 풍지를 뵤함이 엇더하뇨?”

림생이 칭사 왈,

“쇼졔는 촌가 한미한 아해로 우물 밋 개고리라. 형의 고명대재를 아지 못하엿더니 금년 향시에 비로소 고재를 앙모함이 깁사오나 감히 글짓기를 몬져 앙쳥치 못하오며 금일 졍대인 연셕을 인하야 영형의 션풍을 구경하오니 과연 일홈아래 헛되지 아니한지라. 스사로 일신이 무용함을 창과하는 즁 형의 핍박함이 소뎨의 업는 문장을 기우리라 하시니 슈괴 간절하거니와 형의 사랑하심이 여차하시니 엇지 쏘 사양하리요. 슈연이나 형은 쥬인이요 쇼뎨는 숀이니 바라건대 형이 몬져 쥬옥을 토하시면 목과로써 앙대하리다.”

진생이 낭낭히 웃고 왈,

"인형이 쇼뎨를 너모 희롱하는도다. 절강 촌읍에 인재 업기로 쇼뎨가 요행히 장원이 되엿거니와 실로 재죠ㅣ 놉흠이 아니라. 용열한 학문으로 상두에 거함을 붓그러하거늘 형의 찬양함이 여차하시니 쇼뎨 과연함을 이기지 못하겟도다. 한미한 몸을 쥬인이라 칭하시니 더러온 시귀로써 형의 쥬옥을 구하리라."

하고 이에 펄연을 나아와 채필을 둘너 일슈 시를 지여 생을 쥰대 림생이 진생의 붓 두룹이 신쇽함을 칭찬<46>하더니 밋 글을 보매 문채가 아담하고 의사가 쳥신하나 군자의 긔운이 업셔 쇼인의 아당하는 태도ㅣ 문자에 낫타나니 심하에 불긴히 녁이나 쇼년 재화가 빗남을 사랑하야 칭찬 왈,

"형의 웅문진필은 임에 아랏거니와 이럿틋 함을 엇지 알이요. 상담에 '백번 드름이 한 번 보는 데 밋지 못한다.' 하더니 과연이로다."

진생 왈,

"용열한 재조ㅣ 엇지 감히 형의 과장하심을 바라리요. 쳥컨대 형이 쥬옥을 토하야 쇼뎨의 무색한 흉금을 밝게 하라."

생이 함쇼하고 붓을 들어 화답하니 진생이 림생의 휘호함이 풍우 갓흠을 책책 탄상하고 밋 또 글을 보매 필법이 쇄락하고 자최 유범하야 쌍룡이 셔리고 쳘사를 드리온 듯 사의가 함츅하고 완곡함이 한갓 자긔의 죠협한 의사에 비할 배 아니라. 심하에 크게 놀나며 싀긔지심이 만복하되 강잉하야 대찬 왈,

"진실 긔괴한 재죠ㅣ로다. 나의 용열한 의사와 미거한 재조로는 감히 쟁공치 못하리로쇼이다. 반다시 놉흔 스승을 삼으리라."

림생이 미쇼 왈,

"형은 너모 죠롱치 말나. 지긔지우는 셔로 책션함이 가하니라."

진생이 쇼 왈,

"형의 재죠는 진실로 쳔고의 일인이라. 졍슉의 택셔하심이 특이함을 항

븍하난도다. 표매는 규즁 문장으로 장강의 아람다온 색이 잇나니 하날이 특별히 형에게 유의하심을 깨닷노라."

림생이 함쇼 왈,

"대져 녀자는 효렬과 덕행이 웃듬이라. 굿하야 규리 문장이 쓸 곳 업고 유한졍졍함이 그 버금이라. 색미함이 엇지 깃부리요. 영표매 색모 재릉은 과인하나 효렬 덕행이 업스면 쇼뎨의 쇼망이 아닌가 하노라."

진생이 칭션 왈,

"형언이 과연 군자의 명언이로다. 원래 녀자ㅣ 음풍영월함을 즐기고 색모가 빠혀난즉 호탕한 졍이 만으니 옛사람이 개개 그러한지라. 쇼뎨 또한 녀자의 문채를 불긴히 녁이노라."

진생 왈,

"표메 아즉 나희 어리메 비록 재조ㅣ 잇스나 엇지 다졍함을 알이요마는 항상 옛사람의 다능다졍함을 칭션하아 풍류 규텀의 번화함을 쇼히 녁기되 우리 슉모ㅣ 만래에 특별 사랑하사 만사를 허여하시니 인형은 표메를 만나거든 엄졀히 구속할지어다. 지친의 과살을 외인에게 셜화함이 불가하나 인형은 쇼매의 가군이요 <47> 쇼뎨의 지긔지교이니 남자의 마음은 일반이라. 십분 엄측하야 표매의 그른 곳을 곳치고자 함이니 형은 쇼뎨의 과언함을 괴이히 녁이지 말나."

림생이 쳥파에 진생의 말을 고이히 녁이나 졍 쇼져ㅣ 재상의 일녀로 교만함이 상사이라. 진생의 말이 허언이 아닌가 하야 심리에 불쾌하나 짐짓 우어 왈,

"인형이 쇼뎨를 사랑하야 심즁사를 은휘치 아니하니 감사하도다. 연하나 영표 그럿틋 불쵸함은 곳치기 쉬운 것이로다. 대져 취하야 어질면 공경하고 불쵸하면 바릴 싸름이니 미리 엇지 졍하야 말하리요."

진생이 졍색 왈,

"형이 쇼뎨를 대하야 말삼이 너모 박졀하니 내 경솔히 말삼함을 뉘웃쳐 하노라."

림생이 미쇼 부답하니 진생이 우 왈,

"쇼뎨 형을 쳐음 맛나매 쵸솔한 음식으로 귀객을 대함에 아람답지 못하나 일배쥬로 졍을 표하리라."

하고 시녀를 불너 쥬배를 가져오라 명하더니 이윽고 옥반 금긔에 쥬찬을 담아 내여 오니 생이 명하야 림생에게 진배하라 하매 림생이 눈을 보매 이 녀자ㅣ 나희는 십사오는 하고 화용이 요조하거늘 진생다려 문 왈,

"외당에셔 슐을 먹으매 셔동으로 하야금 진배함이 가하거늘 엇지 시녀로 슐을 붓게 하리요?"

생 왈,

"차는 쇼뎨의 근사하는 시녀이니 고이히 녁이지 말나."

하고 시녀를 명하야 림 상공게 잔을 권하라 하니 시녀ㅣ 잔을 들고 림생의 압헤 나아가 여상 일곡을 부르니 쇼래 쳥아하야 옥을 부슈는 듯 가셩이 양진을 날이이니 림생이 잔을 잡고 칭찬 왈,

"진실로 아람답도다."

인하야 슐을 거우르니 진생이 크게 깃거 쥬흥이 도도하야 각각 노래 일곡을 창화하며 력대의 치란흥망을 의론하며 당시를 문답할 새 진생은 쥬량이 젹음으로 미란히 취하되 림생은 일호 취색이 업셔 답쇼가 풍융하고 풍채 엄졍하니 경홍이 가만이 칭찬하더라. 진생이 림생다려 왈,

"대져 남아ㅣ 미녀를 대하야 매몰함은 장부의 일이 아니라. 경홍이 안색이 미려하고 가셩이 쳥아하니 형은 어엿비 녁이라."

림생이 심하에 진 부인이 질자를 가랏쳐 미인 갓갑게 하는가 하고 생각하매 문득 마음이 맹동하야 호승이 이러나며 흔연 쇼 왈,

"형의 시녀ㅣ 과연 남아의 사랑할 배로되 <48> 손이 되여 쥬인의 시녀를

유의함이 박행이라. 감히 행치 못하노라."

하고 눈으로써 츄파를 보내니 진생이 그 뜻을 알고 즉침에 비겨 사매로 낫을 가리우고 왈,

"홍은 림 상공을 뫼시라. 내 맛참 긔운이 불평하니 잠간 진졍하리라."

하고 거즛 벼개에 혼혼히 누엇스니 림생이 진짓 홍의 숀을 잡아 희롱하는 쳬 하다가 홀연히 숀을 놋코 사매를 썰쳐 밧게 나아가니 벽텬의 츄월이 만공하야 옥쳠에 배회하고 금풍이 쇼슬하야 나의 움작이니 야색이 냉담한지라. 생이 취긔가 훈열하야 졍즁에 배회하며 시세를 탄식하고 졍 쇼져의 불쵸함을 불쾌히 녁이다가 다시 헤오되,

'옥연시를 보매 과연 요조슉녀어늘 진생의 말이 고이하니 반다시 이 가온대 묘맥이 잇도다.'

렴려ㅣ 번다하더니 홀연 한 쥴 기러기 쥴 지여 나러가니 안셩이 쳐량한지라. 생이 탄 왈,

"기러기는 금슈 즁 졀개가 잇는 령물이라. 쇼슬한 가을을 쌰르는도다."

감회가 자동하야 출마곡에 가사를 지여 취즁에 놉히 읇흐니 쇼래 웅장쇄락하고 곡조가 간곡하야 멀이 들이는지라.

이때 졍쇼제 심사ㅣ 좃치 못하야 고요히 서안을 대하엿더니 홀연 바람결에 음영하는 쇼래 쇄락하야 학의 쇼래 갓흐니 쇽객의 음영은 아니라. 쇼제 의아하야 창을 열고 귀를 기우려 드르니 진부로 좃차 나오거늘 소제 난난다려 문 왈,

"이 쇼래 진가 표형 등의 답영이 아니로다."

난난이 대 왈,

"진 상공이 림 공자를 머무러 야류하신다 하니 림 상공의 쇼렌가 하나이다."

쇼제 묵연부답하고 심하에 놀나 생각하되,

'진 형은 간활부정하니 우리 친사를 희짓고자 하매 림생을 머물너 흔단을 어더 모친을 공동코자 함이요 나의 업는 허물을 창루하야 어지러이 하고자 함이니 엇지 불행치 아니하리요.'

이럿틋 하야 아미를 찡그고 침음하니 난난이 왈,

"진 상공이 림 상공을 쳥하야 멈으름이 조흔 뜻이 아닌가 하나이다."

소제 왈,

"좃코 좃치 못함이 너의 근심할 배 아니라. 잔말 말나."

난난이 대 왈,

"이 엇진 말삼이시니잇고. 진 랑군이 림 랑군을 대하야 쇼져의 업는 허물을 창누하고 부인을 대하야 림 상공의 업는 흔단을 지여 전할진대 크게 좃치 아니한 거조ㅣ 잇스리니 쇼비 엇<49>지 근심치 아니하리잇가."

쇼제 이에 칭션 왈,

"졍다외라. 일이 그러하나 오는 액온 셩인도 막지 못하나니 엇지 면하리요마는 임시하야 욕이 밋칠진대 한 번 행할 의사ㅣ 잇나니 너는 너모 조조히 구지 말나."

난난이 잠쇼 묵연하더라.

졍공이 이날 셕반을 파하고 외현에 나아와 안셕에 비겨 부인의 조협함을 통한하야 젼젼불매하더니 밤이 깁고 인젹이 고요하매 멀이셔 글 읇는 쇼래 극히 웅연 쇄락하거늘 옷을 염의고 밧게 나와 드르니 림생의 셩음이리. 새로히 사랑하는 마음이 유츌하야 서동으로 진부에 가셔 양상공을 불너 오라 하니 동자ㅣ 즉시 진부에 이르러 명을 젼하니 생이 즉시 방즁에 드러가 진생을 깨와 이르되,

"졍노백이 나와 형을 부르신다."

하니 생이 연망이 의관을 졍제하야 졍부로 향할 새 경홍이 그릇을 거두어 가지고 나오거늘 진생이 쇼 왈,

"형은 심야에 홍을 다리고 풍우 남사를 얼마나 편는다?"

림생이 답쇼 왈,

"쇼뎨 셜혹 박행하나 쥬인의 시녀를 도젹하리요."

시녀ㅣ 비록 쳔하나 남녀ㅣ 혼야에 동쳐함이 불안하야 밧게 나아가 배회하더니 림생이 웃고 정부에 이르러 상셔게 뵈온대 공이 쇼 왈,

"셕상에 과취하야 현셔를 만흘히 대졉하니 심히 미안하여라. 이제야 슐이 쌔여 그대를 생각하나 밤이 깁헛스니 반다시 잠 드럿스리라 하고 청치 아니하엿더니 홀연 현셔의 음영하는 쇼래를 듯고 반겨 청하엿스니 현셔는 모롬이 남은 밤을 즐기리라."

생이 흠선 사 왈,

"대인의 권애하심을 입사와 금야를 머무오니 맛당히 뫼셧슬 것이로대 진 형의 후의를 알지 못하와 존후를 살피지 못하엿사오니 불승미안 하압거늘 존교ㅣ 여차하시니 황공하야이다."

상셔ㅣ 흔연히 웃고 촉하에 림생으로 더부러 말삼하더니 진생이 사매로셔 시젼을 밧드러 왈,

"쇼질이 림형으로 교이를 매즈메 글을 시여 신표를 삼앗나이다."

상셔 보기를 맛고 대희 칭찬 왈,

"묘한 글이요 아람다온 시로다. 현질의 교우함이 이럿틋하니 우슉이 아람다히 녁이나니 현셔는 진질의 후졍을 잇지 말나."

양인이 배사 슈명하고 한화하다가 동방이 긔명하니 림생이 하직을 고하매 상서ㅣ 셔로 써남을 앗겨 조<50>반 후에 가기를 이르니 생이 장자의 명을 만홀치 못하야 머무러 잇다가 셕양에 도라갈 새 진생이 숀을 잡고 후긔를 쳥하니 림생 왈,

"쇼뎨는 이곳에 다시 오기 어려온지라. 형이 쇼뎨를 잇지 아니커든 한 번 폐려에 왕굴함을 바라노라."

진생 왈,

"쇼뎨 본대 현형의 고명을 앙모하야 군자의 문에 나아가 가랏침을 듯고자 하되 형이 쇽인을 상졉지 아니한다 하매 감히 귀문젼을 바라지 못하엿더니 이제 영행으로 형의 고풍을 구경하고 쥬옥갓흔 문장을 쳡망하야 아득한 흉금을 쇄연케 하매 스사로 복복 치하하거니와 리별이 홀홀한지라. 형의 권애함을 입어 불민한 자최를 쳥하시니 삼생의 행이라. 엇지 다행치 아니하리요. 슈일 후에 나아가 군자의 놉흔 쳐쇼를 구경하고 어진 교훈을 드러 보리라."

림생이 졍색 왈,

"고인은 사람을 사괴되 지긔를 위하야 쥭는다 하거늘 형은 쇼뎨를 사괴여 조롱하기를 일삼으니 쇼뎨 기리 붓그러하노라. 옛날 관포의 지긔와 유증의 지음이라도 형갓치 겸근함을 보지 못하엿나니 이럿틋 할진대 금일 도로여 졀교하고 다시 보기를 원치 아니하노라."

진생이 연망히 칭사 왈,

"쇼뎨가 인형의 재조를 공경하매 문득 실언하기에 밋쳐 형의 책언을 드르매 불승슈괴 하나니 모롬이 용셔할지어다."

림생이 진생의 이럿틋 능혜함을 내심에 깃거 아니하나 림생의 본심이 너그로온 고로 흔연 칭사하고 이에 분슈하야 도라가니라.

차셜. 진 부인이 녀셔의 괴악함을 증한하야 병을 이루매 상에 누어 매양 상셔를 원망하는 즁에 슈일이 지나도록 상셔 내당에 드러오지 아니하니 더욱 분한하야 하더니 진생이 림생을 보내고 도라와 슉모게 뵈오니 부인이 금금에 싸이여 신음하거늘 진생이 거즛 놀나 왈,

"쇼질이 새로이 아람다온 붕우를 맛나 론의에 골몰하와 슉모게 뵈압지 못하엿삽더니 그 사이 어대가 불평하시니잇가?"

부인이 번연 긔좌하야 손으로 벼개를 두다리며 체루 행류하야 왈,

"우슉이 팔자ㅣ 갓지 못하야 자식의 경사ㅣ 원만치 못하니 신후사를 슬허하고 조상의 향화를 근심하더니 다행히 텬우신조하야 자녀를 어드니 녀아는 시쇽 범범한 홍군 미색<51>이 아니라. 재덕이며 효렬이 고금을 상고하나 몃재 되지 아니한지라. 상셔ㅣ 만래에 사랑하야 맛당이 져와 갓흔 쌍을 구하야 녀아의 일생을 부탁코져 하더니, 너의 슉부의 오활하고 망연됨이 쌍이 업셔 쳔금 녀아의 젼졍을 그릇하니 내 엇지 셜지 아니하리요. 림 쳐사는 텬하의 긔벽하고 명박한 인생이라. 나희 반백에 공명도 이루지 못하고 사방에 오유하던 궁유한사로 추포갈건을 근본 삼고 초려모옥에 쳐자는 포군단상으로 나물을 캐고 기음매여 맥반을 이우지 못하거늘 녀아를 이러한 곳에 결친하니 내 마음을 조종키 어려온 즁 또 림생의 모양을 드르면 가위 백무일취이라. 그 빈쳔함은 개유치 아니하엿더니 밋 림생의 츅생을 보매 넉시 놀납고 마음이 떨이이니 우리 부즁 노자를 삼으라 하여도 더럽고 흉하거든 엇지 나의 만금 녀아로 동상을 졍하리요. 내 참아 사라서 꼿 갓흔 녀아의 슬허함을 보지 못하리니 반다시 자문 필시코저 하는 고로 폐식하고 누엇나니 저 림생의 츄루한 위인이 무삼 재조가 잇관대 현질 서로 사괴여 □근하여 가는 것을 머물너 내 마음을 더욱 어지럽게 히엿니뇨. 생심코 사괴지 말나."

하고 셜파에 휘루 통곡하니 진생이 심하에 불승희열하야 짐짓 위로 왈,

"림생이 비록 용모ㅣ 슈려치 못하오나 풍신이 헌앙하며 재조가 유여할 쑨 아니라 빈한한 자식이로대 헌헌 장부이라. 반다시 표매를 맛나 긔세를 두리고 용모를 황홀히 하야 원앙 쌍유에 금슬이 란란할 것이요, 또 임에 우리 갓치 졍한 혼인을 엇지 하리요. 슉모ㅣ 엇지 이다지 번뢰하시나잇가. 졍슉이 슉모의 말삼하심을 미안히 녁이사 외당에 계시고 분한하시니 슉모ㅣ 표매의 젼졍을 슬허하시다가 도로여 박명을 맛나실가 두려워하나이다. 연하오나 림랑이 매사에 슉셩장대함이 범인과 다른지라. 거야에 시비 경홍이 쥬과를 가저 당에 이르매 쥬린 나뷔 꼿 봄 갓흐여 취즁호긔 질탕하야 짐짓 풍유장부이

라. 쇼질 갓흔 졸직한 남아ㅣ 아니오니 복원 슉모는 그 용모를 근심 마르시고 방일함을 렴려하소서.”

설파에 대소하니 부인이 차언을 듯고 더욱 통분하야 고장분매 왈,

“그 위인이 <52> 행실좃차 저 갓흐니 내 녀아를 늙힐지언경 셩례치 못하리니 상공이 날을 내치셔도 이 츅생은 용납지 못하리라. 상공이 외당에 계시고 날을 보지 아니하심은 스사로 부그림이니 내 무삼 죄가 잇관대 이갓치 하시리요.”

진생이 슉모의 림생을 미워함이 이갓치 심함을 보매 만심환희하야 림생의 단쳐를 일카르며 짐짓 기리는 체도 하야 분심을 도으니 부인이 언언이 통한하야 죽기를 한하고 림가의 친사를 물이치랴 하니 생이 암희하야 친사를 앗고자 하더라.

차시 경 소제 모친의 말삼을 우려하는 즁 진생이 림생을 머물너 야류함을 알고 심히 대경하야 헤오대 진생의 간교한 말노 림생의 흔단을 어더 모친을 격로코저 함을 짐작하고 통해하나 난난 등의 언사ㅣ 경솔하니 심사ㅣ 자못 불안하더니 명조에 모친게 문안할 새 부인이 녀아를 보고 더욱 슬허하더니 믄득 시녀ㅣ 고 왈,

“림 상공이 오날 도라가지 아니시매 로야ㅣ 쥬과를 갓초라 하시더이다.”

부인이 대질 왈,

“내 마음이 썰이거늘 어이 그 흉물을 위하야 근로하리요. 여등은 아모려나 하고 다시 뭇지 말나.”

시녀ㅣ 묵묵히 물너가거늘 소제 모친의 됴협하심을 한하나 자긔의 엇지할 배 아니라. 물너 봉루에 도라오니 구패 방즁에 안자 혼자말로 애달와 림생을 미워하거늘 진진 구패를 사리로 개유하다가 쇼저를 보고 말을 긋치니 소제 생각하되,

‘우흐로 모친게서 림생을 미워하시고 아래로 구패 통입골슈하고 가온대

로는 진가 소인이 간계를 통행할진대 엇지 나의 젼졍이 그릇되지 아니하리요. 림랑의 호불호는 의론치 말고 미흡한 사람이라도 엄부ㅣ 졍하신 양인이라. 엇지 감히 두 마음을 먹으리요. ᄯᅡ라 슈젹지 아니하면 금슈만 갓지 못하리니 엇지 참아 저의 용모 박함을 불만히 녁이리요. 내 당당히 송년의 의와렴 시의 졀을 효칙하야 부명을 직히려니와 나의 신세 속절업시 어지러올이로다.'

이갓치 한탄하야 자연 심사ㅣ 불안하더니 이날이 ᄯᅩ 지나고 명조에 문안하고 도라온 후 난난이 졍당에 갓다가 도라와 고 왈,

'진 랑군은 소인이라. 졍당으로 가시니 무삼 간계를 하랴 하는고. 됴조의 마음이오 왕도탁의 간<53>휼을 겸한지라. 무삼 요괴로온 말로 부인을 도도는고. 내 가서 맛당히 규쳥하리라.'

하고 밧비 안으로 갓더니 식경은 하야 도라와 긔색이 분연하야 진생의 설화와 부인의 분한하시던 말삼을 젼하야 왈,

"진생이 림생의 허랑 방탕함을 부인게 참소하야 그 얼골이 박루하고 행실이 경박다 하니 부인은 진생의 말을 밋어 로야를 한하시는 말삼이 긋치지 아니하더이다."

소제 이 말을 듯고 묵연양구에 왈,

"진생의 간언은 모친의 마음을 도음이라. 림생이 경홍을 짐짓 친애하는 긔색을 보고 태태의 됴협하신 마음 알어 허무한 말삼을 고하야 짐짓 억양반복하나 제 실로 무용한 간계이로다. 녀자의 열졀은 예로 직히는 것이니 여등은 분쥬히 설화치 말나."

진진이 묵연이어늘 가월 왈,

"림 랑군의 거동이 슉연 졍대하야 일호도 경박자의 속태가 잇지 아니하고 비록 별안간에 뵈왓스나 그 행동이 광풍제월 갓흔 기상이 낫하낫스며 ᄯᅩ 아모리 호협방탕하나 이곳에 와 방자한 행동을 할 리가 업스니 그 즁에 ᄯᅩ

한 간계가 잇도다. 당당이 경홍다려 무러 보리라."

소제 망영됨을 질책한대 가월이 돗지 아니하고 슈일 후 경홍을 맛나 소왈,

"내 드르니 네 림 상공을 뫼서 춍애를 밧앗다 하니 하례하노라."

홍이 변색 왈,

"뉘 이럿틋 헛말을 하더뇨?"

가월이 소 왈,

"진가 랑군이 부인게 고하니 부인이 대로하사 너를 즁치하랴 하시되 아즉 참아 계시거니와 림 공자는 우리 댁 서랑이시어늘 그러한 방자한 일을 하나냐?"

경홍이 발연 왈,

"진공자ㅣ 짐짓 나를 불너 림 공자를 위하야 슐을 부어 드리라 하시매 림 공자는 무심하신 것을 진공자ㅣ 여차여차 권하며 남자의 풍정이 여차여차 하다 하매 림 공자ㅣ 여차여차 대답하시니 진공자ㅣ 짐짓 취하야 자는 체 하고 누으며 나다려 공자를 뫼시라 하고 림 공자를 권하야 친하라 하되 림 공자는 일호도 갓가히 함이 업고 취중에 두어 말삼을 통하야 잠간 흔연하시더니 즉시 이러나 정제에 배회하시며 음영하시다가 정상공 로야ㅣ 부르시니 즉시 두 상공이 함께 가신지라. 조곰도 그른 일이 업노라."

가월이 진생을 통한하고 봉루에 도라와 소저를 보고 경홍의 설화를 젼하<54>며 진생을 꾸지즈니 소제 정색 책 왈,

"나는 규즁처자의 몸이라. 본래 남자는 규즁을 말하지 아니하고 녀자는 외인을 말하지 아니하나니 너의 사인이 방자히 남자의 호탕한 거동을 일으며 정대함이 업스니 도리에 어긔는 바이며 또한 일륜대사는 부모의 처치하심을 좃차 행할 바이요 림랑은 방외 남자이라. 네 나의 경계를 긔탄치 아니하고 어즈러온 말과 방탕한 설화로 례 아닌 말을 내 압해서 젼셜하니 무삼 도

리이며 림생의 호탕함이 내게 간섭지 아니하고 진생의 계교ㅣ 간휼하여도 여등에게 무해하거늘 네 비록 천비이나 이러한 말을 방자히 하니 내 맛당히 중치할 것이로되 십분 용서하나니 차후 다시 이 갓흔 어즈러옴이 잇슬진대 용서치 아니리라."

언파에 안색이 렬렬하니 사시녀ㅣ 황공젼률하야 복지청죄하고 가월이 사죄 왈,

"쥬욕신사이오나 흉즁이 분격하니 욕사무지로소이다. 소저는 한갓 렬졀만 흠모하시니 사체에 당연하시거니와 일이 반다시 경즁이 잇나니 우리 상셔로야와 부인의 뜻이 합하시고 양가의 뜻이 젹합할진대 소졔 부모의 명을 승순하사 규수의 장선 재도를 속이지 아니함이 올삽고 그 사이에 작폐하는 페가 업스면 소비 등이 쏘한 방심하야 소저의 길일을 등대하야 의심이 업스려니와 당금 부인과 로야의 소견이 대상 부동하시고 진랑이 사이에 넘노라 그 간계 무쌍하야 림랑의 단처를 이르며 부인의 마음을 격동하야 림가를 훼방하고 소저를 아스려 하니 부인이 림 상공을 미워하시는 중 진생의 간계에 싸지사 소져의 졀개를 앗고자 하시니 쇼제 장찻 무삼 묘책으로 버서나며 림생의 흔단을 간섭지 아니하고 소비 등의 번민함을 방영되다 하시니 혼례 순편할진대 고요히 심규에 쳐하야 례의를 직힘이 올커니와 이는 그럿치 아니하야 사단이 번요하고 곡절이 란잡하엿스니 범사를 심량하야 젼졍을 방비함이 보신지책이오니 바라건대 소져는 소비 등을 책지 마르소셔. 진생이 안으로 부인을 공격하고 밧그로 림생을 격동하야 흔단과 허물을 창셜하니 소제 엇지 깁히 생각지 아니하시고 한갓 부절만 직히고자 하시니잇가. 상<55>공이 비록 현철하사 사단을 명백히 하고자 하시나 일이 맛갑지 못하심으로 셩병하심에 이르시고 중간과 내외에 간계 특출하야 필경 몸을 보젼케 못 되오니 소저는 재삼 생각하사 압해 오는 화를 엇지 방비코자 하시나뇨. 장래는 소인의 앙화를 바들지라도 아즉은 방비함이 쇼저의 수단이니 소비 등의 의론

이 엇지 맛당치 아니하온잇가."

쇼제 쳥파에 봉미를 찡그고 탄 왈,

"고인은 화복의 마음을 동치 아니한다 하엿나니 엇지 목젼에 이르지 아니한 근심을 미리 하리요. 언다하면 필실이라. 허탄하기에 갓가오니 엇지 녀자의 단숙한 도리리요. 래두 일이 되여 가는 것만 볼 ᄯᅡ름이라. 여등은 번잡히 하야 시비를 취치 말나."

하고 말삼을 맛치며 동지 숙연하니 제 시녀ㅣ 황연 사죄하고 다시 말을 아니 하더라.

차시 정 상셔ㅣ 부인의 됴협함을 한탄하고 분로하야 내당에 자최 끈어 그 병을 근심치 아니하니 연경 공자ㅣ 크게 황공하야 울울히 수미를 펴지 못하니 상서ㅣ 헤오대 어린 아해 상할가 렴려하야 ᄭᅮ지저 일오대,

"여모의 병은 여부를 한하는 심병이니 너는 과도히 상회하야 렴려치 말지어다."

언파에 진생이 드러와 문후하고 가라대,

"이제 숙모ㅣ 불평하신 지 수일이 되시매 병근이 깁흐시니 가장 렴려롭거늘 존숙이 엇지 의약으로 치료치 아니하시나잇가?"

공이 미우를 찡기고 왈,

"네 아자미 병이 나를 한하고 림생을 미워하야 난 병이라. 이제 날 곳 보면 더욱 층가할 것이니 보지 아니하거니와 원래 녀자ㅣ 장부를 섬기매 도러에 군자의 은의와 백행이 웃듬이거늘 이는 근원을 멸시하고 녀도를 페하야 가장을 원망하니 심히 무식한 녀자이라. 대져 녀자ㅣ 아모리 죠협한들 이대도록 불초하리요. 내 비록 조강을 고렴하나 그 거조를 보지 아니하리라. 녀아를 셩가 후 세사를 사절하야 번화한 ᄶᅡ에 자최를 머무지 아니하고 산간에 오유하야 세사를 모로고자 하나니 녀자ㅣ 가부를 압두하고 대사를 총집하야 가장을 졀제코저 함은 천인의 행실이라. 내 다시 면목을 상대코자 아니하

나니 엇지 그 병을 렴려하리요."

언파에 긔위 엄중하니 진상문이 상서의 언어 맹렬함을 보고 <56> 심하에 경동하야 생각하되,

'정숙의 긔운이 강렬하야 녀자의 지휘를 듯지 아니하야 숙모를 용납지 아니실진대 나의 계교가 행치 못할 것이니 몬저 숙모 부부를 하위하고 세세히 됴각을 어드며 졍숙을 치운 후에 친사를 아스리라.'

하고 만면희색으로 온화히 웃고 대 왈,

"숙모ㅣ 본대 통달치 못하심을 아압나니 림형의 대현고재를 살피지 못하시고 외모 미려치 못함을 혐의하시나 래두지사를 아르시면 뉘웃쳐 하실 것이요 허물며 존숙이 주장하압는대 숙모ㅣ 감히 부당함을 말하시리요. 표매의 텬향국색으로써 숙모의 만래룡주를 배필이 부적함을 한탄하심은 쏘한 당연하거늘 존숙은 한갓 대의로 책망하사 표매의 신의만 크게 녁이시고 홀로 표뎨의 졍사를 살피지 아니실진대 자애 인졍이 고로지 못하야 노보혀 자녀의 심사를 어지러이 함이 되지 아니리잇가. 바라건대 존숙은 숙모의 말삼함을 용서하사 자녀의 황공함을 살피소셔."

정공이 청파에 미소 부답하니 진생이 깁인니어로 하는 말이 슨치지 아니하더니 맛참 효렴이 드러와 왈,

"져져의 병세 위독하거늘 엇지 의약으로 치료함이 업나뇨?"

상셔ㅣ 왈,

"숙유는 밝은 군자이라. 매져의 병을 짐작지 못하나뇨. 병근은 다름 아니라 녀아의 택서 잘못함을 한하야 셩병함이니 만일 사회를 다시 택할진대 그 병이 조흘 것이로대 참아 인륜대사를 곳치지 못하리니 숙유와 진질은 만일 부인이 죽은 날이라도 림랑은 거절치 못할 것이며 이 쏘한 납폐한 신부이니 림가의 집 사람이라. 엇지 례도를 페하고 세상에 거두하리요. 오랑캐의 행실을 행하면 금수에 무삼 다름이 업슬지라. 돈견의 할 바이니 효렴은 이 뜻

을 부인에게 젼하야 그 뜻을 해혹케 하라."

효렴이 웃고 이로되,

"저저의 죠협함은 불명하시거니와 범안으로써 의론컨대 실로 림랑의 용모ㅣ 가증하니 엇지 한갓 져져의 한탄하심을 그르다 하리요. 질녀의 미옥 갓흔 용모와 색태로써 림랑에 박면에 비하매 옥셕이 현수함이 잇고 또 그 요요한 거동이 어린 봉과 쏫봉오리와 갓흐니 저저의 탄식이 진실로 맛당한가 하더라."

第五回
뎨오회

<57>절랑이 계교를 베푸르대 효렬이 당당하고 상문이 과가에 오르니 의긔기 양양하더라

節娘設計孝烈堂堂 相文登科意氣揚揚

차셜. 효렴이 왈,

"질아의 요요련련함이 어린 버들과 갓봉오리 깃고 림랑의 필척 장신과 웅위한 풍신이 대장부의 톄도ㅣ 엄연하야 소년의 아람다옴이 업스니 질녀로 비할진대 대소의 현격함이 창해와 시내 갓흐여 과연 불사하니 져져의 질아 사랑하는 마음으로써 엇시 한난지 아니하리요마는 정 형과 소저의 마음은 다만 대체를 생각하야 림랑의 용모는 조곰도 개의치 아니하고 그 품질과 재조를 사랑하거니와 무식한 부인 소견에 엇지 한 되지 아니하리요. 형은 엇지 녀자의 사정을 생각지 아니코 과도히 책망하니 녀아의 인륜도 소중하거니와 십 수 년 동거하던 조강지쳐를 소사한 일노써 바리기를 의논함은 너모 무식지 아니하냐? 질녀의 군자 맛기를 위하야 부모의 인륜을 폐할지라. 마음에 엇더하며 자녀의 심사는 황포하리니 엇지 불안치 아니하리요. 원컨대 형장은 심사를 진졍하라."

인하야 공자를 나오와 어로만저 왈,

"져져ㅣ 이제 큰 죄를 범하사도 이 아달 나은 공을 생각한즉 용셔하려든 무삼 대단한 허물이라 그럿틋 부부지졍을 끗처 바리나뇨? 이런 아달과 저러한 쌀을 두고 형이 가히 저갓치 함이 가치 아니하도다."

언파에 대쇼하니 상셔ㅣ 역소 왈,

"효렴은 변사이라. 언사ㅣ 옛날 륙국시 종약장이 되야도 부족지 아니하랴든 엇지 졍자산을 희롱치 아니하리요. 오날부터 부인의 허물을 용서하려니와 부인이 만일 림가의 친사를 거역하고 가부를 압두하면 결단코 용서 아니하리라. 효렴은 자세히 개유하야 녀아의 젼졍을 그르게 말지어다."

진생은 내심에 황괴하야 한하고 효렴은 대소 왈,

"형은 너모 져져를 저히치 말나. 져저도 쏘한 례의를 아나니 엇지 쌀의 훼절을 도모하며 형이 쏘한 가쟝이 되여 규방 녀아 대사를 그릇하리요."

"예로붓허 녀자가 나라도 망케 하나니 엇지 미드리요."

효렴이 웃고,

"형의 말삼이 너모 과도하다."

<58>하더라. 진생이 숙모를 보고 왈,

"졍숙의 말삼이 여차여차 하시니 숙모ㅣ 용려하심이 무익하신지라. 사죄하시고 다시는 생각지 마르소셔."

부인이 상셔의 맹열함을 두리더라. 이에 이러나 소쇄를 맛고 가사를 살펴 화긔 자락하니 자녀ㅣ 깃거하고 상셔도 로긔를 풀어 드러와 부인의 됴협함을 말하니 부인이 묵묵하나 심즁에 앙앙하더라.

차셜. 림생이 도라와 부모게 뵈옵고 졍공의 만류함으로 늣게 옴을 고하니 쳐사ㅣ 졈두하더라. 수일 후 위 처사ㅣ 림공 부부를 보고 왈,

"드르니 졍 상셔의 부인이 질아의 용모를 보고 너모 장대 안흉함을 분울하야 꾸짓고 일오대, '옥 갓흔 녀아로써 흉인을 마즈려 한다.' 하야 상셔를 원망하야 부부 불화하다 하니 차혼이 순치 못할 듯 한즉 밧비 셩례함이 올흘가 하로라."

쳐사 부부ㅣ 경아 왈,

"아자ㅣ 과연 미려하지 못하나 진 부인의 미흡함이 그다지 심하뇨. 연하나 납빙하엿스니 친사ㅣ 엇지 그릇하리요."

위생 왈,

"자산은 군자이니 배약지 아니려니와 진 부인이 그럿틋 나무라니 수히 셩친하면 불만하여도 할 일 업슬가 하노라."

쳐사ㅣ 왈,

"원래 아자ㅣ 독신이요 우리 슬하가 젹막하니 수히 친사를 이르려 하엿스니 밧비 길일를 보라."

림 공자ㅣ 이 말을 듯고 십분 불열하야 고 왈,

"진 부인이 아자를 미흡히 녀여 그 쌀의 일생을 슬허할진대 굿해여 사람의 원한을 씻침이 불가하온지라. 쾌히 절혼함이 맛당하고 소자ㅣ 원하기를 이십이 넘거든 취처하려 하엿시오니 잇지 참아 사람의 미흡히 녁임을 감심하야 의를 상해오며 쏘 져 녀자의 즐겨 할 배리요. 쇼자ㅣ 비록 박명하오나 졍쇼져만한 재조는 근심치 아니하고 어들 것이오니 원컨대 대인은 쇼자의 원하는 바를 좃자 문부하압쇼셔. 아자ㅣ 결단코 져 집 사회가 되지 아니하리이다."

쳐사ㅣ 졍색 책 왈,

"로부ㅣ 졍자산으로 더부러 지긔지우로 자녀를 셔로 면약하엿거늘 져 집의 물이침이 업시 몬져 실신하야 무엇이라 파혼하리요. 오아는 망영되이 생각지 말나. 너의 용모ㅣ 미려치 못하매 쏫 갓흔 쌀을 두고 혹 미흡다 이르지 아니하리요. 편협한 부인의 면치 못할 일이어늘 엇지 그를 혐의하리요. 졍 <59> 쇼져는 금세 무쌍한 절색 숙녀이니 네 엇지 그러한 숙녀를 어더 배필을 졍하리요. 감히 그런 의사를 내지 말나."

생이 부친의 말삼과 숙부의 회유함을 듯고 묵연 반향에 다시 고 왈,

"비록 파혼치 못하오나 쇼자ㅣ 이제 나희 십오 세가 되지 못하고 졍 쇼져ㅣ 겨우 십삼 세이라. 셩친함이 급지 아니하오니 맛당히 다시 슉녀를 어더 례를 이르게 하시고 져 집이 비록 아자를 미흡히 녁여 배약할지라도 졍쇼제 정졀이 잇스면 타인을 좃지 아니하야 맛참내 림가의 사람이 될 것이오, 그 부모의 뜻을 슌죵하올진대 졀의 업는 녀자이오니 불관하온지라. 엇지 족히 개의하오릿가. 소자ㅣ 비록 용우하오나 당당히 단계를 썩근 후 금포 옥대로 팔쳑 준마를 타고 금의환향하야 져 진 부인의 간담을 최촬케 할 것이니 부모는 렴려 마르쇼셔."

쳐사ㅣ 부부ㅣ 대희하야 가라대,

"진실로 오아의 말 갓흘진대 엇지 아람답지 아니하리오. 너의 원대로 하여 주리라."

하니 위 쳐사ㅣ 쇼 왈,

"네 공명영양 하려니와 양가 녀자는 결코 졍 쇼져만한 녀자의 배우는 어려올가 하노라."

공자ㅣ 왈,

"쇼질이 본대 녀자의 안색을 구치 아니하고 재덕이 겸비하고 효렬이 졍슉한 녀자를 원하나니 것은 옥 갓흐나 쇽이 흐리면 무엇에 쓰리요. 졍 시ㅣ 용안이 절묘하고 재조ㅣ 과인하다 하니 예부터 재자가인이 명박하고 재앙이 마흔지라. 소질이 ᄭᅥ리는 바이로쇼이다."

쳐사ㅣ 다시 말이 업더라. 생이 셔재에 도라와 진 부인의 일을 통한하야 아모조록 져를 쇽여 예기를 썩고자 하야 슈히 셩친할 뜻이 업더라. 문득 시동이 보 왈,

"졍 공자ㅣ 그 표죵 진상문으로 더부러 이르러 계시다."

하거늘 생이 소 왈,

"연경은 손으로 맛지 아니하려니와 진생이 왓다 하니 영졉하리라."

하고 나아오니 진생은 발셔 객쳥에 이르고 졍 공자는 이믜 부친쎄 가고 업스니 림생이 진생을 마자 칭사 왈,

"우제 형의 사랑함을 입어 오매사복하되 비루한 자최 다시 셩문에 오르지 못하고 비린지맹이 경경할 쑨이러니 의외에 형이 루디에 림하시니 불승감사하도다."

진생이 우어 왈,

"쇼뎨 태형의 놉흠을 잠간 사모하되 근자에 사고가 빈번하고 슉당의 환후로 심사<60>ㅣ 온젼치 못하야 귀문에 나아와 뵈압지 못하고 앙모하는 회포ㅣ 간졀하더니 금일은 사모하압는 마음을 더욱 졍치 못하야 만사를 쇼졔하고 이르렀더니 형이 너모 조롱하시니 불승슈괴하여이다."

림생이 은근히 사양하고 손을 잇그러 서재에 드러가 좌졍할 새 진생이 방즁 물색을 잠간 살피니 담박 소아하야 집물이 번화하지 아니하되 졍결하야 쥭창 학침에 침향 셔안과 좌우 벽상의 문인의 글시를 붓쳣스니 오색이 영롱하고 젼후에 만권셔를 싸아 잇고 오동 향로에 쇼합향을 피엿스니 짐짓 문인의 집이요 군자의 쳐쇼이라. 눈을 드러 보며 칭찬 왈,

"형의 쳐쇼를 보니 진실로 한아하고 졍결한지라. 물색이 이럿틋 아람다오니 쇼뎨 갓흔 사람은 우물 밋 개고리 갓도다."

생이 쇼 왈,

"형은 사람을 이갓치 됴쇼함을 조희 녁이나뇨. 형은 명문조가의 귀공자이라. 존대인이 부귀 환혁하시니 거디의 번화함이 촌가 목동에 비하리요. 쇼데 갓흔 자는 초야 한유로 벽항궁촌의 빈곤한 아해어늘 형언을 드르매 도로여 슈괴하도다."

진생이 황망이 림 공자의 숀을 잡고 낭낭이 쇼 왈,

"쇼뎨와 형은 지긔지교이라. 비록 유시의 쥭마지우ㅣ 아니나 쇼년 결교로 사교임이 골육 갓흐니 셔로 심곡을 빗최이고 겸사로써 셔로 더함이 가치

아니하도다.”

림생이 쇼 왈,

“진 형의 말삼이 졍 합당하다.”

하고 셔로 문답할 새 고금을 의론하며 시사를 화답하니 림생의 장강 갓흔 의사는 일일히 말하기 어려오며 진생이 쏘한 총명 영오하야 담소ㅣ 여류하니 림생이 유시로부터 울울히 방즁에 쳐하야 아람다온 붕우를 아지 못하다가 진생의 옥면으로 담쇼ㅣ 츈풍 갓고 문답이 아람다옴을 사랑하야 친애함을 극진히 하고 진생이 쏘한 림생을 통한하나 조흔 빗으로 힘써 사교여 졍쇼져의 친사를 져히하고자 하야 은근한 졍이 조밀하니 양인의 졍이 개도함을 뉘 알이요.

이윽고 졍 공자ㅣ 이르러 생을 보고 자모의 질환이 계시매 즉일 이르지 못함을 사례하니 림생이 공자의 숀을 잡고 흔연이 반겨 왈,

“영당 존부인이 환우 게심을 아지 못하야 문후치 못하니 불안하거니와 지금은 평복하시냐?”

공자ㅣ 왈,

“자후 감<61>환으로 신음하시더니 이졔 차도ㅣ 계시나 방심치 못하여이다.”

진생이 문득 낭쇼 왈,

“림형은 우리 슉모의 환후를 놀나지 말나.”

림생이 쇼 왈,

“악모의 병환이 하고로 쇼뎨를 인하야 이르심이뇨?”

진생이 미쇼 부답하니 공자ㅣ 투목하야 긋치거늘 림생이 짐짓 힐문 왈,

“엇지 말솟을 내여 긋치나뇨? 졍부인의 환후가 쇼뎨의 연고일진대 내 안심치 못하리니 쳥컨대 쇼유를 듯고자 하노라.”

진생이 두루쳐 왈,

"우리 슉모ㅣ 인형의 품질 사랑하되 일젼의 쇼제가 형을 대졉할 제 져근 차환이 나아오니 년쇼한 우리 남매 미아를 갓가함이 잇는가 번뢰하시거늘 내 그럿치 아니함으로써 해유하야 바야흐로 방심하시니라."

림생이 쳥파에 진생의 말 쉼임을 알고 짐짓 쇼 왈,

"부인이 투긔 즁하시도다. 쇼뎨 비록 박면추용이나 쯧이 산악 갓흐여 세세한 일을 개애치 아니하나니 한 경흥이 무엇이관대 번뢰하시리요. 내 부모께 독자로 림시 종족이 번셩치 못하고 문미 고고한 고로 내 쯧이 결단코 타일에 요행히 발신하거든 칠부인과 십이금차를 갓초고 도쳐에 화락하야 지엽을 번셩이 하야 백자쳔숀이 안젼에 번열함을 구하나니 엇지 정시로 더부러 오로지 동쥬하리요. 진 부인이 녀아를 위하야 림슈의 번화함을 써리실진대 노심초사 하시리니 진 형은 이 말삼을 부인께 갓초 고하고 셩혼하기 젼에 당당히 경남 군자를 택하시고 광망한 림생을 물이치게 하라."

쳥파에 진생이 박쇼 왈,

"형은 짐짓 풍류장자로다. 쇼뎨 갓흔 졸직한 위인은 불감생의 하는 바이로다. 남자의 쳐첩은 고금의 상사이니 뉘 감히 시비하리요. 연하나 우리 슉모는 림형의 단아함을 아지 못하시고 이런 일을 변으로 아르시거니와 녀셔의 번화함을 엇지 금지하리요. 형의 관인함으로써 혼사를 퇴하고 경남 군자를 다시 택하라 함은 넘모 과도하도다. 우리 슉모ㅣ 비록 조협하시나 정슉은 인인 군자이요 더욱 표매는 절효 졀행을 심사하거늘 재상 문미에 빙채 바든 사회를 물이치고 엇지 다시 택셔하리요. 형언이 불가하도다."

림생이 미쇼 부답하고 경 공자ㅣ 림생의 말을 드르매 놀나 생각하되,

'모친이 림형을 미흡히 녁이시는<62>대 진 형이 만일 져럿틋 말을 젼할진대 더욱 미워하실 것이요 장찻 불행함이 만흐리라.'

하야 렴려 무궁하더라. 림생이 시동을 분부하야 쥬과를 내여 진생을 대졉하고 오래동안 말삼하다가 날이 져물매 진생이 하직고 갈 새 피차 연연하

야 다시 모이기를 언약하고 졍 공자는 쳐사께 유하더라. 진생이 집에 도라와 슈일 지난 후에 정부에 이르니 상셔ㅣ 문 왈,

"현질은 기간 보지 모하니 어대 갓드뇨?"

생이 대 왈,

"쇼질이 연뎨로 더부러 림형을 차자 담화하다가 왓나이다."

상셔ㅣ 쇼 왈,

"림랑이 반다시 신의를 알이라. 대져 남아ㅣ 다만 울울히 쳐하면 의견이 광활치 못하나니 너의 양인이 년긔 갓흔즉 짐짓 양붕이라. 맛당히 사랑하야 붕우책션을 힘쓰라."

생이 칭사 왈,

"림형은 범연히 사교임이 아니요 향일 슉부 택에셔 맛나 교의 매즈니 이 곳 슉모의 애셔이요 표매의 양인이니 교졍이 각근한지라. 엇지 사생을 이지 리잇고."

공은 졈두하나 부인은 생을 눈 쥬어 말을 막으니 생은 짐짓 모르는 쳬하고 림생의 셜화를 젼하니 공이 쇼 왈,

"림랑이 비록 용모ㅣ 불미하나 재조는 여등의 밋지 못할 바이요 문장과 덕행이 타일 현달하야 복록이 무궁하며 그 긔졀과 츙효를 압두하 리 업슬지라. 너의 슉모ㅣ 불명하야 불과 한 용모만 취하니 엇지 암매치 아니하리요. 여등은 림낭을 심복하야 효칙홀진대 쏘한 아람답지 아니하랴."

생이 쇼 왈,

"존슉의 지감이 고명하시니 쇼질이 탄복하나이다. 림생이 재예 과인하고 언담이 풍류남자ㅣ라. 타일 반다시 만인 재상으로 자손이 쏘한 창셩하리이다."

하며 일장을 포장하고 우 왈,

"져의 기상이 조흐되 쳐자에게는 괴로을 상이라. 연이나 표매 현슉하니

신상은 안일하리이다."

상셔ㅣ 쳥파에 문 왈,

"림생이 본대 졍직한 아해이요 부모ㅣ 엄슉하니 그대도록 범연하리요. 또 그 언동이 유창하니 옹졸한 남자ㅣ 되지 아니리라."

부인이 림생을 미흡히 녀이는 즁 이 말을 듯고 심증이 대발하야 참지 못하야 대매 왈,

"상공이 두 눈이 어두어 그런 츄한을 사회 삼으려 하시거니와 엇던 사람이 딸을 쥬체치 못하야 져에게 안해로 쥬리요. 그런 말은 나의 일오지 말나."

언파에 <63> 로긔를 이긔지 못하니 진생이 배고 왈,

"슉모는 너모 과도함을 삼가쇼셔."

상셔ㅣ 부인을 슉시 반향에 무언하나 그 거지를 불쾌하야 무삼 변을 지을가 사려하매 슈히 셩례코자 림 쳐사를 보고 택일을 의론하니 쳐사ㅣ 왈,

"쇼데 다른 자식이 업고 좌우 젹막하기로 밧비 현부를 맛고자 하나 돈아ㅣ 무삼 고집으로 이십 젼은 취쳐치 아니하고 부대 공명을 일우어 금의로 셩친코져 하나 자식의 쓧을 아지 못하며 돈아ㅣ 슉셩하나 년미 만 십오요 영애 쇼제 또한 유미하니 아즉 양인의 쟝셩하기를 기다려 대례를 이르워 친영하면 엇지 경사ㅣ 아니리요."

상셔ㅣ 쳥파에 생의 쓧을 아람다이 녁이고 그 말이 올흔지라. 흔연 응락고 도라가니라. 졍 공자ㅣ 림가에셔 생으로 동쳐하야 셜화ㅣ 빈번하되 일즉이 친사를 일너 말하지 아니하더니 슈일 후에 진생이 또 이르러 시셔문무를 희롱하며 간사능변이 고이하니 엇지 림생의 대량을 여어보리요.

일일은 졍 상셔ㅣ 나아가고 가즁이 고요한지라. 진생이 이르러 림생의 흔단을 도도니 부인이 더욱 통분하야 왈,

"상공이 비록 쥬장하시는 바이나 이 일로 사람을 쥭이든 아니하시리니 그 사이 아람다온 셔랑을 구하야 녀아의 일생을 그릇치지 아니하리라."

생이 차언을 듯고 깃거 왈,

"슉모ㅣ 이 뜻이 계실진대 질이 가랑을 상고하리이다."

부인이 대희 왈,

"만일 힘써 어드면 대은이라. 바라건대 진심하라."

생이 쇼 왈,

"슉모의 택셔함이 놉흐시니 어대 가셔 표매 갓흔 가우를 어드리요. 아모커나 어인 인물을 구하시나잇고?"

부인 왈,

"나의 쇼망은 현질만 옥인을 어드면 쇼원이 족하러라."

생이 흔연이 대 왈,

"슉모 만일 쇼질 갓흔 용열한 셔랑을 구하실진대 쇼질이 슉모의 사랑하시는 배오니 즁심에 붓그러옴을 이기지 못하오나 실로 표매의 아람다옴을 잇지 못하와 오매사복하야 일생을 타쳐에 취실할 마음이 업고 림생의 복을 부러워하오나 밋지 못하더니 슉모의 가셔 구하심을 듯자오니 질아의 박복함을 슬허하나이다."

셜파에 참괴하야 탄식함을 마지아니하거늘 부인 왈,

"내 어이 현질의 재용을 부족히 녁이리요만은 너의 슉부ㅣ 고집하야 <64> 례졀을 직히여 표종간 혼인을 배쳑하시거늘 허치 못하나 우슉의 마음은 실로 현질을 잇지 못하노라."

진생이 쇼 왈,

"슉모ㅣ 진실노 쇼질을 사랑하실진대 이때를 당하야 엇지 계교치 아니하시나잇가?"

부인 왈,

"이 뜻이 잇스되 상공이 표종간 혼인이 구애타 하시니 타일 죄책을 면치 못할가 하노라."

생이 가라대,

"옛젹에 태지 옥경대 혼인하오니 고금의 미담이요 시쇽의 상행하는 바어늘 무엇이 구애하오릿가. 임에 친사를 이룬 후는 졍슉이 도라오나 굿태여 불평하실 배 아니오니 이제 번요히 신랑을 구할진대 쇼문이 랑자할 것이니 슉모는 헤아리쇼셔. 슉부ㅣ 아르실 쁜 아니라 림가ㅣ 반다시 또 잠잠코 잇지 아니하리니 모롬이 재삼 생각하쇼셔."

부인이 이로대,

"여언이 심묘하고 생각이 춍헤하니 당당이 녀아를 네게 허하리라."

생 왈,

"슉부ㅣ 가즁에 게시고는 결단코 허치 아니시리니 부대 슉부를 쇽여 셩친한 후 아르시게 함이 묘하오니 연고를 어더 슉부를 아니 게시게 하고 행사하리이다."

부인 왈,

"상셔ㅣ 무고히 집을 써나실 이 업스니 엇지 하리요?"

진생이 슈 왈,

"오활하오나 쇼질이 당당히 공명을 이루어 몸이 셩궁에 올나 옥당명사ㅣ 되오리니 그때 도모하야 슉부를 됴졍에 벼살하시게 하고 셩례함이 엇더하니잇고?"

부인이 대희 왈,

"연즉 네 만일 쳥삼어화로 도라오고 옥당명사로 부귀환향할진대 상공이 아람다옴을 이긔지 못하사 녀아의 혼인을 빗내여 상공이 깃거하시리니 힘써 고동하라."

진생이 대희 왈,

"명츈에는 쇼질이 결코 장원이 되오리니 슉모는 타의를 내지 마르시고 림가 친사를 방기하사 쇼질의 득의함을 기다리쇼셔."

부인이 깃거 약쇽을 졍하고 생이 흔흔락락이 도라가며 부인을 재삼 당부하야 누셜치 말나 하더라. 이렁틋 셔로 말삼할 새 경젹을 알 이 업슬가 하엿더니 일개 총명한 시녀ㅣ 엇지 장 뒤에셔 가만이 들을 쥴 뜻하엿스리요.

차시 난난 등이 항상 진생의 동지를 긔찰하야 상심하더니 차일 진진이 경당으로 드러오다가 진생이 잇셔 말삼이 조용함을 듯고 의심하야 협실 장 밋해 셔셔 규쳥하고 실색 분회하야 봉루에 도라오니 구파 안잣는지라. 누<65>셜할가 하야 구패 나간 후 쇼져를 대하야 진생과 부인의 셜화를 전하고,

"부인이 쳔자히 써 림랑을 배쳑하고 진생의 간특한 쐬에 싸지사 허혼하시니 쇼져의 졀행이 온젼치 못할가 하나이다."

소제 차언을 듯고 신젼담락하야 안색을 변하고 말을 이루지 못하거늘 난난 왈,

"진 랑군이 부인을 부탁하야 변을 지으면 쇼제 엇지 방비하시리잇고?"

쇼제 탄 왈,

"모친이 불명하사 자식의 전정을 보지 아니하실진대 맛당히 한 번 쥭어 졀을 세워 텬디간 더러온 계집이 되지 아니하리니 무삼 타계 잇스리요?"

가월 왈,

"쇼져의 말삼이 불가하니 부인이 쇼져를 사랑하사 아람다온 쌍을 구코자 하심이 당연하오나 대쳬를 모로고 행하고자 하심인즉 쇼제 맛당이 쳔금 지구를 바리고자 하실진대 졀개는 아람답거니와 불효 막대하실지라. 셩인이 오륜을 지으시매 효렬이 읏듬이니 사람이 셰상에 나매 남녀 간에 효졀이 업슬진대 금슈와 갓다 하엿스니 쇼제 읏지 졀개만 생각하시고 효를 생각지 아니시며 사생을 경홀이 녁이시나잇고."

쇼제 쳥파에 감읍하며 탄 왈,

"여언이 올흐되 내 무식하나 부모의 구로지은을 엇지 모로며 자식 되여

불효를 모로리요마는 남자는 국가를 위하야 츙열을 세워 일홈을 날이고 녀자는 졀을 직혀 효를 다하지 못하나니 모친의 뜻을 슌히 하야 효를 온젼코져 한즉 실졀이 될지니 차라리 불효지인이 될지언졍 실졀은 하지 못하리니 장찻 무삼 지혜로 효졀을 완젼히 하리요. 허물며 림가 친사는 부명이시거늘 모친게셔 진가의 달내믈 혹하사 불의를 행코자 하시니 자모의 졍이 지극하나 내 모친의 명을 슌히 하고 엇지 부명을 거역하리요. 또 진가는 표종 형매이니 골륙지친이어늘 불의무식한데 빠져 무삼 면목으로 세상에 셔리요. 결단코 쥭음이 맛당하도다. 모친게셔 나를 사랑하심이 도로 해로옴을 깨닷지 못하시니 한탄할 따름이로다."

셜파에 슈미양안에 슈운이 이러나며 진쥬ㅣ 맷쳣스니 풍채 탈쇽하고 옥루 방방한지라. 가월이 쇼져다려 왈,

"쇼비 한 계교 잇스니 맛당이 급한 때를 당하야 좃츠려 하시나잇가?"

쇼제 왈,

"무삼 계교이뇨?"

월이 고 왈,

"쇼제 졀개를 직<66>히여 쥭기를 결단하시니 이는 너모 박졀한 의사이라. 쇼비의 뜻에는 쇼져를 위하야 졀행을 완젼코자 하나니 어려온 때를 당하야 여차여차 하시면 졀효를 양젼하시리니 쇼져를 보호하야 길이 온젼히 할 자는 쇼비 등 사인이니 당당히 진츙갈력하야 쇼져의 몸이 괴롭지 아니하게 하리니 쇼져는 렴려치 마시고 일시 간고를 지내시면 타일 림 상공이 백양우귀하야 백년을 안락할 새 금일 쇼행이 일장츈몽이 될지라. 쇼비 등이 쇼져를 뫼셔 아모조록 계교를 행할지니 쇼져는 물우하쇼셔."

쇼제 왈,

"쥭지 말고자 한들 엇지 어드리요."

사시녀ㅣ 대 왈,

"쇼비 등이 맛당이 사긔를 탐졍하고 때를 여어 일을 행하리니 엇지 긔미를 아지 못하고 사긔를 짐작하리잇고. 연이나 구패는 의리를 아지 못하고 한갓 위쥬지셩만 잇스니 림낭의 불미함을 애달와 함이 부인에게 몃 배 더하매 부인이 진량을 향의함을 더욱 깃거하야 사랑하시니 이 반다시 부인의 명을 좃칠 것이요 쇼져의 졀의는 도라 보지 아니할 것이니 아등의 계교를 유랑이 알진대 부인게 루통하야 일이 패로할 것이니 유량을 기이쇼셔."

쇼제 올히 녁여 졈두하거늘 난난 왈,

"부인이 임에 림가를 물이치시니 쇼져의 슈졀함을 더욱 통한하시고 일호 유의 업슬 듯하니 만일 부인이 쇼져의 쯧을 시험하실지라도 각별 거역지 마르시고 타의를 두심이 업슨 후에 아등의 설계하는 슌셔가 막히지 아니리이다. 만일 일이 의심됨이 드러나면 부인이 발로하사 구지 직히실 것이요 진생이 간계를 도모하면 쇼져의 몸이 위태하고 또 쇼비 등이 계교를 마음대로 행치 못하리이다."

쇼제 언언히 졈두하더라. 차후로 사인이 가즁사를 규찰하야 살피더니 가월, 셤월은 재모ㅣ 유여하고 츙의 당당하니 의형의 쯧이 잇스니 가월은 십사 세요 셤월은 십이 세니 동복형뎨이요, 난난, 진진은 춍명이 혜일하고 단아 민쳡하야 문무를 통하고 재조ㅣ 과인하며 자상 통달하야 사람의 눈치를 귀신갓치 알고 츙효 자혜하며 용모ㅣ 미려하야 일지 홍도가 옥분에 빗취엿스며 한 조각 옥이 쳥택에 쇼슨 듯하야 하류 즁 츙열이니 난난은 십오 세오 진진<76>은 십사 세니 가월로 동갑이라. 사인이 일심 체결하야 츙셩이 가득하야 위쥬 츙심이 발분망식하기에 밋쳐 내외를 규찰하야 동졍을 탐지하고 긔셰를 운동하야 간인의 흉계를 막으며 쥬인을 보호하야 보신지책이 신긔하니 차 사인은 당시에 희한한 녀자ㅣ러라. 츈경, 셜화, 명길 등은 용모ㅣ 미려하고 마음이 슌직하야 사환에 영리하나 각별한 츙의는 업는 고로 쇼제 난난 등을 극히 애호하고 가월 등은 문묵을 가졋스매 일신갓치 부리고 츈셤, 셜화 등

삼인은 밧그로 사환하게 하다.

슈일 후 상셔ㅣ 도라오니 졍 공자ㅣ 또 림가에셔 도라와 부모게 보이고 져져를 반기며 슈일을 머물 새 부인이 림생을 미워하야 아자만 꾸지즈니 공자ㅣ 감히 말을 이루지 못하고 불평하더니 진생이 드러와 보고 왈,

"현뎨 림가에셔 왓스니 림형이 오래동안 날을 차자오지 아니하니 무삼 말이 업더냐?"

대 왈,

"각별히 말삼이 업더이다."

진생이 왈,

"무삼 일을 하더뇨?"

공자ㅣ 대 왈,

"글을 공부하더이다."

진생이 쇼 왈,

"림형이 공명을 이루어 칠쳐팔쳡을 두고자 하야 공부ㅣ 극진하도다."

공자ㅣ 졍색 왈,

"형은 어이 희언을 하나뇨. 림형은 졍대 군자이라. 그릇 호방치 아니하고, 향자의 이른 말은 남자의 롱담이라. 차를 엇지 필신하리요?"

부인이 대질 왈,

"제 무삼 군자이며 돈후장자이리요. 한갓 귀모신상이라. 혼인의 말을 내지 말고 져와 친치 말나."

공자는 묵연하고 진생은 랑쇼하니 부인이 공자다려 왈,

"이제로부터 림가에 가지 말나."

이때 공이 드러오며 왈,

"너 온 지 삼일이 되엿스니 밧비 림랑을 좃차 강학하라."

공자ㅣ 슈명하니 진생 왈,

"현졔의 총명으로 림랑의 재조를 조츠면 쳔고의 대재가 되리라."

공 왈,

"아자ㅣ 비록 총명한들 엇지 림랑을 바라리요."

진생이 우으며 그러이 녁이나 부인은 상셔ㅣ 림랑을 기림을 통한하야 변색하거늘 상셔ㅣ 그 긔색을 보고 냉쇼하더라.

공자ㅣ 즉시 림가에 이르니 젼일은 부인이 쳐사를 아자의 사부라 하야 셤김을 극진하고 위시에게도 지극한 졍셩이 지친 갓더니 친사를 졍한 후는 더욱 공경하야 졀세로 좃차 아람다온 음식이며 희귀한 진찬을 색색히 보내여 쳐사 부부를 봉케 <68> 하고 져의 가세 번화치 못함을 렴려하야 사시 의복을 보내여 림생의 곤핍함을 업게 하니 림가ㅣ 이를 감복이 녁여 공자 교훈함이 친자갓치 아더니 이때는 부인이 림랑을 미워함이 지극하야 혼사 배약할 듯이 잇는 고로 젼일 후졍이 끈쳐 젼연히 박졀하니 공자ㅣ 민망히 녁이나 모친의 뜻을 도로혀지 못하고 상셔ㅣ 또한 과도한 일이 업셔 책지 못하고 밧그로 아자의 군부 셤기는 례를 차릴 쑨이러니 림가에 또한 부인의 조협함을 한탄하고 림생이 또한 등한하나 일졀 사색지 아니하더라.

진생이 자조 림부에 이르러 교도를 후히 하더니 이러구러 삼동이 진하고 량츈이 이르니 상원 가졀이라. 조졍에셔 셜과하야 인재를 취하는 명이 사방에 이르러 모든 션배드리 경사로 나아가려 할 새 진생이 림생을 보고 한가지로 감을 쳥하니 림생이 사양하야 왈,

"쇼뎨 재조ㅣ 로둔하고 인사ㅣ 또한 미거하니 반다시 십 년을 기다려 공명을 이루려 하나니 어이 십오 세에 등과하기를 바라리요. 진 형은 재조ㅣ 특츌하고 일즉 일홈이 방목에 드럿스니 쳥컨대 쳥운에 션등하야 향리에 영광을 빗내리라."

진생 왈,

"형의 고문 대재는 쇼뎨 갓튼 누용 둔질이 비기지 못할지라. 형의 폐과

코자 하는 뜻을 아지 못하리로다."

림생이 쇼 왈,

"한 번 과장에 나아가 일홈이 놉히 쓰이고 사방 사람을 경동하야 영명이 조야에 기우리지 못하고 방하에 써러질진대 붓그러온 인생이라. 하면목으로 향리에 다시 도라오리요. 이럼으로 쇼뎨는 공부를 진취한 후 과거에 참례하고자 하노라."

진생이 쇼 왈,

"연즉 형의 나히 삼십이나 할 것이니 쇼뎨 드르니 형이 공명을 이른 후 표매와 친사를 일우려 한다 하니 그럴진대 표매 속절업시 십 년을 공규에셔 홍안을 허숑하리로다. 형이 말하되, '일신이 고독하니 칠 부인과 십이 금차를 갓초와 지엽을 널이고 백자쳔숀을 안젼에 두려노라.' 하더니 삼십에 취쳐하면 다자숀의 쇼원이 엇지 이루며 일곱 도원의 길을 발부려면 반다시 백발이 셩셩하리니 혈긔 쇠한 때에 엇지 자녀를 생산하려 하나뇨? 실로 형의 쥬의를 아지 못하리로다."

림생이 슈 왈,

"셩인이 말삼하되 '남자ㅣ 삼십<69>에 취부하고 녀자ㅣ 이십에 가한다.' 하엿스니 쇼뎨 지금 십오 세이니 일로부터 십 년 후에 취쳐하야도 이십오 세이요 영매 이십여 세이니 오히려 셩현의 례로는 조혼함이라. 자녀의 생산이 늦다 하되 차시에 여러 쳐쳡을 두어 일 년에 사오륙 자녀를 생산하야 오십까지 나흐면 쳔백 자숀이 엇지 어려우랴. 영매 십년을 등대하기 어려와 심규에 한이 깁흘진대 맛당히 다른 호걸을 취함이 가하리라."

진생 왈,

"형은 유신 군자이라. 이럿틋 불의지언을 하나뇨? 표매는 졀효 숙녀로 례의를 심사하고 졍숙은 군자어늘 빙채 바든 녀아를 엇지 다시 택셔하는 무식지행을 하리요. 림형의 말이 광망하기 심하도다."

림생이 쇼이 사 왈,

“쇼뎨 실언하얏스니 용셔하라. 슈연이나 영매 겨우 십이 세라 하니 십년 대후가 무삼 어려움이 잇스며 쏘 유한한 슉녀이면 회춘졍이 과치 아니하리니 심규 홍안을 그다지 한하리요. 세월이 여류하니 칠팔 춘츄ㅣ 얼마나 하야 지낼쇼냐. 형이 몬져 놉히 등과하야 도라오라. 쇼뎨 맛당히 멀니 마즈리라.”

양인이 웃고 숀을 난와 리별하니 림생이 행로에 보즁함을 일컷더라. 진생이 행장을 다사려 그 형 백문으로 더부러 부모게 하직하고 경사로 향할 새 진 부인이 질아를 경계하야,

“힘써 쳥운에 올나 금의로 도라오라.”

진생이 흔연히 배사하고 행하야 황셩에 이를 새 친쳑 죠 통판 집에 하채하고 잇스니 죠 통판은 생의 모친의 오촌이라. 통판이 생의 쌔혀남을 보고 십분 관대하더라. 과일이 다다르매 진생 형뎨가 과장 제구를 차려 장즁에 드러가 삼장의 시권을 지여 밧치고 나왓더니 초시 방에 진백문이 오십 재요 뎨 셋재에 상문이 참방하매 상문이 불승희열하고 통판이 대희하야 치하하며 쥬셕을 여러 즐길 새 인하야 화 상셔를 차자보고 그 후덕함을 치하하니 례부상셔 화경윤은 사람됨이 특이하고 문장이 유여하며 용모ㅣ 관옥 갓고 풍채 헌앙하더라. 화 상셔ㅣ 일즉 입조하야 벼살이 례부상셔에 이르럿더니 거관에 쳥직하야 매양 국과 뜻이 불합하야 국사에 불호함이 만으니 호유용이 싀리여 업시코자 하되 화공이 쳥렴 자상함으로 흔단을 엇지 못하야 아<70>즉 조경에 머무러 두엇스매 금방 시관이 되엿더니 진상문의 쌔혀남을 보고 후대하더라.

차시 진상문이 참방 등과하야 영명이 사림에 자자하야 일컷는지라. 진생이 대희하야 헤오되,

‘이제야 졍 쇼져의 친사ㅣ 의심 업시 되리라.’

하야 만심환희하고 원근 친쳑의 깃분 치하ㅣ 요요분분하니 통판이 대연

을 베셜하고 빈객이 만당하니 즐기는 쇼래 텬디진동하는 즁 생이 양양자득하야 가위 안하무인이나 그 형 백문은 인후한 사람이라. 락방함을 한치 아니하고 다만 아오의 영광을 과망 희열하더라.

第六回 뎨륙회

진 장원이 승품하야 한림이 되고
졍 상공이 복직하야 표를 올이다
陳壯元陞品翰林 鄭相公復職上表

화셜. 백문은 인후한 사람이라. 져의 락방함을 한치 아니하고 아오의 영광을 대희하야 창방 삼 일 후 몬져 화 상셔게 사례하고 호 상국을 차자 볼새 호유용이 진생의 용모ㅣ 미려하고 마음이 능혜함을 보고 제 쏘한 간신이매 심함에 대열하야 미리 매져 당을 삼고자 하야 십분 관대하고 상젼을 내여 아역을 상급하니 진생이 호 상국의 위권이 혁혁함을 알매 저에게 아쳠하야 권세를 붓좃츠려 하는 고로 아당하는 말삼이 쇼인의 지긔상합한지라. 피차 초면이나 은근 위곡하더라. 유과를 맛고 궐하에 사은하니 상이 장원을 옥당에 승직하시고 진생의 긔질이 아람다음을 사랑하사 한림슈찬을 하이시니 생이 사은하고 인하야 셩친 말매를 쳥하니 상이 허하사 슈월 말매를 쥬시니 생이 텬은을 축사하고 한림원에 나아가니 백문은 몬져 도라 희보를 젼하랴 하더라. 이때 진 한림이 그윽이 생각하되,

'졍 상셔를 업시 한 후 도라가 쇼져를 취하리라.'

하고 쥬사야탁하더니 문득 쌔다라 왈,

"내 맛당히 저로써 벼살을 하야 경사로 오게 함이 양책이라."

하고 슈일 후 화공을 보고 말삼하다가 문득 교헤능변으로 졍 상셔를 조졍에 이르게 함을 쳥하니 상셔ㅣ <71> 흔연 탄식 왈,

"방금에 간신이 롱권하매 경공의 퇴조함이 본대 퇴신지책이라. 나도 경공에 뒤를 좃고자 하되 셩상의 지우하심이 극진하신지라. 이럼으로 물너가지 못하나니 족하도 모롬이 급암의 츙을 법바다 감히 쇼인의 달내임을 드러 불의에 싸지지 말고 일홈을 쥭백에 드리오라."

진생이 쳥파에 참괴하야 공슈 칭사 왈,

"쇼생이 보매 방금 국가에 현량지신이 업고 노션생 일인뿐이시니 쇼생의 우매한 쇼견으로 생각건대 경공은 어진 재상이매 조경에 일우여 션생으로 더부러 국가를 힘써 붓들고자 함이러니 션생의 말삼이 여차하시니 다시 고하올 말삼이 업나이다."

화공 왈,

"족하ㅣ 년쇼한 셔생으로 츙셩과 식견이 명민하니 노부ㅣ 칭복하거니와 아등 두어 사람이 조경에 잇슨들 무엇이 부족하리요. 다만 족하ㅣ 힘써 츙절을 다하야 군상을 도으라."

진생이 하례하고 도라와 다시 호 상국을 달내고자 하야 명일 승상부에 이르러 납자하매 승상이 드라오라 하는지라. 진생이 즉시 드러가니 승상이 운관 포의로 의자에 의지하엿거늘 생이 국궁하야 셤 우에 올나 례하랴 하니 공이 밧비 교의에 나려 오르기를 쳥하니 생이 공슈 왈,

"쇼생은 말부 쇼관이오 년치 최소하거늘 상국 대인 면젼에 엇지 셜만하리잇고. 맛당히 당하에 배례하고 쳥말에 뫼셔 명을 듯잡고자 하나이다."

상국이 흔연 쇼 왈,

"노부ㅣ 비록 조고마한 작위가 백뇨에 웃듬이나 한가지 조신이요 족하는 진신 명사로 황상게오셔 총우하시니 엇지 이럿틋 겸손하나뇨."

인하야 쳥하니 진생이 바야으로 란간에 올나 쳥좌한대 상국이 문 왈,

"내 족하의 영풍을 심히 사랑하나 족하 자조 노부를 찻지 아니하매 내 덕이 업셔 군자의 도라봄을 입지 못하는가 슈괴하더니 작금 양일이 무삼 날 이완대 한림의 차짐을 입으니 불승희행이로다."

생이 공경 대 왈,

"쇼생이 대인 위명을 앙망하오매 조셕에 다루침을 업삽고자 하오나 미신이 국사에 매이여 틈을 엇지 못하더니 작금 양일은 맛참 국사ㅣ 한가하매 합하에 일월 갓흔 교회를 듯잡고자 이르럿나이다."

호공이 칭사하고 쥬찬을 관대하며 셔로 문답할 새 진생의 교회 능<72> 변이 승상을 아첨 칭송하야 뜻맛침이 공교하야 견자로 하야금 애경하게 하는지라. 호공이 특애하야 반일 담화에 졍의 교밀하더라. 호공이 아자 삼인을 불너 교도함을 권하니 진생이 은근 칭사하고 호가 자제 교만방자하야 간악 음패한지라. 셔로 뜻이 마자 교의 심후하니 진생이 문득 상국을 향하야 공수 왈,

"쇼생이 대인의 사랑하심을 입사와 감히 사졍을 고하나니 바라건대 용셔하소셔."

공이 쳥문한대 생 왈,

"작일에 잠간 알외은 바 젼 이부상셔 졍현은 쇼생의 고모부이니 병이 깁허 향리에 도라갓더니 오래지 아니하야 병이 나흐되 조졍이 다시 명쇼하심이 업스매 쇽졀업시 향리에 곤하오니 슉질지간에 매양 울민하온 바 텬은이 과즁하사 쇼생에게 작록이 밋쳣사오니 영광을 당하오매 슉모의 고초함을 더욱 차셕하야 아모조록 졍공을 다시 벼살에 이루고자 하더니 졍생이 소생에게 일너, '대인게 쳥하야 엣 버살을 어드면 그 은혜를 명심 각골하리라.' 하오매 대인게 고하나니 바라건대 홍은을 드리오사 은혜를 베푸시면 졍현이 대인의 은덕을 잇지 아니하리이다."

승상이 냉쇼 왈,

"정가 노복이 노부를 멸시하며 작녹을 사피하야 칭병 치사하더니 이제 무삼 뜻이 잇서 구관함이 여차 구차하뇨? 연하나 족하를 보아 허하나니 그대는 경노다려 일너 다시 괴피치 말게 하야 노부 은덕을 명심하게 하라."

생이 대희하야 무수 칭사하니 공은 생의 마음을 아지 못하고 그 친쳑의 후의 아람다이 녁이더라.

명일 조회에 호승상이 텬자게 주 왈,

"젼 이부상셔 경현이 신병으로 향리에 도라갓더니 사오 년 간에 그 신병이 쇼셩타 하오니 복원 셩상은 경현을 즁임을 맛기사 명초하쇼셔."

상이 깨다르시고 즉일 표를 나리사 경현을 츄밀부사로 부르시니 츄밀이 셩지를 밧자와 사자를 절강으로 보내니 진생이 만심환희하야 밧비 도라가 행계코자 글을 올녀 말매를 쳥하고 행리를 수습하야 발행할 새 승상게 나아가 하직하고 그 후덕을 사례하니 상국이 흔연 관대하야 수히 오라 하며 공이 술을 부어 송별할 새 주감에 공 왈,

"노부ㅣ 할 말이 잇스니 족하는 즐겨 좃츨쇼냐?"

생이 황망 대 왈,

"무<73>삼 명교온잇가?"

공 왈,

"노부의 사뎨 일인이 일즉이 기세하고 슬하에 일녀 잇서 노부 양육하야 그 자애지경이 친녀에 지나더니 방년 십사에 텬생 특질이라. 노부ㅣ 그와 갓흔 쌍을 어더 망뎨의 령혼을 위로코자 하나 합당한 자ㅣ 업서 우려하더니 이제 족하를 보니 용모ㅣ 짐짓 녀아의 쌍이라. 겸하야 사회를 맺고자 하나니 물이지 말나."

진생이 공수 쳥파에 황망 칭사 왈,

"합하 대인 은덕이 여산하시니 밧들고자 하오나 부모ㅣ 임에 고향에 졍혼함이 잇는 고로 밧드지 못하나이다."

공이 불열 왈,

"연즉 노부ㅣ 핍박지 못하거니와 향촌 녀자의 번화함이 노부의 녀아를 밋칠쇼냐. 익히 생각하라."

생이 심하에 생각하되,

'호공의 위세가 텬자의 버금이니 그 사회됨이 극진한 영광이요, 호 시 아람다올진대 ᄯ한 원하야 엇지 못할 영화이나 내 반생 심력을 허비하야 경 쇼져의 인연을 바라거늘 엇지 호가에 허친하리요.'

그러하나 쾌히 거절치 못하야 흔연 사 왈,

"대인의 셩권이 여차하시니 쇼생이 당당히 퇴혼하고 명을 바드리이다."

공 왈,

"그대는 도라가 영존게 상의하라."

생이 연셩 응락고 도라와 화 상셔게 하직하니 상셔ㅣ 흔연 왈,

"상문이 졸연이 정자산을 입조케 하니 텬은이 호대하시나 져의 쇼원이 아니니 즐겨 이러나지 아니할가 하노라."

생이 대 왈,

"텬은이 망극하시거늘 졍숙이 엇지 만홀하야 셜만하리잇가."

공이 쇼 왈,

"호 상국과 정자산은 ᄯᅳᆺ이 대상 부동이어늘 상의를 개유하야 즁님을 맛기니 아지 못게라, 족하ㅣ 호 상공게 몬져 청함이 잇더냐?"

생이 대 왈,

"쇼생이 존대인의 명을 드러 의리를 닥거늘 엇지 청함이 잇스리잇고."

화공이 셤두하고 '호공의 휘하에 드지 말나.' 하니 생이 응락고 길에 오르매 묘년 명사로 쥬현이 지극 관대하니 생이 의긔양양하더라.

화셜. 절강 진부에서 두 아달을 경사에 보내고 등운함을 바라더니 상문의 등과함을 듯고 랑즁과 효렴이 깃거하며 진 부인이 환열하야 진부에 이르

러 치하하니 랑즁 부쳐ㅣ 흔흔락락하더라. 진 부인이 공을 대하야 질자의 재화를 칭찬하고 림생은 재조ㅣ 업셔 페과하엿스니 무용 필부이라 미워하기를 마지아니하니 상셔ㅣ 냉<74>쇼 왈,

"림랑의 영광이 차후에 엇더할는지 볼지어다."

부인이 냉쇼하더라.

달이 지난 후 진생의 즉시 등용한 쇼식이 들이이매 근쳐 지부 지현이 하례 분분하야 문졍이 광채 조요하니 랑즁이 대연을 배설하고 린리 종족을 모와 경사를 즐기더라. 차시 졍쇼제 진생의 등과함을 듯고 대경하야 근심하니 사시녀ㅣ 위로 왈,

"진 랑군의 득의함은 쇼져의 큰 불행이라."

하니 쇼제 탄식할 짜름이러니 일일 쇼제 모친을 뫼셔 안잣더니 부인이 문득 쇼져의 숀을 잡고 왈,

"내 너를 늣게 두어 재모 과인하기로 옥인 가랑을 어더 쌍유함을 보고져 하엿더니 여부ㅣ 오활하야 림가에 결혼하고 빙채를 바닷스나 내 그 얼골을 보면 생각사록 심장이 최졀하니 부대 아람다온 가랑을 어더 너의 평생을 쾌락케 하리니 너는 고집지 말고 이미의 지휘를 좃츠라."

쇼제 졍색 대 왈,

"모친의 말삼이 불가하니니다. 고어에 이르되, '션베가 벼살을 하지 아니하나 그 나라 신하이요, 녀자ㅣ 빙폐를 바닷스면 그 집 사람이라.' 하엿스니 림생의 채례를 바든 지 임에 주년이어늘 엇지 이제 타셩을 좃츠리잇가. 모친이 비록 군자를 택하시나 좃치 못할 것이요 다만 대의를 직힐 짜름이니 복원 모친은 재삼 생각하사 녀아로 하야곰 명을 보젼케 하쇼셔."

부인이 쇼져의 거절함을 듯고 자긔의 뜻이 셩사치 못할가 근심하야 자식이 다만 부명만 즁히 녁여 대의를 직히고 모명을 듯지 아니함을 불쾌하야 묵묵하니 사긔 불평한지라. 가월이 겻해 잇다가 진젼 대 왈,

“부인이 쇼져를 사랑하사 아람다온 신랑을 택코자 하시니 졍리에 맛당한지라. 쇼져는 한갓 졀의만 즁히 녀여 부인의 사랑하시는 뜻을 밧지 아니함이 과도하시며 쇼비가 림랑을 보오니 과연 쇼져의 쌍이 아니라. 부인은 급히 옥인 가랑을 택하쇼셔. 쇼제 익히 생각하시면 깨달을 것이니 굿하여 부인의 명을 거역하시리잇가?”

부인이 월의 휼계 즁에 싸져 안색을 화히 하고 가월을 칭찬 불이하니 월이 사례하고 왈,

“쇼비 등도 쇼져를 개유 깨다르시도록 하리니 부인의 택하신 바 가랑이 어대 계시니잇고?”

부인 왈,

“다른 이 아니라 진질 상문이니 용모 재학은 너의 등도 아는 <75> 바이요, 금년 등과하야 하 물망이 놉흐니 얼마 아니하야 상셔 작록이 잇고 그 외랑의 미려함은 림가 괴한에게 엇지 비기리요마는 상공이 고집하시니 내 감히 생의치 못하고 다만 녀아와 의론하야 상공을 쇽여 셩례코자 하노라.”

월이 거짓 깃거 왈,

“부인의 명하심이 맛당하오니 진랑군으로 우리 주인을 삼으면 오작 조흐리잇가?”

부인이 깃거 쇼져를 도라보아 왈,

“가월은 천인이라도 이럿틋 명혜하니 신로 긔특한지라. 녀아는 모롬이 어미 뜻을 순종하고 츙비의 간함을 용납하라.”

쇼제 묵연부답하고 침쇼로 도라가니 부인이 유모와 가월을 재삼 당부하야,

“아모조록 쇼져를 깨닷게 하면 여등의 공을 갑흐리라.”

구패는 진졍으로 깃거하나 가월은 깁히 애달나 하야 것으로 흔연 대 왈,

“쇼져ㅣ 깨다른 량으로 도라가시니 부인은 의려치 마르쇼셔.”

부인이 말마다 가월의 영오함을 칭찬하더라. 구패와 사시녀ㅣ 쇼져 침쇼로 도라오니 쇼져ㅣ 부인이 이갓치 불명하심을 한하고 자긔 신세의 평안치 못함을 초조하야 아미를 찟긔고 암암 탄식하더니 구패와 사시녀ㅣ 드러와 구패 희동안색하야 왈,

"쇼져야, 부인 말삼이 맛당하시거늘 쇼져ㅣ 무엇을 그릇 녁여 고집하시나뇨? 진 랑군이 용모와 풍채가 반악 갓고 문장과 재학이 리두 갓흐며 옥당명사로 물망이 됴야에 경동하니 친영하는 날부터 쇼져ㅣ 봉관화리를 갓초와 위의 혁혁한 부인이 되시려던 무섭고 흉할사 림 랑군의 거동을 보니 마음이 떨이는지라. 쇼져는 복을 나아오고 흉한 것을 거절하쇼셔."

쇼져ㅣ 청파에 추파를 들어 유모의 거동을 보고 해연함을 이긔지 못하야 일언을 일우지 아니하니 시녀등이 쇼 왈,

"파파는 죄오지 말나. 뉘게 복이 갈 줄 알이요? 쇼져ㅣ 임에 부인의 명을 순종하시매 다시 무삼 말삼이 업거늘 그대 잇지 경방히 하나뇨?"

구패 대쇼하고 부인게 의론하러 드러가거늘 월이 쇼 왈,

"부인의 뜻이 구드시나 쇼져의 순졀에 무익하거늘 엇지 괴로히 권하시나뇨?"

쇼져ㅣ 빈미 탄 왈,

"부모ㅣ 실덕하시면 자식이 죽기로써 간함이 효도에 맛당한지라. 내 비록 규즁 녀자이나 엇지 간치 아니하고 묵연 괄시하야 쇼기기<76>만 쐬하리요. 진졍으로 간하야 일향 듯지 아니하시면 내 뜻만 직힐 짜름이니 엇지 남의 일 보듯 하리요. 네 능함만 밋고 모천을 공동하야 그윽이 심쳔을 롱락하나뇨. 이는 완악한 노비이라. 내 착한 것을 아지 못하리로다."

가월이 황공하야 사죄 왈,

"쇼져의 뜻을 아지 못하리잇고마는 부인의 구든 마음을 풀 길이 업서 쇼비 감히 여차 긔망함이오나 차는 쇼져의 종신대사를 위함이라. 만일 쳔연하

야 일호라도 지완하올진대 쇼졔ㅣ 반다시 수욕을 면치 못하시고 사생이 위급하실 것이니 부득이 부인의 심사를 탐지하야 쇼져의 신상을 보호함이오니 부졀업시 고담대언으로 부인의 노긔를 도도우면 일에 유익지도 못하압고 부인의 취명만 드러나오며 내 몸에 해로옴만 씻칠 것이니 바라건대 쇼져는 뜻을 잠간 늣추사 사긔를 탐쳥하야 불의지변을 방비하쇼셔."

쇼져 왈,

"모친이 비록 불의를 행코자 하시나 부친이 계시니 임의치 못하실지라. 엇지 렴려하리요."

가월이 대 왈,

"노야ㅣ 만일 알으시면 부인의 작용이 운동치 못하시려니와 노야는 차사를 모르시고 불의에 일을 쇠하시면 노야이신들 엇지 하리요?"

쇼져ㅣ 왈,

"왕사는 이의어니와 진생이 반다시 쇠하야 부친을 외임으로 멀니 나아가시게 하거나 그럿치 아니하면 모해하야 가즁에 계시지 못하도록 하리니 일노써 근심하노라."

사인이 쏘한 깨닷고 쇼져의 의견이 명민함을 일컷더라. 구패 부인을 보고 왈,

"쇼져ㅣ 말을 하지 아니하니 은근히 순종하는 뜻이라. 부인은 진 랑군을 아모조록 놋치 마르쇼셔."

부인이 대희하나 일단 상셔를 쓰리매 마음이 번뢰하야 자연 긔운이 불평하더니 오라지 아니하야 문졍이 들네며 백문이 드러와 부모 슉당게 뵈옵고 상문은 텬자ㅣ 아즉 말매를 허치 아니하시는 고로 슈월이 지난 후에 온다 하니 거가ㅣ 밧비 보고자 하나 상총이 즁함을 깃거하고 진 부인은 더욱 밧비 도라옴을 기다려 백문다려 무러 탐탐히 반김을 이긔지 못하더라.

부인이 부즁에 도라와 구패로 더부러 일야로 일을 의론하며 쇼져ㅣ 잠

잠함을 깃거 상셔를 기이고 혼슈를 차리며 진생의 도라옴을 기다리나 일향 <77> 상셔를 쇽임도 상셔롭지 아니하고 상셔게 이르고자 한들 허치 아니할 쑨 아니라 자긔의 즁책을 면치 못할가 두리여 쥬사야탁하나 양젼할 계척을 엇지 못하야 식음을 젼폐하고 근심하니 자연 용모ㅣ 초췌하고 거동이 당황한지라. 상셔ㅣ 그 긔색을 보고 의아하야 문 왈,

"그대의 동지 젼일과 갓지 아니하야 심히 슈상하니 무삼 렴려함이 잇서 얼골이 쵸췌하엿나뇨?"

부인이 묵연하다가 함누 대 왈,

"쳡이 유시로부터 슈회를 아지 못하더니 녀아의 젼졍을 그룻하게 되매 슬허하는 마음이 츙장하야 음식을 나리오지 못하고 쥬야 번민하니 엇지 마음이 젼일하야 긔색이 화려하리잇고. 차라리 쥭어 녀아의 평생 슬어함을 보지 아니코자 하나이다."

언파에 누슈ㅣ 종횡하니 상셔ㅣ 써 하되 부인의 림생을 미흡함이 쥭기로써 자쳐함을 보고 심하에 번연하야 생각하되 대져 림랑의 용모를 보고 혹 한때 미흡히 녁임은 고히치 아니하거니와 임에 졍한 흔사이니 세월이 오래면 부인이 기히 해위할가 하엿더니 이갓치 일심에 매쳐 쥭기로써 자분하니 타일 림랑을 마즈나 화평치 못할 것이요 져럿틋 우분하야 약질이 보젼치 못할가 렴려하는 즁 일변 그 조협함을 통한하야 질책 왈,

"림랑이 비록 용모ㅣ 미려치 못하나 품질이 비상하고 풍채가 헌앙하야 장부의 긔상이요 학행 문장이 범인과 다르니 타일 큰 그릇이 될 바어늘 녀자ㅣ 아모리 식견이 업슨들 엇지 불명함이 이럿틋하야 한갓 낫이 희고 입이 붉고 풍채가 경박한 자를 부러워하나뇨? 만일 미흡한 험이 잇드래도 임에 납빙한 사회이라, 엇지 하리요. 타일 림랑의 영광이 극진할 쌔는 부인이 감히 우러러 비기지 못하리니 부인은 모롬이 헛된 렴려를 말고 다시 생각하라. 내 그대의 거동을 보니 반다시 불의지심을 가져 림랑을 배쳑하고 녀아로써 다

른 대 취하고자 하니 만일 이러할진대 부부간 의를 끈어 평생 용납지 아니할 쑨더러 사후라도 용사 아니 하리라."

하고 언파에 긔색이 엄슉하니 부인이 다시 말을 하지 못하나 맛참내 불복하니 상셔ㅣ 불열하야 밧그로 나아와 효렴을 대하야 부인의 작용이 죳치 아니함을 이르니 <78> 효렴이 쇼 왈,

"형이 엇지 생각지 못하나뇨. 져져 비록 림랑을 거졀코자 하나 계교를 엇지 못함이니 자연 날이 오래되면 회오할 것이요 형이 가즁에 잇스니 엇지 녀자의 작용을 용납하리요. 부졀업슨 심려를 마르시고 마음을 관억하쇼셔."

상셔ㅣ 잠간 긔색이 화려하나 부인을 극히 미워하더라. 이때 진진이 상셔 부부ㅣ 셜화함을 듯고 쇼져게 젼하니 쇼저ㅣ 탄 왈,

"불효녀의 연고로 부모ㅣ 져럿틋 근심하시고 모친이 사생으로써 결단하시니 이갓흘진대 내 반다시 부명을 직히고 모명을 듯지 못하려니와 이럿틋 텬륜이 문란할진대 하면목으로 세상에 용납하리요. 차라리 쥭어 모름이 맛당하도다."

셜파에 허희탄식하니 진진이 위로함을 마지아니하더라.

차시 졍 공자ㅣ 림가예셔 슈학하더니 진생의 영광을 듯고 림생을 대하야 가라대,

"진 형은 림형으로 동년이로대 발셔 쳥운에 올나 벼살이 한원에 잇고 명망이 조야에 흔들어 도라온다 하거늘 형은 하고로 과거를 보지 아니하고 하방에 부유 노릇 하기를 즐기나뇨? 우리 부모ㅣ 형의 공명 바람이 급거하사 형의 폐과함을 드르시고 애달나하시나이다."

생이 문득 쇼 왈,

"진츈우는 재조 놉흐니 공명을 일우엇거니와 나는 무재하매 장즁에 드러도 유의치 못할 것이니 남의 우세를 두리여 가지 못하엿거니와 드르니 빙모ㅣ 나를 미흡히 녁이사 퇴혼하려 하신다 하거늘 나의 공명득실을 엇지 의

론하리요."

공자ㅣ 안색을 변하야 왈,

"형은 어느 곳으로 좃차 그럿 망영된 말을 하나뇨? 우리 모친이 형을 미흡히 넉이신 일이 업고 하물며 부친이 뇌졍한 혼사를 진퇴하리요? 그런 무식한 말을 유식군자의 입으로 말할쇼냐."

생이 미소 왈,

"내 얼골이 박하니 부인의 미흡하심이 엇지 그름이 되리요. 슈연이나 영매 규즁에 쳐하야 영셜지재 잇고 음풍영월하야 슉녀의 행색이 젹고 가인의 재졍이 만타 하며 겸하야 용모ㅣ 경셩지색이요 상경에 쳔금교아로 행사ㅣ 불미하며 일졍 나의 용모ㅣ 불미타 하니 우리 집 한미함을 업슈히 녁일지라. 나의 쇼견은 맹광 갓흔 녀자를 구하고 부귀 호치 즁 졀색은 원치 아니하나니 자고로 옥녀가인이 다<79>재한즉 행실이 놉지 못하나니 모롬이 셔로 뜻을 통하야 피차 뜻을 일우게 히리. 나는 이십에 등과하고 삼십에 취실코져 하나니 너의 져져ㅣ 가인의 재조ㅣ 잇다 하니 십 년 동안을 심규에 잇셔 뇌심초사하야 즐겨 옛 사람을 효칙할쇼냐?"

공자ㅣ 쳥파에 변색 왈,

"형언이 심히 무례하도다. 우리 져져ㅣ 용모ㅣ 슈려하고 문장이 특이하나 유한졍졍하야 슉녀의 풍채 잇고 졀쳥심이 빙옥 갓거늘 형이 엇지 이러한 말을 일우나뇨. 이는 군자의 일을 바ㅣ 아니라. 만일 우리 져져ㅣ 드르면 반다시 몸을 명나에 던지랴 하시리니 례답지 아니한 말을 일우지 말나."

생이 청파에 공자의 답언이 이갓치 쥰졀함을 보고 개용 왈,

"내 엇지 너의 져져를 의심하리요마는 젼셜이 볼미하매 내 마음에 젹이 미흡함을 셜화함이어니와 만일 너의 말갓흘진대 나의 공명을 일울 때가 아즉 머럿스니 악모의 증렴하심이 오랜지라. 엇지 견될 배리요."

공자ㅣ 연유함으로 모친의 일을 림생이 알가 참괴하더라.

슈일 후 공자ㅣ 본부에 이르러 부모게 뵈온 후 져져를 차자 반기며 종용이 말삼하다가 림생의 말을 젼하니 쇼져ㅣ 정색 왈,

"림생은 유식군자어늘 네 그 말을 긔록하야 엇지 내게 젼하나뇨. 차후는 이런 말을 내게 일으지 말나."

공자ㅣ 답지 못하거늘 가월이 왈,

"림 상공이 쇼져를 경홀히 역임이 아니라 부인의 증렴하심을 듯고 쇼져를 짐짓 공동함이요 이 말이 반다시 난 곳이 잇스리니 필연 진생이 쇼져의 흔단을 쥬착하야 림랑군을 격동함이니 공자는 그 말 내든 곳을 힐문하드면 조훌 번 하여이다."

쇼져는 묵연하고 공자는 내당으로 드러가 하랴다가 왈,

"내 그 말을 힐문하되 일으지 아니하니 제 비록 년쇼하나 긔질이 엄쥰한 고로 감히 힐문치 못하엿노라."

가월이 그러히 여겨 다시 말을 아니코 쇼져는 묵묵 무언이러라.

이러구려 두어 날이 되엿더니 지부 현관이 셩지를 밧자와 텬사를 다러고 경부에 이르러 황명을 젼하고 상셔의 복직함을 하례하니 상셔ㅣ 대경하야 븍향 사은하고 셩지를 밧자와 쳐사ㅣ 지부를 대하야 왈,

"만생이 비록 쇠치 아니하엿스나 신병이 만은 고로 졍신이 혼미하야 능히 즁임<80>을 감당치 못할지라. 셕일 황상의 허하심을 입사와 젼리에 도라와 양병한 지 오륙 재에 다시 보국할 졍신이 몽롱하고 다시 몸에 벙이 잇스니 고향을 써나지 못할지라. 역명지죄를 입을지언졍 봉명치 못하리로다."

지부와 례부ㅣ 황상의 셩의로 권유하되 상셔ㅣ 뜻이 구드매 이에 가라대,

"텬은이 망극하시나 환로에 뜻이 업스니 결단코 명을 밧들지 못할 것이요, 호공의 후의는 감사하나 내 몸이 능히 열위 즁작을 밧드지 못할지니 엇지 한탄치 아니하리요. 호공이 위엄은 즁하나 필부의 뜻은 아지 못하는가 하노라."

지부ㅣ 공의 쯧이 여차함을 보고 감히 다시 권유치 못하더라. 상셔ㅣ 일장 표문을 간절히 지여 텬사를 돌녀보내고 스사로 생각하되 호유용이 나를 쳔거함이 조흔 쯧이 아니라. 만일 황명이 종시 엄하시면 신자ㅣ 되여 여러 번 거역지 못할 쥴 알고 깁히 우민하더니 랑즁과 효렴이 이 쇼문을 듯고 이르러 가라대,

"텬자ㅣ 공을 증쇼하심이 영광이 빗나거늘 엇지 거역하야 텬사를 공귀하엿나뇨?"

상셔ㅣ 왈,

"그대 등은 우직한 션배로다. 이럿틋 깨닷지 못하나뇨. 조졍이 나를 부르심이 텬자의 쯧이 아니요 간신의 슈단이라. 내 엇지 위태한 데 빠지리요. 당금 호가 젹신이 텬총을 가리오고 국권을 잡아 임의 롱권하야 위복을 쳔자하며 직신을 배쳑하는지라. 슬푸다, 셩상의 일월 갓흔 덕이 요슌 탕무 갓더니 국운이 불행하야 간신이 당권하고 됴정이 탁란하니 엇지 한심치 아니리요."

셜파에 감분 격절하니 랑즁은 묵연하고 효렴이 강개하야 왈,

"우리 텬자ㅣ 요슌 갓흔 셩덕으로 간신이 탁란하니 국운이 쇠한즉 할 일 업도다. 형의 보신지책이 가위 명현하도다. 차라리 농부ㅣ 될지언졍 간신에 해를 입지 아니하리니 형은 작록을 생각지 말고 고향에 안거하야 일생이 평안함을 취하라."

상셔ㅣ 효렴의 식견이 밝음을 칭찬하야 디긔상합하되 랑즁은 디식이 우매한 고로 외친내쇼함이 되엿더라. 미구에 상문이 금의로 환향하매 거가ㅣ 진동하고 지현이 영졉하며 랑즁 부부ㅣ 대열하더니 슈일 후 생이 계화홍포로 위의를 십분 치례하야 창부재인과 허다 츄종을 거나려 이르<81>니 풍류 쇼래 진동하며 츄종 배리 일촌을 덥헛스니 보는 니 책책칭션하야 왈,

"엇던 유복한 녀자ㅣ 져의 배필이 될고."

하며 생이 의긔양양하야 집에 이르니 부친과 슉당이 집슈무배하야 웃는 입을 쥬리지 못하고 내외 친쳑이 져마다 치하할 새 졍 상셔ㅣ 생의 손을 잡고 칭찬 왈,

"쇼년 등과하야 문호를 빗내고 조션에 영효를 일우니 치하하노라."

생이 연망이 사 왈,

"도시 조종여음이요 슉부의 셩렴하신 덕이오니 엇지 쇼질의 재조리잇가."

상셔ㅣ 랑즁을 향하야 생의 영광을 치하하니 랑즁이 크게 깃거 하례 밧기를 밋쳐 결을치 못하고 거동이 당황하니 상셔ㅣ 그윽이 냉쇼하더라. 생이 몬져 사당에 현알하고 내당에 드러가 모친과 슉당게 뵈오니 됴 시의 깃거함은 칙양키 어렵고 졍, 셜 양인의 희행함이 한량업셔 송셩이 끈치지 아니하더라.

명일에 대연을 배셜하고 즐길 새 풍류 쇼래 원근에 들네며 쳥가 묘무ㅣ 구쇼에 사모치니 상셔ㅣ 신래를 백가로 희롱하야 모든 사람이 구경하는 즁 구패 더욱 깃거 왈,

"우리 쇼져의 배필이니 우리 로야와 부인의 복이라."

하고 겻해 사람이 듯는 쥴 생각지 못하고 이리 쒸며 져리 쒸니 졍 공자ㅣ 구경하다가 차언을 듯고 문 왈,

"진 형이 벼살하매 유랑에게 유익함이 업거늘 이렷훗 즐겨함이 무익하고 앗가 하던 말이 어인 말이뇨?"

구패 취즁에 진생의 영광을 보고 깃거 공자다려 이르되,

"상셔 로야ㅣ 이제야 마음이 동치 아니하시며 공자ㅣ 년유하시니 무엇을 알이요?"

하고 머리를 흔들어 흔흔락락하야 왈,

"공자야, 진 랑군의 영화ㅣ 아니 긔특하냐. 우리 부인이 림랑의 츄용을

증통하야 물이치시고 진 랑군을 마지랴 벌셔 혼구를 차려 계시니 미구에 우리 댁 신랑 신부가 되실지라. 공자도 져런 아람다온 매부를 어더 동긔를 삼으니 엇지 쾌치 아니하리잇가. 림랑의 가증한 거동과 용열한 의사는 비록 십생구사하나 진 랑군을 밋지 못하리니 공자도 어셔 자라 쇼년 등과하야 진 랑군 쌍으로 영광을 빗나게 하쇼셔."

언파에 의긔양양하야 장을 헛치고 입을 버려 구경하더니 공자ㅣ 차언 듯고 양구 실색하다가 구패를 잡아 드려 문 왈,

"진생을 마즈랴 함을 야<82>야ㅣ 아르시나냐?"

페 대 왈,

"아즉은 모르시거니와 저런 긔특한 사회를 불긍하시리잇가."

공자ㅣ 우문 왈,

"져져도 아르시는가?"

패 쇼이대 왈,

"쇼져는 벌셔 알고 순종하시니이다."

공자ㅣ 크게 의혹하야 다시 뭇지 아니하고 반향을 묵묵하다가 밧그로 나아가 부친 겻해 구경하더라.

차셜. 진부에셔 이럿틋 질긴 지 십여 일에 잔채를 파하고 진생이 부형과 친쳑에게 회사하고 림부에 이르니 림생이 마자 례필 좌정 후 경사를 치하하니 진생이 쇼 왈,

"쇼뎨 재조ㅣ 용열하거늘 텬은이 융셩하사 미신에 작록이 과분하니 불승 외람하야 젼젼긍긍하거니와 형이 쇼뎨로 더부러 지긔지우어늘 쇼뎨 홀로 원정에 왕반하되 형이 한 번 차짐이 업고 쇼뎨 경사에 두류하되 한 번 무름이 업스니 엇지 이다지 박졍하뇨. 쇼뎨 스사로 형의 졍이 쇼뎨만 갓지 못함을 적이 한하로라."

림생이 웃고 칭사 왈,

"쇼뎨 무신한들 형의 경사를 깃거 아니하며 원별하엿슨들 붕우 도라오매 엇지 반기지 아니하리요만은 형이 오든 날부터 지부와 빈객이 락력부졀하고 풍류ㅣ 끈치지 아니하니 쇼뎨 갓흔 유생이 귀댁에 말매암지 못하고 한갓 멀이셔 흠모할 짜름이요 귀댁이 죵용하거든 나아가 치하하고자 하엿더니 형이 몬져 왕굴하시니 황괴 감사하여이다."

진생이 소 왈,

"형언이 식언이라. 소제 도라온 후 슈일 죵용치 못하엿스나 손이 임의 갓고 죵용하니 무엇이 번요하리요. 이는 형이 소뎨의 품작을 더러이 녁여 놉흔 자최를 한문에 욕되야 굴치 안니려 함이라."

림생이 박소 왈,

"형이 소뎨를 욕되이 넉인다 하니 다시 변백지 못하겟도다."

진생이 대쇼하고 인하야 담화하다가 진생이 갈오되,

"형이 금년 과거를 보든들 장원랑이 되야 일홈이 사해를 진동하야 우리 슉모의 깃거하심을 구경할 거슬 하고로 폐과를 하야 슉모의 쯧을 져바리니 소뎨 형을 위하야 애달와 하노라."

림생 왈,

"소뎨 갓흔 용렬한 재됴로는 방목에 웃듬이 되지 못할 것이나 또 엇지 녹녹히 남의 아래에 들이요. 연이나 재죠ㅣ 만인을 압두한 후에야 장원이 되리니 텬셩이 노둔하야 만인을 놀낼 재조ㅣ 되지 못할가 하노라. 여차즉 백발이 셩셩하나 등<83>과치 못할 것이니 졍공의 택셔함이 잘못되고 영슉모의 애달와 함이 발분망식하시리니 형은 쇼뎨를 위하야 영슉모게 이 쯧을 통하야 뉘웃는 한이 업게 하라."

진생이 청파에 림생의 언사가 자긔를 조롱함인가 심하에 슈괴하야 십분 통한하나 사색지 아니하고 쇼 왈,

"형은 쇼뎨를 웃지 말나. 매양 과장에 션배가 각각 장원을 요구하나니

만인 즁 웃듬됨이 엇지 그갓치 쉬우리요. 형의 말과 갓흘진대 됴졍에 미관말직은 업스리로다. 비록 그러하나 형의 재조는 결단코 장원이 되리니 졍슉의 지인지감이 긔이한지라. 무삼 유한이 되리요. 형은 너모 겸숀하야 쇼뎨를 조롱치 말나."

림생이 쇼이 부답하니 진생이 즉시 이러 작별하고 비로 경부로 나아와 상셔게 뵈압고 내당에 드러가 슉모게 뵈온 후 말삼하더니 부인이 질자의 영광을 만심환희하야 밧비 사회를 맷고자 하되 계교 업셔 초조하야 구패로 더부러 상의하나 일을 베푸지 못하다가 생을 보매 더욱 마음에 밧바 생을 대하야 그간 심려함을 이르니 진생이 상셔ㅣ 벼살을 사양하야 뎐사ㅣ 공환함을 듯고 심즁에 앙앙하나 쏘한 다른 계교 업셔 다만 부인의 심젼을 공동하니 부인 왈,

"이번에 상셔ㅣ 벼살을 사양하시니 우리 일의 긔미를 아랏는지라. 진실로 근심이나 현질은 관심하고 나의 쥬션함을 기다리라."

진생이 이러 배사하고 부인의 지휘를 기다리더라.

일일은 진생이 상셔다려 왈,

"쇼질이 경사에 잇슬 때에 황상게셔 슉부의 병을 무르시거늘 각별 대단치 아니함으로써 쥬달하오니 상이 깃거 즉시 칙지로 부르시니 엇지 사양하야 텬은을 거역하시니잇고?"

상셔 왈,

"셩상이 신을 생각하심이 아니라. 호젹이 무삼 뜻이 잇셔 이갓치 함이라."

하더라.

원문 임화정연

<84>第二編

第七回 뎨칠회

상문이 간사를 지으니 졍현이 귀양 가고 가월이 계교를 내니 졍랑이 화를 피하다

相文作奸鄭鉉流配 佳月出計鄭娘避禍

차셜. 상셔ㅣ 왈,

"호젹이 무삼 뜻으로 황상게 쥬달하야 복직게 하엿스나 내 임에 향리에 한가히 누어 환로 홍진을 부운갓치 녁이거늘 엇지 져 간당에 싸져 쇽으리요. 로부 갓흔 자는 노퇴한 고로 향리에 물너 잇거니와 현질은 진신 명사로 츙심이 당당하고 년긔가 강장하야 젼졍이 만 리 갓흔지라. 모롬이 간신의 세를 좃지 말고 급암의 츙셩을 효칙하야 아람다온 일홈을 쳥사에 빗낼지니 삼가 조심할지어다."

생이 쳥파에 심괴하나 흔연 칭사 왈,

"대인의 명교를 삼가 간폐 삭이려 하오나 쇼질의 잔미한 츙셩으로 존숙의 가랏치심을 져바릴가 하나이다."

상셔ㅣ 탄식 무언하니 생이 심리에 생각하되,

'졍공이 녀아로써 나의 배우를 삼으면 용셔하려니와 블연즉 당당히 차언을 호공게 젼하야 셜분하리라.'

하고 종용이 숙모로 더부러 친사를 쇠하니 부인 왈,

“금번에 셩지 나리시매 상공이 경사로 가시면 셩혼코자 하엿더니 상공이 벼살을 원치 아니하시는지라. 쏘한 우리의 긔미를 아랏는지라. 구지 사양하고 가지 아니하시니 별로히 계교 업도다.”

생이 악연하야 상셔를 업시코자 하야 흉계를 생각하고 일봉셔를 지여 심복 아역으로 경사 호 상국게 보내이고 쥬야로 회보를 기다리더라.

차시 졍 쇼져ㅣ 야야를 죠졍이 벼살로 부르사 텬사 이름을 듯고 대경실색하더니 야야ㅣ 벼살을 사양하야 텬사 공환함을 다행하나 만일 텬명이 두 번 이르면 거역지 못할 것이요 야야 가즁을 써나시면 자긔 화를 맛나 사생이 엇지 될 바를 아지 못하는지라. 초조하야 침식이 불편하더니 미구에 진생이 도라오니 모친이 깃거하심을 보매 마음이 박빙을 림한 듯 진생의 자최를 두려 면대함이 업스니 생이 쇼져를 보고져 하야 내당 츌입이 빈번하나 종시 보지 못하니 심내에 민민하더라. 졍 공자 구패의 말을 의혹하야 쇼저께 고하야 본사의 시종을 무르니 쇼져 왈,

“이는 구파의 과언이 아니라. 태태의 쥬의 여차하시니 림생을 미워하시고 그 빙폐를 물이여 진가 결혼하실 바를 야야<85>게 빗최시니 야야ㅣ 모친을 쥰책하사 필경 태태게 허물이 도라가게 되엿스니 현뎨는 다시 이런 말을 구두의 내지 말나.”

공자ㅣ 차언을 듯고 다만 졈두 묵연하더라. 이에 텬사ㅣ 도라가 쇼봉을 호 상국게 몬져 드리매 상국이 써여 보니 왈,

> **폐신 졍현은 셩황셩공하야 감히 일봉쇼를 룡탑하에 올이압나니 신이 본대 무재무릉으로 폐하의 일월지덕을 입사와 벼살이 태과하오니 셩상의 널부신 덕을 갑삽고자 하압더니 신의 몸에 병이 침노하압고 졍신이 날노 쇠진하와 능히 즁임을 당치 못하올지라. 한갓 룡안을 쳠망하올 쑨이오니 복망 폐하는 신의 쳔질을 용사하사 은명 위월한 죄를 사하시고 일월지**

덕을 드리오사 친현신 원쇼인하사 요슌지치로 강산을 누리시면 신이 쥭사오나 즐거온 혼이 될가 하나이다.

하엿더라.

유용이 간필에 대로 왈,

"졍현 필부 여차 긔망방자하야 국명을 거역하고 어즈러온 글을 올녀 황명을 거졀하엿스니 지극히 통한한지라. 맛당히 상게 쥬달하고 문죄하라."

하고 명일 표를 올이랴 하더니 뜻밧게 진상문의 글이 이르거늘 떼여 보니 하엿스되,

한림 진상문은 멀이 재배하고 상국 합하에 올이압나니 상문이 향쵼미신으로 재조ㅣ 용열하거늘 황상 셩은을 입사와 직임이 옥당에 근시하게 하시니 국은이 여텬하온 즁 합하 대인의 은혜는 더욱 간폐에 삭이는지라. 아동생민이 뉘 상공의 덕화를 흠모치 아니하리요. 젼 이부상셔 졍현이 대인을 비방하야 져젹 셩상의 증소하시는 황명을 거역하야 왈, '반다시 상이 신을 생각하심이 아니라 호젹의 꾀이니 내 엇지 쇼인으로 더부러 국사를 다사리며 져의 하등이 되리요. 당당이 삼쳑금으로 오국하는 간신을 버히고 국가 쥬인이 되여 협쳔자이령제후하리니 엇지 녹녹히 쥬밀사 작녹을 바다 져의 하관이 되리요. 상이 츈추ㅣ 놉흐사 졍사ㅣ 불민한 고로 현신을 물이치고 간신을 갓가<86>이 하시니 맛당이 폐하야 양노궁으로 옮기고 태자를 밧드러 대위를 일운 즉 호젹을 쥬륙하리라.' 하거늘 상문이 그 망령됨을 간쟁하오니 도로혀 소생을 간신의 물이라 하는지라. 졍현의 녀아는 상문의 표매이니 룡자닌질이 아람다와 유시로부터 쇼생과 졍혼하야 언약이 굿삽더니 쇼생이 대인을 칭찬하매 이를 노하야 친사를 물이치고 쇼생을 거졀하오니 쇼생의 슉모ㅣ 괴로이 닷토와 간하되 불쳥하야 왈, '호젹과 상문을 륙살하랴 하거늘 엇지 결혼하리요.' 하야 졍노의 사나온 고집으로 하야 셩례치 못하오니 대인의 위엄을 비러 졍노를 멀이하고 쇼생이 셩혼코자 사졍을

고하압나니 복망 대인은 상문의 쇼원을 일우어 쥬시면 상문이 몰신토록 대인의 슈족이 되여 보은하리이다.

하엿더라.

유용이 견파에 대로 즐 왈,

“졍필부ㅣ 이럿훗 사오나와 나를 욕하고 상을 폐코져 하니 이는 란신이라. 당당히 머리를 버혀 셜분하리라.”

하고 명죠에 궐내에 드러가 졍 상셔의 표를 올인대 전졍 학사로 읽히자 듯기를 다 하시고 묵연 침음하시거늘 유용이 쥬 왈,

“폐하ㅣ 특지로 부르시니 텬은이 망극하압거늘 졍현이 방자하와 셩지를 위월하오니 그 죄 즁하온지라. 복원 폐하는 라문 츄고하쇼셔.”

상 왈,

“졍현의 역명지죄는 즁하나 그 신병이 즁하다 하니 엇지 그 시정을 살피지 아니하리요.”

유용이 고두 쥬 왈,

“신이 듯자오니 졍현이 실노 병은 입사오나 신이 국정 잡음을 한하고 폐하ㅣ 년로하사 간신을 용납하신다 하야 항상 일으기를, ‘셩상을 양노궁에 옴기고 츈궁을 밧드러 즉위한 후 대국 원후이 되여 신을 쥭이고 제후를 호령하면 장부의 행사이라. 엇지 녹녹히 츄밀 관작을 바다 유용의 슈하가 되리요.’ 하고 대사를 꾀한다 하니 차는 왕망, 동탁 갓흔 역신이라. 복망 폐하는 역신을 쥭여 텬하 인심을 졍하쇼셔.”

상이 쳥파에 룡안이 진로하사 왈,

“졍현의 표문이 태만하나 죄를 쥬지 아니하려 하엿더니 반심이 잇다 한즉 경은 어대로 좃차 이 말을 드럿나뇨?”

유용이 쥬<87>왈,

"한림 진상문은 경현의 쳐질이라. 항상 그 간험함을 통한하던 고로 차언을 신다려 이르매 드럿나이다."

상이 침음하사 의혹하시니 유용이 백단으로 황상의 로긔를 도도우고 왕태감이 호공의 뜻을 바다 상의 혼동하니 상이 가장 의혹하사 금오랑을 패초하사 '경현을 라래하라.' 하시니 경현의 츙셩을 상시 탄복하던 자ㅣ 연명 상쇼하야 간하고 또 화공이 상의 여차하심을 보고 차탄하야 다시 쥬 왈,

"경현은 진실로 이 갓흐면 맛당히 죽을죄이오나 만일 일호라도 원억함이 잇스면 폐하의 실덕하심이 크실지라. 신이 져의 실사를 아지 못하압거니와 경현의 평일 츙의로써 이러한 일이 업슬 뜻하오니 복원 폐하는 명찰하쇼셔."

상이 부답하시니 화공이 할 일 업셔 퇴조하니라. 유용이 화공의 경 상셔 구완함을 알고 대로하야 마져 졀제하랴 하더니 맛참 숑귀비의 작품을 봉슈함으로 화경윤이 당상감관을 하야 국사를 진심할 새 유용이 사이를 타 어사로 하야금 글을 올여 왈,

'화경윤이 백셩의 재물을 도젹하야 나라를 비방하고 국법을 능멸하오니 그 죄를 다사려지이다.'

상이 대로하사 금부로 나려 극형 츄문하라 하시니 동뇨 제신이 불승 경해하야 십삼도어사와 륙상셔 등이 연명 상쇼하야 변명하매 상이 로함을 긋치시나 아조 사치 아니하사 됴쥬 싸에 정배하시니 상셔ㅣ 할 일 업셔 력쇼로 향할 새 쇼녀 빙아 쇼져는 십이 세요 아자는 칠 세이라. 부친이 애매히 젹거하심을 통도하야 거가ㅣ 슬허 하니 공이 부인과 자녀를 고향 소흥부로 보낼 새 공이 부인다려 왈,

"이제 학생이 조쥬 만 리를 행하야 돌아올 지속이 아득하고 녀아ㅣ 취가할 긔약이 머지 아니하니 부인은 슬품을 참고 자녀를 무휼하야 부모 향화를 밧들고 아람다온 랑자를 가리워 일생을 편케 하쇼셔."

하고 좌우로 어로만져 참아 써나지 못하더니 채관이 재촉하매 비료쇼 이러나 눈몰을 뿌려 리별할 새 자녀ㅣ 하직하매 부부 모자ㅣ 공을 붓들고 통곡함을 마지아니하더라. 화 상셔는 채관을 좃차 조주로 가고 부인은 급히 가사를 거두어 고향으로 가니라.

차셜. 금오랑이 졀강에 이르러 황명을 전하고 라래하랴 <88> 하니 상셔ㅣ 대경실색하고 거가ㅣ 황황망극하되 홀로 상문이 내심에 암희하더라.

정공이 부인다려 왈,

"녀자의 행실은 졀개가 읏듬이라. 이제 학생이 죄명으로 집을 써난 후 림가 빙폐를 도로 보내고 지아비를 배반하는 행실이 잇슬진대 내 일후 비록 생환하나 다시 대면치 아니할 것이니 부인은 오날날 가부 부탁을 져바리지 말지어다."

하고 쏘 녀아를 경계하야 왈,

"내 죄명은 대단치 아니하니 셩상이 굿하야 죽이지는 아니하시려니와 정배는 면치 못할 것이니 내 가즁을 써나매 인사ㅣ 변할 듯한지라. 녀아는 옛사람의 졀의를 직히고 어미의 불초함을 좃지 말나."

하고 쏘 공자다려 왈,

"여등이 일생을 그르게 아니코자 할진대 아비 경계를 져바리지 말고 불초한 어미를 간하라."

셜파에 쥰졀 엄슉하니 자녀ㅣ 슈명하고 부인은 참괴하나 심즁에 앙앙하야 변색 대 왈,

"상공이 쳡의 무삼 불초함을 보셧관대 의심이 이에 밋치시나닛가? 쳡은 망극하온 리별을 당하오매 심신이 산란하야 타렴이 잇지 아니커늘 엇지 이런 말삼을 하시나잇가? 녀아의 친사는 상공이 도라와 일울 것이어늘 이런 의외의 렴려를 하시니 한심하고 애달음을 이긔지 못하나이다."

언파에 눈물을 뿌리며 로긔 은은하니 상셔ㅣ 위로하고 밧그로 나아오니

효렴이 감상하야 위로 왈,

"형이 젼일에 헌앙한 장부ㅣ러니 금일은 이럿틋 세세하야 쇼쇼한 렴려를 과히 하나뇨. 형이 죄명을 어더 위태한 싸에 드러가니 젼두 길흉을 아지 못할지라. 일로써 렴려할찌언졍 기여 가사를 엇지 죡히 렴려하리요. 텬자ㅣ 현명하시니 형의 무죄함을 알으사 용사하시리니 오라지 아니하야 도라오리다."

상셔ㅣ 탄식하고 대쇼사를 효렴에게 부탁하고 슉을 나아와 별회를 억제하니 공자 남매 종야토록 눈물을 흘니며 야야 겻흘 써나지 아니하니 상셔ㅣ 좌우로 어루만져 연연하고 이에 동방이 긔명하니 림 쳐사ㅣ 래림하는지라. 상셔와 효렴이 연망이 마자 례필에 쳐사ㅣ 밧비 문 왈,

"자산이 득죄하야 황명이 나렷다 하니 놀라옴을 이긔지 못하야 이르럿나니 차언이 올흐냐?"

상셔ㅣ 대 왈,

"신자ㅣ 되여 군명을 거역하엿스니 엇지 죄<89>를 당치 아니하리요."

쳐사ㅣ 왈,

"도시 텬슈이라. 부대 원로에 보즁하야 슈히 만남을 바라로라."

차시 림랑도 쳐사를 짜라 왓슴으로 이에 나와 상셔게 재배하고 다시 배복 왈,

"대인의 쳥덕 명행으로 이 길을 당하심이 가운의 불행이어니와 필연 남의 모함이라. 헐마 엇더하리잇가. 무사이 도라오심을 축수하노이다."

기외에 허다한 셜화는 일필난긔러라. 이에 행장을 차려 길을 써나니라. 상셔ㅣ 써나매 상문이 다시 긔탄할 배 업셔 숙모 위로함을 가탁하고 츌입 무상하고 쇼져는 모친의 비회를 위로코져 겻흘 써나지 아니하니 진생이 대희하야 방자한 말로 쇼져를 유희하야 언새 방탕하니 쇼져ㅣ 불승통한하야 진생이 드러오면 협실로 피하니 진생이 불락하고 부인이 고집 한다 책하나 쇼

져ㅣ 듯지 아니하고 매양 상대함을 즐겨 아니하며 가월 등이 생의 츌입함이 무례함을 분연하야 말삼이 쥰졀하니 생이 사시녀의 열열함을 긔탄하더라.

차셜. 졍공이 채관을 좃차 경사에 이르러 법부에 나아가니 유용이 분부하야 옥에 가두고 텬자게 쥬달하매 상이 젼지하사 금오관으로 추문하라 하시니 금오리 써 하되 공은 셩도ㅣ 쳥직한 고로 유용이 졍공 모함함을 불승통한하야 비록 유용의 쳥을 들엇스나 본대 졍공으로 더부러 교의 심후하든 고로 좌긔하는 날 졍공을 츄문할 새 금오리 왈,

"공이 일작에 텬은을 입어 작녹이 태과하거늘 하고로 교지를 밧지 아니하고 어명을 위월하며 쇼봉이 셜만하야 황상을 비방하고 감히 상의를 도도나뇨? 이제 상이 진로하사 엄문하라 하시니 쌀니 직초하라."

공이 쳥파에 탄 왈,

"만생은 한미한 션배로 나희 약관이 되여 참방하매 본대 인사ㅣ 불미하고 재조ㅣ 쇼활하거늘 셩상의 융은을 입사와 나희 사십이 못하야 리부총자 즁임을 밧자와 부귀 극진한지라. 쇼쇼한 츙셩을 다하야 셩은을 갑흐려 하더니 불행하야 병을 어더 고향에 도라오니 본대 동긔 업고 자식이 강보에 잇스니 비록 쥭으나 형해를 고향에 반장할 친쳑이 업는 고로 사라 고향에 도라가 여년을 맛고자 하야 고향에 도라가 신병이 텬행으로 대세는 나으나 고혈이 무상한 고로 능<90>히 국사를 살피지 못할지라. 고요히 향리에 누어 셩은을 칭숑하더니 쳔만 의외에 즁직을 도드사 쇼명이 나리오시니 텬은이 망극하오나 미신에 슉병이 침노하니 능히 국사를 져당치 못할지라. 고로 하졍의 졀박한 졍을 품달하얏스나 감히 셩상을 비방함이 잇스리요. 군신은 부자일톄라. 자식의 쇼회를 부모가 살피지 아니하시면 뉘게 고하리요. 이외에 다른 말이 업스니 자셔히 살피라."

금오리ㅣ 졍현의 원졍을 바다 탑젼에 올이니 상이 어람하시고 왈,

"졍현의 원졍 사의가 실로 긍칙하나 쇼즁 사의가 극히 셜만하니 가통한

지라. 경현은 감사 경배함이 맛당하니 법관은 밧비 거행하라."

하시매 법관이 창쥬 짜에 배소를 정하니 창쥬는 조쥬와 한 짜이요 길이 멀고 풍쇽이 사오납더라. 상셔ㅣ 옥리에 곤하야 일야 초사하더니 텬행으로 즁형은 면하고 경배함을 깃것하나 만 리 이역 젹거함을 비원하며 채관을 좃차 젹쇼로 향하니라.

재셜. 경부에셔 공을 경사로 보내고 길흉을 아지 못하야 부인과 자녀 등이 일야 쳬읍하거늘 상문은 깃거함을 이긔지 못하야 날로 경부에 왕래하여 흔흔히 부인을 위로하더라. 이러구러 달이 지나더니 경사에 갓던 노자 등이 도라와 상셔의 원찬한 쇼유를 올이니 부인이 자녀로 더부러 눈물을 흘이며 써여 보매 셔즁사의 심히 쳐졀하야 창쥬 만 리에 젹거하는 말이며 녀아의 혼사를 쌀이 일우어 림가에 실신치 말물 일넛더라. 부인은 슬품을 마지아니하나 심즁에 암암함이 잇고 쇼져 남매는 상셔의 편지를 들고 부공의 만 리 젹거하심을 망극하야 통곡함을 마지아니하더라.

일일은 경 공자ㅣ 내당에 드러가니 모친이 진생으로 더부러 말삼하거늘 겻해 뫼셔 안즈니 진생 왈,

"현뎨 림가에 갓더냐?"

대 왈,

"갓더이다."

생이 쇼 왈,

"림생을 보앗는다?"

공자ㅣ 응답하니 우문 왈,

"무삼 일을 하더뇨?"

공자ㅣ 쇼 왈,

"션생과 림형이 부친의 원젹함을 슬허하고 행로 렴려하시며 쏘 져져의 셩례를 슈히 하자…."

하고 모친게 쳐사의 말삼을 고하니 진생이 변색하고 부인이 쑤지져 왈,

"나의 옥녀로써 져의 추루한 아달과 결친할 듯하야 셩례를 재촉하더냐?"

공자ㅣ 경 왈,

"태태, <91> 이 잇진 말삼이니잇고? 림가 친사는 야야ㅣ 금셕갓치 정하신 바로 임행시 말삼과 셔즁 경계가 지극하시거늘 모친이 엇지 배약하랴 하시나잇가. 결연은 모친 마음대로 하지 못하시리니 모친과 아자ㅣ 림가를 배쳑하면 후일 부친 안젼에 용납지 모하리니 세상에 사라 무엇하리잇가."

인하야 부친을 생각하며 오열 통곡하고 간한는 언사ㅣ 격절하니 부인이 아자의 말이 강렬하고 젹당한지라. 쑤짓지 못하고 묵연부답하니 진생이 쏘한 경 공자의 언사ㅣ 열열 정직함을 기특히 녁이나 '차아를 집에 둔즉 나의 대사ㅣ 그릇 되리니 당당히 멀이 치우리라.' 하고 외면으로 흔연 칭지 왈,

"현데시언이 족히 신의 상 노리가 낫당하니 실로 긔특하도다. 슉모ㅣ 비록 그 외모를 미흡히 녁이시나 졍슉의 셩도ㅣ 엄슉하실 뿐더러 졍슉의 분부ㅣ 한 번 게시매 거역지 못할 것이오니 현뎨의 의론이 맛당하도다."

공자ㅣ 젼일 구패지언을 쌔다라 불승한심하야 정색 고 왈,

"진 형은 풍화례의를 알고 셩현셔를 셥엽하는 유식군자어늘 엇지 비례로 태태를 달내여 림형을 거절코자 하며 표리를 달이하니 엇지 군자의 행사ㅣ 이러하리요? 극히 애달와 하는 바이로쇼이다."

생이 쳥파에 발연작색 왈,

"네 쇼아ㅣ 사리를 아지 못하고 감히 우형의 업는 허물을 쥬츌하야 날노써 무상 패례한 불의지언을 미루고자 하난다?"

이에 사매를 쩔쳐 도라가니 부인이 공자를 요망타 하야 대책하니 공자ㅣ 유유하야 다시 말을 아니 하나 심즁에 앙앙분분하더라. 이럿틋 말삼함을 진진이 듯고 쇼져게 고하니 쇼져ㅣ 듯고 실색하야 다만,

"사뎨 너모 격언을 하엿스니 대화ㅣ 밋칠가 우황하나니 네 틈을 타 공자를 불너 오라."

진진이 응락하나 쇼져ㅣ 번민하야 죵야 불매하고 부친을 생각하야 옥누ㅣ 벼개를 젹시더니 명조에 모친게 문안할 새 공자ㅣ 미우를 찡긔고 눈물을 먹음어 맥맥히 안잣다가 져져를 보고 맛거늘 소져ㅣ 더욱 심사ㅣ 산란하야 일언을 일으지 아니하고 즉시 침쇼로 도라가니 진진이 공자를 눈 쥬어 쳥한대 공자ㅣ 아라보고 쇼세를 파한 후 져져 침쇼에 이르니 쇼져ㅣ 나작이 가라대,

"태태 진가의 흉<92>즁에 싸져 나의 젼경을 어즈러이 하려 한 지 오래되 대인이 게시기로 생의치 못하시더니 이제 불행하야 대인이 멀이 젹거하시니 진가의 쇼원이 일우고 림가를 배약하시니 현뎨는 모로는 쳬 하고 잇스라. 나는 실로 쥭어도 관계 업거니와 너는 부모의 쳔금 갓흔 즁한 몸이니 극진히 삼가고 조심하라."

공자ㅣ 배이칭사 왈,

"삼가 져져의 말삼을 봉승하리이다. 만일 림 쳐사 션생이 쇼뎨다려 혼긔를 택일하라 하시면 엇지 대답하리잇가?"

쇼져ㅣ 기리 한숨지고 탄식 왈,

"네 모친게 잘 엿자와 희보를 쳥하라."

공자ㅣ 락누하고 나작이 갈오대,

"차사ㅣ 여차함이 도시 부친 멀이 가신 연고이라. 만일 부친이 계셧더면 모친이 아모리 하실지라도 엇지 사단이 이러하리잇고. 실로 애달코 통분함을 칙양치 못하리로쇼이다."

인하야 셔로 숀을 잡고 남매 쳬읍하더니 구패 드러오매 공자ㅣ 밧그로 나아가 효렴을 보고 션생의 친사 슈히 일움을 고하니 효렴이 왈,

"이럴진대 져져게 고하라."

공자ㅣ 류체 왈,

“작일에 고하엿더니 여차여차 이르사 책하야 림가에 가지 말나 하시니 본래 태태게셔 림생을 미흡히 녁이심이 오랜지라. 부친이 계시지 아니한 때를 타 배약고자 하심이니 바라건대 숙부는 모친을 개유하사 가엄의 뜻을 밧들게 하시고 져져의 위태함을 구하쇼셔.”

효렴이 청파에 실색 대경 왈,

“져져는 유식한 부인이어늘 이렇틋 불의지사를 하야 가부의 명을 거역하고 지식의 젼졍을 어지러이 하려 하시더뇨. 졍 형이 이런 사단을 알고 림행언어와 셔즁사의가 내게 그러하엿셧도다. 내 맛당이 져져를 보아 권유하리라.”

하고 즉시 내당에 드러가니 진생이 벌셔 아참 문안을 하고 은근한 담쇼로 숙모 밧들기를 효자갓치 하는지라. 효렴이 그윽이 의심하야 이에 갈오대,

“림 쳐사ㅣ 쇼뎨에게 긔별하야 행례하자 하니 져져는 가부의 명을 좃차 비록 비회즁이나 질아의 종신대사를 쌜이 행하쇼셔. 림가의 택일이 갓갑다 하더이다.”

부인이 변색 왈,

“현뎨는 그런 말은 이르지 말나. 내 림가 슈재를 결치부심하야 죽을지언졍 사회를 졍치 아니하려 하엿나니 무삼 날자를 택하다 하나뇨. 현뎨는 림가에 통<93>긔하야 다른 데 통긔하야 다른 곳에 구혼하고 우리 녀아를 생각지 말게 하라.”

효렴이 청파에 불승해연하야 안색을 졍이 하고 사리로 간하야 왈,

“져져, 이 엇진 말삼이니잇고. 졍 시 본래 세대 명문으로 례의를 심사하고 져져 역대가 명부로 규법을 직히엿스니 엇지 가군의 명령을 거역하야 빙채 바든 사회를 바리고 쌀의 실행을 달게 녁이시나잇고. 질녀ㅣ 부명을 거역지 아니코져 반다시 명나에 싸져 효절을 완젼할 졀부이라. 져져ㅣ 엇지 후일

에 자산 형의 면목을 대하고자 하며 림랑은 비록 용모ㅣ 미려치 못하나 오라지 아니하야 당당이 국가의 동양이 되여 명만텬하하고 위진사해하리니 져져ㅣ 엇지 그런 복녹이 가진 사회를 어드며 바라리요. 부절업슨 렴려를 긋치시고 슈히 셩례하야 쳔츄에 우음을 취치 마르쇼셔."

셜파에 긔위 엄슉하고 말삼이 격절하니 진생은 악연 치상하고 부인은 대참대로하야 능히 대답지 못하고 다만 가삼을 두다려 통곡하니 거가ㅣ 대경하고 공자ㅣ 눈이 두렷하야 황공할 쑨이요 감히 말을 못 하니 효렴이 어이업셔 사매를 쩔쳐 나아오며 왈,

"아모려나 하쇼셔. 질녀ㅣ 실혼한들 쇼뎨에게 무삼 해로옴이 잇스리잇가?"

하더라.

이때 쇼져ㅣ 침쇼에셔 번민하더니 문득 모친의 곡셩을 듯고 혼비백산하야 무삼 불행한 쇼식이 잇는가 하야 젼도히 나아오고자 하더니 진진이 이르러 실사를 고하니 쇼져ㅣ 잠간 마음을 진정하나 자긔로 말매암아 모친의 심사를 산란케 하고 자긔 젼졍이 불행함을 슬허 기리 탄식 왈,

"태태의 셩도ㅣ 구드시니 이를 엇지할고."

도모지 셰상사를 보지 말고 자긔 일신이 죽어 효졀을 완젼코자 하더라. 이에 졍당에 드러가 모친을 보고 나작한 말삼으로 기고를 뭇자온대 부인이 오렬 왈,

"내 너의 친사를 위하야 번민하거늘 한 사람도 내 뜻을 밧지 아니하고 동긔와 자식이 다 나를 사오납다 하니 엇지 애답지 아니하리요. 슈연이나 아모리 남의 미음을 밧드래도 내 사라셔는 림가를 맛지 아니하리니 내 쥭어 모로고자 하거니와 내 사후에 네 림가를 마질지라도 나는 명목지 못하리로다."

쇼져ㅣ 텬연 대 왈,

“부친이 비록 림가에 <94> 결혼하야 계시나 모친쎄오셔 져럿틋 우민하시니 녀아ㅣ 굿하야 져 흉한 림가를 엇지 좃치리잇가. 복원 태태는 번민치 마르시고 길일을 재촉하거든 이제 노야ㅣ 원력하시니 일가의 심사ㅣ 비황한지라. 혼사에 쓧이 업슬 쑨 아니라 소녀ㅣ 병이 잇스니 가을로 셩례하자 말삼하쇼셔.”

부인이 쇼져의 쾌한 말삼을 드르니 깃부고 시원하야 얼사안고 등을 두다려 환열 쇼 왈,

“아람답다, 나의 쇼녀여. 이럿틋 통달하고 효슌하니 쥭어도 눈을 감으리로다. 네 말대로 하려니와 내 일졍 사랑하는 바는 진질이니 널로써 배필을 삼아 군자와 슉녀ㅣ 쌍이 가작하게 하고 타일 네 부친이 도라오시거든 이리이리 대답하리라.”

하고 공자를 도라보아 왈,

“네 누의 효슌함이 여차하거늘 너 쇼아는 무엇을 아로라 몰각한 거동을 하엿나뇨. 차후는 잔말 말고 림가에 가지 말나.”

하니 원래 쳐사ㅣ 공자를 훈칙하엿는 고로 공자ㅣ 션생의 명을 바다 밧비 택일함을 모친게 고함을 미워하야 림부에 가지 말나 함이러라. 공자는 겻해 잇셔 져져의 화슌한 쓧을 의아하고 부인은 대희하야 즉시 진생을 보인 쓧을 이르니 생이 바야흐로 졍 쇼져의 슌종함을 드르매 친사ㅣ 렴려 업는지라. 만심환희하야 쌀이 집에 도라와 부모를 대하야 희보를 고하니 량즁 부부는 희츌망외하고 백문은 졍 소져의 슌종함을 크게 의심하야 밋지 아니하되 굿하야 말은 아니 하더라. 졍 공자ㅣ 비록 말은 하지 아니하나 분함을 이긔지 못하야 식음을 젼폐하고, 효렴이 쏘한 탄식하야 심사ㅣ 번뢰하야 슉식을 젼폐하고 그 길사에 참례함을 즐기지 아니하야 산슈 간에 노라 긔운을 소창코자 져져와 량즁게 하직을 고하고 일개 셔동을 쌱하야 나귀를 채쳐 졍쳐 업시 나아 가니라. 진 부인이 사람으로 하야금 림부에 통하되,

'쇼져의 혼사는 임에 다른 곳 완정하엿스니 그러히 녁이소셔.'

하매 림생은 진 부인의 뜻을 아는 고로 심리에 통한하나 사색지 아니하고 필경을 보랴 하더라. 쇼져ㅣ 항상 한심함을 이긔지 못하야 가월 등 사개 시비의 츙의만 미들 뿐이러니 이러구러 길일을 당하매 가월이 부인게 고 왈,

"부인이 림부 친사를 물<95>이시고 이부 즁에 두 번 채례를 바드시면 타인의 문견에 고이하오니 쇼져의 뜻은 부즁 장원이 잠간 사이 멀고 유벽하다 하사 장원으로 옴기고자 하시나 부인의 뜻을 아지 못하사 민민하시더이다."

부인이 문득 침음하거늘 가월이 다시 고 왈,

"림가에게 알게 마르시고 매사를 군쇽지 아니하게 하사 부인이 진부에 계시다가 쇼져의 친영하심을 보며 인하야 가게 하쇼셔."

부인이 가장 올히 녁여 허락하고 즉시 장원 노비에게 분부하야 쟝원을 쇼래하라 하고 쵸팔일 황혼에 소져를 장원으로 보낼 새 가월 등이 일용 범사와 묘책을 다 의론하야 쇼져를 한가지로 뫼셔가니 그 즁에 물 깃는 봉금이란 종이 나히 이십이요 용모 츄악하고 한 눈이 멀어 보기에 흉악한 즁 신장이 쇼져와 방불함으로 계교에 응용코져 봉금을 데려갈 새 임행에 쇼져ㅣ 모친게 하직을 고하야 왈,

"금셕에 슬하를 떠나매 사생을 졍치 못할지라. 자연 누슈 종횡하나이다."

부인은 그 곡졀을 아지 못하고 쇼져의 이럿틋 슬허함을 놀나 왈,

"슈일이 지나면 옥 갓흔 낭군을 마자 도라오려든 하고로 져럿훗한 거조를 하나뇨?"

쇼져ㅣ 더욱 오렬하야 답지 못하거늘 난난이 고 왈,

"쇼져의 슬허하심은 노야ㅣ 원력하사 길사를 보지 못하시니 엇지 심사ㅣ 안한하시리잇가."

부인이 위로하니 쇼져ㅣ 강잉하야 교자에 오를 새 공자의 손을 잡고 연연 오렬하니 공자ㅣ 그윽이 쇼져의 쥬의를 아는 고로 혹 쥭음이 잇슬가 심담이 냉락하야 눈물을 억제치 못하더라. 교부ㅣ 쇼져의 교자를 뫼시고 구패, 가월 등이 뒤를 이여 장원에 이르니 홍촉이 휘황하고 포진범졀이 십분 미려하며 장원 직힌 노복이 현알하니 쇼져ㅣ 물너가라 하고 방즁에 드러가 셔안을 대하야 탄식 슈셩에 옥루ㅣ 종횡하더라.

길일 신조에 진부에셔 봉채로 밧드러 경부로 보내고 대연을 배셜하니 진부인은 가즁 범사와 길셕 위의를 차려 장원으로 보내고 진부에 이르러 녀아를 기다리더라. 날이 느진 후 진생이 길복을 졍히 하고 한림 위의를 셩히 하야 장원에 이르니 구패 허다 노복을 거나려 금슈 배셕에 흥안을 젼하고 신부를 청하니 어시에 가월이 대사를 신<96>밀히 하고 차일 조조에 진진이 봉금을 다리고 신방에 드러가 머리에 틋글을 가리고 아미를 가리며 홍분으로 다사리니 검고 붉은 낫이 지분을 바르매 맛치 나무 등걸에 회를 칠한 듯 형용이 긔괴하니 마음에 우음을 이긔지 못하나 겨우 참아 홍군을 맷고 취삼을 입혀 칠보를 ᄭᅳ지며 오차를 더하니 그 가소롭고 우은 거동은 일대 장관이라. 진진이 졀도 긔졀하고 져 곳에 가셔 슈시 응변할 도리를 가랏치며 례규를 습의하니 봉금이 쳔만의외에 이 거조를 당하니 어린 듯하야 진진의 ᄭᅳ으는 대로 하고 진생에게로 츌가함을 알고 깃거하더라.

가월 등이 가만이 쇼져를 뫼셔 탈신할 계교를 행할 새 시녀로 하직셔를 맛겨 여차여차 하라 하고 구패를 다리고 밧일을 보살피며 짐짓 슐을 먹이니 구패 환열하야 슌슌히 슐잔을 거우르며 취긔 미란하매 웃는 입을 버리고 범사를 보살핀다 하야 내외로 헤지르고 쇼져의 작사는 아지 못하고 다만 가월의 휼계에 드럿더라. 신랑이 외헌에 잇셔 온 지 오래되 가즁 래외 분분할 ᄯᅡ름이요 신부의 상교하는 동졍이 업고 ᄯᅢ 셕양이 되엿는지라. 심하에 초조하야 유랑을 불너 쇼져 상교함을 재촉하니 구패 황망이 드러가 쇼져를 재촉하

랴 하거늘 가월이 갈아대,

"지금 쇼져ㅣ 긔운이 불평하야 하시거늘 패 엇지 드러가 심사를 번거롭게 하랴 하나뇨. 허물며 한림이 혼자 계시니 유랑이 웃듬이라. 맛당히 신랑을 뫼셔 무류하게 말나."

패 고개를 끄덕이거늘 이럿틋 지체하야 홍일이 몰셔코져 할 지음에 츈경이 나아와 고 왈,

"쇼져ㅣ 단장을 다하야 계시니 쌀이 위의를 드리쇼셔."

생이 괴로히 기다리다가 황망이 이러나 아역을 지휘하야 교자를 셤 우해 놋코 시배인이 뜰에 가득하야 분분요요하니 장원이 집이 좁고 사람이 겹으로 둘넛스매 청상이 어듭고 사람이 다 무심즁이니 뉘 능히 그 진가를 알이요. 가월 등이 쇼져를 붓들어 내여 오니 향취 옹비하고 홍군 취삼과 칠보 빗이 조요한대 신부ㅣ 면사를 쓰고 낫을 가리웟스니 다만 두 귀 밋해 명월판이 어룽기더라. 가월 등이 쇼져를 옹위하야 교자에 오르니 진생이 겻해 셧다가 금패를 가져 봉쇄하야 <97> 봉쇄하야 위의를 휘동하니 구패, 츈경 등이 교자를 좃고 가월 왈,

"아등은 쇼져의 긔용을 슈습하야 가지고 뒤를 이여 가리라."

하니 구패 슈히 옴을 부탁하고 가더라. 가월 등이 여러 벌 남복을 내여 노쥬 오인이 개착하고 쇼져는 림생의 납폐 옥인 일 쌍과 혼셔를 품고 새벽을 기다려 원문을 열고 대로로 향할 새 사인이 각각 몸에 백금과 보패 슈식을 감초앗더라. 여름밤이 심히 자른 고로 이에 동방이 긔백거늘 촌가 쥬졈에 차를 사 먹고 일필 나귀를 사 쇼져를 태와 사인은 가인의 모양을 하고 칭탁키를 '가흥현 쥬 어사 공자ㅣ 강셔에 다니러 간다.' 하고 행로에 길을 머무러 강셔안찰 쥬 어사 집으로 가니 어사 쥬철은 쇼져의 고모부이라. 슉모를 차지러 가흥으로 나아가니 가흥부와 쇼흥부는 한가지 강셔 쇽현인 고로 상거ㅣ 요원치 아니하야 륙칠 일 길이로대 길이 익지 못하고 로상에 허다 고초를 격거

차자 가니라.

차시 진상문이 쇼져를 마자 가니 그 깃붐을 이긔지 못하더라.

뎨팔회 第八回

거짓 소져를 헛장가 들고 졍연경을 쥭이고자 하다

虛娶假小姐 欲殺鄭延卿

어시에 진상문이 졍 쇼져를 마자 가매 크게 깃거 본부에 이르니 진 부인이 기다리다가 녀아를 븟드러 례를 맛침에 진생이 눈을 드러 보니 보흐로 낫을 덥고 시비 옹위하엿슴에 면목은 보지 못할너라. 랑즁 부부ㅣ 진 부인다려 왈,

"오날은 임에 느졋스니 명일 폐백을 바듬이 가하다."

하고 례를 맛추니 츈셩이 고 왈,

"쇼져ㅣ 불평하시더니 물너 슈이게 하쇼셔."

시비 붓들어 신방으로 인도하니 구패는 대취하야 만사를 아지 못하고 본부에셔 가월이 업슴을 의심하니 츈셩 왈,

"쇼져의 협사를 슈습하야 뒤좃차오나이다."

모다 그러히 녁여 쇼져를 보려 신방으로 가니 츈셩 왈,

"젼일 친사 길흉을 뭇자오니 도사ㅣ 이르되, '금슬의 진즁함과 백슈해로하여 유자 생녀하야 만사 무험하랴면 다만 길셕에 모여 가속 친쳑이 <98> 셔로 상봉치 말면 길하다.' 하더이다."

부인이 흔연 왈,

“만일 그러할진대 굿해여 상면하리요.”

하고 경당으로 도라가다. 야심함에 빈객이 각산하고 생이 사모하던 마음을 이긔지 못하야 신방에 이르니 쇼져ㅣ 향벽하야 안잣거늘,

“우리 비록 신인이나 면목이 익은지라. 엇지 함암한 태도를 지으리요.”

쇼져ㅣ 붓그러 어두운 구셕으로 도라안즈니 츈셤이 고 왈,

“일긔 셩열하온대 쇼져ㅣ 신긔 불안하시니 일즉 취침하쇼셔.”

생이 즉시 촉을 창밧그로 물이고 쇼져 겻해 나아가 옥슈를 잇그러 평생의 사모하던 정회를 참지 못하야 운우지락을 일을 새 어슈의 질거움을 엇지다 일우리요. 다시 일어 쇼져의 숀을 만지니 셤셤한 옥슈ㅣ 아니라. 놀나 헤오대,

‘신부 부명 경 쇼져ㅣ어늘 숀이 크고 험하니 취즁에 그릇 아랏는가.’

다시 숀을 만지니 가족이 세고 마듸 굴거 나무 등걸 갓흔지라. 마음에 착급하야 쇼래 질너 시녀를 부르니 그 쇼져ㅣ 픽픽 쇼래 나며 웃는 듯한지라. 더욱 경이히야 ‘쌀이 불을 혀라.’ 하야 살피니 신부ㅣ 사매로 낫츨 가리우고 뵈이지 아니하니 생이 슈상하야 힘을 다하야 잡아 치고 보니 문득 시비 즁 츄하게 보던 봉귀형이라. 곱지 아니한 얼골에 지분이 흉악하고 먼 눈을 번득이는 형상이 경부에셔 물 길을 젹만도 갓지 못한지라. 혼비백산하야 크게 쇼래 지르고 혼절함에 시비 등이 황망히 내당에 고하니 량즁 부쳐와 진 부인이 대경하야 밧비 신방에 이르니 생이 정신을 차려 신부를 업지르고 치며 수지져 왈,

“엇던 요망한 사람이 가랏쳐 날을 욕하더뇨?”

진 부인이 붓들고 왈,

“너의 부부ㅣ 새로 맛나 백년 길일이어늘 이갓치 해거를 하나뇨?”

생이 분긔 대발하야 고셩 왈,

"슉모게셔 쇼질이 실커든 당초에 거절함이 올커늘 이럿틋 슈욕하시나 뇨?"

부인과 랑즁 부부ㅣ 경해 왈,

"차아ㅣ 엇지 이럿틋 실셩하뇨?"

생 왈,

"져 흉상을 보쇼셔."

모다 보니 문득 쇼져ㅣ 아니요 이에 봉금이라. 랑즁 부부는 셔로 얼골만 보고 진 부인은 발을 굴너 왈,

"이 엇진 변괴이뇨?"

급히 츈셤을 불너 무르니 츈셤 왈,

"쇼비 등이 엇지 알이잇고 올 째에 다만 쇼져의 글월을 가져 부인게 드리라 하니 그 곡절은 아지 못하나이<99>다."

하고 낭즁으로 좃차 한 장 글을 올이거늘 바다 보니 이는 곳 쇼져의 친필 셔찰이라. 써혀보니 왈,

> 불초녀는 삼가 모친게 글을 올이오니 계집은 졍졀이 웃듬이라. 옛 초왕은 어렷슬 때에 공쥬를 사랑하야 희롱 왈, '너는 자라거든 동문 밧 백장에게 시집보내리라.' 하엿더니 밋 자라매 부마를 다른 곳에 간션하는지라. 공쥬ㅣ 부왕의 회언을 직히여 형차를 품고 백장을 쫏찻스니 이제 녀아ㅣ 명명한 부명을 듯고 임행시 경계를 밧앗스며 셔즁 사의를 뼈에 삭이고 마음에 직힘이 썻썻한 바어늘 태태는 녀아를 사랑하사 녀아의 젼졍을 그르게 하시니 오날날 이 변이 엇지 모친의 과실이 아니올이잇고. 녀아의 팔자ㅣ 무상하야 간인의 교사함이 모친을 아유하야 지친을 생각지 아니하고 불인불의하야 어즈러이 하니 극악한 쇼인이오며 우리 집 운슈이오니 바라건대 저를 친신치 마르시고 녀아는 모친의 핍박하심으로 부득이 차환으로 몸을 대신하압고 사시녀로 더부러 졀을 직히여 슬하를 하직하압나니 태태는 불

> 초녀를 생각지 마르시고 보즁하쇼셔. 녀아의 몸에 이렁틋 망극한 화를 당하오매 일명이 앗갑지 아니하오나 만 리에 부친의 경사와 동긔 고혈함을 생각하오매 참아 목숨을 긋치 못하고 경쳐 업시 가오니 텬행으로 보젼하면 다시 뫼시리니 립가를 바리지 마르쇼셔.

하엿더라. 부인이 간파에 퇴흉 돈족 왈,

"애달을사, 자식이여. 이렁틋 어미 졍을 모로고 쇽이난도다. 장원으로 보냄이 후회하도다. 아비만 즁히 녁이고 어미는 생각지 아니하니 자식이 거즛 것이로다."

하고 통곡하니 좌우ㅣ 쇼져의 졀의를 칭찬하며 부인을 위로하니 랑즁 왈,

"질녀ㅣ 이 심야에 멀이 가지 못하엿슬지라. 급히 ᄯᅡ를 것이니 현매는 우름을 긋치라."

하고 백문으로 하야금 필마로 좃츠니 부인은 어린 듯 안잣고 진생은 넉이 업셔 말을 못 하고 봉금은 먼눈을 씽긔고 한 구셕에 홍군 취삼을 잇그러 셧스니 더욱 가쇼롭더라. 좌우 제인이 우슴으로 밤을 지내고자 하매 생이 붓그러 외낭으로 나아가니 부인이 츈셤다려 문 왈,

"쇼져ㅣ 어대로 간다 하더뇨?"

대 왈,

"산간에 드러가 머리를 버혀 공문에 제<100>자ㅣ 되거나 욕된 일이 잇스면 맑은 물에 ᄲᅡ져 경한 귀신이 되리라 하더이다."

부인이 더욱 통곡하고 셜 시 등 제인이 칭찬함을 마지아니하더라. 봉금은 무류히 도라와 잇던 방에 가 단장을 밧고와 자고자 하니 모든 시녀 보채여 왈,

"한림에게 쇼박마자 내쳣나냐? 한림의 부인이 엇지 봉당에셔 자나뇨?"

봉금이 쇼 왈,

"그대 등은 웃지 말나. 내 남의 차환으로 칠보단장을 갓추고 진 한림이 마자 올 제 녹슈청산으로 맹셰하고 친하엿스니 너희 등이 감히 우러러 볼쇼냐."

모다 대쇼하고 '한림 부인이다.' 희롱하니 이 말이 젼파하야 절강에 자자하고 상문이 더욱 붓그러 절치하더라. 날이 밝으매 백문이 공환하니 부인이 가삼을 두다려 통곡 왈,

"이 본대 쓰이 깁기로 녀아ㅣ 장원으로 갈 제 그다지 슬허하는 것을 내 혼암하야 깨닷지 못하엿도다."

또 가월을 수지저 왈,

"교혜능변으로 나를 롱락하야 이런 변을 쥬창하고 어대로 가나뇨."

하며 일신을 안졉지 못하니 셜 시 위로하고 공자ㅣ 간하야 겨우 진졍한 후 구패 슐이 깨여 비로쇼 이 일을 알고 혼비백산하야 왈,

"쇼져ㅣ 분명히 단장을 갓초고 교자에 올낫거늘 귀신인들 엇지 밧구리요."

부인이 대로 즐 왈,

"늙은 년이 슐만 먹고 대사를 그릇하엿스니 너를 살와 무엇하리요. 빨이 쇼져 간 곳을 차자오라. 쇼져를 차자오지 아니하면 다시 내 눈에 뵈이지 못하리라."

구패 황겁하야 울며 왈,

"쇼비는 다만 쇼져ㅣ 아람다온 랑군을 마즈매 깃불 싸름이요, 이러한 변괴야 쑴에나 쓰하엿사올잇가? 능활한 가월이 나를 쇽엿도다. 어엿불사, 우리 쇼져. 애고지고 슬운지고. 쇼져ㅣ 당초 진 랑군을 불원커든 진졍으로 거졀하면 뉘 능히 강박할가."

발을 굴너 통곡하니 부인이 쏘한 통곡하야 슈원슈구 불감하매 셜 시 위

로 왈,

"가월은 능혜한 자이라. 무사이 보호하야 오라지 아니하야 도라오려니와 상셔ㅣ 도라오시면 무엇이라 하리요. 내 상문의 감언이어로 이리 되엿스니 불미한 쇼문이 임에 림가에 들엿스리라. 엇지 하리요."

하고 식음을 젼폐하니 가즁 노복이 답답히 녁여 사쳐로 차지되 종젹이 업는지라. 공자ㅣ 더욱 심사ㅣ 황란하야 엇지 할 쥴 모로고 생은 일노 인<101>하야 인병와상 하니 그 부모ㅣ 우황하더라. 이 쇼문이 졀강에 젼파함에 졍 쇼져의 졀개와 지모를 탄상하고 진생을 치쇼하니 진생이 이럼으로 집을 써나 경사로 가랴 하나 병이 미류한 즁 효렴이 도라오면 즁책을 면치 못할 것이니 심사ㅣ 자연 번민할 싸름이러라.

차셜. 림가에셔 졍부의 동졍을 탐하더니 일일은 차환이 밧비 드러와 고하되, '진생이 졍 쇼져를 강취하려다가 여차여차 하엿다.' 하니 쳐사 부부 대경 왈,

"엇지 이런 일이 잇스리요."

하더니 문득 위 처사ㅣ 드러오며 왈,

"림형아, 놀나온 말이 잇스니 드럿나냐? 진 부인이 질아의 곱지 못함을 혐의하야 친사를 물이치고 진상문의 쐬에 싸져 여차여차 하니 일현이 그 졀개와 지모를 일컷고 진 부인과 상문을 꾸지즈니 이로써 혼사ㅣ 더듸일가 하노라."

쳐사ㅣ 차탄 왈,

"진 부인의 시비는 아등이 할 배 아니어니와 녀자의 놉흔 졀개와 깁흔 지모ㅣ 이럿틋하니 진짓 자산의 녀아이로다. 연하나 졍쇼저ㅣ 십사 세 유아이라. 연연한 약질로 부명을 직히고 졀의를 잡아 졍쳐 업시 유락하니 무용한 림가를 위한 텬셩이 실로 감격한지라. 맛당이 봉채를 찻고 다른 곳에 구혼함이 가하니라."

림생이 고 왈,

"쇼질이 아즉 이십이 머럿스니 당당이 삼 년을 기다려 져의 쇼식이 업슬진대 남자ㅣ 환거할 수 업스니 어즌 녀자를 택하려니와 그 쏠이 업는 사이에 엇지 채단을 보내라 하리잇가. 타일 졍공이 듯드라도 조급히 녁이리니 아즉 참음이 올코 원래 졍시 슈졀도쥬하엿스면 혼셔를 가지고 갓스리니 엇지 차지리잇가?"

쳐사 졈두 칭션 왈,

"아자의 말이 올흔지라. 엇지 자산의 낫을 고렴치 아니하리요. 네 쇼원이 부대 공명을 취한 후 취쳐한다 하니 아모조록 학업을 힘쓰라."

생이 쳥명하고 동지 타연하니 짐짓 진즁한 군자ㅣ러라. 생이 셔당에 도라와 쇼져의 옥연시를 랑즁에 장치하고 시시 완상하야 사모하던 졍이 간졀하나 일졀 사색지 아니하더라. 차시 진 부인이 림가를 붓그러 공자를 보내지 못하니 공자는 모친의 비황함을 위하야 가기를 쳥치 못하고 다만 외구의 도라오기를 기다리더라.

이 달 초순에 효렴이 도라오더니 로상의 젼어를 듯<102>고 놀나 헤오대,

'운혜 도쥬하나 멀이 가든 못 하엿스리니 내 두루 차지리라.'

하고 심산벽쳐에 두루 차지나 종젹이 업는지라. 이에 도라오더니 쇽리산 쳥아암에 이르러 행여 암즁에 오유하는가 하야 드러오니 이고 등이 효렴의 풍채 동인함을 긔특히 녁여 마자 다과로 대졉하니 효렴이 문 왈,

"암재 유벽하니 유완하는 자ㅣ 만흐리로다."

리고ㅣ 대 왈,

"왕왕히 슈여갈지언졍 오래 유하는 이 업더니 거월에 사오 개 쇼년이 독셔하는 객이라 하고 연일 머무더니 그 공자ㅣ라 하는 이는 나히 십사오는 하고 용모ㅣ 긔이하며 긔여 쇼년은 쏘한 미려하야 붕우갓치 한 방에셔 글 읽으

매 셔셩이 낭낭하야 옥을 바스는 듯하더니 홀연 말업시 도라가니 자못 무신하더이다."

효렴이 문 왈,

"공자ㅣ라 하는 이 어대로 가며 부명은 무엇이라 하더뇨?"

리고ㅣ 왈,

"가흥 쥬 어사의 아달이라 하되 부명은 이르지 아니하고 백 공자라 하는 이는 본현 상셔 댁 쇼식을 뭇고 쥬 공자의 족당이라 하며 졍 쇼져의 슈졀함과 진 부인의 비통 침병한 쇼식을 듯고 눈물을 흘여 슬허하거늘 백 공자 등이 위로하더니 오래지 아니하야 가시되 어대로 간 줄은 아지 못하나이다."

효렴이 생각하되,

'쥬 공자는 반닷이 쇼져이요, 백 공자는 가월이로다.'

하며 벌셔 이르지 못함을 한하더라.

'슬푸다. 질녀ㅣ 졀의를 즁히 녀여 세류 갓흔 긔질로 도로에 표령하니 맛당히 보젼치 못하리로다.'

개탄함을 마지아니하고 졀을 따라 도라오니 셜 시와 자녀ㅣ 마자 오래 그리던 졍회를 펴고 무사히 도라옴을 하례하더니 효렴 왈,

"나는 산슈에 편히 노닐다가 도라 왓거니와 그 사히 합래 무량한가?"

셜 시 졍부의 변괴를 세세히 고하니 효렴이 듯기를 다함에 어이업셔 쇼 왈,

"이 변이 잇슬 쥴 짐작하엿거니와 져져의 긔운이 엇더하시뇨?"

셜 시 왈,

"이제까지 식음을 폐하고 쥬야 비통하시니 긔운이 진할 듯한 즁 군자ㅣ 도라오시면 책을 면치 못할가 번뢰하시더이다."

효렴이 탄식한 후 이에 랑즁 부부를 보고 상문의 병을 무르니 랑즁이 탄연 부답이어늘 효렴이 참지 못하야 형장의 실덕과 상문의 란륜 패상한 일을

셜파하니 랑즁이 머리를 숙여 말이 업다<103>가 양구 후예 왈,

"시쇽이 표종 간 혼인을 왕왕히 하고 제 본대 구친하기로 허하엿더니 일이 이 지경에 이르럿도다."

하니 효렴이 도로혀 위로하고 밤이 깁흔 고로 아자 명문으로 부인게 문안하니 부인이 강잉 답 왈 평안히 옴을 깃거하며 명일 셔로 보기를 말하니 졍 공자ㅣ 외구의 왓슴을 반겨 진부에 문안하니 효렴이 숀을 잡고 반기며 질녀의 졀의를 탄상하니 공자는 눈물이 종횡하고 랑즁은 무안하야 져두 무언이더라.

명일에 효렴이 졍부에 이르러 부인을 보니 얼골이 초조하야 와상에 누엇다가 효렴을 보고 붓그럼을 이긔지 못하야 눈물을 흘이이니 효렴이 그 사이 존후를 뭇자온대 부인이 오렬 왈,

"우형이 불명 무상하야 가군의 명을 져바리고 현뎨의 간언을 듯지 아니하야 이갓치 망극한 변을 당하니 뉘웃고 붓그러 쥭고쟈 하나 엇지 못하니 엇지 무안함을 칙양하리요. 녀아ㅣ 어미 졍을 아지 못하고 다라나니 자모의 은의를 초월갓치 역이고 림가만 즁히 역여 몸을 경숄히 바리니 애답고 노하야 잇고자 하나 어미 졍은 그럿치 못하야 참아 견대지 못하니 또 오래지 못하리로다."

언파에 실셩 비읍하니 효렴이 비록 져져의 행사를 불복하나 동긔지졍에 엇지 심사ㅣ 안한하리요. 츄연 탄 왈,

"져져ㅣ 일즉 쇼뎨의 말을 채답지 아니시고 굿하야 질녀의 집졀을 아스려 하심은 그릇되엿스나 또한 질녀의 액회이니 인력으로 못 할지라. 일이 임에 여차하니 후회막급이라. 져져는 심회를 관억하시고 연경에 졍사를 도라보아 스사로 위로하소셔. 슈연이나 져져 졍 형의 셩품을 모로시고 엇지 그런 작용을 하시며 질녀ㅣ 년유하나 슉녀의 놉흔 뜻과 졀부의 맑은 행실을 직히매 마음 굴치 아니려든 모녀간 뜻 모롬이 엇지 이갓흐며 규방 유녀를 일코

무의한 사회를 어드려 하신잇가? 가형이 쳐음에 이 뜻이 잇셔 자산 형에게 이 뜻 통합을 청하거늘 쇼데 여러 번 간하다가 뜻을 빗취이니 졍 형의 엄숙함이 쥰졀하야 여차여차 책하던 일을 생각한즉 모골이 숑연한지라. 쇼데 또한 졍 형을 볼 낫이 업나니 원컨대 차후는 개과 슈덕하야 간인의 꾀에 쇽지 마르시고 연경을 림가에 보내여 <104> 한 가지 일이라도 가부의 명을 쥰행하소셔. 질녀의 졀행이 아람답고 가월의 춍의 식견이 유여하니 반닷이 쥬인을 보호하야 영화로이 도라올 날이 잇스리니 져져는 관심하소셔."

부인이 대찬하야 말을 이루지 못하다가 왈,

"림가ㅣ 일졍 이 쇼문을 아랏슬 것이니 참아 붓그러 아자를 보내지 못하노라."

효렴이 쇼 왈,

"비록 부그러워도 할 일 업나니 질아ㅣ 예와 갓치 무상왕래하면 림가ㅣ 뭇지 아니하리니 질녀를 차자 완취하면 엇지 괸계하리잇가?"

부인이 올히 녀여 아자를 경계하야 림가에 쥬학하라 하니 공자ㅣ 대 왈,

"태태게셔 식음을 젼폐하시고 상에 누어 계시오니 아자ㅣ 엇지 리측하리잇가."

부인 왈,

"금일로부터 심사를 관억하리니 아자는 방심하라."

효렴 왈,

"백문의 누의를 다려다가 슈어하쇼셔."

부인이 희 왈,

"내 양질을 사랑하야 매양 다려 오랴 하나 내 쌀은 일코 남의 자식을 다려옴이 치쇼를 바들가 하노라."

효렴 왈,

"집이 갓갑고 머지 아니하니 슉당이 질녀와 슈어하여든 뉘 우스리잇가?"

부인이 깃거 즉일 다려올 새 구페 문득 눈물을 흘여 왈,

"쇼져의 거쳐하던 곳을 참아 보지 못하겟고 쓰시던 물건을 참아 착슈치 못하엿더니 금일 협사에 간사하려 보오니 림가에 옥인 봉페 업사오니 쇼져ㅣ 가저가신가 하나이다."

부인이 듯고 슬푸고 내괴하야 다만 눈물만 흘이이니 효렴이 위로하더라. 인하야 도라가 녀아를 졍부로 보낼 새 진 쇼저ㅣ 나희 십오 세라. 용모ㅣ 초월하고 셩질이 화슌 총명하니 부모ㅣ 극히 사랑하더라. 부명으로 졍부에 이르니 부인이 깃거 사랑함이 친녀 갓고 춰아ㅣ 또한 졍셩을 다하니 효렴이 또 경아를 보내일 새 경아 쇼져는 나희 십일 세이니 안색이 츈화 갓고 태도ㅣ 미려하야 뜻이 졍슉함으로 사람의 불인함을 개탄하고 일즉 졍 쇼져로 더부러 친애함이 간절하나 피차 규방에 잇셔 혹 셔로 맛나면 흔연할 짜름이더라. 진가 양 쇼져ㅣ 비록 아람다오나 졍 쇼져의 일월 갓흔 긔질에 비치 못할너라. 일즉 졍 쇼져를 무상히 보지 아니코 허심함이 업더니 부인의 비회 졀박함을 인하야 부명을 입어 이곳에 와 슉모를 위로하니 이에 공자ㅣ 비로쇼 방심하고 <105> 림부에 이르러 쳐사게 문후하니 쳐사ㅣ 반겨 집슈 왈,

"자산이 너를 내게 부탁하니 내 별로 훈교하는 일이 업스나 네 한 번 간 후 형영이 업스니 엇지 나를 찻지 아니하며 그 사이 존대인의 문안 드러난냐?"

공자ㅣ 왈,

"션생 좌하에 명교를 듯잡고자 하더니 자모 득병하심에 도리에 리칙지 못하와 오래동안 문하에 등후치 못하엿삽다가 그간 친병이 젹이 나으심에 비로쇼 문하에 명교를 듯사오며 가엄이 가신 후 별로히 쇼식이 업셔 쵸졀하올 짜름이로쇼이다."

션생이 위로 왈,

"노부ㅣ 네 오래동안 오지 아니함을 의아하야 몬져 탐지하랴 하엿스나

영당 환후ㅣ 그러하심은 아지 못하엿시나 젹이 나으시다 하니 영행이며 영대인의 존후 듯지 못하엿다 하나 본대 영대인의 심지ㅣ 즁활하시나 상도함이 업셔 몸이 강건하시리니 너는 과도히 심사를 상해치 말고 학업을 힘써 타일 존대인의 깃거하심을 보라."

공자ㅣ 사례하고 뫼셔 말삼할 새 션생이 혼사 말삼은 도모지 뭇지 아니 하니 공자ㅣ 쏘한 태연하던 차 림생이 도라와 공자를 보고 반겨 손을 잡아 오래 오지 아니함을 뭇고 상셔의 고초를 위문하니 공자ㅣ 생각하되,

'쳐사ㅣ 부자ㅣ 만일 우리 집 쇼문을 드럿스면 져다지 흔연치 아니하리니 혹 모로난가.'

깃거하더라. 이러구러 륙칠 일이 지나되 혼사 말이 업스니 바히 모르는 쥴 알고 실로 다행히 녁이더라.

일일은 림생이 공자의 숀을 잡고 밧게 나와 시사를 의론하더니 홀연 문왈,

"근간 진생이 도모지 이름이 업스니 무삼 나의 허물을 봄이 잇셔 졀교코져 하나냐?"

공자ㅣ 횡괴 츅쳑하야 상잉 대 왈,

"진실로 진 형이 근간에 병이 잇셔 츌외치 못하나이다."

생이 쇼 왈,

"진 형을 초하에 보앗스니 지금 사오 삭이라. 질병이 잇스면 필시 고항에 밋쳣스리니 극히 놀납도다. 실로 병이 잇슴이 아니라 날로 더부러 졀교코져 함이어니와 쏘 진 형이 벼살에 매인 몸인대 지금 향리에 잇슴은 무삼 연고ㅣ뇨?"

공자ㅣ 태연 쇼 왈,

"무삼 일로 진 형의 업는 병을 잇다 하리요. 실로 병이 잇셔 가지 못하나 니라."

생이 웃고 다시 뭇지 아니하고 다른 셜화하다가 왈,

"그간 너의 져져ㅣ 무량하시냐?"

공자ㅣ 십분 황망하<106>나 자약히 대 왈,

"져져ㅣ 아즉 평안하거니와 형이 엇지 뭇나뇨?"

생이 쇼 왈,

"셔열이 심함에 행혀 미양이 업는가 무름이어니와 영당은 무삼 질환이 그다지 오래 미류하시나뇨?"

공자 져의 힐문함이 가내의 긔색을 탐지코자 함이 아닌가 하야 심하에 경참하나 즉답 왈,

"우리 자당 환후는 부친의 화액을 인연하심이니다."

하고 우 왈,

"형은 엇지 사람의 병 잇슴을 의심하나뇨?"

생이 쇼 왈,

"내 무삼 의심함이 잇나뇨. 아마 가을로 셩례하자 하더니 임에 가을이 되고 내 독신으로 부모의 감지를 밧들 이 업스니 너는 영당에 고하고 슈히 셩례케 하라."

공자ㅣ 텬연 대 왈,

"져져의 셩례는 야야 도라오신 후 일우고자 하니 내 도라가 다시 고하리라."

생이 짐짓 졍색 왈,

"악장의 도라오실 긔약이 아즉 묘연하거늘 엇지 고집하리요. 슈히 셩례하랴 함은 우리 부명이니 어긔미 업게 하라."

공자ㅣ 민망하야 왈,

"형이 쳐음에는 공명을 일운 후 사십에 취쳐한다 하야 우리 야야게 고집하더니 지금은 무삼 뜻으로 이갓치 됴급하뇨. 이럼으로 우리 져져ㅣ 형이 공

명을 일우어 계지쳥삼으로 화촉지례를 기다리나니 이제 형이 재촉하나 우리 저져ㅣ 항복지 아니할가 하노라.”

생이 쳥파에 공자ㅣ 이럿틋 영오하야 답언이 도도하고 사긔 태연하야 일호 군색함이 업스니 생이 즁애하야 왈,

“항담에 ‘매야지 태산을 넘는다.’ 하더니 네 십 세 쇼아ㅣ 이럿틋 영민하니 짐짓 졍문의 쳔리구ㅣ로다. 당당히 쳥운을 타며 월계를 썩거 금포옥대로 영져를 마즈리니 모롬이 영져게 젼하라.”

또 우어 왈,

“내 맛당히 명부 일홈 직쳡을 가져 영져의 졀의 보젼함을 갑흐리라. 아지 못게라, 졀의를 보젼하야 하시에 림규와 재합할고.”

하며 언파에 탄식하니 공자ㅣ 생의 말이 은은하야 져져의 일을 아는가 심사ㅣ 울민하나 강잉 대 왈,

“형의 대재로 엇지 공명을 의심하리요. 형의 쥬의 여자하시니 져져ㅣ 감은하실지라. 엇지 져바리리요.”

생이 공자의 담이 크고 당돌함을 두굿겨 말을 긋치고 숀을 잇그러 써 당에 드리가니라. 자후 림생이 졍 공자를 사랑함이 더욱 더하야 진졍 애대하니 공자ㅣ 또한 허심함이 사생에 져발일 뜻이 업더라.

차시 진생이 <107> 졍 쇼져의 디모 식견이 비상하야 인인히 칭지하고 자긔는 비쇼하는 바ㅣ 되여 봉귀형의 랑군 진 한림이라 하며 봉금을 가랏쳐 진 부인이라 하야 일종 긔담이 되니 진생이 반생 심력을 허비타가 일셰 우음을 일우매 분로함을 이긔지 못하야 식음을 젼폐하고 병이 되여 고통하니 부모ㅣ 초조하야 의약으로 다사리나 츤효가 업고 날로 초최하야 졍 쇼져의 쇽임을 생각한즉 일신이 썰이여 자로 혼졀하엿다가 어린 듯하야 부모ㅣ 황황할 싸름이라.

효렴이 상문을 통해하야 오래도록 보지 아니하다가 비로쇼 병이 즁함을

듯고 병셕에 이르러 일장을 대책하니 생이 황공하야 사죄하나 실로 병세가 가배얍지 아니한지라. 효렴이 사유로 개유하야,

"차후는 희과슈신하야 명교에 죄를 짓지 말고 남의 시비를 취치 말나."

허물며 직쇼에 말매한이 넘엇스니 만일 어긔이면 조졍이 시비 잇셔 벼살을 보젼치 못함을 갓초 말하니 생이 깨다라 사례하고 생각하되,

'내 졍가 요물의 쇽임을 맛나 붓그럽고 벼살좃차 일흐면 더욱 무망할지라. 차라리 경사에 올나가 상국의 귀한 질셔가 되면 크게 유익하리로다.'

쥬의를 졍하고 심사를 일여 조호하더니 오라지 아니하야 병이 나흔지라. 이에 부모게 고하고 한가지 경사로 올나감을 쳥하니 랑즁이 오래 향리에 잇셔 심사ㅣ 무류한 고로 아자의 영화를 씌여 경사에 나아가 다시 관면이나 잇고자 하야 허락하고 행리를 슈습할 새 백문은 멈으러 집을 직히오고 택일하야 발행하랴 하니 효렴이 불열 왈,

"형장이 오래 향리 머무러 션산의 숑츄를 직히시며 몸이 한가하시고 의식이 군핍지 아니하시거늘 다시 경사에 분쥬하야 엇지 만 리에 졍신을 허비하리요. 상문이 아즉 벼살이 놉지 아니하고 경사에 질졍한 가옥이 업스매 혼가를 나와 의탁하기 군색하리니 사세를 보아 가심이 맛당할가 하나이다."

랑즁이 답 왈,

"현뎨의 말이 올호나 아자ㅣ 아즉 친사도 이르지 못하고 혼자 경사에 잇스면 친쳑도 업시 뉘게 의지하며 벼살에 매인 후는 다시 써나지 못할지니 내 갓치 올나가 현부를 경사에 택하야 아지의 배필을 졍하랴 하나니 제 혼자 가셔 맛당한 <108> 혼쳐가 잇슨들 우리 멀이 잇스여 뉘 능히 쥬혼하리요. 내 이곳은 잇지 아니하고 백문이 잇스리니 족히 근심이 업슬가 하노라."

효렴이 형의 뜻을 보고 다시 개유치 못할 쥴 짐작하고 쥬식을 갓초와 형과 상문을 젼숑하니 진생이 가마니 생각하되,

'내 졍녀를 취치 못하고 다만 졍공과 결원하엿스니 타일에 셔로 대할 낫

이 업고 졍가 쇼아ㅣ 연연히 날을 지목하야 원슈로 한을 품으니 차아ㅣ 자라 혹 득의하면 나의 흔단을 찰찰히 훼방하야 됴졍에 용납지 못하게 할 것이요, 제 아비 피화한 근본을 알진대 날을 졀치하야 제 아비 도라오면 일일히 고하야 날로 하야금 쳐신 무디케 할 것이요, 림가다려도 내 말을 하야 원슈로 치부케 할지라. 림가는 장찻 쳐치하려니와 이 아해를 몬져 업시 하리라. 비록 슉모의 졍사는 가긍하나 나의 젼졍에 유해한즉 엇지 하리요.'

이럿틋 상양하더니 경사로 발행 날이 일일을 격하야 바야흐로 졍부에 나아가 하직할 새 슉질이 다 무안하야 피차 다 말이 업고 셔로 젹조함을 일커를 쁜이러니 부인이 질녀를 두고 감을 쳥한대 생이 대 왈,

"부모의 하실 바이니 쇼질이 엇지 알이잇고."

부인이 랑즁을 쳥하야 이별하고 녀아의 두고 가기를 쳥한대 랑즁이 흔연이 허락하고 쇼져를 경계하야,

"슉모를 뫼셔 위로하고 부무를 유렴치 말나."

하니 경애 비록 결연하나 슉모의 졍을 긋치 못하야 눈물을 흘여 리별하더라.

진생이 젼일 방가 친시를 백 가시로 츄사하야 물이치고 졍녀를 일우려 하야 해 넘도록 물이쳐 급제하거든 친사를 일우자 하고 탁언하엿더니 잇때 진생이 등과함에 양 한림이 대희하야 급히 결친함을 쳥한대 생이 괴로히 녁녀 왈 내 몸에 병이 잇스니 후일에 함을 말한대 양가ㅣ 번뢰할 쁜 아니라 이 쇼문이 자자하야 진생의 무상함을 용납지 못하게 함에 양 한림이 이런 말을 듯고 분로하야 즉시 납채를 환숑하야 졀혼하니 진생이 더욱 붓그러 병세 가장 깁헛더니 슉부의 말삼을 듯고 비로쇼 깨다라 됴셥하야 급히 경사에 이르러 호가 친사를 일우려 할 새 진 부인이 쪼한 이르러 리별하더라.

상문이 졍 공자를 해하려 생각하되,

'자긔가 경사로 가면 도로<109>ㅣ 요원하야 계교ㅣ 어렵고 졔 벼살하는

사람이 아니니 해치 못할지라.'

이에 흉계를 생각하고 심복 가동 이인을 불너 백금을 쥬어 '여차여차 하야 졍 공자를 흔적 업시 죽이고 도라온 즉 즁상하리라.' 한대 이인이 쳥령 행사하더라. 랑즁은 이러한 일을 아지 못하고 아자로 더부러 경사로 향할 새 여러 날 만에 경사에 이르러 진생이 호 상국을 보고 아요한 말삼으로 존후를 뭇고 자긔 병이 즁하야 말매 과한함을 고한대 유용이 흔연 위로 왈,

"향일에 졍현의 과악을 젼함으로 셩상게 쥬달하야 치죄하려 하더니 즁관이 역구하고 졍현의 죄상이 증참할 배 업는 고로 감사졍배하얏거니와 졍가ㅣ 일졍 원망하리니 아지 못게라, 현데는 지친 간 혐극이 잇셔 흔단을 창셜하야 사디에 보내랴 함이 아니냐?"

진생이 참연하야 대 왈,

"생이 엇지 사원으로 지친을 해하리잇가? 쇼생이 국녹을 먹고 반열에 츙슈하야 국가를 위함에 사졍을 두호치 못하야 쇼유를 고함이러니 여차하시니 황괴하여이다."

유용이 쇼 왈,

"그대 츙셩을 아는지라. 로부ㅣ 일호나 의심하리요. 그대 졍가 친사를 일우느냐?"

생이 대 왈,

"쇼생이 졍녀와 졍맹이 금셕 갓더니 졍공이 배약하고 림가에 납빙하니 생이 분연하나 족가치 아니하고 졍녀ㅣ 또 음란함으로 졀혼하엿나이다."

유용 왈,

"졍현이 아달이 잇나냐?"

대 왈,

"세 아달이 잇스나 그 악함이 승어부 하온지라. 그 아비 젹거함이 대인의 일이라 하고 대인을 원망하며 제 등양하면 대인을 론핵한다 하더이다."

유용이 변색 왈,

"내 후일 멸구의 환을 면치 못하리라."

하더라.

진생이 도라와 번민함을 이긔지 못하야 식불감미하니 부모ㅣ 우려하야 밧비 현부를 택하니 뉘 진 한림의 풍채를 흠앙치 아니하리요. 삼고륙파ㅣ 문에 매엿스되 진생이 본대 졀색을 구하야 신부를 본 후 졍하려 하더니 리 시랑 부인이 일즉 죽고 후쳐 김 시ㅣ 일녀ㅣ 잇스되 용모ㅣ 미려하야 일지 행화 갓흐나 셩질이 행악 음투하고 방자하되 김 시 써 하되 '녀아는 세상에 짝이 업다.' 하야 부대 반악 것흔 사희를 구할 새 리 시랑은 진 랑즁의 쇼매 구가이라. 진생이 일즉 리가에 잇슬 때에 김 시와 녀아ㅣ 진생을 규시하<110>고 흠모하야 진 시로 통혼하니 진 시 쇼고의 대악함을 아는 고로 말삼을 츄탁하야 결혼함을 거졀하니 김 시 모녀ㅣ 시랑게 말삼하야 시랑이 진 랑즁을 보고 쳥혼한대 랑즁이 신부의 현부를 아지 못하아 쇼매를 보고 리 시 위인을 무르니 진 시 대답이 그 현숙함을 일캇지 아니하거늘 랑즁이 아자에게 전하니 생 왈,

"규슈를 보아지이다."

랑즁 왈,

"남외 규슈를 미혼 젼 엇지 보는 슈ㅣ 잇스리요."

생이 대 왈,

"만일 보지 아니하엿다가 셩친 후 불미하오면 쇼자ㅣ 결단코 용납지 아니하오리니 졸연히 허치 못하리이다."

랑즁이 묵연 불허러니 리가에셔 구혼함을 간졀히 하고 진 시를 보채고 달내이니 진 시ㅣ 계모와 쇼고의 사오나옴을 두리여 대 왈,

"질아의 마음이 규슈를 친히 보아야 허혼한다 하더이다."

김 시 왈,

“녀아는 월궁 항아이니 진 한림이 한 번 보면 넉을 일을 것이니 무엇이 어려오리요. 녀아를 그대 집으로 보내리니 한림을 쳥하야 보게 하라.”

진 시 마지 못하야 허락하니 형애 용모를 다사리고 단장을 찬란히 하야 진생의 여허봄을 대령하는지라. 진 시 심하에 한심 통한하나 구가의 명을 거력지 못하야 한림을 유인하야 리 시를 보게 하니 진생이 한 번 보매 비록 졍 쇼져에 비치 못하나 짐짓 경셩지색이라. 심하에 대호하야 허혼하니 리가ㅣ 대희하야 진 시를 각별 후대하야 젼일갓치 교만방자함을 뵈이지 아니하니 진 시 심내에 냉쇼하더라.

차시 됴근, 경지 등이 진생의 명을 듯고 촌가에 부랑 쇼녀 오륙인을 어더 은자를 후이 쥬고 ‘여차여차 하야 반로에 졍 공자를 아셔다가 흔젹 업시 쥭이라.’ 하고 날 져물기를 기다려 림가에 나아가 졍 공자를 보고 왈,

“됴졍에셔 명패 나리사 한림을 상경하라 하시니 일일 치빙하야 대로야와 거가ㅣ 명조에 발졍하려 하시난 고로 공자를 보고 가랴 하야 쇼인 등으로 하야금 뫼셔오라 하더이다.”

공자ㅣ 즉시 드러가 쳐사게 고하니 션생이 왈,

“날이 져물엇스니 명일 감이 올흘가 하노라.”

공자ㅣ 대 왈,

“내구의 일가ㅣ 명일 효두에 길을 써난다 하오니 이제 가셔 보고 즉시 오겟나이다.”

션생 왈,

“진실로 그러할진대 가거니와 날이 어두엇스니 길의 조심하야 <111> 가라.”

대 왈,

“집의 건장한 노복인이 왓사오니 의심할 배 업나이다.”

하고 즉시 하직하고 나아가 림생을 리별할 새 림생이 놀나 왈,

"무삼 긴급한 사고ㅣ 잇셔 이갓치 총총히 가랴 하나뇨?"

공자ㅣ 가고자 하는 사유를 말삼하니 생이 의혹하야 왈,

"진 형이 경사로 갈진대 발셔 긔별치 아니하고 이럿틋 총망히 긔별하엿나뇨?"

공자ㅣ 대 왈,

"표형이 ᄯᅩ한 급작이 상경의 황명을 밧앗기로 그러하다 하더이다."

생이 밋지 아니하야 왈,

"일이 비록 그러하나 도로ㅣ 갓갑지 아니하고 날이 임에 져물엇스니 왕래 편치 못할지라. 내 요사이 너의 긔운을 보니 면목에 젹지 아니한 재앙이 잇난 듯하고 ᄯᅩ한 금일이 슌일이니 네게 리롭지 아니한 날이라. 아모리 겸연하나 가지 아니함이 가할가 하노라."

공자ㅣ 쇼 왈,

"형은 가히 겁이 만은 사람이로다. 츌행의 날을 갈희여 ᄯᅥ남은 여러 날 길을 위함이라, 지쳑에 무삼 길흉이 잇스리요. 슉부ㅣ 부대 보고 가시랴 부르시난데 무엇이라 츄탁하리요."

림생 왈,

"네 내 말을 밋지 아니하니 강유치 아니하나 내 너의 행도ㅣ 흉하고 불길함을 알며 엇지 빙심하리요. 내 ᄯᅩ한 츄후를 보아 리별코자 하나니 겸하야 한가지로 가셔 일변 붕우지졍을 펴고 현뎨의 화를 구하리라."

공자ㅣ 깃거하나 림생이 진부에 이르러 져져의 쇼문을 드를가 렴려하더라.

第九回
뎨구회

졍 공자는 화가 구을너 복이 되고 진 부인은 어제 그릅을 지금 ᄭᅢ닷다

鄭公子轉禍爲福 陳夫人覺今昨非

차셜. 졍 공자ㅣ 깃거하나 림생이 진부에 가 져져의 쇼문을 드를가 렴려하되 쏘한 막지 못하야 한가지로 가랴 할 재 노자 조근이 재촉하는지라. 양인이 즉시 의관을 갓초고 림생이 큰 칼을 차고 쳘편을 가져 초리를 들메고 나아오니 공자ㅣ 쇼 왈,

"형이 도적을 잡으러 가나냐? 엇지 져대도록 무예를 갓초나뇨?"

생이 쇼 왈,

"흑야에 몸 보호할 장신지물을 가짐은 촌가 유벽한 곳에 불의지변을 방어함이니라."

공자ㅣ 웃고 양인이 나아와 쳐사게 하직하니 쳐사ㅣ 문 왈,

"아자는 어대 <112> 가나뇨?"

생이 대 왈,

"연경이 년유하압고 밤길이 어려오니 쇼자ㅣ 다려다 쥬려 하나이다."

쳐사ㅣ 일작이 도라옴을 당부하니 양인이 슈명하고 밧으로 나아오매 조근 등이 놀나 왈,

"림 상공은 쳥하심이 업거늘 엇지 행하시릿잇가?"

림생 왈,

"너의 상공이 상경한다 하기로 공자로 더부러 나아가 숑별코저 하나니 여등은 싸로라."

경긔 등이 생각하되,

'림생을 마자 업시하면 우리 노야ㅣ 깃거하리라.'

하야 가라대,

"공자ㅣ 기허 행하시니 쇼복이 업어 가리이다."

생이 쇼 왈,

"십 세 남자ㅣ 지쳑에셔 것지 못하고 사람에게 업혀 갈진대 그 잔망한 것을 무엇에 쓰리요. 날과 갓치 거러가리라."

됴근 등이 생각하되,

'림생은 션배이라. 용력이 업스리니 짓질너 업시함이 부삼 어려옴이 잇스리요?'

하고 사인이 행할 새 경긔 등이 다시 계교 업시 싸라 가더니 밤이 깁고 인젹이 고요한시라. 공자ㅣ 마음이 휘휘하야 림생의 손을 단단히 잡고 붓들며 가는지라. 림생이 졍 공자를 엽헤 씨고 헌거로이 길을 거러가더니 문득 슈풀 가온대로 사오개 도젹이 손에 큰 칼을 들고 내다라 쇼래 질너 왈,

"너의 등이 가져가는 것과 의복을 버셔 쥬면 목숨을 보젼하려니와 만일 거역함이 잇스면 다 죽이리라."

공자ㅣ 혼백이 비월하야 림생을 붓들고 써는지라. 생이 공자를 엽헤 씨고 셔셔 사면을 살펴보니 됴근 등이 거즛 쇼래 질너 왈,

"우리 등은 진 한림 창두로셔 졍 공자를 뫼셔 가거늘 무삼 가진 것이 잇스리요. 너의들도 귀와 눈이 잇스리니 상셔 댁 귀공자를 해하고 엇지 쥭기를 면할쇼냐?"

제젹 왈,

"너의는 상셔와 한림을 두리거니와 우리 호한이야 엇지 두림이 잇스랴. 드르니 졍 공자ㅣ 용모ㅣ 미려하야 미인과 갓다 하니 우리 등이 잡아다가 유희물을 삼으리라."

언파에 공자를 아스려 다라들다가 림생을 보고 대질 왈,

"너는 엇던 놈이완대 방자히 셔셔 피치 아니하나뇨? 살고자 하거든 ᄲᅡᆯ이 도라가라."

이ᄯᅢ 졍 공자ㅣ 크게 겁하야 사지를 ᄯᅥᆯ며 우니 림생은 조금도 경겁지 아니하고 공자를 잠간 물너셔라 하고 숀에 쳘편을 드러 도젹을 향하야 치니 기여 젹유ㅣ 칼을 들고 다라드니 생이 됴근다려 왈,

"여등은 공자를 보호하야 놀<113>나게 말나."

하고 한 숀에 쳘편을 들고 ᄯᅩ 한 숀에 칼을 들어 좌우츙돌하야 한 채에 한아식 치니 제젹이 황겁하야 쥐 슘뜻 다라나거늘 됴근 등이 림생의 효용함을 보고 엇지 져의 계교를 발비오리요. 행여 죄를 알가 두려 공자를 보호하야 셧더니 생이 제젹을 물니치고 칼을 들어 됴근 등을 ᄭᅮ지져 왈,

"너의 등이 공자를 심야에 다려감이 반닷이 도젹과 등모함이라. 죄를 면코져 하거든 바로 고하야 죄를 면하라."

이인이 ᄭᅮ러 고 왈,

"쇼인 등이 무삼 일로 공자를 해하리잇가. 과연 진 한림의 명을 바다 공자를 뫼셔감이니이다."

림생 왈,

"여등이 진 한림의 명이라 하니 아즉 용셔하거니와 공자ㅣ 놀나 행보치 못하시리니 너희 등이 업어 압셔라."

이인이 두려 ᄯᅥᆯ며 공자를 뫼셔 행할 새 경긔로 압흘 보라 하고 생이 압해셔 행하야 졍부 문젼에 이르니 문을 닷고 인젹이 고요하거늘 사람을 ᄭᆡ올 새

양인이 일이 패로할가 겁하야 도망코자 하나 림생이 엄위하니 잡히면 쥭을 지라. 이에 문을 두다려 부르니 정부 가인이 놀나 문을 열고 공자의 업혀 드러옴을 보매 아모 연고인 쥴 아지 못하야 급히 내당에 고하니라.

이때 진 부인이 아자를 림부에 보내고 질녀를 압해 두어 심사를 위로하나 시시로 녀아를 생각하고 오매 련련하야 심사를 졍치 못하는 고로 잠을 일우지 못하난 즁 공의 객리 고초와 아자를 여러 날 보지 못하야 두루 심란하더니 문득 차환이 드러와 시녀를 깨여 왈,

"공자 왓다, 왓다."

하거늘 부인이 혼불부톄하야 젼도이 무러 왈,

"공자ㅣ 왓나냐?"

차환이 고 왈,

"삼인이 업어 왓나이다."

부인이 차언을 듯고 유체 왈,

"아자ㅣ 일졍 큰 변이 잇셔 왓다."

하고 좌우로 불을 혀라 하니 제인이 대경실색이러니 공자ㅣ 드러오는지라. 부인이 급히 나이와 보고 문 왈,

"아자ㅣ 무삼 연고로 심야에 와 어미의 남은 혼백을 놀내나뇨?"

공자ㅣ 모친의 경황하심을 보고 황망히 절하고,

"모친과 슉부ㅣ 사람을 보내여 아자를 부르심으로 왓거늘 태태 어이 놀나시나잇가?"

부인이 아자를 붓들고 왈,

"거거는 셔울 가신 지 슈일이요, 내 너를 부름이 업거늘 이 어인 말인가?"

공자ㅣ 놀나 왈,

"진부 하인 됴근, 경긔 등이 황혼에 와 이르<114>되 오날 새벽에 슉부ㅣ

진 형으로 더부러 경사에 가매 아자를 부르신다 하기로 오더니 길에서 도젹을 맛나 쥭을 것을 림형의 재조를 힘입어 목슘이 사라 다시 모친게 뵈압거니와 차인이 아자를 다려옴이 무삼 묘책이 잇나잇가?"

부인이 이 말을 듯고 경혹하는 즁 림생이 왓다하니 더욱 참괴하야 가라대,

"이 일이 극히 슈상하니 이인을 쌀이 부르라."

공자ㅣ 왈,

"림형이 아자로 하야 로상에셔 근로하엿스니 몬져 청하야 진졍케 하고 차인 등을 부르쇼셔."

부인 왈,

"내 림생을 엇지 대졉하리요. 네 나아가 셔당으로 청하라."

공자ㅣ 즉시 나아오니 림생이 문에 셔셔 들지 아니하엿거늘 공자ㅣ 셔당으로 가기를 청하니 생이 사양 왈,

"밤이 깁헛고 부인이 내당에 혼자 게시거늘 엇지 요란히 하야 무례하리요. 내 진 츈우를 보려 왓스니 진부에 통하라."

공자ㅣ 왈,

"진 형이 임에 경사에 간 지 양일이요, 부뎨를 부른 일이 업다 하시니 극히 슈상하야 양가 노복을 힐문하랴 하나니 청커든 형은 츄사치 말나."

림생 왈,

"내 원래 고히 녁여 쌰라옴이요 발셔 갈 것이로대 두 놈이 다라날가 직히여보나니 쌀이 양노자를 잡아 힐문하라."

공자ㅣ 응락하고 이에 모든 가인을 불너 분부하되,

"경긔 등을 승삭으로 단단히 동여 나의 명을 기다리라."

분부하며 공자ㅣ 림생을 재삼 청하되 듯지 아니하고 가려 하거늘 이에 사매를 잡고 간쳥 왈,

"임에 밤이 깁헛스니 폐사에 머물너 새벽에 도라가라."

생이 쇼 왈,

"내 비록 용열하나 남자ㅣ 되여 야행을 어이 두리리요."

공자ㅣ 재삼 말유하되 듯지 아니할 쥴 알고 양가 노자를 분부하야 장쇽을 진여 잘 뫼셔 가라 하고 림생에게 사례 왈,

"쇼뎨 형 곳 아니면 엇지 사랏스리요. 생아자는 부모이요 재생자는 형이라, 구활지은을 입어 젹화를 면하엿스니 차생에 이 은혜를 갑지 못하려니와 형이 루사를 혐의하사 쇽급히 도라가시니 쇼뎨 엇지 마음을 노흐리요."

림생 왈,

"이제 급히 갈 거시니 막지 말나."

공자ㅣ,

"형언을 막지 못하나니 명일 나가 하례하리라."

생이 겸양하고 도라가니라. 이에 공사ㅣ 바야흐로 내당에 드러가 모친게 생의 셜화를 고하니 부인이 그욱이 부그러 대답지 못하고 밧비 <115> 도젹을 맛난 사연을 무르니 공자ㅣ 드듸여 도젹을 맛나 림생의 요력이 십여 도젹을 한 재로 쳐 섯구러 치던 셜화를 고하니 부인이 가삼이 막혀 말을 일우지 못하다가 왈,

"림생 곳 아니더면 반닷이 젹화에 죽을낫다."

공자ㅣ 대 왈,

"림형 곳 아니더면 놀나 죽엇스리로쇼이다."

부인이 림생의 긔특한 재조를 칭찬하야 심즁에 탄복할 쌘이요 일캇기 구연하여 하니 공자ㅣ 왈,

"효렴 슉부를 청하야 힐문하사이다."

부인이 올히 녁여 즉시 효렴을 청하니 차시 효렴이 침슈ㅣ 깁헛다가 정부에서 급히 청함을 듯고 놀나 문 왈,

"무삼 일로 심야에 부르나뇨?"

시비 왈,

"무삼 일인지 공자ㅣ 불시에 와 계시니 부인이 놀나 청하시더이다."

효렴이 밧비 옷을 입고 졍부에 이르매 당즁에 촉을 밝히고 부인이 공자로 더부러 말삼하거늘 효렴이 당에 올나 문 왈,

"무삼 급한 일이 잇셔 부르시니잇가?"

부인 왈,

"극히 고이한 일이 잇기로 현데를 놀납게 하노라. 인하야 됴근, 경긔 등이 랑즁과 부인의 명으로 아자를 속여 도라오다가 도즁에셔 도젹을 맛나 죽게 되엿더니 다행이 림생의 구완함을 입어 무사이 도라왓스나 져놈드리 무엄하야 아자를 해하려 하던 일이 고히한 고로 현데를 청하야 힐문코자 하노라."

효렴이 실색 대경 왈,

"됴근 등이 질아의 친신한 아역이라. 상문을 좃차 경사로 간 지 임에 슈일이어늘 이 어인 말삼이니잇가?"

부인 왈,

"이럼으로 더욱 고히 하야 하노라."

공자ㅣ 왈, 앗가 황혼 때에 양한이 이르러 여쳐여쳐 하오니 림생이 이르되 쇼질이 재앙이 잇셔 오날 날이 불길하니 가지 말나 하압거늘 쇼질이 여차여차 하오니 림형이 위태타 하야 한가지로 오다가 반도에셔 도젹을 맛나니 림형이 용력을 분발하야 쳘편으로 도젹을 쳐 물이치고 구하야 도라오되 긔운이 씩씩하야 일호도 구겁함이 업셔 집까지 구호하야 왓스되 문에 드지 아니하압고 즉시 도라간 말삼을 셰셰히 고하니 효렴이 쳥파에 불승경해하야 림생의 신긔함을 칭찬하고 됴근 등이 져의 자작으로 한 일이 아닌 쥴 짐작하고 차악히 녁여 부인을 향하야 왈,

“져져 젼일 림랑을 불미히 녁여 불의에 희한한 거조를 만히 하야 만대의 씻지 못<116>하올 루명을 취하엿스니 엇지 애답지 아니하리요. 져 림생은 비록 용모ㅣ 미려치 못하오나 그 긔품과 재질은 일대 영웅이라. 한갓 얼골만 취하야 경 형을 원망하고 쇼져를 질책하시니 깁히 한하는 바는 져져의 불명하심을 답답히 녁이나이다. 타일 림랑이 공명부귀를 할진대 져져ㅣ 애달와 아니하시리잇가?”

부인이 참괴하야 묵연부답이러라. 효렴이 이에 좌우로 하야곰 조근, 경긔 등을 불너드리니 이인이 경황하나 림생의 위엄을 두려 도망치 못하고 잇다가 잡혀 드러와 계하에 업듸여 고두 쳥죄하거늘 효렴이 문 왈,

“네 슈일 젼에 행차를 뫼시고 갓거늘 무삼 연고로 도젹과 동모하야 공자를 해하려 하더뇨? 바로 고치 아니하면 네 목숨을 장하에 보젼치 못하리라.”

이인이 대답지 못하고 머뭇거리거늘 효렴이 대로 왈,

“여등이 흉모 은익코져 하나냐? 좌우는 밧비 형벌 긔구를 갓초와 흉한을 맹장하라.”

이인이 황망이 고두 왈,

“쇼복 등이 경공과 원슈ㅣ 업거늘 무삼 일로 해하리잇가. 공자를 뫼셔옴은 한림 노야의 명이요, 쇼복의 사사로 한 배 아니로쇼이다.”

효렴이 익로 왈,

“질아ㅣ 써난 지 슈 일이어늘 공자를 다려오라 함은 만사 무거지언이니 너의 등이 무삼 흉계를 내여 공자를 해하려 하고 쥬인을 모해하니 극히 흉해한지라. 그져 직고치 아니하리니 매로 싸려 고하게 하라.”

이러구러 날이 밝으니 이 말이 젼파하야 백문이 듯고 대경하야 밧비 경부에 이르러 경긔 등을 보고 무러 왈,

“여등이 한림을 뫼시고 갓거늘 무삼 일로 도망하야 와셔 공자를 해하려

하뇨?"

이인이 고개를 숙여 묵연하거늘 효렴이 백문을 보고 왈,

"이 일이 져놈들의 슈단이 아니라. 반닷이 쥬장한 자ㅣ 잇스리니 네 능히 짐작하나냐?"

백문이 대 왈,

"쇼질인들 엇지 져놈들의 작용을 짐작하리잇가?"

효렴이 혀 차 탄식하며 부인게 고 왈,

"질아를 해하려 함이 져놈들의 본심이 아니라. 쥬 어사ㅣ 사핵할진대 크게 어지러워 지친 간에 화긔 상할 쌴이오니 물이쳐 못지 말고자 하나이다."

부인이 로 왈,

"져놈들이 쥬인을 좃차 가다가 도망하야 도라와 아자를 해코자 한 쯧이 심상치 아니하니 엇지 노흐리요. 쌀이 쳐 무르라."

효렴<117>이 머리를 숙이고 침음묵연이어늘 부인이 천금 아자를 해코자 함에 졀치 통한하야 좌우를 꾸지져 '이 악한을 맹장하라.' 하니 백문이 왈,

"차인 등이 쥬인을 배반하고 도망한 죄가 클 쌴 아니라 연뎨를 해하랴 함이 만사무셕이니 슉모는 즁치하쇼셔."

효렴이 져져의 불명함을 개탄하고 부득이 양한을 맹장 문쵸할 새 십여 장에 이르러 경긔 등이 쇼래 질너 왈,

"공자를 해하려 함이 다 한림이 가라친 배요, 쇼인 등의 죄가 아니오니 바로 고하리이다."

인하야 진생이 공자를 싀려 무사히 장셩한즉 자긔 타일 해를 입을가 두리워 져의 양인에게 백금을 쥬며 비계를 가랏쳐 보내던 말삼을 일일이 고하고,

"길에 도젹이 한림의 뇌물을 밧고 도즁에셔 공자를 흔젹 업시 쥭이려 하더니 의외에 림 상공이 오시다가 도젹을 물니치고 공자를 보호하야 화를 면

하오니 이는 하날이 우리 한림의 악한 일을 불미히 녁이사 발각께 하심이니 엇지 감히 은휘하리잇고."

좌우 쳥파에 불승경악하고 백문은 안색이 여토하야 어린 듯하고 효렴은 임에 짐작한 바이라. 어이업셔 져두묵연하되 부인은 대로하야 분긔 가삼에 막혀 난간을 두다리며 고셩 대매 왈,

"상문 흉한아, 내 너를 사랑함이 친자 갓거늘 참아 나의 일자를 쥭이려 하나뇨!"

다시 통곡 왈,

"내 불명하야 간인의 쐬에 싸져 녀아를 그릇 맨들고 아자까지 쥭이려 하니 애달고 뉘웃침을 어대 비하리요. 상문아, 네 무삼 원슈로 이갓치 대악의 마음을 품엇나뇨. 내 몸이 쥭드라도 이 죄는 속지 못하리로다."

이럿틋 후회하니 백문은 어린 듯하고 효렴은 타루 왈,

"슬푸다. 상문의 문장재화ㅣ 일문을 빗낼가 하엿더니 엇지 이럿틋 무상하야 명조에 죄인이 되고 진문 세대 쳥족을 츄락할 쥴 아랏스리요. 됴물이 시긔하야 상문의 일단 재화로 진실한 셤심이 잇던덜 진문 복셩이 될 것이어늘 이제 쇼년 무망이 도로혀 만대의 누명이 되엿는고."

불승 통한하야 안색이 자로 변하야 부인을 위로 왈,

"져져는 조급히 원치 마르쇼셔. 상문이 명조에 죄인이 되고 진문 쳥덕을 추락케 함이 도시 질녀의 친사를 말매암아 연경에게 위태함이 밋치이니 져져ㅣ 일즉 례의로써 상문<118>을 권장하시고 륜긔 풍화를 졍히 하사 상문의 뜻을 밧지 아니하셧던들 엇지 허다 환란이 잇사오며 상문이 명죠인이 되리잇고. 져져ㅣ 한갓 림랑을 미워하야 대사를 경이히 곳치랴 하다가 져져ㅣ 녀아로 하야금 불의에 빠지게 하시고 자녀를 보젼치 못할 번하며 져져ㅣ 사나온 누명을 어드니 쇼뎨 애달아 쥭고자 하나 엇지 못하고 쏘 이 일은 가위 볼가사문어타인이라. 쇼뎨 면목을 들어 엇지 대인하을이잇고. 져져ㅣ 이제 셜분하

올 거조를 하시와 도로혀 문호의 붓그럼만 낫타냄이니 져져ㅣ 실덕하신들 상문의 마음이 엇지 편안하오며 쏘 상문 악명을 어든들 져져 심회 엇지 편안하시리잇고. 피차 골육지간이라. 차사를 참아 드러내지 아니할지니 져져는 상문을 원치 마르시면 외론이 낭자치 아니리이다. 쏘 경긔 등의 행사도 제 스사로 지은 배 아니오니 쾌히 사하야 보내시면 도라가 자셔히 말삼하리니 상문이 듯고 혹 스사로 붓그러 자책함이 잇슬진대 진문의 경사ㅣ 과대하오니 아등이 엇지 골육의 졍을 앗기지 아니하리잇가."

부인이 쳥파에 만심슈괴하야 묵연하다가 왈,

"현뎨의 말을 드르니 무궁한 과액이 다 나의 볼명한 연고이니 무삼 말을 하리요. 차언이 금옥 갓흔지라. 현뎨의 쯧대로 하게 하라."

공자ㅣ 탄식 왈,

"슉부의 현명하신 말삼이 지극히 맛당하시오나 진 형이 계교를 일우지 못하고 누셜할 쥴 알면 뉘웃칠 쥴 모로오나 림형을 원망하고 허물이 낫타남을 한하야 림형을 해할가 두리나이다."

효렴이 칭션 왈,

"너의 영오한 재조ㅣ 진실로 통달하도다. 상문이 인심이 잇스면 붓그리고 뉘웃쳐 회심슈덕하려니와 불연즉 엇지 림생만 한하리요. 졍문으로 더부러 원슈를 매져 슉질 표종 사이에 원망이 깁허 젹은 악사ㅣ 큰 일이 되여 양문을 어즈러일가 하노라. 슈연이나 인명이 재텬하고 재앙이 관슈하니 헐마 엇지 하리요. 림랑은 대인군자이라. 쇽어에 사불범졍이라 하니 간사한 쇠가 현인을 해치 못하리니 일로 좃차 상문이 졈졈 죄악에 싸져 앙화를 밧을지니 엇지 불행치 아니하리요."

공자ㅣ 구연 탄식하니 부인이 신긔 져상하야 말을 일우지 못하고 백<119>문은 눈물을 흘이며 아오의 죄악을 통한하야 슉부게 사죄하니 효렴 왈,

"너는 아오를 경계하야 가지록 조심 슈덕하라. 금번 과거에 네 락방하고 상문이 고등함이 졍, 진 양부의 불행함이라. 우슉이 젼일부터 상문의 마음을 더 아러건대 불효불목지인이니 우슉을 쏘 구슈로 아지 아니할 쥴 엇지 알이뇨."

백문이 탄식할 쌴이러라. 효렴이 경긔 등 두 놈을 사하야 바로 경사로 보낼 새 두 장 글월을 부쳐 형에게 쇼유를 고하고 이인을 노흐니 경긔 등이 쥭을 쥴 망극하다가 다시 형벌의 더함이 업고 노흠을 입으니 희츌망외하야 고두사례하고 쥐 숨뜻 나아와 경사로 향하야 가니라.

차시에 진 부인이 비록 말을 아니 하나 림생의 긔특한 지략을 칭찬하며 아자를 구호한 은혜를 감격하야 셕사를 뉘웃쳐 눈물이 만안하야 공자다려 왈,

"상문의 용모 재학이며 쇼년 물망을 흠애하야 녀셔를 삼고자 하더니 녀아ㅣ 부명을 직히여 다라낫스매 이는 져의 인연이엇슴이어늘 도로혀 해코져 하니 져런 간악이 어대 잇스리요? 내 불명하야 사람의 현부를 아지 못하야 너의 남매에게 화가 밋치이고 너의 대인에게 죄를 지으니 붓그러 셰상에 용납할 쓧 업는지라. 이제 림랑의 은혜 하해 갓흐여 감격함을 이긔지 못하되 사례할 낫이 업고 져 림가가 아난 체 아니 하나 지쳑에셔 어이 모로리요. 젼일을 츄회하야 예갓치 하고자 하나 사람의 염치에 붓그러옴을 아지 못하고 참아 안연하리요. 네 져곳에 잇스니 근간 림랑의 긔색이 엇더하더뇨?"

공자ㅣ 쳥파에 자모ㅣ 이럿틋 뉘웃고 슬허함을 보고 위로 왈,

"자위 실덕함이 잇사오나 이제 츄회하야 밋칠 배 아니라. 만사ㅣ 다 텬슈이오니 인력으로 엇지 하올이잇고. 진 형의 무쌍한 악행은 한심 통한하온지라. 슈연이나 아자ㅣ 화를 면하엿사오니 다행이오며 이졔 진생이 조졍에 잇사오니 야야의 환배하실 길이 쓴일가 초조하나이다. 쏘 림형의 액회도 진 형의 슈단인가 의심하는지라. 대져 림형은 조금도 불평한 사색이 업고 일가ㅣ

텬연히 모로난 양이오니 복원 모친은 예갓치 후히 하사 매사를 태연이 하쇼셔."

인하야 림생의 하든 셜화를 고하니 부인 왈,

<120>"그 언사 아는 듯하거니와 만일 실사를 자셔히 아랏스면 제 아모리 도량이 광활할지라도 그대도록 타연치 아니리니 아자는 아모조록 삼가 패로치 말고 너의 져져ㅣ 잇난 듯이 하라. 연하나 필경은 어이할고."

쏘 우어 왈,

"상문이 너를 해하려 함은 오히려 젹은 일이요, 너의 대인의 일은 상문이 이곳에 나려온 후 죄명을 입으심이니 이난 상문의 작사ㅣ 아닌가 하노라."

공자 대 왈,

"당초 진 형이 져져를 취코져 하나 야야ㅣ 집에 계심으로 쓧을 일우지 못하야 앙앙하던지라. 벼살의 명패 나리기는 진 형이 경사에 잇슬 때에 나렷스니 반닷이 대인을 가즁에 업시 하고자 하야 이 일을 쳥촉함이요 대인이 벼살을 사양하시니 쏘 죄명을 나리게 함이라. 작일사를 상양하건대 엇지 도시 진 형의 슈단이 아니리잇가."

부인이 쳥파에 아자의 헤아림이 절절 유리함을 일캇더라. 공자ㅣ 두 쇼져를 향하야 왈,

"모친의 좌우ㅣ 젹막하시니 현뎨 등은 모친을 위로하고 쇼뎨로 더부러 동긔갓치 하면 그 은혜 엇지 크지 아니하리잇가."

경애 칭사하고 부인이 쏘 그 영오함을 사랑하야 친녀가치 하더라. 공자ㅣ 부인을 권하야 '림가에 사례하쇼셔.' 하고 자긔도 나아가 사례할 새 부인이 림생을 감격함이 쳘골한지라. 붓그러옴을 무릅쓰고 공자의 유랑으로 하야금 림부에 보내여 은근히 사례하니라.

어시에 림생이 부즁에 도라와 졍부 가인을 돌여보내고 내당에 드러가 부인게 신셩하니 쳐사ㅣ 문 왈,

"벌셔 붕우를 숑별하엿나냐?"

생이 대 왈, 진생이 임에 슈일 젼에 상경하엿거늘 그 가인 등이 연경을 쇽여 다려감은 그간 연고ㅣ 잇는 듯하야 도즁에셔 강도를 맛나 위태함을 자셔히 고하니 쳐사ㅣ 대경 왈,

"연경이 과연 혼자 가던들 대화를 입을 번 하엿도다."

부인이 쏘 대경 왈,

"정생도 위태할 번 하엿거니와 너도 쏘한 렴려로왓스니 차후는 너의 약간 긔운을 밋고 그러한 행사를 생의치 말나."

생이 져셩 대 왈,

"쇼자ㅣ 용열하오나 십오 셰 장년 남자이라. 그만 도젹을 두리리잇고. 만일 위태하 량이면 아자ㅣ 무상하오나 부모의 유톄를 도라보지 아니하리잇가."

쳐사ㅣ 경계 왈,

"아자의 말이 장부의 긔상이나 아모<121>조록 몸을 조심하야 혈긔지분을 참는 것이 군자의 쩟쩟한 도이라. 경숄히 방자치 말나."

생이 졀하야 명을 밧잡고 물너 나와 셔재에 도라와 글 읽기를 마지아니하야 몸이 해태함이 업고 경신이 더욱 씩씩하더라.

명일에 홀연 경부 유랑이 이르러 명쳡을 드리고 위 부인게 진 부인 말삼으로 림랑이 아자 구호함을 사례함에 말삼이 위곡하고 사의 공숀하니 위 부인이 흔연히 회사하니라. 이윽고 졍 공자ㅣ 이르러 션생 보고 림생의 힘으로 재생한 은혜를 하례하니 션생이 정색고 겸양하야 왈,

"두 노자ㅣ 무삼 연고로 쥬인을 해하려 하던고?"

공자ㅣ 써 하되 만일 바로 고하면 지친의 과액이 드러날지라. 거즛 고 왈,

"두 노자ㅣ 젼일 가엄게 득죄하야 즁책을 입엇는 고로 가즁이 비엿슴을

틈타 쇼자를 해하야 보원하랴 함이라. 고로 곳 양 노자를 치죄코져 본현 지부에게 고발하엿나이다."

쳐사ㅣ 탄 왈,

"하류 쳔인이 무망지화를 지으니 인심이 가히 두렵지 아니하랴. 여등은 가지록 조심하라."

공자ㅣ 슈명 배사하니 림생은 밋지 못하되 굿해여 힐문치 아니하고 공자로 더부러 학문을 힘쓰며 차후 졍 공자ㅣ 래왕함에 사오 가인으로 옹위하야 방심치 못하더라.

차시 진상문이 벼살이 한원에 거하야 재긔 과인하고 말삼이 민쳡한지라. 상이 십분 춍애하시고 인민이 애대하야 물망이 빗난지라. 호긔 연양하야 안하에 무인하며 호 상국에게 친근하야 아당하는 낫빗과 쳠요하는 태도ㅣ 쇼인의 뜻을 영합하야 일일 왕내하니 유용이 심히 사랑하야 그 심디는 낫비 녁이나 재조 잇슴을 경즁하야 자긔 질녀의 배우를 삼고자 하야 진생을 대하야 왈,

"져즘쎄 노부ㅣ 질녀를 위하야 족하에 구친하되 족하ㅣ 츄탁하기로 마음에 불안하나 인륜대사를 위세로 강박지 못하야 다른 곳에 졍친하엿더니 졍빙한 신랑이 다병하다 하기로 물이치고 다시 아람다온 신랑을 구할 새 인연이 그대에게 잇는 고로 다시 그대를 마즈려 하나니 족하ㅣ 이제 가히 허락할 쇼냐?"

진생이 황망히 공슈 칭사 왈,

"합하 대인의 편애하시는 은혜를 입사와 삼생의 행이요 일문의 셩사이라. 엇지 감히 츄사함이 잇<122>스리잇고? 져즘쎄 고 한림으로 하야금 대인게 친사를 알외이니 임에 다른 곳에 졍친하시다 함에 쇼생의 부모ㅣ 쇼생을 위하와 리 시랑의 령애와 졍친하와 길일이 슈일을 격하엿삽더니 이졔 대인의 말삼을 듯사온즉 쇼생이 밧비 졍혼함을 만 번 뉘웃치오나 밋지 못하오니 엇

지 쇼생의 박복함이 아니리잇가."

유용 왈,

"이는 허언이라. 어느 사이에 졍혼하야 길긔 슈일을 격하엿스리요."

생이 황망이 대 왈,

"쇼생이 엇지 감히 대인을 긔망하리잇가. 리가 쇼져는 쇼생의 고모의 쇼교임으로 당면하와 졍혼하엿고 과연 길긔가 갓가왓나이다."

유용이 쳥파에 비로쇼 그 말이 허언이 아닌 줄 알고 십분 불열하나 본대 교만한 호승지벽이 남과 다르고 진생의 아람다옴을 남에게 아이믈 앙앙하야 부대 진생과 친사를 일우어 타인에게 형세를 자랑코져 하야 왈,

"그대 리가 친사를 거졀치 못할진대 그대 벼살이 족히 두 부인을 갓촐 것이니 질녀를 취하고 버금으로 리 시를 취치 못할쇼냐?"

진생이 이러 졀하고 사례 왈,

"대인이 쇼자를 이럿틋 사랑하시니 사디에 나아감을 명하사도 사양치 못하려던 허물며 쳔금 쇼녀를 사양하리잇가. 삼가 명대로 하려니와 리가 친사는 쇼생의 부모ㅣ 셔로 면당하야 졍하압고 길긔 슈일을 격하와 범사를 다 쥰비하엿사오니 이제를 당하와 물이침이 어려올 뜻 하온즉 엇지 하리잇고?"

유용 왈,

"이 어렵지 아니하니 길일 아참에 아녀를 취하고 셕양에 리 시를 취하야 아질로 상원을 졍하고 리 시로 부원을 졍함이 맛당하니라."

생이 사례하고 도라와 이 사연을 부모게 고하니 랑즁 부부 호 상국과 인친됨은 희행하나 리 시로 부실을 삼은즉 사세 크게 불평할지라. '엇지 하리요.' 하고 근심하니 상문 왈,

"호 상국 권세를 만조가 다 두리고 또 셩샹이 긔탄하시니 리 시랑이 감히 항거하리잇가. 만일 슌종치 아니하면 큰 환이 잇슬 것이니 부친은 이 뜻을 통하쇼셔."

낭즁이 이에 시랑을 보고 거즛 근심하며 분한 사색으로 눈섭을 찡긔고 호 상국의 강박함을 일일히 젼하고 왈,

"거역하고자 한즉 그 해독을 젹지 아니케 입을지니 엇지 하면 가하뇨?"

시랑이 쳥파에 대경실색하야 어<123>린 듯하나 호공의 위세는 당금 만조ㅣ 다 두리는 바이라. 조고마한 시랑과 침톄한 랑즁이 항거치 못할 줄 짐작하고 묵연양구에 왈,

"호 상국이 그럿틋 강박할진대 쇼관이 결우지 못할지라. 우리 혼사는 파의하고 호시를 맛게 하라."

랑즁 왈,

"사세 이럿틋 난쳐하니 형의 쯧대로 하리이다."

시랑이 내당에 드러가 이 사연을 부인다려 이르고 혼인의 물이침을 이르니 김 시 실색 대경 왈,

"이럿틋 할진대 져 위셰 당당한 녀자와 나의 녀아ㅣ 셔로 젹국이 되여 괴롭게 하리니 쾌히 파혼하고 다른 곳에 사회를 구하쇼셔."

시랑이 부인의 허락함을 보고 결혼하야 진가 빙물을 도로 보내려 할 새 현아ㅣ 대경하야 호가를 절치하며 헤오되,

'내 진생의 풍모를 사모하야 길일을 숀꼽아 기다렷스니 엇지 참아 거졀하며 또 진생이 나의 용모를 친이 본 바이니 생이 비록 호시를 취하나 총애함은 반닷이 내게 잇스리니 내 엇지 진랑을 바리리요.'

하고 부모게 고 왈,

"쇼녀ㅣ 진가 빙폐를 밧아 길긔가 슈일을 격하엿스니 일가친쳑이 다 쇼녀를 다 진 시 집 사람으로 알거늘 비록 사셰 그러하오나 엇지 타인을 조츠리요. 진생이 호시를 취하고 녀아를 바릴진대 녀아는 절을 직힐 것이오며 부모ㅣ 만일 강박하시면 녀아는 한갓 쥭을 따름이로쇼이다."

시랑 부부ㅣ 크게 긔특이 녁여 슬허 왈,

"네 뜻이 이럿틋 놉흐니 우리 강박지 아니하거니와 네 신셰의 괴로옴이 잇슬진대 뉘웃침이 잇슬가 하노라."

현애 슬허하며 왈,

"이 도시 쇼녀의 팔자이오니 엇지 하오리잇가?"

부모ㅣ 할 일 업셔 랑즁 부자를 불너 녀아의 놉흔 졀개를 자랑하며 택일 셩례하라 하니 랑즁의 부자ㅣ 리 시의 놉흔 졀을 칭찬하야 공경하더라.

이러구러 길일이 다다르니 셰 집에셔 위의를 셩비할 새 생이 한림의 위의를 거록히 차려 호가에 이르니 긔구의 셩비함이 칙양키 어려온지라. 이에 젼안 후 신부를 마자 본부에 이르러 교배를 맛고 위의를 다시 차려 리가에 나아가 백양으로 맛자 도라오니 한 날 두 부인을 친영함은 고금의 희한한 경사이라. 인인히 셔로 칭송하며 생이 의긔양양하야 도라와 교배 합환을 맛치매 두 신부ㅣ 일시에 폐백을 드리<124>니 그 슈식 셩복 휘황찬란하야 일색에 빗나더라. 랑즁 부부ㅣ 량 신부의 됴률을 바들 새 좌우ㅣ 일시에 신부를 바라보니 호시는 풍영하야 모란 갓흐며 쥬순 호치 극히 아람다오되 교만하야 안하무인한 데도ㅣ 녹녹지 아니하야 세차고 표험하며 리 시는 초월경쳡하야 아람다온 태도ㅣ 삼색 도화를 닷토는 듯하되 아미 보사하나 어두운 랑즁이 어이 알이요. 다만 용자ㅣ 화려하고 긔셰당당하니 흔흔 쾌락하야 두 며나리 아람답다 칭찬하며 유복하다 할 따름이러라.

셕양에 빈객이 각각 도라가니 생이 신부의 미려함을 희열하야 몬져 호시의 방에 가 금슬을 알외이고 명일에 리 시의 침실에 졍을 일우어 양인을 다 견권하되 호시는 셩졍이 한갈 갓트여 가부를 능만하되 리 시는 친가에 권세가 업는 고로 교앙함은 업스나 간음 사특하야 총애를 젼쥬하야 가부로 더부러 일시도 써나지 말고자 하더니 호시에게 졍이 난호임을 원한하되 텬셩이 간교한 고로 짐짓 구고를 졍셩으로 셤기며 가부의 뜻을 아당하며 호시를 공경하니 여호와 사갈이 임에 양젼키 어려온지라. 가사ㅣ 엇지 평안하리요.

호시는 권세를 자랑하고 부귀를 빙자하야 가인을 경시하며 구고를 능만하고 리 시를 질욕하야 공슌함이 업스니 생이 승상이 두리워 후대하고 구고ㅣ 감히 하대치 못하니 생이 것으로 응슌하고 안으로 쇼박하나 리 시는 구고 사랑하고 생이 견권함이 무궁하야 자연 졍의 친밀하야 모도이면 써날 쥴을 아지 못하니 호시 대로하야 졀치부심하나 스사로 생각함에 내 진가에 입가함이 오래지 아니하니 남의 시비를 생각하고 아즉 잠잠하나 장래 리 시로 체인를 맨들 뜻이 잇셔 심디가 좃치 못하니 구고ㅣ 더욱 두리고 생이 민망하야 두 부인에게 후박을 임의 못 하더라.

대져 이럿틋 즐기는 즁 됴근 등의 쇼식을 아지 못하야 우민하더니 슌월이 지난 후 량인이 이르러 쳥죄하고 눈물을 흘니거늘 생이 급히 량인을 다리고 급히 드러가 밧비 문 왈,

"여등이 대사를 이룻렷나냐?"

량인이 고두 왈,

"쇼인 등이 로야의 명을 바다 경셩을 다하와 공을 일우게 되엿삽더니 림생이 공자를 다리고 오다<125>가 쳘퇴로 여러 사람을 쳐 쫏고 공자를 구하야 쇼인 등을 압령하와 공부에 이르러 맛기고 가매 효렴 상공이 쇼인 등을 즁치함에 장하에 견대지 못하와 젼후곡졀을 세세 알외온즉 상공이 진 부인으로 더부러 엄형 즁치코자 하시다가 용사하시며 두 봉 글을 붓치시더이다."

생이 쳥파에 넉이 비월하고 안색이 롱홍하야 발을 굴너 왈,

"림가 츅생을 말매암아 너에 계교ㅣ 그룻되야 나의 행사ㅣ 낫타낫스니 경가로 원슈 되엿슬 쑨 아니라 슉질지의 끈어졋스니 결단코 양닙지 못할지요, 슉부 지로하사 필연 용셔치 아니할 것이니 결단코 림가 젹자를 쥭여 셜분하고 졍아를 살와두지 못하리니 일을 시작하야 나의 외로온 것을 써나 것칠 것이 업게 하리라."

하고 효렴의 글을 써여 보니 만지에 쥰책하고 경계한 말삼이요, 져의 회

과자책함을 계교하라 하엿스매 붓그럽고 분원하야 또 랑즁게 한 사연을 봄에 다 이 갓흔 사연이라. 다시 생각하되,

'이 일을 부모는 아지 못하시거늘 이 글을 드리면 반닷이 나를 책하시리니 업시하리라.'

하고 됴근 등을 분부하야 '대인게 고치 말나.' 하니 이인이 쳥령하더라. 상문의 일방 허치 못하야 쥬사야탁에 유유일렴이 림생과 졍 공자를 해할 계교로대 맛참내 쌔닷지 못하야 민민초사하더라.

화셜. 졍 쇼져ㅣ 봉귀형으로 진생을 쇽이고 사시녀로 더부러 모부인을 떠나 길에 오르니 슈리를 행치 못하야 날이 새매 대로에 인셩이 헌동하야 번요한지라. 쇼져ㅣ 셤셤약질로 규보를 수고하야 밧글 나지 아니하엿거늘 가운이 불길하고 난면액회하야 진가 츅생의 연고로 재상 규문의 금옥 쇼져ㅣ 희한한 변란을 맛나 길거리로 분쥬하며 낫을 드러내여 인즁에 셧겨 비창한 회포를 이르도 못 하고 륙월 렴텬에 불 갓흔 빗이 만신을 녹이는 듯한지라. 쇼져ㅣ 금루오당에 나의를 무거이 녁이는 몸으로 이럿틋 로상에 괴로음이 극진한지라. 슬푸고 분힘을 이긔지 못하야 누슈ㅣ 방타하매 비색이 가리워 행보 극난한지라. 겨우 행하야 한 곳에 이르니 산세 심슈하고 인가ㅣ 희쇼하거늘 쇼져ㅣ 왈,

"내 긔운이 불평하니 조용한 집에 쥬인을 어더 쉬고자 하노라."

사시<126>녀ㅣ 슈명하고 두루 살피더니 그 즁 조고마한 촌가ㅣ 잇셔 문젼이 냉낙하거늘 시문에 나아가 쇼져를 잇그러 나귀에 나리니 땀이 흘너 옷깃에 사모치고 옥안이 무루녹아 홍연이 이슬에 잠긴 듯 미우를 찡긔고 연약한 톄량에 곤뢰함을 이긔지 못하는지라. 난난이 쇼져의 몸을 붓들고 가월이 션자를 들어 바람을 내여 쉬이더니 문득 안으로셔 한 로괴 잇셔 사람의 부르는 쇼래를 응하야 나아오니 나흔 륙십이나 하고 인물이 단아하더라. 가월이 읍하고 왈,

"우리는 가흥 ᄯᅡ 쥬 어사 ᄃᆡᆨ 하인이러니 공자를 뫼서 친쳑을 차져 가던 즁 친가ㅣ 벼살을 하야 이곳을 ᄲᅥ낫스매 도로 고향으로 가는 길이러니 텬긔 심열하야 공자ㅣ 셔열을 이긔지 못하야 존ᄃᆡᆨ에 잠간 쉬고자 하나이다."

노인이 눈을 드러 봄에 사오 개 옥 갓흔 쇼년이 왓스되 의관이 션명하고 용모ㅣ 쇄락하야 한 무리 션관이 강림한 듯한대 그 즁 일인이 더욱 긔이한지라. 백셜 갓흔 얼골이 더위에 취하야 ᄯᆞᆷ이 흘너 붉은 빗이 무루록앗스니 홍연이 춰우에 져졋는 듯 일 쌍 츄파에 괴로옴을 먹음고 유미에 슬픈 기운을 ᄯᅴ웟스니 ᄭᅩᆺ이 실음하고 달이 근심하난 듯 곱고 긔리하야 눈이 황홀함에 져촌가 노귀 엇지 져러한 사람을 구경하엿스리요. 황홀하야 가월의 말을 대답지 못하고 입쇽으로 즁즁거려 왈,

"이것이 봉래, 방장이 아니거늘 백쥬에 신션이 나렷나냐, 요괴 변하엿나냐?"

하거늘 사인이 우음을 먹음고 노괴를 달내여 왈,

"노고야, 우리 공자ㅣ 본대 쥬 어사 ᄃᆡᆨ 자제이니 귀신도 아니요 요괴도 아니니 놀나지 말고 방세를 후히 쥬리니 졍한 방사를 빌이라."

노괴 그제야 답하되,

"노신이 늙고 자식이 업셔 간고이 지내기로 객실을 소쇄치 아니하야 심히 루츄하오니 져러한 신션이 엇지 머물이요."

쇼져ㅣ 왈,

"날이 더우니 방이 업셔도 족히 머물이니 다만 허락키를 원하노라."

노괴 즉시 드러가 쳥하거늘 사인이 쇼져를 뫼시고 나귀를 잇그러 드러가니 집은 극히 협착하되 졍결한지라. 객실에 머무지 못하고 대쳥에 한ᄶᅦ 초셕을 펴고 쇼져를 쳥하야 안ᄶᅦ 한 후 행리를 안돈하니 로괴 부억에 드러가 점심을 차려 드리니 가장 졍결하야 <127> 먹음직하더라. 쇼져ㅣ ᄡᅥ 하되 노괴의 집이 협착하나 남자ㅣ 업슬 ᄲᅮᆫ 아니라 ᄯᅩ 여러 사람이 업스니 종용함을 깃

거 안심하고 더운 것을 진정할 새 사건을 벗고 푸른 머리를 쓰러 운고를 짜매 옥 갓흔 양빈이 더욱 신신묘묘한지라.

노괴 더욱 긔특이 녁여 칭찬함을 겨를치 못하고 지셩으로 대졉하거늘 쇼져ㅣ 먹기를 파하매 사인이 한 곳에 안자 쉬며 도라보니 로고의 세간이 간란하야 대객할 것이 업셔 곤란한 량이라. 쇼져ㅣ 가월을 명하야 행장을 여러 슈삼 양 은자를 내여쥬며 '셕반을 하라.' 하니 로고ㅣ 깃거 쌀과 찬물을 사러 가거늘 가월 왈,

"일긔가 연일 극열하압고 쇼져ㅣ 불평하시니 이 집이 협누하오나 심히 종요하고 로고ㅣ 극히 양순하와 슈일을 묵어감이 맛당할가 하나이다."

삼인이 올히 녁여 쇼져를 권하니 쇼져ㅣ 탄 왈,

"여등의 말이 유리하나 집 얏고 로고ㅣ 촌인이니 내외 업시 츌입할지라. 오래 묵기 불안하니 아모 곳이던지 암자를 어더 극열을 지내고 일긔 청양하거든 가고자 하노라."

사시녀ㅣ 깨다라 쥬인을 재촉하야 셕반을 드리라 하야 먹기를 다함에 쥬인이 장셕을 마루 아래 깔고 안거늘 쇼져ㅣ 왈,

"쥬객의 례 그러치 아니하도다. 우리 등이 다 남자이나 쥬인으로 더부러 나희가 상좌하니 무삼 혐의가 잇스리요. 쳥컨대 한가지로 머무러 객의 마음을 편케 하라."

로고ㅣ 왈,

"공자는 귀인이요 쳡은 비쳔한 사람이니 좌셕을 한가지 하면 아람답지 못하니이다."

쇼져ㅣ 왈,

"쥬인의 유식함은 긔특하거니와 다만 숀의 마음이 불안하도다."

노고ㅣ,

"노신이 더위를 심히 타기로 본대 자리를 가지고 뜰에 자나니 공자 렴려

치 마르쇼셔.”

하고 셔로 안자 말삼하더니 이윽고 월색이 명랑하고 일긔가 심히 시원한지라. 쇼져는 누어 쉬고 사시녀는 뜰에셔 노고와 말삼할 새 가월 왈,

“우리 공자ㅣ 집으로 도라가고자 하되 이 극렬에 노샹 행역이 어려온 고로 안정한 암자를 어더 이 달이나 머물너 가고자 하나니 쥬인은 한 곳을 가랏치라.”

노고ㅣ 왈,

“이 뒤에 쇼이산 쳥하암이 잇스니 리고 십여 인이 잇스되 사대부의 녀자이니 혹 일작 과거하며 혹 구가의 내치인 부녀이라. 나히 졈고 <128> 가사ㅣ 요부하고 잡인을 드리지 아니하나 공자ㅣ 가시면 일졍 머무르리니 그리 가쇼셔.”

사인이 깃거하고 쇼져ㅣ 허오되,

‘쳥하암 녀승이 다 쳔인이 아니면 도가 놉흘지라. 차인과 다르리니 사긔를 본 후 도로에 유리함보다 차라리 삭발위승하야 셰사를 사졀하고 또 이 싸히 타향이 아니요 집이 갓가오니 쇼식을 듯기 쉬우리라.’

하더라.

第十回

뎨십회

졍랑이 도망해셔 리고의 란을 피하고 다시 젹한을 맛나셔 행장을 쌔앗기다

鄭娘逃避尼姑亂 更逢賊漢奪行裝

화셜. 졍 쇼져ㅣ 생각하되,

'이 싸히 타향이 아니요 집이 갓가오니 쇼식도 느르려니와 내 쏘 나아가 모친을 뵈압고 모친이 셜혹 핍박하시더래도 츌가한 일은 강박지 아니하시리니 도로에셔 분주함보다 오히려 다행치 아니하리요.'

하야 쥬이를 졍히고 명일 암사를 차지랴 하더라. 날이 밝으매 쥬인을 후히 사례하니 로고ㅣ 써남을 앗기더라. 사인이 쇼져를 뫼시고 쇼이산을 차자갈 새 십여 리를 행하야 일좌 대산이 잇스니 산슈 명려한 즁 과연 쳥하암이 잇스되 쇼아 경쇄하야 숑림 사이에 누른 두 짝 문이 창등벽태에 얼겨 심히 유아한지라. 사인이 가장 깃거 왈,

"가히 유벽하야 진쇽을 멀이 하고 학업을 힘쓸 싸이로다."

하고 문 압해 나아가 문을 두다리니 안으로셔 젹은 리고ㅣ 나아와 문왈,

"깁흔 암즁에 엇더한 쇽객이 이르러 요란하나뇨?"

가월이 례하야 왈,

“우리는 독셔하는 션배러니 귀암이 안졍타 하기로 귀암 일우를 비러 머물고자 하나니 사부는 허하심을 원하노라.”

리고ㅣ 왈,

“빈도는 사즁에 재식 맛하 고로하오니 임의로 못 하나이다.”

하고 드러가 차언을 젼하니 쥬고 묘정이 가장 깃거 허락하고 친히 나와 보니 사오개 옥 갓흔 쇼년이 용모ㅣ 쥰아한 즁 일인이 더욱 쌔혀낫스니 보던 바 쳐음이라. 심즁에 대희하야 은근히 쳥하야 별당에 드리고 모든 리고ㅣ 차례로 나아와 합장 배례할 새 져마다 쇼져를 보고 황홀하며 가월이 쇼져게 차를 올이고 묘정이 극히 대접하니 쇼져ㅣ 칭사 왈,

“쇼생<129>은 원방 션배로 이 싸에 친쳑을 차지러 왓더니 친권이 경사로 올나가고 업스매 도로 고향으로 가고자 하나 셔열이 심히 극한 고로 안정한 곳을 어더 머무러 가고자 하되 촌가 요원하고 협루함에 귀암을 번거럽게 하오니 불승 미안하거늘 모든 사부ㅣ 자비 현심이 여차하시니 감사하여이다.”

묘경은 본대 쳔인이 아니라. 원됴 샹셔 달공의 숀녀이니,

“시졀이 변함에 조부모ㅣ 국란에 사망하고 부모ㅣ 산즁에 웅거하엿더니 쏘 세상을 바리시매 빈도ㅣ 팔자ㅣ 긔구하와 이십이 못 하와 쇼텬을 여희고 자식이 업셔 일신이 고혈한지라. 젼생에 죄악이 즁하야 금세의 박명지인이 됨을 슬허 재물을 흣허 암자를 일우고 부쳐를 공향하며 행실을 닥가 내세에나 죄를 면코자 하와 츌가한 지 륙칠 년이러니 린근 사부가 명박한 녀자들이 발원하야 머리를 싹고 뎨자가 되여 경문을 외오매 남자의 머무름이 업셔 잡인을 보지 못하더니 존객을 보오매 실로 비상하시고 쏘 년긔 최쇼하사 군자지풍이 계신 고로 머물기를 허하오니 안심하사 학업을 힘쓰시고 츄량을 기다려 도라가쇼셔.”

노쥬 대희하야 쳔만 사례하니 모든 리고ㅣ 객관의 아람다옴을 구경하고

칭찬 흠모하니 원래 묘정은 달승샹의 쇼녀로대 셩행이 음란하야 가부를 희롱하기로 일즉이 쥭으니 삼년을 지내지 못하야 쥬가를 사통하고 간부를 유인하야 상림 원하에 더러온 경젹이 탄만한 고로 구고ㅣ 내치매 그 부모ㅣ 대로하야 이곳에 와 거즛 슈양하는 체 하니 실은 행객을 마음대로 음란하려 함이요 또 그 제자 등의 행실이 다 묘정과 한가지 유이라. 혹 과부도 잇고 혹 행을 하다가 구가에 내친 녀자이라. 다 나희 최쇼하야 이십이 차지 못한 고로 혹 용모ㅣ 미려한 남자를 만나면 암즁에 머물게 하야 란잡히 행음하니 그 린읍에 일개 강개한 호한이 잇셔 이 악쇼문을 듯고 불승 통한하야 암자에 와 일장을 요란하고 그 암자 동구에 나무를 짝가 셰우고 글을 지어, '만일 쳥아암에 머무는 숀이 잇슨즉 부쳐의 쳥정함을 어즈러이 함이니 관부에 통하야 다시리라.' 하매 기후에 <130> 아는 자ㅣ 이르지 아니하니 묘졍 등이 우민하더니 뜻밧게 이러한 미쇼년 삼사 인이 이름을 보고 불승희행하야 지극 후대하니 쇼져의 노쥬는 그 본심을 아지 못하고 나행히 녁여 행리를 안돈하고 평안히 머물를 새 이고 등이 됴셕 공궤함을 정셩으로 하며 범사에 모다 효해롱락하며 함교함태하니 음악한 행태 낫타나는지라. 가월 등이 불승희열하야 흔연 화답하니 제승의 거동을 해괴이 녁이니 묘졍이 쇼져를 가장 어려히 녁여 말을 붓치지 못하고 다만 백태로 마음을 도도우니 쇼져 탄 왈,

"세상에 고졀 쳥개한 녀자ㅣ 어려우나 엇지 이럿틋 무상하리요. 대져 차인 등이 사족의 쌀이라 하며 져럿틋 음란무행하니 엇지 통한치 아니하리요. 결단코 이곳을 써나 슉모를 차자 가리니 차라리 로상고초는 격글지언졍 이 더러온 광경은 보지 아니하리라."

사인이 대 왈,

"져 무리 비록 백가지로 음란하나 우리게 관셥지 아니하니 잠간 참아 극열이 지나거든 쥬아를 차자감이 맛당할가 하나이다."

쇼져ㅣ 탄식할 따름이러라.

이러구러 슈십 일이 되엿더니 리고 혜졍이 나희 십팔이라. 음란하기 가장 심한지라. 일일은 아참에 이러 가마니 쇼져 침실에 이르러 여어보니 쇼져ㅣ 창을 비겨 미우를 찡긔고 안잣는대 비록 쇼세는 아니 하얏스나 쳥아한 태도ㅣ 황홀하야 일륜 명월이 추파에 나왓는 듯 의의히 어엿부고 사랑하야 사람의 졍신을 놀내이는지라. 혜졍이 한 번 보매 졍신이 비월하야 가삼이 터지는 듯하니 염치를 일코 밧비 나아가 옥슈를 잡고 왈,

"긔이하다, 쥬 공자여. 남쟈의 영채 이갓치 긔묘하뇨. 만일 녀자런덜 남자의 간장을 촌촌이 끈칠낫다. 혜졍이 유시로부터 미색을 마니 보앗스되 공자 갓흔 이는 일즉 보지 못하오니 만일 공자로 더부러 원앙 침상에 즐거온 쉶을 어들진대 즉셕에 쥭어도 한이 업스리로다."

쇼져ㅣ 쳥파에 불승통해하야 연망이 숀을 빼이고 졍색 왈,

"남녀의 행실이 현격하거늘 허물며 그대는 츌가한 녀자이라. 맛당이 행실을 닥가 조심할 것이어늘 이럿틋 음행하야 념치를 모로나뇨. 생은 군자의 도<131>를 삼가 행하나니 월녀 셔시라도 비례의 일을 행치 아니리니 쳥컨대 그대는 행실을 됴히 하야 금세의 악명을 취치 말지어다."

언파에 긔운이 츄상 갓흐매 혜졍이 대참하나 방탕한 음심을 것잡지 못하야 우어 왈,

"쇼뎨 나히 어리고 남녀 호합의 세사를 모로는지라. 옛부터 문군이 잇고 상여가 잇나니 슈재 만일 절대 미인으로 더부러 초대 운우를 시험한즉 오날날 고담대인이 뉘웃침이 잇스리라. 너모 고체한 태도를 짓지 말나. 내 비록 머리는 싹갓스나 본대 사족으로 양인을 여희엿스니 그대 갓흔 미장부를 사랑함이로라."

쇼져ㅣ 어이업셔 답언함이 도로혀 욕된지라. 안색이 셔리 갓하야 사매를 떨쳐 이러셔셔 소래 질너 시동을 불너 세슈 놋키를 분부하매 난난이 세슈할 제구를 갓초와 나아오니 혜졍이 무류하야 나아오며 왈,

"슈재 비록 졍대한 양이나 우리 슈단을 면치 못하리니 이 셕갑 즁 고초를 바드라."

하고 가거늘 가월이 맛참 듯고 드러와 쇼져ㅣ를 보니 쇼져ㅣ 관쇼를 맛고 단졍이 안자 안색에 분연함이 잇거늘 연고를 무른대 쇼져ㅣ 앗가 거동을 이르니 가월 등이 쳥파에 불승해연하고 쇼져ㅣ 탄 왈,

"녀자ㅣ 또 이갓치 음란하거든 진생 갓흔 남자야 다시 말할쇼냐? 맹셰코 머무지 못하리로다."

가월이 대 왈,

"쇼비 등은 인간 범인이라. 부쳐의 지졍한 법을 슈행치 못하나 관계업거니와 머리를 싹고 목에 염쥬를 걸고 엇지 여차히 음란방자하리요. 반닷이 오라지 아니하야 부쳐의 벌을 밧을지로다. 그러나 지금 사나온 뜻이 우리를 남자로 아라 셕갑에 가도와 항복 바드려 하니 그 마음이 흉악한지라. 쇼져의 말삼대로 써나려니와 우리 만일 하직한즉 노아 보내지 아니리니 명일 새벽에 도망하사이다."

노쥬ㅣ 계교를 졍하고 가마니 행리를 거두더니 맛참 재를 올리거늘 가월 등이 가 구경하고 모든 리고로 더부러 말삼할 새 가월이 일호 사색을 낫타내지 아니코 흔연 담쇼하되 쇼져는 긔위가 찬 셔리 갓흐여 미우를 찡긔고 쥬순을 맥맥하야 입을 여지 아니하니 리고ㅣ 등이 긔탄하고 혜졍이 넉이 흣터져 백 가지로 의사ㅣ 류츌하야 져를 아모조록 동심코자 하나 엇지 하리<132>요. 궁흉한 의사ㅣ 발하야 셕갑에 가도와 겁측하랴 하더라.

차시 가월이 생각하되,

'불측한 이고드리 음흉함이 잇스나 셕갑이란 것이 무엇이완대 사람을 가도와 겁측하랴 하는고. 뉘 능히 제 숀에 갓치리요. 반닷이 쇼위를 자셔히 아랏다가 타일 아모 힘을 빌거든 이 흉측한 것들을 쳐치하리라.'

하고 제승이 흣터진 후 부억에 재하는 승을 달내여 무르려 하야 뒤문 압

해 이르니 맛참 상재승이 묘정의 슉거림을 듯고 셩내여 곳갈을 버셔 후리치고 즁얼거리거늘 가월이 무러 왈,

“그대 무삼 일로 그다지 셩내엿나뇨?”

그 승이 안다히를 가랏쳐 왈,

“몹슬 것들이 경 읽는 체 하고 남자 곳 보면 됴히 녀여 후려다가 종일토록 몹슬 사셜만 하고 또 쥬 공자의 풍채를 사모하야 마음을 푸지 못하니 화를 내여 애수진 내게 풀야 하니 엇지 아니 우은가.”

가월 왈,

“그대는 밋친 말을 하는도다. 모든 사부ㅣ 다 도행이 놉고 자비 현심이 거록하야 우리를 후이 대졉하거늘 어이 부쳐의 곳에 져러한 부졍지사ㅣ 잇슬 것이라 이 갓흔 무상한 말을 내이나뇨.”

상재승이 입을 비쥭어려 왈,

“부쳐님도 령험이 업셔 져것들을 벌도 쥬지 아니시니 뉘라셔 부쳐를 그 특타 하리요? 슈재도 이것들의 묘리를 아지 못하고 잇다가 쇽을 일이 잇스리라.”

가월이 숀을 잇글고 그윽한 곳에 가 무러 왈,

“우리 등이 드르니 청하암에 셕갑을 하야두고 행객을 가두운다 하니 과연이냐?”

상재승이 근거 업는 말을 하엿다가 자셔이 물음을 보고 행여 져에게 죄를 어들가 겁하야 왈,

“암즁 사부드리 양슌치 못하오나 셕갑이란 말은 듯지 못하엿도다.”

가월이 사매 안으로셔 금차 하나를 쥬어 왈,

“우리 등이 암즁 쇼식을 알고자 하야 짐짓 이에 이르럿나니 원컨대 자셔히 이르라.”

그 승이 비녀를 밧지 아니하고 슈상이 역여 다러나려 하거늘 가월이 붓

듣고 달내며 간졀이 무르니, 그 승이 가라대,

“무엇하랴 뭇나뇨?”

가월 왈,

“우리 상공은 어사 노야의 공자시러니 쳥하암 즁 이고드리 음란 간악하야 행객 즁 제 뜻을 밧지 아니하면 셕갑에 가둔다하니 어시 노야ㅣ 불승 통한하야 뭇질너 업시 하랴 하시거늘 우리 공자ㅣ 어진 마음에 행여 애매한가 하야 친히 <133> 와 살피사 원한이 업게 하랴 하사 짐짓 암즁에 머무시더니 이고 등이 과연 음란한지라. 가장 분로하사 노야게 고하랴 하시니 그대는 지식이 잇는 이고이라. 죄를 벗기려 하나니 쇼식을 자셔히 이르면 즁상을 바드리라.”

그 승이 그 말을 듯고 눈이 둥구러코 낫이 변하더니 이윽고 왈,

“빈승이 눈이 잇스나 망울이 업셔 셜만함이 만흐니 황공하여이다. 빈승은 본대 이 짜 사람이 아니요 원방에 잇셔 부모ㅣ 일즉 죽으매 사방에 운유하야 이 짜에 왓더니 쥬지 묘졍이 머무러 두되 박대 태심하오니 쏘한 불구에 써날지라. 엇지 긔망함이 잇스리요? 대져 이것들은 본대 사오나온 녀자들로 거짓 슈양하노라 탁언하고 모어 행객을 후리며 만일 제 눈 드는 남자가 져의 뜻을 밧지 아니하는 자는 산 뒤 바회틈에 돌 궤를 맨들고 크기 방만 하되 사방을 막고 궁글 내여 호 왈, ‘부쳐의 셕갑이라.’ 하고 그즛 쇽이여 너흔 후 밧그로 문을 하야 두고 조고마한 궁으로 밥덩이를 더져 쥬어 쥬려 쥭지 아니케 하고 밤마다 그 밧게셔 고이한 소래와 슈상한 뜻을 베푸러 보채면 그 남자ㅣ 사생을 앗기여 나아가기를 도모하야 제 뜻을 좃차 음란하면 닷토와 친근함이 무궁하야 그 남자를 나지 못하게 하야 단단이 잡고 노아 보내지 아니하나 계교로 셕갑을 면한 후에야 져의를 쇽이지 못할리요. 도망한 자ㅣ 슈삼인이오며 거년에 한 슈재는 게 갓치여 슈월이 되되 마음이 쳘셕갓흐여 쥭음으로 거역하니 이놈들이 대로하야 즛쳐 쥭이랴 하다가 문득 일개 호한이

암즁에 작란함에 두리워 즉시 노아 보낸 후 이제것 아모도 이르지 아니하더니 상공이 불행이 와 계시니 재촉하야 도라가시고 빈승의 말삼을 누셜치 마르쇼셔. 빈승도 일로 좃차 도망하랴 하나이다."

가월이 청파에 심한골냉하야 반향 후에 왈,

"이고는 양슌한 사람이니 우리 엇지 해하리요마는 이곳이 그리 깁지 아니커늘 이갓치 무상한 일이 잇스되 엇지 고을에셔 다사리지 아니하나뇨?"

그 승 왈,

"쥬지 묘정의 삼촌 달 장군이 이 ᄯᅡ의 유명한 사오나온 사람이요, 종졸이 만코 강포하며 헤졍의 오라비는 악쇼년뿐 아니라 그것들이 금품이 만키로 일이 낫<134>다가도 무사하고 그 종졸을 두려 거우지 못한다 하더이다."

이럿틋 말삼할 제 헤졍이 안으로셔 나아오며 상재승이 객관으로 더부러 조용이 말삼함을 의심하야 변색 질 왈,

"네 무삼 말삼을 져다지 가만히 하며 객관은 ᄯᅩ 져 걸승이 무엇이 아람다와 사사 말을 하나뇨?"

상재승이 황망 왈,

"무삼 말이 잇스리요."

가월이 ᄯᅩ 이어 왈,

"사부는 의심치 말나. 내 밧갓쇼문을 무럿노라."

하고 객실로 나아가거늘 졍이 ᄯᅡ라가니 쇼져ㅣ 신긔 불평하야 누어 통셩이 요란한 즁 난난은 겻해셔 부채질하고 셩월은 슈족을 쥬무루거늘 가월이 놀나 문 왈,

"쇼져ㅣ 무삼 연고로 졸연히 져다지 불평하신잇가?"

쇼져ㅣ 왈,

"홀연이 졍신이 엇질하야 누엇나니 네 어대를 갓더뇨?"

가월이 쇼져의 불평함을 보고 십분 경황하야 명일 발행치 못할가 겁하

나 혜경이 겻해 잇슴에 타연 대 왈,

“일긔가 극열하오니 반닷이 더위에 막히심이라. 밤사이 잘 조셥하쇼셔. 앗가 쇼승이 밧갓쇼문을 듯사오니 졍 상셔 댁 쇼져ㅣ 지혜 긔특하고 진가의 일이 가쇼로와 자미잇게 듯노라 자연 더듸니이다.”

쇼져ㅣ 이 말을 드르매 경동함을 면치 못하야 안색을 변하고 연유를 무르니 월이 드듸여 자셔히 고한대 쇼져ㅣ 모친을 사모하야 심하에 젹연하니 자연 안색이 참연하야 기리 탄식하거늘 혜경이 쇼 왈,

“졍 쇼져ㅣ 공자게 간셥한 사람이온잇가? 엇지 슬허하시나뇨?”

쇼져는 묵묵하고 가월 왈,

“졍 쇼져ㅣ 우리 공자게 간셥함은 업거니와 규즁 녀자의 지혜를 노나시고 그 부인의 슬허하심을 차셕하심이니 공자의 마음이 심히 인자하사 이럿틋 동심하심이니라.”

혜경이 쇼 왈,

“그대는 그릇 아랏도다. 공자의 외모는 약하사도 쇽마음은 쳘셕갓트시니 자긔에게 간셥지 아니한 일이면 결단코 동심치 아니리라.”

가월이 취음부담하고 공자의 병정을 근심하야 쳥양한 음식을 갓초와 구완하나 별로히 □음이 업슴에 사시녀ㅣ 초조 졀박하야 근심하더니 명일 져상재승을 불너 은금 상사하고 셩내에 드러가 졍부 쇼식을 탐지하라 하니 이고ㅣ 깃거 나아와 듯보고 셕양에 드러와 회보호대 졍부인이 쇼져를 일코 슬허 쥬야 체읍하시며 그 쇼<135>져의 시녀 네 사람이 쇼져를 유인하야 나아갓다 하고 졀치통한하야 후일 드러오면 사인을 죽이려 벼르고 진 한림이 더욱 분하야 사면으로 슈색한다 하고 인인이 봉귀형의 긔담을 이르더라 하니 쇼져는 은연히 눈물을 먹음고 시녀 등은 신색이 자약하야 행로지인갓치 대쇼하며 진생은 륜긔를 모로는 사람이라 쑤짓더라. 이고 등이 쇼져의 긔색을 보고 고이히 녁여 쇼져로 졍친인가 의심하더라.

잇때 쇼져ㅣ 젹이 정신이 나매 암자를 슈히 써나고자 하야 명일 새벽에 졔승의 잠든 틈을 타 나귀를 잇그러 쇼져를 태우고 채쳐 나아가니 제승이 오라지 아니하야 이러 본즉 객관 등의 형영이 업는지라. 놀나 분히 녁이더라.

화셜. 가월 등이 쇼져를 뫼셔 암자를 써나 행할 새 졔승이 싸라올가 두리워 대로는 바리고 촌가 어구로 내다르니 홍일이 동영에 표요하고 촌가에 인셩이 들네거늘 바야흐로 정신을 졍하야 종용한 집을 차자 쇼져를 붓들어 나귀에 나리오고 쥬인을 불너 조반을 식이며 객관에셔 쉬이더니 인하야 쥬인이 조반을 올이거늘 노쥬ㅣ 먹기를 다하고 다시 길을 날 새 가월이 객졈 쥬인다려 무러 왈,

"우리 지금 가흥으로 가고자 하나 길을 아지 못하니 원컨대 자셔히 가랏치라."

쥬인이 숀을 드러 큰 길을 가랏쳐 왈,

"쇼로는 도젹이 무셔우니 아모조록 대로로 바로 가면 가흥으로 가나니라."

가월이 칭사하고 발행한 지 삼일에 산음 싸에 이르니 륙월 념오일이라. 삼복염텬에 견대기 어려워 길을 행치 못하고 객졈을 차자 졈심을 사 먹을 새 쇼져는 밥을 능히 먹지 못하니 약간 과실을 사셔 요긔하고 몸이 불평함을 이긔지 못하야 잠간 상에 누으매 사인이 불승민민하더라.

이 객졈 쥬인의 셩명은 구일만이요 사회 장대랑이 본대 셩품이 선량치 못한 즁 산음이 긔황하매 도젹이 쳐쳐에 무리를 지여 행인을 겁후하는 고로 삼랑과 대랑이 도젹의 괴슈가 되엿더니 금일 객관의 행색을 보매 의복이 션명하고 안마ㅣ 잇셔 행장이 무겁거늘 이에 불인 흉심을 내여 이인이 언약하고 젼역 그 객졈 계집다려 왈,

"건너마을 즁대랑 집에셔 그 아달의 납채 간다 하고 우리 부자를 쳥하기 <136>로 가나니 너희는 아해를 다리고 집을 직히라."

하고 의관을 졍제하야 나가거늘 쇼져와 사시녀ㅣ 쥬인 남자들이 다 나감을 보고 깃거 방심하야 편이 자더니 밤즁은 하야 한 무리 도젹이 납함하며 주인의 집을 겁측하니 쇼져와 가월 등이 잠결에 화를 당하매 망극함을 이긔지 못하야 쇼져ㅣ 통곡하거늘 가월이 급히 쇼져를 잇글고 텬방디방 뒤으로 피하야 어두운 구셕을 차질 새 하가에 나귀와 행장을 도라보리요. 몸만 쒸여다라나니 하날이 어두운지라. 울을 헛치고 도망하야 그윽한 슈풀 쇽에 사시녀ㅣ 쇼져를 에워 한뭉치 되엿더니 이윽고 도젹이 흣터지매 동방이 긔백하고 쥬인 노고ㅣ 역시 집을 바리고 도망하엿다가 비로쇼 도라와 숀벽을 두다리고 울거늘 쇼져의 노쥬ㅣ 겨우 정신을 진졍하야 잇던 곳에 도라오니 나귀와 행장은 고사하고 버셔 두엇던 의복과 부채까지 쓰러갓는지라. 맥맥상간하야 막지기고이며 노고ㅣ 가삼을 두다려 왈,

"원슈의 도젹이 한 개나 남기고 가는 것이 아니라 쓴 것갓치 분탕하야 갓스니 오날 아참을 무엇으로 의방하리요."

하며 슬피 우는지라. 쇼져 노쥬ㅣ 그의 휼게는 아지 못하고 오히려 불상히 녁이더니 노고의 부쳐ㅣ 드러오며 왈,

"도젹이 우리 업는 쥴 알고 윗딘가 십으니 할 일 업거니와 숀님내 경상이 참혹하다."

하며 쇼져의 일행을 위로 왈,

"이 싸에 도젹이 심하온 바 불행이 도젹의 겁약함을 인하야 객관의 졍사ㅣ 가이 업스되 집안에 남은 것이 업셔 조반도 할 길이 업는지라. 쌜이 나아가 조반을 어더먹으라."

소져 왈,

"쥬객이 다 불행하야 도젹을 맛낫거늘 쥬인이 이럿틋 렴려하니 감사하도다."

하고 노쥬 써나려 하나 행리는 고사하고 의관이 업스니 의지하야 갈 길

이 업셔 아모리 할 쥴 모로고 쇼져는 눈물만 흘이거늘 가월 등이 지극 위로 하고 맛참 난난이 허리에 장도ㅣ 잇거늘 건너 마을에 가셔 팔아 의복을 사 쇼져를 입게 하고 주인을 하직한 후 길에 오를 새 슈즁에 푼젼이 업고 사면으로 도라보나 의지할 곳이 바이 업셔 근심하는 즁 쇼져ㅣ 약질 병골로셔 열에 상하야 심려 즁하매 나귀 등에 의지하여도 행로함을 괴로이 녁이<137>더니 이제 날이 늣도록 거러 행하게 되니 촌보를 옴기기 극란한지라. 사개 츙비 븟드러 행하다가 날이 느즈매 또 배 곱푸고 긔력이 진한 즁 더운 긔운이 오장을 녹이는지라. 쇼져ㅣ 젼신이 무르녹아 능히 슈습지 못하니 이에 그윽한 산간에 이르러 노쥬ㅣ 셔로 안져 쉴 새 쇼져ㅣ 하날을 우러러 왈,

"상텬이 재앙을 나리오사 행로를 괴롭게 하시니 이는 나의 목숨을 재촉하심이라. 구구히 사라 무엇하리요. 쾌히 쥭어 괴로옴을 이즈리라."

가월이 위로 왈,

"인명이 재텬하고 재앙이 관슈하니 인력으로 밋지 못할지라. 이제 쇼져의 이러한 고초ㅣ 다 일시 텬명이오니 필경 엇더하리요. 심회를 널이 하쇼셔."

쇼져ㅣ 탄 왈,

"규방의 몸으로 도리여 유리함도 망극한 변이어늘 이럿틋 낭패하야 살고자 하나 길이 업고 행코자 하나 길이 업스니 유리 걸식하는 욕을 보고 참아 어이 살이요. 신명이 그릇 녁이사 쳡쳡한 재앙을 나리오시니 쥭지 아니하고 장찻 엇지 하리요."

셜파에 진진이 늣겨 우니 사시녀ㅣ 다시금 위로 왈,

"예부터 가인슉녀ㅣ 다액하고 졍인군자ㅣ 다극하나니 숀영의 신긔로도 백일 재앙을 면치 못하야 감심하야 제나라 졍승이 되엿고 공즁이 십사 년 고초를 격그사 대업을 일우시니 남녀의 다름이 잇스나 액운은 다 한가지라. 쇼져ㅣ 졀의 잡아 희한한 고쵸를 격그시고 부모의 끼치신 유톄를 보젼하야 효를 일치 아니시면 졀효가 안젼함이라. 노야ㅣ 만 리 타향에셔 자녀의 사생을

생각하시고 부인은 쇼져를 일으시고 쥬야 상도하실지어늘 한갓 괴로옴만 생각하사 사생을 경솔히 하시면 노야와 부인의 종텬지통이 거에 상명하시리니 쇼져ㅣ 엇지 불효한 죄를 면하시리잇가. 사람이 죽으면 다시 사지 못하고 쇼불인인댄 난대모라 하니 쇼져는 고초를 참으쇼셔. 쇼비 등이 죽을힘을 다하야 쇼져를 보호하야 쥬 부인을 차자 의탁께 하리이다. 타일 노야ㅣ 도라오시고 림 공자ㅣ 봉각에 올나 백냥으로 영광이 빗나실 제 오날 고쵸는 일장춘몽이 되리이다. 쇼비 등이 비록 고인의 츙셩은 업사오나 쇼져를 평안이 뫼시리이다."

쇼져ㅣ 시녀의 격졀한 말을 드르매 흉금이 쇄락<138>한지라. 개연 칭사 왈,

"내 여등에게 각별한 은혜를 씻침이 업거늘 이럿틋 츙의를 발하야 고인을 효칙하니 감격함을 이긔지 못하거니와 만일 타일에 부모를 일당에 뫼시고 금일사를 고담갓치 녁일진대 여등의 오날날 공을 갑흐리라."

사인이 고두 왈,

"쇼져ㅣ 엇진 말삼인이잇고. 쇼비 등이 유시로부터 쇼져를 셤겨 노쥬의는 군신의 의와 갓흔지라. 신하ㅣ 되야 임군이 위태하면 사생을 앗기지 아니하고 보호함이 츙셩이요 비자ㅣ 되여 쥬인을 좃차 고락과 영욕을 한가지로 함이 썻썻한 일이어늘 은혜 이자를 일카르시니 쇼비 등이 욕사무디로쇼이다. 다만 쇼져의 쳔금약질이 무사하시고 인륜이 온젼하시면 쇼비 등이 죽사와도 한이 업스리로쇼이다."

쇼져ㅣ 사인의 츙의를 감복하야 비회를 물이치고 심회를 널이하나 약질이 곤곤한 즁 긔갈이 자심한지라. 팔자의 긔구함을 한탄하더니 가월 왈,

"날이 느졋고 조반을 못 하엿스니 쇼져ㅣ 긔갈을 견대지 못하시리니 너희 등은 쇼져를 뫼셔 잇스라. 내 촌가에 가셔 요긔할 것을 어더 오리라."

하고 촌가로 나아올 새 언변과 담약이 업슬진대 졸연이 사람을 대하야

비는 언사ㅣ 용이하리요마는 가월은 언변과 담약이 유여한지라. 조금도 어려움이 업셔 사람을 향하야 기리 읍 왈,

"내 본대 원방 션배로 고향으로 도라가다가 도젹을 맛나 행장을 일코 진퇴 양란하와 긔갈이 자심하기로 회음후의 밥 빌기를 효칙하야 비노라."

하야 말삼이 빗나고 공숀하되 구차치 아니하며 용모ㅣ 슈려하고 풍채가 동인하니 인인이 칭찬하고 츄연하야 각각 돈이며 쌀이며 과실과 썩 갓흔 온갓 것을 잇는 대로 만히 쥬되 걸객갓치 쳔대치 아니하고 공경하야 됴흔 그릇에 담아 쥬니 돈과 쌀이 부지즁 만은지라. 가월이 즁인을 사례하고 밧비 도라오니 셜월 등이 쇼져를 뫼셔 쥬림이 극진하다가 가월의 도라옴을 보고 반겨 문 왈,

"네 나아가더니 무삼 식물을 어더 오나냐?"

월 왈,

"대져 인생 세간에 쳔백 가지로 지내지 못하면 쾌한 사람이 되지 못한다 하나니 금일 나의 걸객됨이 쏘한 우연한 일이 아니라. 우연히 인심이 슌후하야 비는 뜻을 슈짓지 아니하고 <139> 져마다 후히 쥬니 엇지 우리 쇼져를 보젼할 복이 아니리요."

드듸여 사매 쇽으로 은자 두어 쐐음과 쌀 삼사 승과 과실, 썩을 내여 쇼져게 드려 왈,

"츅인이 유식하야 비자의 의복이 션명함을 공경하야 상품의 식물을 어더 왓사오니 쇼져는 의심치 마르시고 긔갈을 면하쇼셔."

소져ㅣ 긔갈지여에 음식을 보고 젹이 관심하야 쳑연 탄식할 쑨이로대 삼인은 깃거 왈,

"족히 두어 날 행양은 하리로다."

하고 소져를 권하야 요긔하쇼셔 하니 쇼져ㅣ 실과와 썩을 약간 맛보고 제 시녀를 쥬어 먹이니 긔갈이 젹이 나흔지라. 쇼져ㅣ 왈,

"날이 ᄯᅩ 져물엇스니 맛당히 인가를 차자 머물이라."

한대 사인이 소져를 붓들고 슈 리를 나아가니 인가ㅣ 잇는지라. 가월 등이 약간 밥으로 노쥬ㅣ 요긔하고 밤을 지낸 후 명일 조반을 파하고 ᄯᅩ 길을 ᄯᅥ나 노쥬ㅣ 촌촌 젼진하야 슈일 만에 가흥 ᄯᅡ에 이르러 쇼져를 길셥에 머무러 쉬게 하고 쥬 어사 택을 차자 가월, 난난 등이 셩즁에 왕내하며 산셩 안찰어사 택을 무르니 일인이 답 왈,

"거년 가을에 쥬 어사 일가ㅣ 동촌 고택에 와셔 계시더니 금년 초하에 조졍이 긔쥬 안찰어사를 졍하사 명패 급하오매 임쇼로 가시고 지금 택상이 비엿는 고로 우리 쥬인장 기인이 세내여 드럿나니라."

양인이 락담상혼하야 앙텬 탄 왈,

"사사ㅣ 여차한즉 쇼져ㅣ 반닷이 쥭기를 생각하리니 엇지 하리요."

노라와 드른 바를 고한대 쇼져ㅣ 탄식 오렬 왈,

"하날이 날을 쥭이랴 하시거늘 굿하야 사라 무엇 하며 슉모ㅣ 멀니 가시고 슈즁이 뷔엿스니 장찻 엇지 하리요."

사인이 ᄯᅩ한 망지쇼조하야 면면상고 하는지라. 도로 본부로 가고자 하나 양식이 진할 ᄲᅮᆫ 아니라 다시 진가의 욕을 볼가 두리고 사면을 도라보아 생각하되 다시 의뢰할 곳이 업는지라. 백계무책이러니 이러구러 날이 졈을매 쥬인이 방세를 징색하야 심이 불안하니 셤월 등이 찻던 금랑과 칼을 글너 쥬매 쥬인이 셩내여 밧지 안코 불슌한 사색이 잇는지라. 가월이 분을 참고 감언미어로 쥬인을 달내이니 바야흐로 바드나 쇼져 일행을 다시 머물기는 허락지 아니하니 가월 등이 욕을 볼가 두리여 쥬인을 ᄯᅥ나 나아오매 다시 의지할 <140> 곳이 업셔 길가에 방황하더니 한 곳에 이르매 검은 물이 길을 당하야 노창두 슈인이 문ᄶᅡㄱ을 의지하야 부채질 하는지라. 가월이 압해 나아가 공숀이 례하고 왈,

"우리는 원방 사람으로 길에 젹화를 맛나 행리를 다 일코 형제 다샷 사

람이 노상에셔 걸식하더니 날이 져물매 젹슈 걸객이 용납할 곳이 업셔 민민 방황하압는지라. 복망 노장은 자비 현심을 드리오사 하로밤 지내기를 허하시면 쳠하에 머무러 가고자 하노라."

기인이 눈으로 오인을 보고 대경 칭찬 왈,

"텬하에 미남자도 잇도다. 우리 공자를 아람답다 하엿더니 져 셔생은 배승하도다."

하고 이러 답례 왈,

"우리는 례부상셔 화노야의 창두러니 금츈에 우리 노야ㅣ 됴졍에 득죄하야 됴쥬에 졍배하시고 부인과 쇼져ㅣ 공자를 다리고 계시매 잡인을 드리지 아니하나니 쳥컨대 슈자는 다른 대로 가쇼셔."

가월이 다시 애고 왈,

"아등이 젹슈 걸객이라. 촌가 무식지인은 은젼이 업스면 용납지 아니하는지라. 이럿틋 길에셔 바자이여 날이 졈을매 의지할 곳을 엇지 못하고 우리 형상이 심한 약질로 폭양 셔열에 상하야 행보를 일우지 못하고 도즁에셔 쥭게 되엿나니 상담에 '열 층 탑을 모흠이 한 사람의 목슘 살임에 밋지 못하다.' 하니 바라건대 로장은 위태한 사람을 구제하시면 활인지은이 텬디 갓트리니 아등이 비록 일시 운액을 맛나스나 타일 보은함이 경세치 아니하리라."

로창두ㅣ 져 쇼년의 용모ㅣ 슈려하고 언어ㅣ 빗남을 보고 참아 물이치지 못하야 왈,

"나는 임의로 허치 못하나니 드러가 유랑게 통하고 부인게 품하야 보리라."

하고 몸을 돌쳐 드러가 졍파랑을 보고 '알외올 말이 잇노라.' 할 새 원래 화 상셔ㅣ 젹쇼로 간 후 부인이 자녀를 다리고 고향에 도라와 가사를 졍제하야 세월을 보내나 조쥬 쇼식이 아득한지라. 부인과 쇼져ㅣ 쥬야 슬허하더니 본부 지현 리태현은 호유용의 문생으로 가흥 지현이 되여 탐남 무상하야 백

셩에 학졍이 무슈하더라. 태현이 한 아달을 두엇스니 명은 창백이오 나희 십여 셰에 얼골이 미려하니 교만방자하고 음란포학하되 지현이 다만 일자이라 사랑함을 만금갓치 <141> 하야 텬하의 독보되는 며나리를 구하더니 인가에 송파라 칭하는 늙은 계집이 잇스되 지현 부인 경 시의 유모의 죵뎨이라. 모파 로릇도 하고 연분 팔기도 하야 사부가에 안팟 업시 다니니 말삼이 민활하야 부인 녀자ㅣ 자연 뜻을 기우려 후대하는 바이러라. 일즉이 화부에 츌입하던 고로 이때 화 부인이 홀노 왓슴을 듯고 나아가 보이며 상셔의 젹거함을 위문함에 부인이 젹막하던 즁 숑파의 빗난 말을 듯고 일시 우회를 쇼각하야 후대하고 자로 오기를 이르니 로파ㅣ 그 후 무상왕래하야 쇼져의 쳔태만상이 고금에 무쌍함을 보고 불승 칭찬하더니 일일은 본현 아즁에 이르러 부인 경 시와 한담할 새 말삼이 졈졈 화 쇼져에 밋쳐 극구 칭션하는지라. 경 시 깃거 지현을 보고 화 쇼져의 초월함을 드른 대로 젼하야 아자와 결친키를 권한대 진현 왈,

"젼언이 엇지 족히 밋으리요. 화가 녀자의 룡안 미질을 자셔히 안 후 구친하리라."

한대 숑파 왈,

"화부 쥬 부인이 가장 셩엄하야 내외 격절하고 부즁이 심슈하야 잡인이 임의로 드러가지 못하나이다."

경 시 두어 필 깁을 내여 숑파를 쥬고 재삼 간쳥한대 파ㅣ 침음 양구에 왈,

"부인이 무삼 보패지물로 유랑을 쥬어 로신을 따라 보내쇼셔."

경 시 깃거 옥환 일 쌍과 산호패를 내여 유랑을 쥬고 당부하야 보내니 유모ㅣ 응락하고 숑파를 따라 화부에 이르러 내당으로 드러갈 새 령파ㅣ 몬져 보고 왈,

"숑파야, 져 파랑은 엇던 사람이완대 다리고 임의로 드러오나뇨?"

숑파ㅣ 왈,

“져 파랑은 보물 파는 빙빙이러니 오날 보패 노리개를 가지고 팔 길을 지시하라하기로 부인이 쇼져를 위하야 사실가 하야 다려 왓나니 쳥컨대 부인과 쇼져게 고하라.”

영파 왈,

“부인과 쇼져ㅣ 미우 즁에 계시니 이러한 보물 등사에 사렴이 업스려니와 그러나 살와 보리라.”

드듸여 다리고 부인 면젼에 이르니 맛참 쇼져ㅣ 모친을 뫼셔 쇼공자의 글을 가랏치는지라. 숑파ㅣ 다다라 졀하고 왈,

“로신이 다사하와 오래 현알치 못하엿사오니 쳥죄하여이다.”

부인 왈,

“노지 안는 사람이 자조 오기 어려올지라. 오날은 머무러 나의 심회를 위로하라.”

파ㅣ 사례한대 쇼져ㅣ 눈을 드러 유랑<142>을 보고 문 왈,

“저는 엇던 녀자이뇨?”

숑파 대 왈,

“보물 파는 셩파랑이러니 보배의 옥환과 노리개를 팔여하기로 쇼져를 위하야 부인이 사실가 다려왓나이다.”

쇼저ㅣ 왈,

“내 바야흐로 비우 즁에 잇스매 호화에 마음이 업노라.”

부인 왈,

“너의 셩가할 긔약이 갓가왔스니 장염을 유의할지나 지금 심사ㅣ 비황하야 타렴이 업거니와 아모려나 무엇인가 보리라.”

파ㅣ 연망이 밧들어 올이니 부인이 바다 보매 다만 옥환 일 쌍과 호채 일 쥴이로대 조흔 보배이라. 갑을 무르니 두 가지에 은자 오십 양을 달나 하거

늘 부인이 쇼져다려 왈,

"차물이 비록 묘하나 갑이 너모 과한가 하노라."

쇼져와 부인이 노리개를 보되 살피임이 업고 다만 잠심하야 공자를 글가랏치더니 쇼져ㅣ 모친의 무르심을 듯고 대 왈,

"녀아의 장념이 일즉 부족지 아니코 심사ㅣ 비황하거늘 져런 보배를 다시 사 무엇하리잇고? 도로 쥬어 보내쇼셔."

부인이 도로 쥬는지라. 유랑이 소원과 갓치 쇼져를 맛나니 왕모ㅣ 요디에 배회하며 항아ㅣ 월젼에 나린 듯한 광채가 곤산 편옥이라. 눈이 어리고 졍신이 황홀하야 어린 듯 취한 듯함에 숑파ㅣ 노리개를 담아 주며 왈,

"이 댁에서는 사지 아니하시니 다른 곳으로 가셔 팔게 하라. 나는 이곳에셔 부인을 뫼셔 말삼하다가 셕양 쌔에 집으로 가랴 하나니 후일 다시 보자."

하고 나아가라 하니 유랑이 쇼져의 쇄락한 용광을 보고 신긔히 녁여 나아오며 아연하나 무단히 오래 잇지 못하야 도로 나와 문밧 여렴집에 안자 숑파의 나오기를 기다려 한가지로 기라 하더라

이때 숑파 쥬 부인을 뫼셔 안자 한담할 새 상셔의 애매이 원젹함과 공자의 남매 혈혈무의하야 가즁이 젹요함을 일카라 능휼한 언어로 젹요한 부인을 위로하니 부인이 쳑연함을 금치 못하고 쇼져 남매 쏘한 슬픈 심회를 졍치 못하니 부인의 비회를 동치 아니코자 화긔를 강작하야 모친을 위로할 새 만면 화긔로 츈풍을 자아내여 일좌를 졍하는지라. 부인이 비회 간졀하니 자녀의 츌범함을 두굿겨하고 숑파ㅣ 쏘 경 쇼져의 긔질을 별단 유의하야 보더니 쇼져의 긔색이 다름을 보고 불안하야 도라가고자 하직하고 문에 나아오니 <143> 경파ㅣ 문 밧게 잇다가 한가지로 아즁에 도라오니 지현 부부와 공자ㅣ 화 쇼져의 셩화를 무러 듯고 공자ㅣ 왈,

"숑파는 그만 이르라. 화 쇼져의 기리는 말을 드르매 벌셔 상사병이 날

듯하니 만일 차생에 화 쇼져를 취치 못하면 반닷이 쥭으리로다."

하며 날쒸이니 지현 부부ㅣ 웃고 왈,

"화 상셔ㅣ 비록 됴정 명관이나 정직한 재상으로 이제 문미 쇠잔하엿고 내 비록 한미한 사람이나 당당한 본현 지쥬이니 한 번 구혼하면 엇지 락종치 아니하리요. 아자는 요려치 말나."

하고 숑파ㅣ 다려 왈,

"네 맛당이 즁매되여 져 집에 통혼하라. 만일 길사ㅣ 슌셩하면 즁상하리라."

숑파ㅣ 비록 쳔인이나 유식한 계집이라. 져 공자의 거동을 보매 쳔착 용열하야 화 쇼져의 문객 삼기도 어렵거늘 백년가약을 매짐이 쌰 아래 버러지가 텬상 신션을 바람 갓흔지라. 심하에 냉소하야 생각하되,

'화 쇼져의 봉황 갓흔 긔질이 져 용열한 공자와 노쥬 됨도 불가하거늘 쥬 부인이 지현의 위세에 굴하야 신션 갓흔 녀아를 엇지 쇼루이 허친하리요. 이 친사ㅣ 결단코 되지 못할지라. 내 엇지 간예하야 오작으로 봉황을 욕하리요.'

하야 이에 사양 왈,

"쳡이 말이 셔어하고 식견이 고루하와 져 집 상하의 추즁함을 엇지 못하엿스니 혼인은 대사이라. 이 미쳔한 로고의 말을 청납하리잇고? 반닷이 경멸이 녁여 만흘한다 하리니 로야와 부인은 각별 존즁한 사람을 어더 매파를 삼으쇼셔."

지현이 졈두 왈,

"네 말이 유리한지라. 당당히 쳬면 잇는 사람을 어더 즁매를 삼으리라."

숑파ㅣ 하직고 도라가다. 지현이 즉시 본현에 잇는 위 거인을 쳥하야 화 상셔 집에 즁매 되기를 쳥하니 위 거인은 위 시랑의 아달이요 명은 후진이니 나히 삼십은 못 하고 위인이 간활하야 재조ㅣ 용이하나 언변이 유여함으로

학즁 거인이 되엿스되 은자의 청직함이 업셔 세도를 싸로는 고로 리 지현을 사괴여 지극히 친밀하더니 화가에 즁매되란 말을 듯고 깃거 즉시 허락하야 화부에 이르니 화 공자ㅣ 외실에 나아오거늘 거인이 화 공자의 년유함을 업슈히 녀여 됴곰도 객의 례를 아니 하고 안연이 일오대,

"본부 리 지현이 아달을 두고 미부를 택하더니 영매 <144> 쇼져의 미려함을 듯고 영존의 폄젹함을 개회치 아니하고 만생으로 하야금 존부인게 통하고 길일을 택하야 친영코자 하니 공자는 영됸부인게 알외여 후의를 사례하고 친사를 일우게 하라."

공자ㅣ 청파에 져의 언사ㅣ 무례함을 보고 강잉 대 왈,

"친사 일관은 맛당이 로모게 고하야 회보하리니 잠간 머무르쇼셔."

하고 드러가 모친게 쇼유를 자셔히 고하니 부인이 발연 로 왈,

"리가는 진실로 무례지인이로다. 내 비록 외로히 잇스나 너의 야야ㅣ 벼살이 례부상셔이요 문미 혁혁하거늘 이럿틋 셜만히 위세를 빙자하야 방자히 구친하니 조금도 례의를 아지 못하는 무리로다. 내 셜사 용잔하나 져 금슈 갓흔 것을 두려 아니리라. 네 여치어차 대접하야 보내이라."

공자 슈명하고 나아와 위생다녀 왈,

"로모ㅣ 지현 존공의 구친함을 불승 감사하시되 가부ㅣ 젼일에 친졍하신 곳이 잇스니 졸연이 곳치지 못할 것이요, 쏘 녀아ㅣ 강렬하야 부명을 직히이니 후의를 밧드지 못하오니 가탄이라 하시더이다."

위 거인이 발연 왈,

"매파의 말을 드르니 셩친치 아니하엿다 하거늘 이럿틋 츄탁하니 두리건대 뉘웃침이 잇슬가 하노라."

화 공자ㅣ 년유하나 긔품이 강명한지라. 엇지 위력으로 강박함을 두리리요. 발연 작색 왈,

"가엄이 경사에 계실 때에 졍한 곳이 잇스니 뉘 졍친치 아니하엿다 하더

뇨? 친사는 조흔 일이라. 양가에셔 쯧이 합한 후에 혼인을 일울 것이요, 원치 아니하는 바를 뉘 감히 핍박하리잇가?"

후진이 화 공자의 언어가 강직하야 쇼아갓지 아니함을 보고 심하에 무류하야 다시 말을 아니 하고 드라가니 공자ㅣ 내당에 드러가 거인의 무상 패류함을 통한대 부인이 쏘한 불승분로 하야 헤오대, 이제 나는 형세가 약하고 져는 본부 지현이니 심즁에 가장 두리며 쏘한 근심하니 방심치 못하고 녕패 쏘한 렴려하야 쇼져에게 차사를 고한대 소져ㅣ 말은 허지 아니하나 경렴함을 마지아니하니 필경 엇지된고.

잇때 후진이 도라와 지현을 보고 화부에 가 문답함을 자셔히 이르니 지현이 대로 왈,

"제 불과 폐인의 쌀이라. 당당한 지현의 명을 거역하고 엇지 이갓치 츄사하리요."

후진 왈,

"화셩춘은 <145> 극진한 괴벽이라. 그 자식이 달마 겨우 십여 셰 아해의 말이 극히 방자하니 로션생은 져를 미약하다 경홀이 보지 마르시고 십분 상양하쇼셔."

지현이 분연 왈,

"내 비록 벼살이 나지나 져 원찬 폐인의 일녀를 쳐치 못하리요."

위생이 쇼이부답하니 지현이 숄로써 후대하야 보내고 내당에 드러가 부인과 아자를 보고 화부에셔 츄탁 블허를 이르매 경 시 대로하야 '져긔 다시 구혼치 말이라.' 함에 공자ㅣ 위생의 말을 듯고 락담 상혼하야 어린 듯 눈물을 흘이더니 문득 발을 굴느고 기동을 부닷쳐 앙텬 탄 왈,

"어엿부다. 창백이 쥭으리로다."

쏘 다시 쥬먹으로 가삼을 두다리며,

"화 시야, 날을 살오라."

하며 형상이 긔괴하니 지현이 붓들어 위로 왈,

"아자는 이럿틋 구지 말지어다. 우리 당당이 혼사ㅣ 되도록 하리라."

창백이 바야흐로 우름을 긋치고 빙긋이 우셔 왈,

"부모ㅣ 쇼자를 쥭이고자 하시거든 그만하야 두고 살오고자 하시거든 화 시와 친사ㅣ 되도록 하쇼셔."

지현 부부 재삼 위로하나 만일 져 집이 종시 허치 아니하면 아자 쥭지는 아니할지라도 실망하야 병이 될가 렴려하고 결친할 계교를 생각하되 계책이 업셔 심히 민망하거늘 용열한 창백은 아모 것도 아지 못하고 다만 날로 부모를 보채여 쥭으려 하니 경 시 민망하야 또 송파를 불너 아자의 경상을 일우고 달내여 왈,

"화가는 불허하고 아자는 쥭으려 자쳐하니 이런 졀박한 일이 업슨즉 네 만일 이 친사를 일으세 하면 쳔금 상을 앗기지 아니리라."

하더라.

第十一回 뎨십일회

졍 쇼져가 화 쇼져와 혼인을 졍ᄒᆞ고 리 지현이 홍연비를 허취하다

鄭小姐結婚花小姐 李知縣墟取紅蓮婢

차셜. 경 시 송파다려 왈,

"네 화가에 친신타 하니 아자의 졍사를 이르고 개유함을 바라노라."

송파ㅣ 청파에 불승경해하야 말을 아니 하다가 왈,

"로신이 부졀업시 입이 묵즁치 못함으로 공자의 번민함을 일으게 하오니 욕사무디로쇼이다. <146> 연하오나 화 쇼져ㅣ 아니오면 텬하 미인이 다시 쏘 업관대 그대도록 번뢰하사 사생으로써 자쳐하시나잇가. 화 쇼져ㅣ 유시에 졍혼한 곳이 잇다 하오나 자서히 아지 못하거니와 혼인은 막즁대사이라. 쳔한 로고의 말을 채랍지 아니리니 고로 로신이 계교치 못하는 바로쇼이다."

경 시 착급하야 왈,

"대져 져 집의 듯지 아니함은 고사하고 화 쇼져ㅣ 과연 졍친한 곳이 잇는가 자서이 탐지한 후 우리의 부귀와 위셰를 일으고 아자의 경상이 사생에 잇슴을 젼하야 져의 긔색이 엇더함을 살펴 회보하기를 바라노라."

송파ㅣ 응락하고 도라와 스사로 생각하되,

'화부에 가 이 말을 젼한즉 즁책을 당하리니 엇지 하리요.'

하고 무삼 근심이 잇난 듯이 셕반을 먹지 못하고 밤을 지내이고 명일 조반 후 화부에 이르러 부인게 뵈압고 말삼하다가,

"로신이 작일 본부 아즁에 드러가온즉 지현 로야ㅣ 아자를 위하야 존택에 매자를 보냇스나 츄탁하시다 하오니 무삼 일로 물이치시니잇고?"

부인 왈,

"일즉 경사에 잇슬 ᄯᅢ에 임의 친사를 정하야 채례를 바닷는 고로 지현의 후의를 밧들지 못하엿노라."

파ㅣ 왈,

"정혼하신 댁은 뉘 댁이오며 셩시는 무엇이온잇가?"

부인 왈,

"지금 벼살하는 집이 아니요 로야의 친붕이니 일너 무엇하리요. 지현이 ᄯᅩ 무름의 잇거는 녀아의 고집이 비례불법은 감심치 아니할 것이요 무례한 위세는 두리지 아니 하나니 네 이 ᄯᅳᆺ으로 젼하라."

하고 언파에 긔색이 씩씩하니 파ㅣ 황공 왈,

"로신이 생심코 감히 존부 사셕을 딤찰히와 편셜하는 세객이 되리잇가. 우연히 알외온 말삼이로쇼이다."

하고 다시 혼인의 관계한 말삼을 하지 못하고 다론 한담하다가 도라가 스사로 리가의 불미한 행색과 공자의 방탕함이 화가를 저항하야 폐단이 잇슬 쥴 알고 제 당초에 화 쇼져의 화용을 젼셜함을 뉘웃쳐 몸을 두다려 쥭으랴 번민하더라. 이에 아즁에 드러가니 경 시 밧비 뭇거늘 송파ㅣ 눈셥을 찡긔고 왈,

"원컨대 부인은 공자를 개유하사 화가의 향의를 ᄭᅳᆫ케 하쇼셔. 로신이 져곳에 가 탐지하오니 '화노야ㅣ 젼일 경사에 계실 ᄯᅢ 쇼져 십세 시에 친붕의 아달과 정혼하엿스매 군명과 부월이 림하<147>야도 곳치지 못하겟노라.' 하고 만일 위세로 강박함이 잇스면 쇼져ㅣ 친이 상사 아문에 북을 두다려 원졍

할 것이오, 상사ㅣ 만일 듯지 아니하면 황셩에 올나가 등문고를 친다 하오니 화 시 본대 번열한 명문이요, 화 쇼져ㅣ 비록 륙쳑 미만의 버들 갓흔 약질이오나 심장은 옥이라도 당치 못할 것이요 사생을 두리지 아니한다 하오니 부인은 깁히 생각하사 어즈러이 구지 마르쇼셔."

경 시ㅣ 숑파의 말을 듯고 불승 경악 왈,

"화가의 졍친한 사람의 셩명은 무엇이던뇨?"

파ㅣ 왈,

"셩시는 일오지 아니하시더이다."

경 시 할 일 업셔 숑파를 보내고 지현과 아자를 대하야 숑파의 말삼을 이르니 지현이 분한하나 언사ㅣ 이럿틋 격졀하니 묵묵히 안잣스나 몰각한 창백은 한갓 화녀를 잇지 못하야 아모 사톄도 아지 못하고 날쒸며 쥭으려 하야 식음을 젼폐하니 부모ㅣ 민망하야 달내여 왈,

"노부ㅣ 아모조록 도모하리니 아자는 아즉 안심할지니라."

창백이 잠간 진졍하며 왈,

"내 맹세코 화 시를 취코 말이라."

하니 부모ㅣ 이에 다시 즁매를 보내여 달내고자 하더라.

차시 쥬 부인이 숑파를 보내고 심사ㅣ 불안하야 필경 리 지현 부자ㅣ 핍박하는 폐가 잇슬가 두리여 녀아다려 리가의 무상함을 이른대 쇼져ㅣ 왈,

"리 지현이 사람을 보냄이 잇더이가? 향쟈에 패물 팔너 왓던 녀자ㅣ 극히 슈상하오니 반닷이 현즁에셔 왓던가 하나이다. 숑파ㅣ 비록 유식하오나 쳔인의 욕심이 즁대하야 작악함이 됨이라. 원컨대 자위는 져를 짐작하야 대졉하시고 말삼함에 쇼녀는 임에 졍혼함이 잇다 하쇼셔."

부인 왈,

"너의 말이 올커니와 결친함이 잇다 하고 셩명은 일오지 아니하면 일졍 밋지 아니할 것이요, 지현이 지금 본현 디쥬이니 져를 항거하면 필연 화액이

잇스리니 너의 부친이 계신 터이면 두릴 것이 업스되 우리 모녀ㅣ 외롭고 아자ㅣ 유치하며 또 강건지친이 업스니 뉘 시러금 붓들이요."

쇼져ㅣ 대 왈,

"제 비록 간악함을 자릐하나 우리 본대 쳔한 여민이 아니요, 국법과 풍화가 자재명명하오니 그다지 침해하리잇가? 리가ㅣ 만일 위세로써 져해하압거든 우리도 국법으로써 방어하고 이갓치 하되 긋치지 아니<148>할진대 녀아ㅣ 당당이 상사 아문에 나아가 변백하오리니 복원 태태는 과려치 마르쇼셔."

하고 모녀ㅣ 대하야 근심하더니 문득 쇼차환이 드러와 영파를 불너 왈,

"문 직힌 창두ㅣ 부인게 품할 일이 잇다 하고 유랑을 청하라."

하니 파ㅣ 즉시 나아간대 창두ㅣ 왈,

"문 밧게 생면 쇼전 오인이 이르러 자긔는 원방 사람으로 도즁에 젹환을 만나 행장을 다 일코 갈 곳이 업스매 익랑에 하로밤 지내기를 간구하는 바 임의로 허치 못하야 고하나니 원컨대 내댁에 취품하라."

파ㅣ 응락하고 드러와 부인게 고한대 부인 왈,

"가즁에 노야ㅣ 계시지 아니한즉 외객을 머물미 불가하니 다만 잡인을 영졉지 못한다 하고 다른 촌가로 가게 하라."

하니 쇼져ㅣ 왈,

"일세 졈을어 다른 대로 가지 못할지라. 공근한 사람을 박졀이 물이침이 불상하여이다."

부인 왈,

"여러 남자ㅣ라 하니 심디도 아지 못하고 허하엿다가 혹 양슌치 못한 악쇼년이면 좃치 못할가 하노라."

공자ㅣ 왈,

"아자ㅣ 몬져 나아가 보아 션악을 안 연후에 머물게 하사이다."

하고 이러 밧그로 나아와 살펴보니 문외에 과연 다셧 사람이 잇스되 의건이 추루하고 용모ㅣ 쵸최하나 다 옥골션풍인이요, 그 즁 일인이 더욱 긔특하야 나희 십사오는 하고 표표한 신상은 모츈버들이 춘풍에 휘노는 듯 옥안화모ㅣ 슈려 쇄락하야 져져와 방불하고 스믐하는 눈셥이 더욱 요요정졍하야 한 번 바라보매 사람으로 하야금 심신이 쇄락한지라. 공자ㅣ 흠복 애경하야 기리 읍 왈,

"열위 존객은 어느 곳 사람이완대 행색이 이럿틋 쇼랭하시뇨?"

오인이 답 왈,

"쇼생은 본대 쇼흥부 사람이러니 이 짜 쥬 어사를 차자오다가 도즁에셔 젹한을 만나 낭탁을 다 일코 촌촌 걸식하야 겨우 이곳에 이르나 쥬 어사ㅣ 긔쥬 임쇼로 갓다 하야 집이 뷔엿는지라. 도로 할 일 업셔 고향으로 갈 터이나 슈즁에 푼젼이 업스매 낭패한 즁 여러 사람이 머물 곳이 업셔 이럿틋 방황하나니 바라건대 귀택 쳠하를 빌이시면 타일 후은을 사례하리라."

공자ㅣ 져의 랑랑한 옥셩과 애원한 졍사를 드르매 공경 흠애하야 셔재로 마자 좌정 후 촉을 밝이고 이에 내당에 고하야 셕반을 <149> 나아오라 하니 정 쇼져ㅣ 사사 왈,

"원방 걸객이 일야를 댁에 머물어 지나감도 영행이어날 이럿틋 후의를 입사오니 감격무디로쇼이다."

공자ㅣ 대 왈,

"가엄이 멀이 젹거하시고 가세 녕락하야 귀객을 졉대치 못하오니 참괴한지라. 쳥컨대 안심하시고 창졸 맛남을 혐의치 마르사 일생 지긔를 허심하시면 삼생의 행이라. 쇼생이 나희 어리고 다만 한 아오ㅣ 잇스나 아즉 유치함을 면치 못하압고 친쳑이 희쇼하와 매양 고독함을 우탄하던 바 금일에 현형을 맛나니 비록 상거 졀원하오나 사해지내 개형뎨이라. 원컨대 존셩대명을 듯고자 하나이다. 쇼생은 례부상셔 화모의 장자이니 명은 원이요 나희는 십

이라. 가엄이 권신의 화를 입어 조쥬 젹거하시고 헌당에 편모를 뫼셔 외로이 집을 직히여 잡객을 용납지 아니터니 금일 열위 제형을 맛나 애모함이 일즉 아든 바와 갓흐여 페사에 쳥유하나니 아즉 가실 곳이 업슬진대 오래 머물어 가쇼셔."

경 쇼져ㅣ 화 공자의 옥안영풍을 보매 탈속하고 언어 공경함을 칭찬하는 즁 이렷틋 은근함을 감격하야 사사 왈,

"쇼생은 초야의 미쳔한 필부이라. 사방에 유락하되 일인도 어엿비 녁이리 업더니 쳔행으로 어진 쥬인을 맛나 대은을 입사오니 감은하거늘 엇지 교결함을 원치 아니하리요. 쇼생의 셩명은 운해이온 바 젼 이부상셔 경공의 아자이라. 가엄이 일즉 치사하시고 고향에 도라오신 지 오래더니 됴졍이 홀연 벼살로 부르신대 가엄이 다시 환로를 원치 아니하시난 고로 구지 사양하시더니 간신 능이 사이를 디 함해하야 창쥬에 워찬하시매 쇼생이 어린 몸으로 더부러 자당을 뫼시고 세월을 보내더니 쥬 어사 부인은 생의 외슉모신 고로 등배코자 오다가 즁로에셔 도젹에게 낭패하고 겨우 이에 이르매 슉모ㅣ 임쇼에 가 계시니 실로 진퇴 유곡한시라. 고항으로 가고자 하나 행장이 업셔 민민하더니 현형의 후의를 이갓치 입삽고 또 유슉함을 허하시니 감격함을 이긔지 못하리로쇼이다. 연하나 생이 로즁에셔 셔증을 어더 신음하되 조셥할 길이 업사오니 이에 오래 묵어 조병코자 하오<150>나 쥬인에게 이페할가 불안하여이다."

드듸여 가월 등을 가랏쳐 왈,

"차인 등은 쇼생의 외족 셕셩 형이니 다 연인지쳑으로 한갓 슉모를 뵈오려 동행하엿다가 또한 이렷틋 고생을 격노라."

화 공자ㅣ 쳥파에 경생 역 재상의 자뎨로 심사ㅣ 또한 자긔와 갓흠을 더욱 감오하며 쥬 어사 내질이라 함을 더욱 반겨 왈,

"원래 경 형의 회포ㅣ 소뎨와 갓고 형이 쥬 부인의 질자ㅣ라 하니 더욱 희

행한지라. 조금도 의려치 마르쇼셔."

하고 또 셕생 등으로 말삼하야 그 은근함이 일즉 아든 바와 갓더라. 이윽고 내당으로좃차 셕반이 나아오니 가장 풍비한지라. 쇼져 노쥬ㅣ 젹화를 맛난 후로 방에 박축한 음식을 참아 먹지 못하고 초식도 배를 채우지 못하야 긔갈이 자심하다가 쳔만 의외에 하날이 지시하사 분벽 화당에 셔동을 맛나 정곡을 토하고 관대함을 입어 금반옥긔에 정결한 음식을 보니 감식함을 마지아니하더라. 이에 셕반을 파하매 화 공자ㅣ 몸을 이러 왈,

"자위의 혼졍의 례를 맛고 나아오리니 제형은 안흘하라."

하고 내당에 드러가니 쇼져와 가월 등이 화 공자의 비상 특츌함을 못내 일컷고 이럿틋 안졍한 쥬인 맛남을 다행하야 여러 날 머물고자 하며 또 쥬인 슈재의 져져 잇다 하니 혹 가쇼로온 일이 잇슬가 하더라. 이때 부인이 아자ㅣ 객의 행색을 보러 나아가더니 이윽고 셕반을 갓초라 하매 부인 왈,

"어린 아해 엇던 무리를 보고 이 갓치 하는고?"

영파ㅣ 왈,

"쇼파ㅣ 보고 드러오리이다."

하고 나아가더니 이윽고 만면희색으로 드러와 칭찬 왈,

"텬하에 미남자도 잇더이다. 오인이 다 풍광이 츌려하고 그 즁에 공자라 하는 사람은 그 용모가 쳔고의 무쌍이니 옛날 하안이 긔특다 하나 엇지 졍 공자를 당하며 그 고은 태도 우리 쇼져와 방불하되 그 쳔태만상이 비길 대 업스니 부인은 맛당이 후대하야 머무러 그 근파를 보아 쇼져의 배필을 삼으쇼셔."

부인이 깃버 셕반을 갓쵸와 내여 보낼 새 상 가져왓던 시녀ㅣ 또한 졍 공자의 아리짜온 풍채를 책책칭션하야 도리혀 황망한지라. 부인 왈,

"객관이 엇더한 인물이완대 져럿틋 하나뇨?"

하더니 공자ㅣ 혼졍하러 드러오거늘 부인<151>이 문 왈,

"의당에 온 숀이 어느 곳 사람이며 위인이 엇더하더뇨?"

공자ㅣ 왈,

"온 숀은 졍 상셔의 아달 일인과 그 질자 사인이온대 인물이 개개 쌔혀나고 년긔는 아자에 이삼 셰 더하오며 옥골션풍이 쳔고무쌍이라. 아재 한 번 봄에 애모지심이 자연 유출하압거늘 그 래력을 자셔히 뭇자오니 본대 쇼흥부 사람으로 쥬슉의 내질이라 하오며 셔열로 병이 잇다 함에 쇼자ㅣ 머물기를 허하와 조병하라 하엿사오니 복원 태태는 후대하쇼셔."

부인이 경해 왈,

"쇼흥 졍 상셔는 너의 부친의 친붕이니 졍 상셔ㅣ 향리에 도라간 후 상공이 매양 생각하시더니 그 아자ㅣ 져렷틋 고초하며 엄졍을 멀이 써난 회포ㅣ 우리 아자와 갓도다. 너의 부친의 친붕의 아달이니 엇지 후대치 아니하리요. 아자는 보둠이 쳥유히아 조병하게 하고 림행에 반젼을 갓초와 보낼지니라."

공자ㅣ 슈명하고 외당에 나아가니 쇼져ㅣ 쏘 부인다려 왈,

"졍 샹셔의 자제일진대 무심한 과객이 아니온즉 만홀히 졉대치 못하오리니 포진과 금침을 갓조와 경내힘이 올흐니이다."

부인이 올히 녁여 이에 공자의 유모로 하야 금침을 보내고 젼어 왈,

"의외에 귀객이 폐사에 림하시니 영행한 즁 졍대인과 가군이 교계 심후하시던 바이라. 엇지 슉질과 다름이 잇스리요. 몸이 불편하다 하시니 모롬이 조호하실진대 림행에 반젼을 도으리다."

하니 졍 쇼져ㅣ 공경하야 듯기를 다함에 재배 층사 왈,

"시운이 불행하와 행로에 낭패함이 극진한지라. 길가에 유리함을 면치 못하압더니 하날이 도으사 귀댁 문하에 이르러 귀공자의 후대를 입삽고 쏘 부인의 하교 여차하시니 재생지은이 텬디 갓흔지라. 존대인이 쇼생의 부친과 교계 심후함은 쇼생이 엇지 모로리잇고. 가운이 불행하야 양대인이 젹거 고초하심은 양가 일반이시니 감회함을 이긔지 못하오며 쏘 쳔한 몸이 유병함

을 하렴하시니 감은 만만하노이다."

부인이 또한 즁보를 어든 듯이 깃거하니 이는 녀아와 동상을 은근이 유렴함이러라.

차야에 화 공자ㅣ 졍 공자로 더부러 말삼할 새 언언사사히 피차 친애하야 늣게 맛남을 일너 슈히 써날가 렴녀<152>하더라. 명조에 화 공자ㅣ 졍 공자의 의견이 추루함을 보고 여러 필 깁을 내여 오인의 옷을 짓게 하에 졍 공자ㅣ 더욱 감은하며 화부 상하ㅣ 졍 공자의 용모를 기림이 날로 더하야 일가 진동한지라. 쇼져의 시녀 취졍이 생각하되,

'엇더한 과객을 져다지 기리는고? 내 한 번 보리라.'

하고 외당에 나아가 가마니 여보니 과연 다셧 쇼년이 안잣스되 진실로 옥경 신션이 강림한 듯 렴렴한 광채가 사벽에 휘황하거늘 숨을 길게 쉬며 경탄 왈,

"션재여, 긔재로다. 연즉 우리 쇼져의 일생이 엇지 쾌치 아니하리요."

하고 드러와 쇼져게 졍생의 긔이함을 칭찬하니 쇼져ㅣ 책 왈,

"네 비록 하쳔의 무식한 쇼견인들 내게 당하야 외간 남자의 말을 창셜하야 내 귀에 들이나뇨? 차후는 다시 이 갓흔 용쳔한 거조ㅣ 잇스면 용셔치 아니하리라."

취졍이 사죄하고 우어 왈,

"작일 리 지현 부자ㅣ 쇼져의 셩화를 사모하니 맛참내 허치 아니하면 사긔 죠치 아니할 쯧하와 졍생을 보아 과연 아람다을진대 부인게 고하야 소져의 종신대사를 졍코자 함이요 한갓 흠션함이 아니로쇼이다."

하고 기리 기림을 마지아니하야 입에 춤이 마르고 혜가 마를 쯧하니 쇼져ㅣ 도로혀 어이업고 우운지라. 묵묵 단좌하야 지현의 무례함을 상상함에 부친이 멀이 게시고 형졔 고단하니 필경 무례한 욕을 맛날가 하야 심사ㅣ 방한치 못하더라. 이때 부인이 졍 공자의 특이함을 그윽히 유의하야 깃거하나

졍 공자의 뜻이 엇더함도 모로고 또 일이 급하엿스니 공자를 개유하야 락종치 아니할지라도 권도로 셩례나 하야 리가의 급화를 막고자 하나 일이 너모 급거하야 십분 우민하더라.

이때 지현 부부와 창백이 화부에셔 허혼치 아니함을 보고 지현은 분한 절치함을 마지아니하며 챵백은 여취여광하야 침식을 젼폐하고 큰 병이 날 듯이 날뛰는지라. 지현이 그 음패한 자식의 광패한 거동을 억제치 못하고 역시 초황졀민하야 '아모조록 화 쇼져와 셩친한다.' 하고 만단으로 달내며 개유하나 필경 화가의 허락을 어들 길이 업고 또 화가ㅣ 미약하나 지현을 자세하야 너모 협박키도 극란하야 쥬사야탁하나 조흔 묘책이 업셔 번뢰하더니 <153> 일일은 본현 즁에 사는 고 어사라 하는 자ㅣ 차자 이르럿스니 이는 본대 심졍이 부졍하야 지현을 아참코자 하는 자ㅣ라. 이 쇼문을 듯고 아즁에 나아기 지현을 보고 하가의 혼사를 지현의 위세로 공갈하야 매작이 되여 성공하랴 대담하고자 쳥하니 지현이 대희하야 만만 칭사하야 보내매 고 어사ㅣ 용긔 대발하야 화부에 이르러 공자를 쳥하야 지현의 쳥혼함에 퇴거한 연고를 힐문한대 공자ㅣ 졍색 대 왈,

"가엄이 경사에 계실 때에 임에 결친한 곳이 잇사온 바 져져ㅣ 감히 곳치지 못함으로 존명을 봉승치 못하압고 로션생을 번거로게 하오니 실로 황공하도쇼이다."

어사ㅣ 왈,

"비록 졍친한 곳이 잇스나 아즉 화촉의 례를 행치 아니하엿스면 무방하니 져 지현이 비록 재상이 아니나 본현 디쥬인즉 맛참내 고집하면 반닷이 불평지사ㅣ 잇스리니 영존이 비록 멀이 게시고 슈재 비록 나히 어리며 영당이 비록 외로오시나 두리건대 져를 황거치 못하고 필경 셔로 좃치 아니한 거조가 잇슨 후 허함이 쾌치 아니할가 하노라."

공자ㅣ 져 언사를 듯고 심리에 대로하나 강잉 대 왈,

"쇼생은 년유 쇼아ㅣ라. 사체를 아지 못하나니 우리 자당게 고하야 회보하리이다."

어사ㅣ 졈두 왈,

"연즉 밧비 영당게 알외여 후일 뉘우침이 업게 하라."

공자ㅣ 이에 내당에 드러가 모친게 어사의 슈말을 고하니 부인이 쏘한 져의 무상 패려함이 여차함을 졀치통해하나 다만 사나온 무리의 작화함이 잇슬가 십분 쵸조하야 이에 쇼져를 불너 슈말을 일으고 왈,

"만일 네 부친이 게시면 너의 혼사를 우리 모녀가 엇지 의론할 바리요마는 이제를 당하야 이럿틋 핍박하니 장찻 엇지 하리요?"

쇼져ㅣ 염임 대 왈,

"당차지시하와 녀아ㅣ 한갓 규슈의 태도로 태태의 근심을 께치리잇가. 녀아 차라리 만쟝 갱참에 써러져 목숨을 도라보지 아니할지언졍 불의무도의 욕은 감심치 아니하오리니 쳐음 말삼대로 밀막아 보내시면 자연 물이칠 계교 잇스리이다."

부인이 졈두하고 이에 공자로 하야금 여차여차 하라 하니 공자ㅣ 나아와 어사를 대하야 자모의 말삼으로 됸명을 밧들질 못할 쥴로 젼어하니 어사ㅣ 불열 왈,

"존부인의 <154> 말삼이 맛당하시나 져의 구친함이 맛참내 긋치지 아니하리니 슈재의 남매 화를 맛날가 하노라."

공자ㅣ 졍색 왈,

"대인은 인졍 사리를 아실지어늘 엇지 이 갓흔 억셜을 하시나잇고. 만승텬자도 필부의 뜻은 쌔앗지 못하나니 지현이 엇지 젹은 위세로써 무죄한 사람울 침해하리잇고. 쇼생 남매는 결단코 부명을 져바리지 못하리쇼이다."

어사ㅣ 화 공자의 언사ㅣ 강열함을 대로하나 제 쏘한 일녀가 잇셔 방년이 십일 세에 용뫼ㅣ 가장 미려하매 화 공자의 옥골션풍을 십분 흠애하야 동상

을 유의하니 이에 웃고 왈,

"그대 년쇼하나 강열 졍직함을 로부ㅣ 공경하노라. 연하나 지현이 영매에 임에 졍친함을 밋지 아니하나니 그 진가를 자시 이르라."

공자ㅣ 창졸에 거즛 꾸며 왈,

"상셔 졍헌의 아자와 셩친하엿스니 졍공과 가엄이 다 원격하심으로 례를 일우지 못하엿스나 납페는 행하온 지 임에 오래니이다."

어사ㅣ 고지듯고 도라갈 새 공자ㅣ 문외에 배숑하니 고 어사ㅣ 공자의 손을 잡고 재삼 연애하니 이는 화가 큰 우환이라. 고 어사ㅣ 현즁에 이르러 화가에셔 문답하던 말을 일일히 젼하니 디현이 심즁에 대로하니 면강 왈,

"쇼졔는 굿하야 화가를 강박고자 아니하나 아자ㅣ 고집하야 쥭기로 자쳐하니 실로 근심이며 또 져 집이 쇼뎨의 벼살이 나즘을 혐의하야 재삼 구친하되 종시 거절하니 결단코 이 분을 풀여니와 친사는 위력으로 하지 못할 바어늘 아자ㅣ 져럿틋 하니 실로 우민하도다."

고 어사는 화 공자를 유의하는 고로 별로 져 집을 해할 뜻이 업는지라. 재삼 권하야 '공자를 개유하야 나른 데 구치하고 화가를 거졀하야 불평함이 업게 하라.' 하고 도라가니 공자ㅣ 고 어사의 회보를 기다리다가 또 실망하야 다시 쥭고져 날쒸더니 문득 위후진이 드러와 지현을 보고 문 왈,

"드르니 대인이 고 어사를 구친키 위하야 화가에 보내셧다 하니 허혼함이 잇나잇가?"

지현니 분로하야 왈,

"화가 무상하야 허혼치 아니하니 가히 통한하도다."

후진 왈,

"대인이 조졍 명관이시고 일현 부모ㅣ시니 지방 사민의 생살이 대인게 잇거늘 져 젹거한 상셔를 두려 욕됨을 감심하시리요. 대인 위엄이 일현<155>을 제어할 것이어늘 화가 모녀의 유아를 제어치 못하시리잇가?"

지현이 희 왈,

"그대를 '후진'이라 함이 맛당토다. 나는 관사에 분망하야 불법을 행치 못할지니 그대는 아자를 위하야 긔특한 슈단을 내여 차혼을 되게 할진대 즁이 사례하리라."

후진이 깃거 헤오대,

'요사이 심히 간고하더니 져 어린 아해를 롱락하야 은젼을 어더 생계를 삼으리라.'

하고 이에 흔연 응락한 후 금백을 가지고 감언미어로 화 쇼져 탈취할 계교를 리 공자다려 이르니 리 공자ㅣ 혼백이 어려 후진의 계책을 언언히 묘타 하고 손벽 쳐 대쇼하더라.

이때 쥬 부인이 고 어사를 보내고 모자 남매 셔로 대하야 근심함을 마지 아니하더니 연파ㅣ 진젼 고 왈,

"쇼져의 평생 신을 굿게 하고자 하실진대 번뇌하오나 금일 졍 공자를 청하사 쇼져로 더부러 셔로 보아 인연을 굿게 매즈시면 공자ㅣ 감히 배신할 뜻을 두지 못하시리이다."

부인이 대열하야 이에 연파를 명하야 졍생을 청한대 생이 사양치 아니하고 완완히 드러오니 원래 쥬 부인이 지현의 겁박함을 민망하야 공자로 하야금 몬져 졍생에게 지현이 무상 불인한 슈말을 젼하고 졍혼하니 졍 공자 그윽이 불긍하나 헤아림이 잇셔 쾌허하고 몬져 납빙한 후 셩례는 고향에 도라가 할 뜻으로 말함에 화 공자ㅣ 대희하야 즉시 내당에 드러가 이 뜻을 부인게 고하니 부인이 불승희열하야 즉일 행빙할 뜻을 젼하니 졍 공자ㅣ 젼일의 수빙한 바 옥연 일쥴로써 젼하야 빙폐하엿더니 이에 부인의 쳥함을 좃차 내당에 이르니 쥬 부인이 깃거 마자 좌를 졍하고 이에 또 연파를 명하야 쇼져를 부르니 연파ㅣ 도라와 쇼져의 말로 고 왈,

"'쇼녀ㅣ 비록 졍 공자로 빙채함은 잇스나 화촉의 례는 행치 아니하엿스

니 혐의 구애하야 상젼치 못하리로쇼이다.' 하더이다."

부인이 불열하야 친히 쇼져 침쇼에 나아가 대의로 졀책하고 졍도로 경계한대 쇼져ㅣ 사죄하고 구지 추사하야 안연 부동하니 부인이 할 일 업셔 도라와 좌즁에 녀아의 고집함을 이르니 졍 쇼져와 가월 등이 화 시 졍졍함을 칭복하야 흔연 칭사 왈,

"녀아로 져럿틋 놉흔 행사ㅣ 짐짓 셩녀 슉완이라. 쇼생이 공경하는 쓰을 <156> 표하야 글을 지어 사례하리이다."

언파에 필연을 나아와 사운 일슈를 지여 화 공자로 하야금 쇼저게 젼할새 졍 공자ㅣ 옥슈에 산호필을 드러 경각에 휘셔하니 필하에 풍운이 이러나고 쥬옥이 란락하니 쥬 부인이 심하에 만쳥상하고 공자ㅣ 글을 가져 쇼져게 젼하고 졍생의 쇽작함을 말하니 쇼져ㅣ 졍생의 은근함을 감사하야 글을 바다보기를 맛치매 문득 정동하야 침음하거늘 공자ㅣ 왈,

"졍 형의 문채 쇄락하고 빗나거늘 져져ㅣ 엇지 의심하시나뇨? 졍생의 글이 경박함이 잇나잇가?"

쇼져ㅣ 왈,

"져의 시사ㅣ 극히 빗나고 아람다우되 다만 쓰이 깁고 슈상하야 날로써 어언이 형뎨로 비겻고 나의 졍생 보지 아니함을 그윽이 책하엿고 타일 당당이 백양으로 맛고져 함이라 하엿난대 대져 필법이 녀태이기 의심하노라."

공자ㅣ 밋지 아니하야 왈,

"졍 형은 옥 갓흔 장부이라. 일호나 의심함이 잇스리요?"

쇼져ㅣ 잠쇼하고 개연이 필연을 나와 슌식에 차운하야 공자를 쥬니 공자ㅣ 나아와 졍생에게 젼한대 생이 바다봄에 필법이 쇄락하야 완연이 쳘사를 그리온 듯 쥬옥의 빗남이 잇난지라. 심즁에 크게 경찬하야 생각하되,

'차인의 문채 반닷이 향슈 다복하리니 무삼 근심이 잇스리요?.'

이에 부인을 향하야 사 왈,

"쇼져의 필법을 보오니 귀격이 지상에 노츌하오니 비록 쇼쇼한 재앙이 잇사오나 필경은 안한하리니 쇼져의 평생이 매몰할가 우려치 마르쇼셔. 쇼생은 일시 액운이 긔구하와 낭패를 당하압고 로상에 유리하와 쥬림을 면치 못할너니 텬우신조하와 쳔한 자최 귀댁에 이르러 산 갓흔 은택을 목욕하압고 또 동상을 허하시니 감사함을 겨를치 못하오나 다만 가연 밋쳐 일우지 못하압고 존댁을 써나게 되오니 호사다마하옴이나 엇지하리잇가. 쇼생의 운액이 진하고 쇼져의 길운이 다다르면 자연 회합할 날이 잇스리이다."

언파에 슈운이 영쳘하니 태도ㅣ 더욱 졀승한지라. 부인이 두굿겨 츄연 위로 왈,

"로모ㅣ 불인 무상하야 악인으로 말매암아 능히 길사를 일우지 못하니 엇지 창연치 아니하리요. 현셔는 쳔만 보즁하고 오날날 언약을 잇지 말나."

연파ㅣ 또한 공자의 사매를 <157> 잡고 락누 왈,

"쳔만 보즁하사 우리 쇼져의 고생을 매몰케 마르쇼셔."

공자ㅣ 단슌호치로 낭쇼 왈,

"나의 옥인이 쇼져의 백연 신물이요 쇼져의 옥경 일 쌍이 만세의 근원이니 두 폭 시사ㅣ 월로의 쇼임이 될지라. 파파는 보즁하라."

파ㅣ 왈,

"이졔 공자ㅣ 장찻 어대로 향하시나잇가?"

생 왈,

"고향으로 아즉 가지 못할 연고ㅣ 잇슴으로 젼젼하야 긔쥬 슉모 임쇼로 가고자 하노라."

파ㅣ 경 왈,

"긔쥬ㅣ 예셔 슈쳔 리가 넘을 길이어늘 그대도록 멀이 가시리요. 이 근쳐 안졍한 곳을 어더 머무시다가 사긔를 보아 하심이 맛당할가 하노이다."

생이 응락고 이에 부인을 향하야 하직을 고하고 화 공자를 리별할 새 슈

월 후대하던 은덕 만만 칭사하니 화 공자ㅣ 또한 연연하야 경 공자의 사매를 잡고 후긔를 재삼 긔약하니 오인이 역시 눈물을 뿌려 리정이 의의하니 화 공자ㅣ 위로 왈,

"원슈 갓흔 리가의 연고로 길월 양신을 허송하고 제형을 리별하니 엇지 분한치 아니하리요. 형은 원컨내 쳔금톄를 보즁하고 빙폐의 신을 긔렴하야 백발 편친게 희망하는 근심이 업게 하라."

경생이 가며 칭사 왈,

"생이 무상하나 엇지 배은망덕하는 무신지인이 되리요. 슈연이나 인사ㅣ 뜻 갓지 못하며 화복이 운이 잇스니 그 사이 또 무삼 변사ㅣ 잇슬 쥴 알이요. 나의 졍심은 즁여 쳔금하야 벽해가 상젼이 되드래도 곳침이 업스리니 모롬이 길이 보즁하야 타일 조흔 낫으로 반김을 바라노라."

말을 맛치매 쵸연이 시매를 떨쳐 오인이 일시에 문을 나매 자최 표홀하야 향할 바를 아지 못하더라. 경 쇼져의 노쥬ㅣ 화부 상하의 후은을 감격하야 리 지현의 부자ㅣ 무상음패함을 분한절치하고 화 부인 모자 남매의 고젹함을 생각하야 렴려 방하치 못하더라.

어시에 화부에셔 공자를 리별하고 십분 번뢰하며 또 리 지현의 음비한 계교를 맛날가 좌사우상하야 방어할 도리에 십분 망조하며 또한 상셔의 도라올 긔한은 멀고 가인의 핍박함은 급하되 방어할 묘책이 업스니 십분 초조하거늘 쇼져ㅣ 왈,

"사세 여차한즉 대화를 급히 피함이 맛당하니 엇지 안자 화를 바드리잇가?"

부인 왈,

"여모는 졍신이 모황하야 능히 아지 못하나니 너의 쇼<158>견을 듯고자 하노라."

쇼져ㅣ 가만히 부인게 고 왈,

"리가 축생이 오날밤에 오지 아니하면 반닷이 명일야에는 이를 것이니 여차여차 하야 흉인의 담이 셔늘케 하면 다시는 독슈를 펴지 못할 것이요 쏘 만일 긋치지 아니하면 반닷이 흉험한 꾀를 내여 위세로 법을 빙자하고 쇼녀를 해할 것이니 긋때 녀아ㅣ 스사로 쳐치할 도리가 잇셔 져로 더부러 쟁형할지라. 모친은 미리 번뇌치 마르쇼셔. 연하오면 이럿틋 어즈러온 가온대 양뎨의 신상이 어려올지라도 모친은 밧비 근신한 가인을 택하야 양뎨를 보호하야 외가에 피하게 하고 태태는 모든 비복으로 잠긔를 예비하야 내외 시호하고 침쇼에 깁히 게시쇼셔. 녀아는 유모와 취졍으로 더부러 자연 화를 버셔나리이다."

부인이 울히 녁여 방비하고 츙노 가인 년츙, 년긔를 내실노 갓가히 불너 이 쇼유를 이르고 공자를 뫼셔 연졍한 곳에 보호하라 하고 아자를 경계하야 가인을 좃차 피화하라 하니 연튱은 연파의 가부이요 년긔는 쇼연파의 장부이라. 다 유모의 졍이 잇고 본셩이 츙근하더라. 부인의 분부를 조차 공자를 업고 외간에 가셔 숨으니라.

이때 화 쇼져ㅣ 침쇼에 도라와 연파, 취졍으로 더부러 행계할 새 연파ㅣ 지혜 잇셔 집으로 사람 만들기를 잘하는지라. 졍 공자의 모양을 맨들어 의관을 입혀 셔당에 금금을 덥혀 상 우에 누의고 쏘 두 사람을 맨드러 셔동이 뫼셔 자는 것 갓치 한 후 쇼차환 홍연은 잠간 자색이 잇는지라. 이에 지분으로 빗나게 다사리고 쇼져의 장속을 다사려 유모 취졍으로 더부러 침쇼에 뫼셔 사후하게 함에 알 이 업더라. 방즁 긔명을 다 치워 젹도의 슈참함을 방비하게 한 후 쇼져ㅣ 사오 개 차환으로 장속을 경쳡쎄 하고 단금을 예비하야 침쇼 협실에 드러 범사를 일일히 차리니라.

명일야 이르러 부인이 쇼져의 긔모비계를 미드나 오히려 방심치 못하야 녀아를 불너 겻해 잇스라 하니 쇼져ㅣ 대 왈,

"쇼녀ㅣ 모친 겻해 잇스면 태태게 화가 되오리니 쇼녀ㅣ 자연 무사할 것

이매 태태는 셕려하쇼셔."

하고 안색이 자약하야 침쇼로 도라가니라.

재셜. 위생이 리가에 이백 양 은자를 엇고 심즁에 대희하야 집에 도라와 <159> 심복으로 하야금 쥬루에 도박하는 악쇼년 슈십 인을 모와 각각 은자 슈십 양식 쥬고 분부 왈,

"이것이 본현 리 공자의 가랏치신 배니 너의 진심치 아니한즉 지현 로야ㅣ 낫낫치 잡아 즁죄를 쥬시리니 십분 힘쓰면 셩사 후 즁상하리라."

또 가만니 일너 왈,

"화가 외당에 잇는 경생을 쥭이고 내당에 드러가 쇼져를 겁탈하되 경생 외에 다른 인물은 해치 말고 약간 재보나 아사다가 너의 쥬채나 하되 요란이 말지며 쇼져를 아셔 교자에 편이 뫼셔 오라."

제젹이 응락하고 긱각 장긔를 쥰비하야 화부 근쳐에 가 두루 살피여 밤 들기를 기다려 일시에 화부 담을 너머 드러가니 인젹이 고요하거늘 바로 셔당에 이르러 창틈으로 여어보니 촉화ㅣ 거의 써지고자 하매 불빗치 희미한대 상하에 두어 사람이 누어 자거늘 제적이 '일졍 졍생이로다.' 하고 가마니 창을 열고 드러가 촉을 끄고 바로 상에 나아가 칼을 드러 엽훌 지르니 부스스 하는 쇼래 나거늘 겁결에 '사람의 쎠 바아지는 쇼래라.' 하야 급히 안으로 드러가니 졍당에 등불이 조요하고 사람의 거름자ㅣ 만히 잇거늘 가마니 여어보니 한 부인이 촉하에 안자 잇는지라. 황망이 나와 내원으로 나아가니 일작 루상에 촉영이 휘황하거늘 가마니 창틈으로 여어보니 일위 쇼져ㅣ 금병에 의지하엿스니 희미한 빗에 흿 낫과 붉은 입이 십분 아람답고 일위 로파 졀문 시녀ㅣ 뫼셧난지라.

츈원이 급히 문을 열며 칼을 빗기고 쒸여드니 제녀ㅣ 대경하고 그 쇼져ㅣ 황황 실색하거늘 즉시 다라드러 쇼져를 업고 나난 다시 나아가는대 십여 강도의 상모ㅣ 흉악하더라. 또 그 나문 도젹이 일시에 다라드러 긔명완호지물

가져가니 유모, 취정 등이 혼비백산하야 발을 구르고 쇼래 질너 왈,

"강도ㅣ 드러 왓다."

하니 문마다 슌시하던 장객드리 일시에 불을 밝히고 지져귀니 도젹이 감히 머무지 못하고 급히 내다라 쇼져를 교자에 실어 가니 홍연은 긔진하야 인사를 모로더라.

이때 도젹이 홍연을 화 쇼져로 알고 뫼셔 가니 가이 우습더라. 화 쇼져ㅣ 후원 유벽한 심당에 잇셔 도젹의 물너감을 보고 시비로 하야금 대강 살핀 후 노자를 불너 내외를 엄히 직히라 하고 <160> 유모, 시녀 등으로 방즁에 드러가니 부인이 강도의 소래를 듯고 혼비백산하야 황황망조하더니 문득 쇼져ㅣ 시녀로 촉을 잡히고 유랑이 뫼셔 안셔히 드러오는지라. 부인이 깃거 녀아를 붓들고 왈,

"흉젹 십여 명이 가즁에 돌입하니 너의 계교 행여 쇼루함이 잇슬가 렴려하더니 네 무사히 도라오매 깃부거니와 후일에 이런 변이 다시 잇슨즉 또 방비할 묘책이 업스니 엇지 하리요?"

쇼져ㅣ 왈,

"흉인이 거즛 졍생을 죽이고 홍연을 쇼녀로 아라 겁탈하엿스나 명일이면 반닷이 무삼 일이 잇슬 것이니 작야에 외당에셔 강도 쥭이고 간 사람을 짐짓 졍 공자라 하사 관곽을 사셔 입관하시면 리가ㅣ 듯고 겁하야 아즉 흉계를 내지 못하리이다."

하더라.

第十二回
뎨십이회

홍연이 그 졍을 노츌하니 지부가 뉘웃침이 밋칠 대 업더라

紅蓮露出其情 知府悔莫追及

차셜. 화 쇼셔ㅣ 왈,

"흉한이 거즛 졍생을 쥭이고 홍연을 쇼져ㅣ 쥴 알고 겁탈하엿스나 명일 반닷이 무삼 일이 잇슬 것이니 모친은 거즛 쥭은 것을 거즛 졍 공자ㅣ 쥭다 하사 발상하시고 관곽을 사 닙관하시면 리가ㅣ 듯고 겁내여 아즉 흉계를 내지 못할 것이요 악언을 내여 쇼녀를 해할 것이니 그때 쇼녀ㅣ 당당이 별 묘책이 잇슬지라. 모친은 경동치 마르시고 져의 계책을 보쇼셔."

부인이 쇼져의 말대로 옥낭을 셔당에 보내여,

"졍 공자의 안부를 아라 오라."

연패 텽명하고 불을 켜 방즁을 도라보니 졍히 초인을 질너 속에 감왓던 즘생의 피 낭자하엿더라. 비록 그 근본과 사긔를 진 시 아랏스나 마음이 자연 무셥고 휘휘한지라. 일변 쇼져의 지모를 일커르며 급히 쇼래 질너 왈,

"도젹이 졍 공자를 쥭엿다."

하고 대곡하니 모든 비복들이 황망이 드러가 보매 과연 상 우에 피 흘넛고 졍 공자ㅣ 빗겨 누엇스니 제인이 다 착악하며 어즈러이 슉덕거리여 부인게

고하니 부인이 양경하며 통곡 왈,

"도젹이 당연이 재물을 취할 것이어늘 나의 녀셔를 해함은 무삼 <161> 일인고."

하며 친이 나와 보고 유모로 더부러 이불을 여지 아니하고 발상하며 두 초인은 업새이니 밧쎄 노복이 뉘 알이요. 사람마다 참혹히 녁여 왈,

"앗갑다, 졍 공자여. 공연이 남의 액을 맛나 참혹히 쥭엇도다. 일노 조차 우리 쇼져의 쳐치 어이 될고."

분분히 차셕하며 연파는 졍 공자를 부르지져 슬피 우러 방인을 감동하니 가즁인이 다 참혹히 녁이더라.

이러구러 날이 밝으니 연츈 등이 공자를 다리고 왓는지라. 부인이 일변 분부하야 관재를 사고 의금을 갓초와 입관할 새 연츈 등이 쥬밀이 하여 남이 보지 아니케 하고 피 무든 옷과 이불이 강도에게 쥭은 보증이 되여 이런 쇼문이 자자하야 이르되 '반야에 엇던 강도가 화부에 드러와 그 신랑을 쥭이고 갓다.' 하니 인인이 젼파하야 듯는 재 대경 왈,

"혼인이 수삼 일 격한 신랑을 쥭엿스니 반닷이 화 쇼져의 친사를 아스려 하는 사람의 슈단이라."

하며 혹 '졍 공자의 원슈가 잇셔 해하다.' 하야 의론이 분분하며 혹 이 일을 짐작하는 사람은 화부에 와 조문하니 부인이 슬허하여 녀아의 친사ㅣ 차아함을 일캇고 빈쇼에 가 피 무든 의금을 내여 뵈이니 보는 자ㅣ 다 참혹이 녁이더라.

이때 리 공자ㅣ 위생의 행계함을 바라더니 이날 져녁에 위생이 와 금야 행계함을 말하니 리생이 대희하야 부모게 고하고 아즁이 번거타 하야 그윽한 곳에 집을 잡아 셩친 긔구를 쥰비하고 화 쇼져 다려 오기를 기다리고 안잣더니 밤즁은 하여 즁젹이 쇼져의 교자를 옹위하야 오니 위생과 리생이 희열하야 밧비 쇼져를 잇그러 보니 쇼져ㅣ 긔졀하고 인사를 모르거늘 시녀로

하야금 붓드러 방즁에 드리고 구호하며 일변 화가에 가셔 행사하던 셜화를 무르니 츈원이 유력한 말로 졍 공자를 쥭이기도 제 슈단이오 쇼져를 아사 오기도 제 공이라 하야 어즈러이 지져귀니 공자ㅣ 대희하야 약간 은자로 츈원을 상 쥬어 돌녀보내고 위생이 리생을 향하야 치하하니 공자ㅣ 쳔만 사례하고 슐을 나와 권함에 위생이 취토록 먹은 후 집으로 도라가거늘 리생이 이에 쇼져 잇는 곳으로 드러가니 쇼져ㅣ 비로쇼 인사를 차려 슬피 울며 업대엿거늘 생이 붓드러 위로 왈,

“쇼져는 <162> 놀나지 마르쇼셔. 쇼생 리챵백은 본현 지부의 아자이라. 향일 쇼져의 꼿다온 일홈을 사모하야 이럿틋 계교로써 뫼셔 왓스니 이제를 당하야 쇼져ㅣ 아모리 원거코자 하나 여의치 못하고 창백의 안해가 될 것이니 백년을 화락하야 유자생녀하고 생즉동거하며 사즉동혈하리니 이럿틋 번뢰이 마르쇼셔.”

홍연이 쇼져의 허다 경계를 드럿난지라. 울며 꾸지져 왈,

“무릇 부부되는 것이 례의가 쇼즁하거늘 그대 션배의 몸으로 도젹을 보내여 재상가 규슈를 겁측하니 그 무례힘이 비길 대 업난지라. 차는 금슈의 행실이니 내 엇지 좃치리오.”

공자ㅣ 손을 부뷔며 비러 왈,

“쇼생이 무례함이 아니라. 쇼져ㅣ 결친함을 허치 아니하시매 마지 못하야 차사를 행함이니 빙례할 물품은 우리 고즁에 보배 무슈하니 쇼져의 구쳥하는 대로 륙례를 갓초와 부인을 삼으리니 쇼생의 쥭어가는 목숨을 살리쇼셔.”

하며 쇼져의 몸을 어루만져 음황한 태도ㅣ 밋츨 뜻하야 시비를 모라 내치고 친압하려 하니 홍연은 나히 어린 차환으로 쳐음은 그 음란한 거동울 꾸짓다가 져의 백단 애걸함을 보고 뜻이 합하야 침셕에 나아가니 양졍의 협흡함이 칭양업는지라. 공자ㅣ 오매초사히던 화 쇼져를 취하니 마음이 흡족토

룩 음란하야 긔력이 업는지라. 유모 차환 등이 웃고 대후하더니 공자ㅣ 비로소 쌔여 눈을 드러 보니 창외에 효색이 조요하고 쇼져는 이러 한 구셕에 안져거늘 공자ㅣ 이에 이러 옷을 입고 나아가 안지며 왈,

"어이 이제껏 단장도 아니하엿나뇨. 이제 현즁으로 갈 것이니 쌀이 장속을 이루라."

하고 밝은 날 고은 얼골을 다시 보고자 하야 자시 보니 용모ㅣ 아주 평평하며 예사 이목이라. 일호도 장옥 쇼져의 연연함이 업셔 듯던 바와 다르니 심하에 실망하야 쌀이 이러나며 수지져 왈,

"송파와 유랑은 눈망울이 업도다. 져 얼골을 그리 긔려 날로 하야금 창자를 사로게 하며 육백 양 은자를 공연이 일헛도다. 이 년들을 통쾌히 쳐분을 하이라."

하고 문을 박차고 내다르니 유모ㅣ 이에 웃고 왈,

"공자ㅣ 신혼에 취하야 너모 늣게 이러나 게시니이다. 화 쇼져ㅣ 과연 엇더하던잇고?"

공자ㅣ 진목 고셩 왈,

"네 눈망<163>울이 싸지지 아니하엿거든 져 흉악한 쇼저를 그리 황홀이 녁여 내 혼을 살오게 하야 하마 죽을 번 하게 하고 육백 양 은보를 일케 하니 그 어인 일인고? 화 쇼져의 용모ㅣ 평상하야 오히려 우리 집 차환만 갓지 못하니 져만 계집이야 백 명인들 엇지 못할쇼냐? 네 날을 해롭게 하엿스니 엇지 그 죄를 면할고?"

유모ㅣ 대경 왈,

"화 쇼져의 긔특한 용화는 쳔고에 비길 대 업거늘 공자ㅣ 이 엇진 말삼이뇨? 쇼져의 용모ㅣ 너모 황홀하야 정신을 일코 눈 졍긔를 일허 자셔이 보지 아니하고 노신을 책하나뇨?"

공자ㅣ 대매 왈,

“내 엇지 그릇 보앗스리오. 쌀이 드러가 보라.”

유랑이 이에 곳 드러가 보니 아조 용상한 인물이요 쑴에도 화 쇼져 아니어늘 대경하야 손벽 치며 왈,

“이 녀자ㅣ 화 쇼져ㅣ 아니니 위생이 일을 그릇하엿도다.”

공자ㅣ 이 말을 듯고 다시 드러가 그 녀자를 붓잡고 왈,

“네 화 쇼져ㅣ 아니라 하니 뉘 집 녀자인다?”

홍연이 대쇼 왈,

“내 엇지 화 쇼져ㅣ 아니리요. 네 흉계로 재상가 부녀를 겁측하여다가 몸을 더려 놋코 이제 무삼 말을 하나뇨. 네 나의 진가를 의심할진대 쌀이 상셔 아문에 가 변백하겟노라.”

하며 악을 쓰니 이러한 맹낭한 일이 어대 잇스리요. 맛참 위생이 왓다가 이 말을 듯고 셩혹 왈,

“분명 누가 화부에 화 쇼져를 아셔 왓는고. 앗가 화부 쇼식을 드르매 졍 공자ㅣ 젹화를 입어 쥭다 하며 쇼문이 자자하거늘 엇지 화 쇼져ㅣ 아니리요. 반닷이 그릇 보고 그리함이라. 연하나 공지ㅣ 화 시를 어드랴 불의지사를 행하야 인명싸지 상해하엿스니 어대 가 변백하리요. 재상가 규슈를 겁탈한 죄는 면치 못하리라. 감히 생심코 요란이 구지 말고 쇼저를 달내여 현즁에 드러가 형젹을 감초게 하라.”

공자ㅣ 청파에 혼백이 비월하야 일언을 이루지 못하고 유모를 명하야 쇼져를 단장케 하며 교자를 갓초와 현즁으로 보내고 져는 아즁으로 향할 새 노상 인인이 젼셜하되 화부에셔 졍 공자를 쥭이고 쇼져 일흔 사셜이며 쏘한 일오대 ‘화 상셔 부인이 사회를 쥭이고 쌀을 일흐매 도젹 보낸 곳을 짐작하야 법사에 송사코자 강도의 긔미를 더 본다.’ 하거늘 공자ㅣ 청파에 경황하야 아모리 할 줄 모르고 현즁에 이<164>르니 지현 부부ㅣ 쇼져의 이러 옴을 보고 두리며 일변 깃거 쇼져를 마자 깁흔 방에 머물게 하엿더니 아자ㅣ 신색이

경황하야 드러와 눈물을 흘이거늘 부모ㅣ 놀나 연고를 무르니 공자ㅣ 왈,

"유모ㅣ 당쵸에 화 쇼져를 칭찬하고 숑파의 황홀한 말에 고혹하와 허다 심려를 허비하야 겨우 쇼원을 일우오나 화씨 바히 용상한지라. 애닯고 뉘웃붐이 무궁커늘 그 즁에 쏘 렴려로온 일이 잇사오니 일마다 통분하고 필경은 무사치 못할가 하나이다."

인하야 화가 셜화를 고하니 지현 부부ㅣ 십분 경황하나 장물 잡히지 아니함을 다행히 녁여 왈,

"아자는 렴려치 말나. 화가ㅣ 암만 숑사하랴 하나 장물 잡은 징거가 업스니 무삼 동작을 하리요. 아즉 다려온 녀자를 후대하야 깁히 감초고 져 집 동졍을 살핌이 진실로 올흐니 미리 경동치 말나."

하고 스사로 쇼져 침쇼에 이르러 보니 용모ㅣ 그다지 츄악지 아니하나 이목구비가 평평하고 톄양이 아람다온 듯하나 심히 경박하야 비록 귀가 쇼져의 장속은 하엿스되 일호도 규슈의 태도가 잇지 아니함에 지현 부부ㅣ 마음에 불만하나 사색지 아니하고 숑파를 한하며 유모를 대책하니 유모ㅣ 민민답답하야 화 쇼져의 진가를 분간코자 하나 제 스사로 쇼져ㅣ라 자칭하니 다시 별 도리 업고 공자는 밧 쇼문을 드르매 화부의 거조가 좃치 못하야 말마다 놀나온지라. 지현 부부ㅣ 심중에 불안할 쑨 아니라 위생의 왕래함이 업스매 심히 고이 녁이더니 외론이 분분하야 왈, '암행어사ㅣ 갓가히 온다.' 하니 지현 부부ㅣ 더욱 겁하야 다만 홍연만 극대하는지라. 홍연이 써 헤오대 공자ㅣ 다시 뭇지 아니하니 진실로 가쇼져ㅣ 되엿스나 일가ㅣ 후대함을 자만하야 교오한 마음이 업지 아니하고 리가ㅣ 겁하는 눈치를 보면 더욱 교오한 체하니 문즁이 다만 다려옴을 후회하며 유랑은 쇼져의 진가를 알고자 하야 쳔만 가지로 셜계 힐문하되 일졀 사색지 아니하더니 이러구러 일삭이 지나매 쇽담에 작심삼일이라. 홍연의 행동거지가 졈졈 차환의 본색이 드러나매 유모ㅣ 더욱 의심이 간졀하더니 일일은 유모ㅣ 다리고 잘 새 문득 잠결에

"취졔야, 쇼져ㅣ 춘<165>졍에셔 부르시더라."

하니 유모ㅣ 듯고 몸이 쇼쇼라쳐 헤오대,

'이것이 반닷이 화 쇼져ㅣ 아니요 그릇 잡아 오도다. 이졔야 비로쇼 본색을 아랏스니 내 이에 죄를 면하고 책을 듯지 아니리로다.'

하고 다시 잠을 일우지 못하고 누엇더니 또 잠ᄭᅩ대를 하야 왈,

"취져야, 공자ㅣ 셔당에셔 차자오라 하신다."

하야 취져를 힐책하니 이 이른바 쥬사야몽이라. 유모ㅣ 밝기를 기다려 급히 ᄂᆡ당에 드러가니 지현은 외당에셔 좌긔를 차려 공사를 하고 공자는 내당에셔 조반을 먹거늘 눈을 협쓰고 다라드러 손을 두다리며,

"공자야, 공자야. 노신이 이제야 ᄭᅮ지람을 면케 하엿나이다. 공자ㅣ 다려온 녀자ㅣ 화 쇼져ㅣ 아니라 그 집 비자러이다."

공자ㅣ 이 말을 듯고 쌀이 머든 밥을 토하야 바리고 밧비 문 왈,

"유랑이 어이 아랏나뇨?"

유모ㅣ 그 몽즁어를 젼하니 생이 분로 왈,

"과연 그러할진대 내 이제 가 쥬먹으로 두다리며 그 실상을 무르리라."

하고 이러 닷거늘 경 시 붓드러 왈,

"아자 너모 과격지 말고 종용이 힐문하라."

공자ㅣ 왈,

"종용이 이르면 그 년 바로 이르지 아니할 것이니 마구 두다려 무른 후 아조 쥭여 업시 하고져 하노이다."

하고 손에 매를 들고 바로 쒸여 후당에 드러가니 쇼져ㅣ 바야흐로 셩젹하노라 거울을 놉히 들고 지분을 고로다가 공자ㅣ 매를 들고 안색이 여토하야 드러옴을 보고 경황하야 거울을 더지며 이러 웃고 왈,

"공자ㅣ 무삼 일로 매를 들고 오시나뇨?"

공자ㅣ 눈을 부릅쓰고 매를 드러 치며 왈,

"이 쳔한 년아, 이제도 쇼져인 쳬 하고 날을 쇽일난다?"

홍연이 실색 왈,

"밋친 공자야, 어대 거즛말을 듯고 날을 이제 홀연이 쇼져 아니라 하나뇨. 내 원래 화소져이기로 네게 붓들여 온 바이요, 미쳔한 죵년이면 무삼 일로 잡혀 왓스리요. 네 매양 져다지 의심하거든 날과 갓치 상셔 아문에 가 변백ᄒᆞ자."

한대 공자ㅣ 더욱 대로하야 이를 갈며 왈,

"네 항상 상셔 아문 빙자하니 날을 쥭일가 녁이나냐. 네 도모지 바로 이르지 아니하니 쾌히 싸려 무르리라."

홍연이 크게 쇼래하야 울며 웨쳐 왈,

"네 지현의 아달이라 자세하고 강도를 보내여 경 공자를 쥭이고 날을 겁탈하야다가 비례로 셩친하야 두고 진가 근본을 말<166>하라 하며 무죄한 사람을 쏘 쳐 쥭이랴 하니 네 지현의 세력이 다 무엇이기로 사람을 임의로 쥭이랴 하나냐. 내 법경에 숑사만 일이키면 너의 부자는 보젼치 못하리라."

하니 공자ㅣ 분긔탱텬하야 홍연의 머리를 끌고 무슈 란타하니 홍연이 발악하는지라. 경 시 놀나 내다라 말여 물이치니 홍연이 발을 구을며 공자의 젼후 과악을 잇그러 웨치니 경 시 황망이 붓들어 말유 왈,

"네 근본을 임에 다 아랏스니 바른대로 이른즉 내 아자를 권하야 쳡으로 편이 거나릴지요, 불연즉 지현게 고하야 즁형을 더하리라."

홍연이 울며 지현 노야ㅣ 즁형을 더한다 하니 더욱 놀납고 겁하난 쳬하며 공숀이 엿자오되,

"이것이 다 나의 죄가 아니어늘 공자ㅣ 이럿틋 날을 싸리시니 엇지 애매치 아니하온잇가. 나도 본대 화부에 잇던 차환이압더니 일일은 숑파ㅣ 이르러 공자의 젼후 흔단과 쏘한 아모 날 흉계를 행하려 함을 와셔 이르매 지혜로 거즛 날을 쇼져의 장쇽을 하야 화 쇼져 침쇼에 두어 예비하야 잡히여 오

게 하고 화 쇼져는 남복을 개착하고 유모와 시녀 취졍을 다리고 피화하야 계시니 나는 쥬인의 대신이어니와 공자ㅣ 불의무상한 일을 하고 도로혀 나를 치니 엇지 허무치 아니하온잇가. 공자ㅣ 임의 내 얼골을 미흡히 녁이거든 쇽히 노아 보내쥬압쇼셔."

경 시 모자ㅣ 이 말을 듯고 모골이 숑연하야 분함을 칙양치 못하야 이를 갈며 ᄭᅮ지져 왈,

"숑파 늘근 년이 우리의 계교를 졍탐하야다가 화가의 누셜하엿스니 화 쇼져를 엇지 못함은 계관 업거니와 화가ㅣ 이 일을 아랏슨즉 쟝찻 큰일이 날 이로다."

홍연 왈,

"우리 쇼져ㅣ 말삼하기를 '리 지현이 일방 부모ㅣ 되여 학졍을 행하고 탐남무도하야 강노들 제결히야 재상가 규슈를 겁탈코자 하며 재상의 아달을 쥭이고 불공불법을 긔탄치 아니하며 나라를 욕하고 임군 쇽이며 풍화를 어즈러이 하니 변시젹자ㅣ라.' 당당이 궐하애 등문고를 쳐 텬자게 쥬달하고 리가 부자를 쥬육하려 하시더이다."

경 시 이 말을 듯고 혼비백산함에 왼몸이 썰이난지라. 능히 말을 이루지 못하고 공자는 대경하야 두 눈에 흔자위쁀이요 슈족을 써는지라. 하가에 화 쇼져<167>의 진가를 분간할 마음이 잇스리요. 객긔가 사라지고 목인갓치 안잣스니 홍연이 더욱 포달스러온 말로 허다한 죄악을 연쇽하야 이르되,

"ᄯᅩ 경 공자를 쥭엿스니 오라지 아니하야 졍가에셔 살인 졍장을 시작하면 그 여러 죄악을 어이 다 당하려 하나뇨?"

하고 무슈 힐책하나 제 무삼 말을 하리요. 경 시 유모, 차환을 명하야 '홍연을 단단이 직히여 도망치 못하게 하라.' 하고 공사로 더부러 장즁에 도라그 급히 지현을 쳥하야 허다 곡졀을 세세히 젼하니 치현이 쳥파에 실색하야 어린 듯하다가 아자를 ᄭᅮ지져 왈,

"이런 대사ㅣ 다 너를 말매암아 일가를 보젼치 못하게 되엿스니 장찻 무삼 힘으로 화를 면하리요."

공자ㅣ 더옥 망극하야 무슈히 울고 말을 일우지 못하거늘 지현 왈,

"송파 늘근 녀이 우리 사젹을 다 아랏슨즉 목져 이 년은 잡아다가 깁히 가도와 종젹을 업시 한 후 도모하리라."

하고 채인을 발하야 송파를 잡아다가 뭇지 아니하고 깁흔 옥에 단단이 가두라 한 후 친히 드러가 홍연을 보고 왈,

"네 화부 차환이라 하나 임의 다러왓스니 너를 며나리로 대졉할 터인즉 엇지 셔로 외대하며 넌들 구고와 가부를 즁히 녁이지 아니하랴. 벌서 일실지인이 되엿스니 화복을 한가지 할지라. 무삼 은휘할 바ㅣ 잇스리요. 쇼져ㅣ 실경 셔울로 갓스면 졍 공자를 사디에 두지 아니하엿스리라. 내 맛당이 아자로 하야금 다시 취치 아니하고 너로 백슈해로케 하리라."

연이 깃거하나 생각하되 당초에 쇼져ㅣ 져를 잡혀 보낼 때에 졍녕 남복을 입고 셔울로 간다 하엿고 또 지현이 졍 공자ㅣ 죽지 아니한 줄 알면 또 무삼 풍파ㅣ 잇슬가 렴려하야 사례 왈,

"쳡은 본대 쳔인이라. 노야ㅣ 황공한 쳐분은 나리시니 쳡이 임의 공자게 허신하엿즌즉 은혜 난망이오나 공자ㅣ 불안히 녁이실가 봉승키 어렵사오며 쳡이 이리로 올 때에 우리 쇼져ㅣ 분명히 남복을 준비하시며 말삼하시되 '내 너를 대신 보내고 맛당이 셔울 간다.' 하셧사오니 일졍 피하셧슬 것이요 졍생다러 피하라 하니 제 고집하야 왈, '인명이 재텬하니 비명에 죽지 아니한다.' 하고 쇼져를 잇지 못하야 떠나지 못하난지라. 그 죵형 백생 등이 역권하되 못지<168>아니하는 고로 부득이 백생 등만 고향으로 도라가니 부인이 또한 개유하되 또한 듯지 아니하다가 필경 비명에 죽엇스니 쇼져ㅣ 졍생을 위하야 보슈할 뜻이 깁더이다."

지현이 쇽으로 겁하나 자약이 가라대,

"화녀ㅣ 졍가 아즉 친영치 아니하엿거늘 무삼 연연한 졍이 잇스리요. 필연 초례 젼 사통함이 잇도다."

년 왈,

"우리 쇼져ㅣ 비례는 구슈갓치 아시나이다."

하더라.

차셜. 지현이 화부의 일을 의론코져 위생을 부르니 생이 이르러 왈,

"그 사이 쳔신이 병이 잇셔 오래 동안 뵈압지 못하엿삽더니 아지 못게라, 무삼 일이 잇셔 부르시니잇고?"

지현이 위생을 잇글고 깁흔 곳에 드러가 좌우를 치우고 화 쇼져의 젼후 곡졀과 기간 허다 사연을 자셔이 이르고 우 왈,

"쳐음 계교는 쇼져를 도젹하야 아자와 부부ㅣ 되면 제 비록 노하나 할 일 업고 졍생이 비독 죽엇스나 아자ㅣ 져 집 사회가 되면 딸을 보아 대졉할 것이니 흔단이 덥펴 무사할가 하엿더니 그 원슈의 숑파 년이 몬져 우리 쐬를 알고 져 집에 누셜하야 이에 이르럿도다. 당초 화 시가 피신할 때에 화 시와 가인이 졍생의 피신함을 권하나 고집하야 피치 아니타가 저갓치 죽다 하나 그 말을 밋지 못할 것이요, 화 쇼져의 여차여차 말함이 극히 유리할 쑨 아니라 하여간 졍생은 죽엇고 규슈를 겁칙하엿스니 륜상에 대관한 죄목이라. 져 요악한 계집이 만일 일을 져즈르면 화를 면치 못하리니 마음에 십분 경황하되 무사할 계교를 생각지 못하야 의론하나니 그대는 묘책을 가랏치라."

위생이 쳥파에 경겁하야 급히 가라대,

"차사ㅣ 등한치 아니하니 화가ㅣ 그져 잇지 아니할 것이요, 그 화ㅣ 비경할지라. 죄인 부자는 차치 물론이어니와 쇼생이 쏘한 죽기를 면치 못하리니 장찻 큰 일이 날지라. 쇼생은 원래 부졀업슨 사람을 간셥한 일이 업더니 공자ㅣ 심히 보채매 졍리를 긍칙하야 함인대 대사ㅣ 나게 된즉 내 무삼 액으로 죄를 당하리요. 각각 목숨을 피함이 상책이라. 다시 셔어한 일을 하다가 죄

우에 죄를 더 맛나리라."

언파에 이러나니 지현이 황망이 붓들어 왈,

"과연 이 불신무의 한 사람이로다. 조흔 일은 한가지로 쇠하고 구진 일은 모피하니 대<169>장부의 행사ㅣ 아니로다. 그대 나의 즁보를 쓰고 어려온 째에는 한 팔 심을 도읍지 아니랴 하는다? 가장 맹낭하도다."

위생이 냉쇼 왈,

"대인의 말이 가쇼롭다. 육백 양 은자를 나를 쓰라 쥬엇던야? 공자의 일 도모하기에 다 허비하고 한 푼도 내가 쓴 일이 업거니와 내 쥬과만 허비할 짜름이니 유익할진대 죽을 곳을 당하더래도 감히 사양하리요? 사생간 공자가 당할 것이니 이 위생이야 무삼 관계가 잇관대 날다려 이르시나뇨?"

지현이 위생의 말이 좃치 못함을 보고 노긔를 참고 달내여 왈,

"내 그대를 그르다 함이 아니라. 임에 대사를 한가지로 하다가 불행하야 일은 아즉 나지 아니하엿거니와 범사를 예비함이 좃커늘 이럿틋 박정하니 내 그 육백 양을 관계치 아니하나니 이제 만일 일에 유익함이 잇셔 쓸 곳이 잇스면 쳔금을 앗기지 아니하겟슨즉 그대는 우리 부자를 위하야 양책을 생각하라. 대사를 도모함에 재물이 물갓치 씨일 것이니 쳥컨대 션생은 자비지심을 드리워 나종이 무사케 함을 바라노라."

하고 쥬효를 셩비ᄒᆞ야 극진 관대하니 위생은 본대 간난한 사람이라. 임에 륙백 양을 어더 삼분의 이는 제 낭탁을 채웟던 터이라. 차쇼위 견물생심이라. 져 지현의 말을 드름에 욕화가 눈을 가리는지라. 이에 풀쳐 가라대,

"노션생이 쇼생에게 이런 대사를 의론하시니 엇지 거역하리잇고마는 일이 즁대할 쑨더러 계교가 업셔 봉승치 못하리러니 이럿틋 신탁하시니 깁히 혜아려 상양하려니와 진실로 내두 사단이 엇지 될지 모로나이다."

지현이 위생의 안색이 펴이고 대답이 슌함을 보고 만만사례 왈,

"이 화근을 제방하면 우리 부자ㅣ 졀단코 진심 보은하리니 부대 묘계를

생각하라."

위후진이 응락고 다시 이름을 말한 후 도라가니 지현이 내당에 드러가 부인과 공자를 대하야 위생과 계교하던 셜화를 이르고 졔일 가자 화 쇼져를 션대하라 하더니 맛참 혼졍할 째가 된지라. 홍연이 졍당에 이르니 지현 부부와 공자ㅣ 모여 말삼하거늘 좌에 나아가 뫼셔 안즈니 지현 부부 좌를 갓가히 쥬고 어로만져 사랑하여 왈,

"현부는 우리 집 종부이라. 아자의 고집이 패려하야 화가와 원슈ㅣ 되엿<170>스니 네 반닷이 이 원슈 일을 화평케 하랴면 현부에게 달엿나니 너는 화부 시녀 즁 친신한 자ㅣ 잇슬지니 화부 쇼식을 비밀히 아라 젼하면 져긔 후환을 방비할 쓧하니 현부ㅣ 능히 행할쇼냐? 이제 당한 쇼조가 남의 업슨 일이라. 일가ㅣ 무사하면 그대를 후대하며 은인으로 아라 조곰도 져바리지 아니하리라."

리생이 쏘 가라대,

"내 향일 급조한 마음으로 낭자를 욕하엿스나 이제는 뉘웃나니 우리 화를 면케 하면 평생 동락을 어긔지 아니하고 졍실로 대졉하야 맹세코 쇽이지 아니리라."

홍연이 지현 부부와 공자의 이렁틋 굴슬함을 보고 심즁에 대희하야 왈,

"공자ㅣ 만일 쇽이지 아니할진대 엇지 슈화를 사양하리잇가. 가랏치신대로 하고 존명을 일일히 봉승하리이다."

지현 부부ㅣ 대희하야 등을 두다려 일캇기를 마지아니하고 쳔인의 심졍을 농락하며 아자를 권하야 '홍연을 박대치 말고 조히 달내이라.' 하니 창백은 위인이 밥쥬머니라. 어리셕어 인사ㅣ 아조 탄탕한대 부모의 가랏치는 말을 듯고 그 실은 홍연을 달내이는 모양이 실상 되여 홍연을 곳 대하면 은졍이 황홀하며 슈유불리하야 밤낫으로 음탕하니 복부 차환이 다 치쇼하되 지현 부부는 아지 못하고 홍연을 대졉함이 극진하니 벌열이 상젹한 며나리갓

치 대접하니 홍연이 의긔양양하야 스사로 제 몸인가 차환임을 이졋더라.

이때 위후진이 리 지현의 말을 듯고 집에 도라와 세세히 상양함에 제 몸이 쏘한 리해가 잇는지라. 능히 방심치 못하야 쥬사야탁함에 원래 간악 구비한 자ㅣ라. 쌔다라 헤오대,

'마지부의 신임 아젼 장청은 비록 하리촌맹이나 사리를 달통하고 사람의 비의불법을 원슈 갓치 배쳑하니 마지부ㅣ 심히 사랑하고 밋어 관가 대쇼사를 다 차인이 쳐결하야 지부에게 취품하면 지부ㅣ 사사언쳥한다 하니 내 가히 차인을 차자보고 여차여차 격동하야 이 쇼문이 마지부에 드름이 되야 리 지현을 불너다가 면책하게 하면 자연 큰일을 비져내리라.'

하고 일일은 날 졈을기를 기다려 가동을 분부하야 약간 쥬효를 갓초와 뒤를 좃츠라 하고 장쳥의 집에 이르러 문을 두다려 왓슴을 통하니 쳥이 황망이 <171> 의대를 갓초고 나아와 짜에 절하고 왈,

"쇼인이 관사에 다사하기로 상공게 가 뵈압지 못하엿더니 루디에 왕림하시니 황공 감격하여이다."

위생이 흔연 대 왈,

"맛참 이곳에 친쳑을 차지러 왓더니 오래동안 압사를 보지 못하야 비린이 극진하며 압사ㅣ 관가에 다사하야 낫에 맛나기 어려올 새 밤에 여가를 타셔 셔정코자 왓노라."

쳥이 그 후의를 사례하고 잇그러 별당에 드러 좌셕을 정한 후 추앙하야 위생을 놉히 안치고 쳥이 스사로 뫼셔 안즈니 위생이 웃고 그 손을 잡아 겻히 안치고 왈,

"내 비록 학즁지인이요 그대 비록 부즁 아젼이나 쏘한 갓흔 백셩이니 타일 발신하면 지위 통판에 이름이 어렵지 안커늘 무엇을 이대도록 겸양하나뇨. 모롬이 의려치 말고 편히 안자 종용이 회포를 펼지어다. 쏘 지긔지간에 무삼 귀천을 분별하리요."

쳥이 연망이 사례 왈,

“상공은 사림의 웃듬이시고 쇼인은 비쳔한 몸이라. 엇지 톄면을 상해올잇가. 황공하여이다.”

위생이 은근히 권유하야 갓가히 좌졍하니 쳥이 쥬찬을 드려 관대하며 은근 셜화하더니 슐이 진함에 생이 또 가동으로 쥬효를 내여 왈,

“맛참 친쳑을 대졉하려 장만하엿더니 그대를 생각하야 가져왓나니 박약함을 허물치 말나.”

쳥이 연망이 사례하고 통음하니 졍히 셔로 취하엿더라. 인하야 야심하고 인젹이 업거늘 위생이 문득 가라대,

“그대 요사히 해연한 쇼문을 듯지 못하엿나냐?”

쳥이 문 왈,

“부삼 쇼문이 잇니잇가. 일즉 듯지 못하엿노이다.”

생 왈,

“셔로 왕래하무로 그러하도다. 본관에 한 강상대변이 잇셔 쇼문이 자자하거늘 지부 지현이 다 묵묵하고 풍화를 다사리지 아니하니 만일 슌무어사ㅣ 이르러 몬져 알진대 지부와 지현의 용열함을 노하야 텬자게 쥬달하면 양공이 다 죄를 면치 못할지니 지부는 깁히 잇셔 외간 물졍을 듯지 못하거니와 그대 갓흔 이목이 이런 일을 듯보아 관원의 몸에 시비 업게 함이 올흘가 하노라.”

쳥이 가라대,

“무삼 일이온잇가. 원컨대 자셔히 이르시면 명일 당당이 부존 대야게 고하와 풍화를 졍이 하리이다.”

위생 왈,

“다른 일이 아니라 젼 례부상셔 화경윤의 가내에 무상한 일이니 화 상셔ㅣ 귀향할 새 일즉 <172> 한 쌀이 잇셔 졍가에 허친함이 잇더니 그 부인이

고향 도라오매 경가ㅣ 안해를 마자 가고져 타향으로부터 이르러 머물며 택일하야 셩례코져 할 새 졍생의 붕우 백생이란 명부지쇼년이 맛참 졍생을 조차 왓난대 풍채가 동인하며 지긔 과인한 즁 색을 탐하는지라. 화 시를 여어보고 흠모하야 글을 더져 뜻을 통한 후 사사로이 음란하니 그 어미가 자식 행실을 짐작하고 밧비 셩친하려 함에 졍녀 백가의 졍이 은근 협흡하야 반야에 졍생을 질너 쥭이고 화 시로 더부러 도망하니 화가ㅣ 쌀의 취졸이 들어날가 하야 급급 관곽을 갓초와 입관하고 거즌말을 지여 '반야에 도젹이 드러와 쥭엿다.' 양언하니 진실로 도젹이 쥭엿슬진대 그 재물을 아사가지 아니하고 엇지 사람만 쥭이며 쏘 진졍 도젹이 드러 쥭엿스면 응당 관부에 숑사하야 일가ㅣ 진동할 것이어늘 묵묵이 아모 거조ㅣ 잇지 아니하니 이는 졍령 간부 음녀의 작용이라. 이는 맛당이 풍교 윤상에 관계이요 강상의 대변이어늘 한 사람도 의긔를 분발하야 국법을 밝힘이 업스니 어사ㅣ 만일 이 쇼문을 드를진대 지부, 지현을 문죄하고 고을을 혁파하려 할 것이니 그대는 자세 드러 지부게 고하야 국법을 졍히 하면 제일 그대의 현명함이 될 것이니 부대 잇지 말나."

쳥이 비록 하쳔 쇼리이나 그 위인이 가장 강열하야 이 갓흔 비례 불법의 말을 드르면 일신을 써는 셩품이라. 위생의 허다 무상한 말을 듯고 두발이 상지하는지라. 분연하야 왈,

"이는 창녀와 쳔인에도 금시초문이니 화가 녀자와 백가 간부는 쳐참하기로도 부족하도다. 상공이 이르지 아니하엿더면 거의 우리 대야 몸의 욕이 밋칠 번 하엿스니 감은하여이다. 연하나 범사ㅣ 증참이 잇셔야 일이 명백하오니 혹 이 가온대 허언이 만아 화가ㅣ 변백할 도리가 잇스면 도로여 난쳐하오리니 상공은 자셔히 아르시나잇가?"

생 왈,

"내 엇지 풍화의 변을 지을리요. 화가 노복이 관곽을 사갈 째에 내 보앗

고 쏘 인인이 다 져의 피 무든 의금을 보고 참혹히 녁여 화 시를 ᄯᅮ짓지 아니하 리 업셧나니라."

청이 져 말이 명명함을 보고 다시 의심치 아니하야 명일에 일을 내려 하더라.

이러구러 <173> 날이 밝으매 청은 아즁에 구실 가고 위가는 집으로 도라 가니라. 이에 장청이 부즁에 드러가 종용이 지부게 위생의 셜화를 셰셰히 고하니 마지부ㅣ 불승해연 왈,

"현읍에 이런 강상 대변이 잇스되 지현이 함구 불셜하니 리현경을 불너 책하고 쇼이연을 자시 안 후 경윤의 쳐를 잡아 힐문하고 음녀 간부를 쏘 잡아 동시에 쳐참하야 국법을 졍히 하리라. 원래 졍가는 뉘 집 자식이완대 그다지 혈혈하야 죽은 지 달이 넘되 찻지 아니하는고. 고히하다."

청 왈,

"누의 자식인 쥴 모로되 원방으로좃차 셩례하러 오매 화공이 젹거 젼에 졍혼하엿더라 하며 백생이라 하는 자ㅣ 졍생을 다리고 왓더라 하니 졍가ㅣ 일졍 멀이 잇기로 변을 모로는가 하니이다."

지부ㅣ 졈두하고,

"즉시 아역으로 하여금 지현을 청하야 오되 '관사의 급한 일이 잇스니 오쇼셔.' 하라."

채인이 즉시 현즁에 이르러 지부의 명을 젼하니 지현이 즉시 아즁에 이르매 지부ㅣ 마자 례필 후 지현이 몸을 굽혀 왈,

"노대인이 무삼 일이 잇셔 하관을 부르시니잇고?"

지부ㅣ 정색 왈,

"국가ㅣ 아등으로써 일방을 막기심은 만민을 극진 교유하고 명교를 셩히 하야 례우를 밝히게 하심이니 아등이 맛당이 긍긍업업하야 백셩을 무휼하며 민간즐고를 살핌이 올커늘 그대는 엇지 졍치하관대 나의 쇽현에 강상

대변이 잇스되 다시림이 업셔 유연 함묵하니 아지 못게라, 그대 엇지 모로난 톄 하나뇨? 그 깁흔 쥬의 듯고자 하노라."

지현이 쳥파에 황겁하나 거즛 모로난 톄 하고 왈,

"쇼생이 혼암하와 이런 일을 아지 못하압나니 복망 대인은 밝히 가랏치쇼셔."

지부ㅣ,

"노부ㅣ 드르니 젼 례부상셔 화경윤의 가즁의 여차여차한 흉변을 모로리 업다 하거늘 엇지 아지 못하나뇨?"

인하야 장쳥의 고하던 셜화를 말하니 지현이 양경 왈,

"쇼생이 우완하야 이런 흉변이 쇽현에 잇스되 아지 못하엿사오니 불승황괴하여이다. 죄악을 의론한즉 삼쳑의 률을 행할 것이로대 차ㅣ 쇼쇼 여민의 집이 아니요, 경윤이 비록 젹거하엿스나 경상의 톄면에 엇지 하오면 맛당하리잇가?"

지부ㅣ 왈,

"화녀자ㅣ 일개 사가 규슈로 이 갓흔 음악한 행실이 잇스니 엇지 져의 아비를 구애<174>하리요마는 재상의 톄면이 잇고 허실을 자셔이 아지 못하고 경상의 쳐자를 가부야이 잡지 못하리니 몬져 그 친신한 노복을 잡아다가 엄졀히 힐문하야 그 내막을 자셔히 알아 원고원쳑을 삼으며 백생을 차자 잡으면 일을 가히 자셔히 알이니 쌜이 핵실하야 간부와 음녀를 잡게 하라."

지현이 응락하고 현즁에 도라와 아자와 경 시를 대하야 지부의 말을 일으니 모자ㅣ 용약 대희하나 홍연은 져 부자ㅣ 필경 앙화를 입을 줄 알고 또한 렴려하나 아모 쥬의 업시 혼암한 인물이라. 각별 위쥬츙심도 업고 졔 몸을 돕고 쥬인을 해할 쯧도 업스며 졍 공자의 쥭지 아니함을 분명이 이르지 아니함은 져긔 해로올가 하야 일향 쥭은 다시 말하더라. 지현이 즉시 발채하야 '화부 노복을 잡아 오되 조금이나 인졍을 밧는 자ㅣ 잇스면 참형을 더하리라.' 하령하니 사오 개 범 갓흔 하리배가 바로 화부에 돌입하야 '강상 범인을 잡은란다.' 하며 어즈러이 들네이니 이때 화부 상하ㅣ 대경 요란하야 아모리 할 쥴 모로고 다만 급급히 내당에 보하니 차시 부인이 쇼져로 더부러 리가의 다시 작변함이 잇슬가 렴려 담화하더니 의외에 비복의 황황한 말을 듯고 대경하야 능히 말을 못 하거늘 쇼져ㅣ 왈,

"모친은 놀라지 마쇼셔. 이 일이 리가ㅣ 져 죄를 감초우고 쇼녀를 모함하야 졍생을 쥭엿다 하야 사디에 모라넛코 쇼녀로써 입이 잇스나 변백지 못하게 하고 져의 죄를 도로여 우리게 씨우려 하야 이럿틋 핍박함이니 이제 창졸에 백계무책이오나 모친은 경동치 마르시고 양뎨는 년유하야 관부에 나아가지 못할 것이니 몬져 노복을 잡혀 보내고 쇼녀ㅣ 비록 일개 아녀자이오나 져간에 해를 입지 아니하리니 태태는 관채를 대졉하시고 연즁 등 슈개 노복을 불너 여차여차 이르쇼셔."

부인이 졈두하고 여러 관 돈을 내여 관채를 슐 먹이고 젼명 왈,

"우리 노야ㅣ 멀이 게시고 가즁의 각별 범죄자ㅣ 업거늘 지현이 무삼 일로 채인을 보내시더뇨?"

채인 등이 비록 지현의 엄교를 바닷스나 무지 쳔한이 은자와 쥬육을 보고 거의 셩명을 앗기며 본대 제게 원슈 업고 인졍이 후함을 깃거 왈,

"우리는 자셔히 모로거니와 로<175>야ㅣ 분부하시기를 이 댁 쇼져ㅣ 무상한 행사ㅣ 잇스매 지부 로야ㅣ 드르시고 우리 로야ㅣ 다사리지 아니함을 졀책하시매 지현 로야ㅣ 발채하야 잡으심이나 다만 몬져 노복을 잡아 힐문하려 하시니 맛당이 노자와 어룬 양랑을 내여 보내쇼셔."

부인이 차언을 듯고 분함을 이긔지 못하야 연츙과 사지 양낭 분향과 유모 연파를 보낼 새 쇼져ㅣ 법졍에 가 대답할 말을 일일히 갈앗치고 연긔로써 여러 냥 은자를 쥬어 상하에 인졍을 후히 써 연츙 등을 돌보게 하다. 채인 등이 연츙 등을 거나리고 나난 다시 도라가니 부인이 놀남을 진정하고 공자는

신색이 찬 재 갓흐여 우어 왈,

"리가ㅣ 흉계를 내여 우리 일가를 모살코자 하니 이를 장차 엇지 하리요?"

부인 왈,

"리가의 계교 궁흉하거니와 드르니 지부ㅣ 리가를 책하야 이갓치 명한 배라 한즉 이는 지부를 촉하야 공변도이 우리 모녀를 사디에 넛코자 함이니 죄는 업스나 우리 집 형세 져를 당치 못할지니 욕을 면치 못할가 하노라."

쇼져ㅣ 대 왈,

"지부는 리가의 음흉함을 아지 못하고 간인의 참언을 신청하야 지현으로써 우리를 다사리게 하니 지현이 공의를 잡아 죄를 뭇는 톄 하고 쇼녀를 불칙한 죄로써 얼거 화근을 슨으려 셜계함이나 일이 시비 분간이 잇슬 바요, 대사에 참증이 잇셔 진가를 판단할지라. 허물며 신명이 굽어 살피시니 져의 비록 계교를 어더 자득하나 자연 죄는 져진 자에게 도라가고 도로여 쇼녀의 신상이 유익하야 모친의 렴려를 들고 쇼녀ㅣ 규방에 안신하야 강포의 두리음이 업스리니 복원 태태는 렴려치 마르쇼셔. 쇼녀ㅣ 자연 리가 부자를 증참에 넛코 입을 놀이지 못하게 하오리니 대져 차사는 어사 드는 날이야 결말이 잇슬지라. 지속은 아즉 아지 못하오나 흉인의 독수 어려온지라. 소녀ㅣ 스사로 보신지계 잇슬 쁜 아니라 리가ㅣ 쇼녀를 도쥬한 쥴로 아는 고로 도모치 아니려니와 양뎨를 해코져 하오리니 쌀이 감초와 독슈를 면케 하쇼셔."

부인이 녀아의 디모를 칭애하야 별로이 렴려치 아니하나 아자를 해할가 놀나 왈,

"녀아의 말이 올흐니 양아를 급히 치우려니와 두엄즉 한 곳이 업스니 엇지 하리요?"

쇼져<176>ㅣ 대 왈,

"일삭이면 결말이 나리니 양뎨를 각별 멀니 보내지 말고 연긔를 막겨 졀

간에 숨기거나 불연즉 여염이라도 제 아는 집에 잘 숨겻스라 하고 외간에 양언하되 '양공자ㅣ 져의 부친 계신 곳에 갓다.' 하야 비록 관부에셔 찻드래도 이갓치 하오면 조흐리이다."

부인이 즉시 사람을 고을에 보내여 연긔를 불너 오라 하더라.

四姓奇逢 林花鄭延 一 終

임화정연 해제

1. 개요

〈임화정연〉은 〈옥루몽〉, 〈하진양문록〉 등과 함께 구활자본으로 간행된 조선시대 장편소설이다. 한글장편소설이 구활자본으로 두 차례 이상 출간된 사례는 〈임화정연〉과 〈옥루몽〉, 〈하진양문록〉 세 작품뿐이라는 점을 감안하면, 〈임화정연〉의 인기가 대단했다는 점을 짐작할 수 있다.

남윤원(南允元)은 1888년 소설 〈옥수기(玉樹記)〉를 번역하고 남긴 발문에서 〈임화정연〉을 언급했다. "ᄃᆡ져 이 ᄎᆡᆨ 하회(下回)로 볼진ᄃᆡ 가(嘉), 화(花), 왕(王), 딘(陳) ᄉᆞ가(四家) 후진(後進)의 소셜(小說)을 이어 일우면 〈님화정연(林花鄭延)〉과 〈명ᄒᆡᆼ정의(明行貞義)〉로 더부러 ᄉᆞ양(辭讓)치 아니ᄒᆞ올 듯"[139] 이라 한 것이다. 자신이 번역한 〈옥수기〉를 높이 평가하면서 그 기준으로 〈임화정연〉과 〈명행정의록〉을 언급했으니, 〈임화정연〉이 당시의 한글

139 서울대학교 규장각 소장 『옥수기(玉樹記)』 9권 49장 앞~50장 앞.

장편소설을 대표할 만한 작품으로 인식되었던 정황을 짐작할 수 있다.

근대 이후이기는 하나 『조선소설사』를 집필한 김태준 역시 〈임화정연〉을 〈하진양문록〉과 함께 그 당시 가장 인기를 끌었던 작품으로 추정하기도 하였다.[140] 정병욱도 치밀한 구상과 세련된 표현을 이유로 들어 〈임화정연〉을 '걸작(傑作)'[141]이라고 평한 바 있으며, 김기동 역시 주제와 구성이 독창적이라면서 "고전소설의 작품적인 수준으로 보아 확실히 성공한 대작"[142]으로 평가했다. 1962년 소설가 최인욱(崔仁旭, 1920~1972)은 〈임화정연〉을 개작한 현대 활자본 『임화정연』을 출판했다.[143] 비록 작품의 전반부에 해당되는 내용만을 다루었지만, 조선시대에 창작된 한글장편소설 중 필사본과 구활자본, 현대 활자본의 형태로 변모를 거듭하면서 살아남은 사례는 〈임화정연〉이 유일하다는 점에서 의의가 있다.

〈임화정연〉은 〈완월회맹연〉,[144] 〈명주보월빙〉[145]과 더불어 조선시대의

---

140 김태준은 동아일보에 1930년 10월 31일부터 1931년 2월 25일까지 <조선소설사>를 연재했다. 1931년 1월 18일 "英正時代의 小說(三)"이라는 제하로 글을 썼는데, 여기에서 "河陳兩門錄과 林花鄭延은 가장 人氣를 쏫는 작품일지라"는 언급을 했다. 초판과 개정증보판에서도 이 언급은 바뀌지 않는다. 1931년 1월 18일자 동아일보 기사 및 김태준 저, 박희병 교주, 『증보조선소설사』, 한길사, 1990, 158쪽(초판은 1933년, 개정증보판은 1939년 간행).

141 "그 雄渾하고도 緻密한 構想과 眞實된 虛構와 洗鍊된 表現은 현대 작가의 도저히 따르지 못할 傑作인 것이나 누구 하나 古典研究家 現代作家를 막론하고 화제에조차 올리지 못하고 있는 형편이다." 정병욱, 『국문학산고』, 신구문화사, 1959, 48쪽.

142 "이 作品과 같은 大長篇은 事件이 重複되어 읽기가 지루하나, 이 作品은 事件이 複雜하면서도 重複되는 플롯이 없어서 讀者를 끝까지 끌고 가도록 豊富한 興味를 주고 있다. 플롯도 先行作品의 模倣보다는 作者의 獨創을 더 많이 결구해 놓아, 先行作品에서는 이 小說과 같은 主題나 類型을 찾아볼 수 없는 獨創的인 作品으로 보지 않을 수 없고, 古典小說의 作品的인 水準으로 보아 確實히 成功한 大作이다." 김기동, 『한국고전소설연구』, 교학사, 1981, 729쪽.

143 최인욱이 개작한 <임화정연>의 전반적인 특징은 김지연의 선행연구에서 다루어진 바 있다. 김지연, 「<임화정연>의 현대적 출판과 개작의 특징: 1962년 을유문화사 판 최인욱 본 <임화정연>을 중심으로」, 『고소설연구』 33, 2012.

144 가장 긴 한글장편소설은 <완월회맹연>이다. 한국학중앙연구원 소장 180권 180책 <완월회맹연>은 장서각 디지털 아카이브 사이트에서 원문 파일을 열람할 수 있다. 해당 원문 파일을 토대로 추산한 이 책의 글자 수는 약 298만8천자이다.

145 <명주보월빙>은 147만5천자, <명주보월빙>의 속편 <윤하정삼문취록>은 145만5천자이다. 두 작품의 글자 수는 최길용의 계산을 참고했다. 최길용 교주, 『교감본 <명주보월빙>』 1, 학고방, 2014, 서문 vi쪽.

3대 장편으로 일컫기에 부족하지 않은 거질(巨帙)의 작품이기도 하다. 이 책에서 번역의 저본으로 삼은 구활자본의 글자 수는 약 81만자이고,[146] 필사본의 글자 수는 150만자이다. 이들도 완전한 이본이 아닌 축약본이다. 지금은 실전되었지만, 과거 경성제국대학 도서관의 장부에는 139권 139책 분량의 〈임화정연〉을 구입한 기록이 있다.[147] 최남선도 향목동 세책집에서 139권 139책 규모의 〈임화정연〉을 보았다는 기록을 남겼으니, 139권 139책으로 이루어진 〈임화정연〉의 존재는 거의 확실하다. 또 〈임화정연〉의 후속편 〈쌍성봉효록〉은 80권의 모본을 16권으로 축약한 이본만 남아있는데 그 분량이 60만자에 달한다. 이처럼 방대한 분량의 작품은 상업적으로 출판되기가 쉽지 않은데도 불구하고 〈임화정연〉은 두 차례나 간행될 정도로 상당한 인기를 누렸던 것으로 짐작된다.

2. 주요 이본

〈임화정연〉의 이본은 현재 8종이 확인된다. 완질본 2종과 낙질본 6종이다. 이 책에서는 완질본인 조선도서 주식회사 1923~1925년 발행 구활자본 6권 6책과 72권 72책본에 대해서만 살펴보기로 한다.

---

146 송성욱, 「필사본 <임화정연> 72책본 텍스트 연구: 구활자본과의 비교를 중심으로」, 『한국문화』 36, 2005, 3쪽.

147 서울대학교는 경성제국대학 도서관(이하 경성제대도서관)에서 50만권 가량의 장서를 넘겨받았다. 경성제대도서관에서는 자료의 구입 내역을 서류로 작성해 놓았는데 이를 '도서원부(圖書原簿)'라고 한다. 도서원부에 의하면 경성제대도서관은 1928년 6월 9일 이성의(李聖儀)로부터 51종 593책의 소설책을 450엔에 구입했는데, 그 목록에 <임화정연> 139책이 있다. 이날 구입한 51종의 소설책은 지금 모두 일실되었다. 정병설, 「'도서원부'를 통해 본 경성제국대학 도서관의 한국고서 수집」, 『문헌과 해석』 63, 2013.

1) 『사성기봉 임화정연(四姓奇逢 林花鄭延)』(이하 조선도서본)

이 책에서 역주의 저본으로 삼은 조선도서본의 표제는 '사성기봉 임화정연(四姓奇逢 林花鄭延)', 내제는 '사성기봉 임화정연 권지일(四姓奇逢 林花鄭延 卷之一) 림화뎡연 권지일'이다. 체제는 6권 6책으로, 1권부터 4권까지는 1923년, 5권은 1924년, 6권은 1925년 출간되었다. 글자 배치는 면당 16행 46자로, 일반적인 구활자본보다 글자의 크기를 줄여 지면 당 글자 수가 더 많다. 전체 글자 수는 약 81만자로 추산된다. 1925년 완간된 조선도서본 〈임화정연〉은 1928년 다시 발행되었으며, 1938년에는 박문서관에서 조선도서본과 동일한 판본의 〈임화정연〉을 발행하기도 했다.

조선도서본 1책은 2개의 편(編)으로 구성되고, 각 편은 6회의 장회로 구성되어 1권부터 3권까지는 각 권이 2개의 편과 12회의 장회로 구성된다. 1권부터 3권까지는 72책본에 비해 서술이 다소 축약되어 있을 뿐 큰 차이가 없는데, 4권부터는 축약의 정도가 심해지고 편집 체제도 흐트러진다.[148]

조선도서본이 출판되기 이전인 1913년 유일서관에서, 1916년 세창서관에서 〈임화정연〉을 발행한 적이 있었지만, 완질본은 조선도서본 뿐이다.[149] 조선도서본과 세창서관본은 그 체제와 내용이 흡사하지만 세부적인 문장과 어구는 부분적인 차이를 보인다. 두 이본이 동일 계열이기는

---

148 조선도서본은 1권부터 4권까지가 같은 해에 출간되었으며, 3권까지는 축약의 정도가 크지 않은데 4권부터 큰 폭의 축약이 나타난다. 또 조선도서본의 1권부터 3권까지는 비교적 일관적인 방식으로 편집되어 있는 반면 4권 이후부터는 장회 하나의 면수가 8~10면으로 줄고, 한 권당 장회 수도 12회에서 4권 20회, 5권 21회, 6권 20회로 늘어난다. 또 5권과 6권에서는 10편과 12편의 표기를 누락하는 등 체제가 흐트러진다. 4권부터는 비용이나 시간 등의 문제로 출간을 서둘렀던 것이 아닌지 의심된다.

149 조선도서본보다 먼저 발간되었던 유일서관본과 세창서관본의 완질 여부는 확실하지 않다. 조선도서주식회사에서 동아일보에 낸 광고를 보면, "諸位의 日時로 苦待하시든 小說 / 朝鮮古代의 名作인 四姓奇逢이 今에 完帙出來하얏습니다!"(동아일보 1925년 2월 25일자 광고)라고 되어 있어 최초의 구활자본 <임화정연> 완질본은 1925년 조선도서본일 가능성이 있다.

하지만 조선도서본이 앞서 출판된 세창서관본을 직접적인 모본으로 삼지는 않은 것으로 보인다.[150]

2) 『임화정연기봉(林花鄭延奇逢)』(이하 72책본)

72책본 〈임화정연〉은 72권 72책의 한글 필사본으로, 표제는 '임화정연기봉(林花鄭延奇逢)'이며, 내제는 1권~10권의 경우 '님화뎡연긔', 11권~72권은 '님화뎡연긔봉'으로 되어 있다.[151] 글씨는 가지런하고 정성들여 쓴 궁체로 필사되어 있으며, 낙서나 파손된 부분을 찾을 수 없을 정도로 보존 상태가 양호하다. 각권은 70면~77면으로 이루어져 있으며, 76면인 경우가 가장 많다. 72책본의 각 권당 글자 수는 16,000자에서 24,000자까지 비교적 큰 폭의 차이를 보인다.[152] 72책본의 전체 분량은 대략 150만자로 추산된다.[153]

선행연구에서는 72책본과 조선도서본을 비교하고, 72책본도 일부 매끄럽지 않은 부분이 있어 원본이라고 볼 수는 없지만 현존하는 이본 중 원본의 전체 내용을 가장 많이 보유하고 있는 것으로 판단했다.[154] 또 72책본은 조선도서본보다 서술이 풍부하지만 전체적인 서사는 거의

150 세창서관본의 장회 제목들은 일부 표기의 차이만 제외하면 조선도서본의 장회 제목과 동일하다.

151 필자는 여러 경로로 72책본의 소장자와 접촉을 시도하였으나 실물을 열람할 수 없었다. 72책본의 서지사항에 대한 정보는 72책본의 영인본과 선행연구의 논의를 토대로 적은 것이다.

152 72책본은 모든 권이 11행으로 필사되어 있다. 다만 1행 당 글자 수는 상당한 차이를 보인다. 1권부터 3권은 1행이 20자 내외이며, 비교적 크고 또박또박한 필체로 충분한 여유 공간과 함께 본문이 필사되어 있다. 이 부분의 1쪽당 글자 수는 대략 220자 가량이다. 그런데 4권 이후부터는 점차 글자의 크기가 작아지고 조밀해지기 시작한다. 55권이나 58권은 1행 당 글자 수가 30자, 1쪽당 글자 수가 300자를 넘기도 한다. 한 줄당 글자 수는 해당 권의 앞(2~3쪽)과 중간(30~35쪽), 뒤(70~75쪽)의 1행 당 글자 수를 평균한 수치이다.

153 선행연구에서는 72책본의 전체 분량을 190만자로 언급한 바 있다.(박재연 외 교주, 『님화뎡연긔봉』 1~6, 학고방, 2008, 1쪽) 그러나 옮긴이의 계산 결과 72책본의 전체 분량은 대략 152만 5천자 내외이다.

154 송성욱, 앞의 글, 2005.

동일하다고 보았는데, 낙질본을 포함해 72책본과 조선도서본은 다른 이본에 비해서도 내용의 차이가 비교적 적은 편이다.

3. 구성

〈임화정연〉은 연구의 초기 단계에서부터 전반부와 후반부가 서로 다른 주인공으로 이루어져 있으며, 서사구조 역시 불연속적이라는 문제가 제기되면서 이를 둘러싼 논쟁이 벌어졌다.[155] 작품의 주인공이 누구이며, 서사구조가 어떠한가를 파악하는 일은 작품의 해석에 있어 중요한 문제이다. 그런데 이 문제에 대해 지금까지 제출된 연구자들의 견해는 매우 다양할 뿐만 아니라 큰 폭의 차이를 보인다. 그 결과 작품의 위상에 비해 연구가 심화되지 못하는 정체 상태가 지속되어 왔다.

옮긴이는 2016년 박사논문 「〈임화정연〉 연구」에서 이 문제에 대해 후속편 〈쌍성봉효록〉을 함께 보는 방식으로 해결책을 제시했다.[156] 해당 내용을 간략히 요약한 내용을 아래 제시하며, 자세한 내용은 옮긴이의 선행연구를 참고하여 주기 바란다.

현존하는 〈임화정연〉은 임씨 가문의 1대와 2대를 다루고 있으며, 〈쌍성봉효록〉은 3대와 4대를 다루고 있다. 옮긴이는 임씨 가문의 1대-2대-3대의 서사를 다룬 실전본 〈임화정연〉이 존재했을 것으로 추정한다.

---

155 <임화정연> 연구는 1966년 정규복으로부터 시작되었다. <임화정연>의 구조적 불연속성 문제는 1980년 양혜란이 '이원화된 구조'의 관점에서 논의를 펼친 것이 처음이며, 이에 대해 1983년 이현국이 반론을 제기하면서 논쟁이 본격적으로 이어졌다. 정규복, 「<임화정연> 논고」, 『대동문화연구』 3, 1966; 양혜란, 「<임화정연> 연구」, 이화여대 석사논문, 1980; 이현국, 「<임화정연> 연구」, 경북대 석사논문, 1983.

156 김동욱, 「<임화정연> 연구」, 서울대학교 박사논문, 2016.

다만 이 가설을 직접적으로 증명할 수 있는 실전본 〈임화정연〉은 아직 나타나지 않은 상태이며, 어쩌면 영원히 발견되지 않을 수도 있다.[157] 만일 실전본 〈임화정연〉의 존재를 가정한다면 〈임화정연〉의 서사는 어떻게 볼 수 있는지 살펴보자.

1대인 임자순은 임씨 가문의 가부장으로 등장한다. 그는 명문가의 후손으로 서술되어 있지만 실제로는 아무런 정치적, 경제적 기반이 없는 한미한 처사에 가깝다. 또 그는 주도적으로 어떤 일을 벌이거나 다른 인물과 갈등구조를 형성하지 않는 인물이다.

2대인 임규는 가문을 실질적으로 일으키는 주역이다. 그는 두 차례의 갈등을 빚는다. 〈임화정연〉의 전반부에서는 정연양과의 혼사 문제를 놓고 진상문과 갈등을 빚는다. 임규와 진상문의 갈등은 진상문이 진심으로 회과자책하면서 해소된다. 후반부에서는 첩 양 씨와 갈등을 빚으며, 이 부분은 임씨 가문의 2대 서사가 3대의 서사로 연결되는 지점이라고 할 수 있다. 이 과정에서 정연양의 시비 석가월은 양 씨와의 갈등 끝에 집을 나와 천하를 유람하다 도교로 출가했다가, 나중에 양 씨 등의 음모를 해결하는 데에 결정적인 공을 세우게 된다. 임규와 양 씨의 갈등은 〈임화정연〉에서는 해소되지 않는다.

3대 인물 중 주인공은 정실 정연양의 소생 임백영이고, 그와 갈등을 일으키는 인물은 첩 양 씨 소생의 서장자(庶長子) 임효영이다. 정연양의 시비 석가월은 〈임화정연〉의 후반부에서 양 씨와 갈등을 빚는 사이가 된다. 그들의 갈등은 계속 누적되어, 〈쌍성봉효록〉에서 본격적으로 대립하

---

157 옮긴이의 주장을 가장 직접적으로 뒷받침할 수 있는 증거는 주인공 1대부터 3대까지의 서사를 모두 보유한 완질본 <임화정연>의 출현이 될 것이다. 서울대학교 도서관에 한때 소장되었지만 지금은 분실된 139권 139책 <임화정연>이 책 수로 미루어 볼 때 실전본 <임화정연>의 모습에 가까울 것으로 보이나 확실하지 않다.

게 된다. 임백영과 임효영은 가문의 종통 계승권을 둘러싸고 대립하는 구도를 이루는데, 그 과정에서 벌어지는 여러 사건들은 2대의 서사와 유사한 점이 많다. 임규의 경우 진상문과 진 부인의 계략으로 인해 정연양이 남복으로 개착하고 집을 떠나 고생했는데, 임백영과 임효영의 대립에서도 임효영의 모친 양 씨가 주도적으로 음모를 꾸미며, 이로 인해 임백영의 처 유계화와 임중영의 처 소옥설이 집을 떠나 조천관에 몇 년간 머물러 있게 된다.[158] 그들의 갈등구조는 〈쌍성봉효록〉 6권 137면에서 완전히 해소된다.

실전본 〈임화정연〉은 주인공 가문의 3대를 대상으로 하되, 1대에서 한미했던 가문이 2대에 이르러 크게 성장하며, 3대에서 가문 내적 질서를 확립한다는 점에서 가문의 성립과 번영을 기본적인 틀로 삼고 있는 삼대록계 가문소설의 서사구조와 크게 다르지 않다고 할 수 있다. 〈임화정연〉의 서사구조에 대해 다양한 의견이 제출된 이유는 현존하는 〈임화정연〉의 자료적 속성 탓인 셈이다.

요컨대 현존하는 완질본인 조신도시본과 72책본 모두 완질본이기는 하지만 한 편의 작품으로서 완결된 서사구조를 갖추고 있는 이본은 아니다. '완질본'이라는 용어는 작품을 이루는 전체 책 수 중 '낙질'이 없다는 뜻이지 그들이 '원본'의 서사 전부를 온전히 지니고 있다는 의미까지 담고 있지는 않다. 〈임화정연〉의 서사는 임씨 가문의 1대-2대-3대로 파악해야 하며, 따라서 〈쌍성봉효록〉의 전반부까지 합쳐서 파악해야 온전하게 이해할 수 있다.

---

158 현존하는 72책본의 51권 28~29면에는 유계화와 소옥설의 고난에 대한 복선이 있다. 조옥연은 꿈에서 자신의 모친을 만나 도교로 출가할 운명임을 듣게 되는데, 그 때 자신이 앞으로 지내게 될 도관을 둘러보다가 두 명의 여인을 보게 된다. 이 두 여인의 정체에 대해서는 언급이 되지 않으나, <쌍성봉효록>에서 유계화와 소옥설이 조천관에 와서 지내게 되면서 앞의 두 여인이 그녀들임을 알 수 있게 된다.

이렇게 본다면 쌍성 형제를 중심으로 한 〈쌍성봉효록〉의 후반부는 후대에 덧붙여져 창작되었을 가능성이 높다. 현존하는 국립중앙도서관 소장 〈쌍성봉효록〉은 3대인 임백영과 4대인 쌍성 형제의 서사가 결합되어 있어 제명과 내용이 일치하지 않는다.[159] 앞서 지적했듯이 〈쌍성봉효록〉은 전, 후반부의 서사구조가 분절적이고 서술의식도 이질적이며, 가상의 필자인 옥호산 양문진인에 대한 설명이 두 번에 걸쳐 이루어지는 점도 눈길을 끈다.[160] 단언할 수는 없지만, 〈쌍성봉효록〉은 '쌍성봉효(雙星奉孝)'라는 제목에서 알 수 있듯이 원래는 임부의 4대 쌍성 형제의 서사만 다루는 내용으로 창작되었다가 후대에 지금과 같이 1대-2대 〈임화정연〉, 3대-4대 〈쌍성봉효록〉의 형태로 만들어졌을 가능성이 있다.

4. 1권 줄거리 요약

때는 명(明) 홍무(洪武) 연간, 이부상서 정현은 간신 호유용이 집권하자 병을 핑계 삼아 고향인 절강 소흥부로 낙향한다. 정현에게는 딸 정연양과 아들 정연경이 있었다. 처남인 진담의 차자 진상문은 사촌누이 정

---

159 선행연구에서도 <쌍성봉효록>의 제명과 내용의 불일치에 대한 의문이 제기된 바 있다. "작품 제목이 의미하는 '쌍성' 역시 임규의 쌍둥이 손자인 성인과 성현 형제를 일컫는 말이다. …(중략)… 그러나 작품 전체를 통해 볼 때, 이 쌍성 형제의 활약이 제목으로 부상될 만큼 중요하거나 많은 비중을 차지하는 것이 아니다. 따라서 왜 이런 식으로 제목을 정했는가에 대해서는 여전히 의문으로 남는다." 송성욱, 「<임화정연> 연작 연구」, 『고전소설연구』 10, 1995, 368쪽.

160 <임화정연>의 1대 임자순과 정현, 연권, 화경윤 부부는 <쌍성봉효록>의 16권 112면부터 차례로 세상을 뜨고, 16권의 129면부터 가상의 서술자인 양문진인에 대한 서술이 나온다. 이는 대다수의 한글장편소설에서 작품을 끝낼 때 쓰는 상투적 방식이다. 그런데 <쌍성봉효록>은 양문진인에 대한 서술이 끝난 뒤인 16권 135면에서 쌍성 형제의 군담이 새로 시작된다. 쌍성 형제가 개선하자, 사람들은 이미 죽은 1대 인물들을 추모하며 슬퍼한다. 그리고 16권 153~154쪽에서 재차 양문진인이 <임화정연>을 짓게 된 경위가 서술되는 것으로 작품이 끝난다. 가상의 서술자에 대한 소개가 두 차례에 걸쳐 중복되어 있는 현상은 쌍성 형제의 군담 대목이 후대에 추가되었기 때문에 발생했을 가능성이 있다.

연양의 미모에 반해 혼사를 도모하지만 정현은 이를 거절한다. 정연경은 6살 때부터 임자순에게 글을 배운다. 임자순의 외아들 임규는 영웅적 재능을 가진 인물이지만 외모가 추하다. 하루는 정연양이 옥연찬(玉硯讚)을 지었는데 정연경이 그 글을 훔쳐 임자순과 임규에게 보이니 그녀의 아름다운 자질이 드러난다.

정현은 임자순을 찾았다가 임규를 보고 그를 사위로 삼을 마음이 생긴다. 임규는 시절이 수상함을 알고 과거를 보지 않으나, 진상문은 향시를 보아 장원급제한다. 진상문의 부모는 정연양과의 혼사를 청하지만 정현은 사촌 간의 혼인이 예법에 옳지 않다며 거절한다.

진상문의 부모가 정연양과의 혼사를 거듭 청하자 정현은 임규를 사위로 정해 납폐까지 마친다. 이후 정현의 생일잔치에 임자순과 임규가 참석했는데, 진 부인이 임규의 추한 외모를 보고 충격을 받아 혼약을 취소하자고 주장하니 집안이 소란스러워진다.

진상문은 정연양과 임규의 혼약을 깨고자 거짓으로 임규에게 친밀하게 접근한다. 이후 진 부인과 내화할 때마다 교묘히 임규를 헐뜯으니, 진 부인은 임규를 더욱 증오하게 된다. 진 부인은 임규가 마음에 들지 않자 식음을 전폐하기까지 하면서 혼약을 파기하려 한다.

진상문은 진 부인에게 계속 임규를 모함하는 한편, 임규에게도 진 부인의 거동을 전하니 임규 역시 정연양과의 혼사를 탐탁지 않게 여긴다. 정연양은 진상문이 자신의 혼사를 방해하려는 것을 알고 이를 염려하며 시비들과 대책을 논의한다. 정현은 아내의 고집을 매우 못마땅하게 여기며 절대 혼약을 파기할 수 없다고 못 박는다.

진상문은 초시와 정시에 차례로 급제하여 한림수찬의 벼슬을 받는다. 과거에 급제한 진상문은 승상 호유용에게 아첨하며 그와 친분을 쌓고, 정현에게 벼슬을 주어 경사로 불러들인 다음 정연양과 자신의 혼사를 이룰 계책을 꾸민다. 황제는 호유용의 천거를 듣고 정현에게 추밀부사 벼슬을 내리지만, 정현은 벼슬을 사양한다. 호유용은 진상문을 자신의 조카사위로 삼고자 하나 진상문은 정연양과 혼인하고 싶은 마음에 이를 선뜻 승낙하지 못한다.

진상문은 말미를 얻어 고향에 내려온 다음, 정현이 벼슬을 사양했다는 말을 듣자 호유용에게 편지를 쓰면서 정현이 역심을 품고 벼슬을 사양한 것처럼 모함한다. 호유용이 황제에게 이를 고하자 황제는 대로하여 정현을 잡아들이라는 명을 내린다. 정현은 죄상의 애매함이 밝혀져 죽음을 면하고 창주로 유배가게 된다. 진 부인은 남편 정현이 유배가자 본격적으로 임규와의 혼약을 깨고 진상문과 딸의 혼사를 추진한다. 정연양과 시비들은 계책을 세워 용모가 흉한 시비 봉금을 대신 진상문에게 보내고 자신들은 모두 탈출한다.

진상문은 신부와 첫날밤을 보내다가 신부가 정연양이 아니라 자신이 봉귀형이라고 부르며 멸시하던 못생긴 시비라는 사실을 알고 기절한다. 사정을 안 하객들은 정연양의 절개를 칭송하고 진상문을 비웃는다. 진상문은 수치스러운 마음에 병에 걸렸으나, 진명의 충고에 마음을 다잡고 병을 치료한 후 경사로 올라간다. 진상문의 고모 진 씨의 시댁에서는 진상문과 딸의 혼사를 추진한다. 진 씨는 시누이 이 씨의 교만한 성품을 알고 있어 혼사를 권하지 않으나, 진상문은 이 씨와 대면할 것을 청하고 그녀의 아름다운 외모를 확인하자 혼사를 승낙한다.

진상문은 경사로 올라가면서 심복 가동인 조근과 경기를 불러 정연경을 몰래 죽이라고 지시하고 떠나지만 임규의 활약으로 계획은 실패하고, 일가친척들은 진상문의 악독함을 알게 된다. 호유용은 진상문이 이 씨와 정혼했다는 사실을 알자 자신의 조카딸과 먼저 혼인을 하라고 권한다. 결국 진상문은 호 씨를 첫째 부인으로, 이 씨를 둘째 부인으로 맞아들이나 그들이 서로 다투니 괴로워한다.

정연양 일행이 머물던 청하암은 여승들이 음행을 일삼는 곳이었다. 정연양 일행은 이 사실을 알게 되자 몰래 도망쳐 나온다. 그러다가 도적을 만나 짐을 잃고, 간신히 소흥부에 도착하지만 고모부 주철이 기주에 어사로 부임해 지금은 살고 있지 않다는 사실을 알고 실망한다. 소흥부 지현 이현경은 유배 중인 상서 화경윤의 딸 화빙아가 아름답다는 소문을 듣고 그녀를 아들 이창백의 배필로 삼고자 하나, 화씨 집의 주 부인은 이를 거절한다.

주 부인은 남편이 유배중인 상황에서 지현이 혼인을 강박하니 걱정에 빠진다. 이때 정연양 일행이 우연히 화씨 집에 유숙을 청해 머물게 된다. 남장한 정연양의 용모가 빼어나고 정현의 아들이라는 말을 들은 주 부인은 정연양에게 화빙아와의 혼사를 부탁한다. 정연양은 청혼을 받아들이고 기주 주 어사 댁으로 다시 떠난다. 화빙아는 이창백이 혼사를 거절당해 일을 꾸밀 것이라는 사실을 알고, 시비 홍영을 자신처럼 꾸며 놓는 등의 대비를 한다.

이창백은 무뢰배들을 동원해 화빙아를 납치하지만, 납치된 사람은 시비 홍영이었다. 얼마 후 이창백의 집안에서는 화 소저가 가짜라는 사실을 알게 되지만 자신들의 죄상이 드러날까 두려워 이를 발설하지 못한다.

참고문헌

박재연 외 교주, 『님화뎡연긔봉』 1~6, 학고방, 2008.

『사성기봉 임화정연(四姓奇逢 林花鄭延)』, 조선도서 주식회사, 1923~1925, 6권 6책

『옥수기(玉樹記)』, 서울대학교 규장각 소장

최길용 교주, 『교감본 〈명주보월빙〉』 1, 학고방, 2014.

김기동, 『한국고전소설연구』, 교학사, 1981.

김동욱, 「〈임화정연〉 연구」, 서울대학교 박사논문, 2016.

김지연, 「〈임화정연〉의 현대적 출판과 개작의 특징: 1962년 을유문화사 판 최인욱 본 〈임화정연〉을 중심으로」, 『고소설연구』 33, 2012.

김태준 저, 박희병 교주, 『증보조선소설사』, 한길사, 1990.

송성욱, 「〈임화정연〉 연작 연구」, 『고전소설연구』 10, 1995.

송성욱, 「필사본 〈임화정연〉 72책본 텍스트 연구: 구활자본과의 비교를 중심으로」, 『한국문화』 36, 2005.

양혜란, 「〈임화정연〉 연구」, 이화여대 석사논문, 1980.

이현국, 「〈임화정연〉 연구」, 경북대 석사논문, 1983.

정규복, 「〈임화정연〉 논고」, 『대동문화연구』 3, 1966.

정병설, 「'도서원부'를 통해 본 경성제국대학 도서관의 한국고서 수집」, 『문헌과 해석』 63, 2013.

정병욱, 『국문학산고』, 신구문화사, 1959.